經典永恆・名著常在

五十週年的獻禮——經典名著文庫

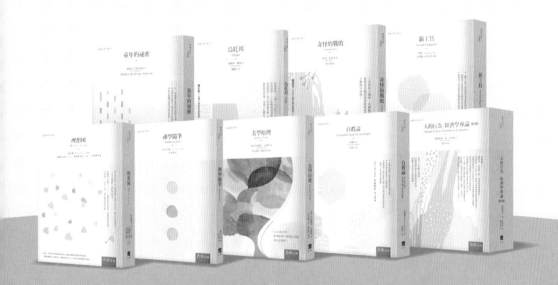

五南，五十年了，半個世紀，人生旅程的一大半，走過來了。

思索著，邁向百年的未來歷程，能為知識界、文化學術界作些什麼？

在速食文化的生態下，有什麼值得讓人雋永品味的？

歷代經典・當今名著，經過時間的洗禮，千錘百鍊，流傳至今，光芒耀人；

不僅使我們能領悟前人的智慧，同時也增深加廣我們思考的深度與視野。

我們決心投入巨資，有計畫的系統梳選，成立「經典名著文庫」，

希望收入古今中外思想性的、充滿睿智與獨見的經典、名著。

這是一項理想性的、永續性的巨大出版工程。

不在意讀者的眾寡，只考慮它的學術價值，力求完整展現先哲思想的軌跡；

為知識界開啟一片智慧之窗，營造一座百花綻放的世界文明公園，

任君邀遊、取菁吸蜜、嘉惠學子！

教育領導理論與應用

秦夢群 著

五南圖書出版公司 印行

獻給　華人地區的教育行政伙伴

謝謝你們為改革聖戰衝鋒陷陣
卻始終無怨無悔

人生幾度秋涼（代序）

去看，去假裝發愁，去聞時間的腐味。
我們再也懶於知道我們是誰。
工作，散步，向壞人致敬，微笑和不朽。
他們是握緊格言的人！

--- 瘂弦 ---

1.

乍暖還寒之時，穿過冷颯的台北盆地，參加昔日學生新任校長的交接典禮。到達時，雨落在寂寞的夜色上，串綴成一張細密的網。遠處山的形影漸趨黯淡，燈影與霧氣相互追逐，人群則穿梭於影影綽綽的薄暮中。溟濛縹緲，遙遠的像一幅後現代抽象畫。荷葉已殘，庭前的鳳凰木卻冉冉開始抽芽。

接著行禮如儀。來賓魚貫致詞，道賀的賓客蜿蜒而行，說的不外是「任重道遠」的場面話。我笑對即將接任校長卻一臉肅穆的學生說：「你好像即將上斷頭臺的犯人。」須臾停頓後，他悻悻回說：「我就像反攻登陸前夕的軍士，明知戰況一定慘烈，卻又渴望品嚐勝利的滋味。」

此種矛盾且不安感覺並不陌生。當年負笈歸國，父親即嚴肅告之：「做事重要，人情更不能偏廢。」那時年少無知，參不透箇中三昧，一心渴望振衰起弊。及至後來東跌西撞，方知世路崎嶇，絕非胸有大志即能成事。

年紀漸長，細細咀嚼「人情世故」四字，才驚覺冠冕堂皇的法令制度下，竟有許多不成文的「規矩」，此在大陸被稱為「潛規則」。其是世人自然形成的私下行為共識，畫有一定之疆界，一旦有人跨越，

則會遭致報復。社會就像洶湧海洋，其下暗流密布，隨時吞噬不通情理者。

宛如宿命，華人組織中，尤其是公家機關，領導人多難逃潛規則的制約。接任之初，迎面而來的即是重重的常例與陋規。追根究柢，此種現實社會檯面下的運作規則，已成各方利益分配的共識。形塑經年而難以撼動。試圖改革顛覆者，極可能成為萬民公敵。

基於此，歷代勇於起衰振隳者，多半必須儒法兩家合參。表面上高舉仁愛禮義大纛，骨子裡卻必須崇法名實，方能藉雷霆之力一掃積弊。此舉定會得罪當道既得利益者。銳意改革者如秦之商鞅、三國之諸葛亮、宋之王安石、明之張居正，下場俱不理想，與此有極大關連。

即以去古不遠之明末張居正為例。其儒法兼參，以儒家之道，行法家之實。明史讚其「通識時變，勇於任事」，梁啟超認為「明代政治家只有一張居正」。然而同時代之大清官海瑞卻說其「工於謀國，拙於謀身」。其中「謀身」兩字令人玩味，此即牽涉對潛規則之領悟。

張居正在死前一年貫徹「一條鞭法」，並淘汰冗官百餘員。其兒女親家劉一儒藉探病時相勸：「政嚴則苛，法密則擾。王道太過，便是霸術。」希望其關注人心所向與子孫退路。張居正卻回說：「苟利社稷，死生由之。」沒想到一語成讖，死後兩年即被萬曆皇帝抄家。

張居正奉行「綜覈名實」的中心思想，深具現代責任政治的精神，以期破除官場和稀泥之積習。主政期間，透過考成法與京察制度，對官員工作績效嚴加考核，淘汰不適用冗員。其中考成法之「以下級監督上級」的層層監督作法，更是創新之作。張居正鐵腕貫徹，嫌怨不避，終於一掃積弊，成就短暫的中興氣象。

然而，如此不計毀譽鞠躬盡瘁的奉獻，竟換來抄家滅族的下場。推其原因，乃在政通人不合，踩到官員底線，以致抗拒橫生，集謗於一身。理性上大家都認同張居正的政績，可是私底下卻恨之入骨，原因何在呢？

分析張居正的作為，不難了解內中原因。文官制度自太祖朱元璋以來，早因官場積習而古老陳腐，缺乏自省的能力。張居正舞動大刀重擊體制，方法過於決斷。加上未能對輿情做適時調控，自然形成人去政息的後果。其推行之京察制度明訂賞罰，官員因之被淘汰與降級者不可勝數。此即毀掉天下讀書人寒窗十年，一朝入仕的安身立命根基。往日的保障蕩然無存，自然將萬丈怒火，非理性的加諸於改革者身上。

此外，一條鞭法也引起眾怒。此因明朝規定人民除納稅外，尚有服勞役之義務，其中也可以銀兩代替。實施之後，因官員巧立名目層層剝削，人民不堪其苦。一條鞭之精神即規定針對地方進行量地計丁，直接徵收銀兩。由於規定清楚，剝奪各級官吏的「業外收入」，直接破壞了行之有年的官場潛規則。張居正因此成為違規者，必須要使之出局並遭受報應。

2.

以古鑑今，張居正之遭遇，對一心改革之校長實有所殷鑑。較之政治改革者，校長若要勵精圖治，其道路也極為坎坷，此從校長的入仕過程即可一窺究竟。由於歷朝獨尊儒術，凡事必稱堯舜，中國讀書人始終浸淫於世界大同的理想中。以校長為例，在其培育期間，所受之內容多為近似教條的理論。一味隱惡揚善的結果，使得學成後往往獨善其身不食人間煙火，而與實際情況有所隔離。影響所及，一旦坐上校長位置，即使緊抱聖人教誨，卻未能明察建立在算計上的人際規矩。此部分教科書不願明講，但學校利益團體的成員卻始終心照不宣。

於是，校長無可避免將與潛規則的捍衛者有所衝撞。影響所及，學校諸般惰性弊病應運而生。舉其犖犖大者，一為任憑常例陋規橫行，自省能力蕩然無存；二是缺乏權責相符機制，人情世故決定一切。

常例陋規源自於利益團體的自利與分贓，其能日形壯大，實與校

長遴派制度有極大關係。此可由歷代任官制度談起。漢時縣令多取自郡吏之優異者，宋時則規定選補以三十驛九百里為限。至明代時，竟出現「南人選北、北人選南」之政策，動則數千里，產生極大流弊。顧炎武在《日知錄》一書中即評論道：「赴任之人動輒數千里，土風不諳；語言難曉，政權所寄，多在滑胥。」此處所指之滑胥，即是當地之幹部。官員初任新職，人生地不熟，別無選擇必須仰賴久居其職之衙門胥吏的支持合作。

現代華人地區校長的任用，與古代官員選補，頗有雷同之處。雖然遷調已無千里之遠，但基於公開徵選原則，原校拔擢任用者幾近闕無。懵懂無知的校長一上任，校內原有行政幹部與教師就開始測試水溫，希望校長依照「慣例」辦學。如果得不到正面回應，即會明的暗的加以抵制，形成極大壓力。校長內外煎熬，宛如熱鍋上的螞蟻。

此時校長有兩種選擇，一是妥協讓步，讓所有幹部留任，保留既有特權結構，但必須面對吏員猥雜，難以求治的後果；二是另闢天地，任用意氣相投者。然而，要改朌學校組織結構並非易事。除要應付既有利益者之砲轟外，還需重組身旁之胥吏組織。原有既得利益者拼命抵抗，投效者則往往另有所圖，且素質良莠不齊難以服眾。但在孤立無援下，校長別無選擇只有力挺到底，以致造成學校當權派之世代交替，進而釀成各方勢力激烈鬥爭，學校處境風雨飄搖。

以現代術語來說，學校胥吏集團包括久居其位的老行政幹部與資深教師。他們在組織中浸淫多年，深諳人情世故與陋規常例，完全一副老僧入定模樣，只等新任領導者出招。如果校長上道，大家和平相處，一旦利害格局被破壞，即不惜兵戎相見。所以新任校長在既得利益者環伺下，總得如履薄冰。此因校長定期遷調，利益團體卻是天長地久，誰勝誰負還未可知。

因此校長蓄意改革，除有智計韜略外，更必須明察各方團體的利益邊界，以分析僭越後果之承擔能力。實務上，引起反彈最大者，泰半在既有利益常規的顛覆，而非在政策執行的繁文縟節。各方利益傾

軋、爾虞我詐的結果，使得明明組織有病必須醫治，卻由於自省能力的匱乏，導致理性討論難有發揮空間。

猶記數年前，應邀參與評鑑工作。其中一校之教師代表大放厥詞，指控校長因循苟且，完全不顧教師之需求。然而經實地訪視調查，卻顯示此校有不少重大改革，與教師指控顯有扞格。

私下細問，方知校長年輕而有鴻鵠之志，到任後即蓄意改革。偶然間，獲悉前任校長任內，學校課後輔導有頂替教學之情事。經過調查，得知教務主任因為事務繁忙，遂將部分課程委由不具教師資格之親戚代上。校長認為教師所領之報酬雖由家長額外繳納，也需符合一定程序。於是召開會議要求主任認錯，並追回代課酬勞。自此之後，雙方關係雖未降至冰點，卻也貌合神離。主任自此放棄行政規範而大開方便之門，凡教師要求皆來者不拒。然而處室皆有預算限制，一旦面臨無米之炊，即宣稱此乃校長之旨意，造成教師團體之極端憤慨，決定全力杯葛。

此案例告訴我們，學校利益團體的殺傷力，絕不可等閒視之。校長秉公除弊，有其一定法理，行政上絕不能迴避，以免被人檢舉而燒到自己。然而教務主任卻不如此認為。首先，其是因「額外」為學校付出，一時之間找不到代課者，只好出此下策，且僅是部分課程。既然發生在前任校長任內，要處理也不需如此大張旗鼓。報告書呈上，校長口頭已有所告誡，雙方皆有台階下，又何必堅持追回酬勞。對於為學校宵衣旰食之付出者，校長非要趕盡殺絕嗎？此外，課程已經上完，如今向親戚索取，分明是蓄意刁難。既然校長不講情義，我就有合理之抵抗權。從此不必為行政把關，教師未能如願之責任全推給校長。你敢踩到我的利益疆界，就得付上代價。

然而，可悲的是，此種缺乏自省的態度，卻使整個組織難以理性處理爭議。成員翻雲覆雨以權謀私的結果，把學校打的氣若游絲，校長哪有餘力振衰起弊？組織蹈常襲故陳陳相因，願景目標聊備一格，客觀之事實與統計數字僅供參考。所以即使同儕教師不適任證據再確

鑿，在相濡以沫的前提下，還是得輕輕放下。明知有問題卻無法理性處理，任由爭端自然演變。理想與現實不斷拉扯，遂使校長畏葸不前。

3.

　　學校權責相符機制的闕無，更使得問題雪上加霜。基於儒家的倫常觀念，華人社會之運作多半具有人情取向色彩。人情壓力主要來自兩方面，一是有提攜之恩的上級長官；二是周邊的利益人士。此因人多位置少，大家皆為秀異之士，臨場評比就得看誰的關係好。一經拔擢後，各方人情壓力驟至，有的希望你報恩，有的明顯卻是敲詐，擺明你不罩我，未來等著瞧。

　　人情取向的操作型定義即是「擋人利益之事不可為」。此與現代管理學所主張之績效制度產生巨大矛盾。因為評比乃是相對，如非有人差，就顯不出他人好。基於人情而無法正視同仁不適任之事實，即產生吃大鍋飯的結果，完全違背權責相符的精神與機制。

　　影響所及，一碰到人情，真理就矮了半截。仁義道德轉化成趨利避害的現實計算。人情如同一張細密的網，篩掉並淘汰力圖振作的改革者。

　　為解決人情紛擾的問題，歷代改革者煞費苦心推行新政，卻無法產生長期實質成效。諷刺的是，兩種鄉愿作法卻沿用至今，其中包括「論資排輩」與「隨機抽籤」。此在現代社會中難以想像，但卻以不同形式在學校中橫行。

　　顧名思義，論資排輩即是不論賢愚，僅以個人入行先後為資源分配依據。明末大儒顧炎武對此曾大加撻伐，其以倡行此制之北魏時期的崔亮為例，認為「庸才下品，年月久者則先擢用」的結果，會使國家失去人才。然而考諸史乘，方知崔亮實施論資排輩，也是情勢逼人。當時武官得勢，紛紛要求破例入仕。造成官額既少，應選者眾，迫不得已只好以年資作為權衡標準，以作為安撫上下人心的權宜之計。

　　論資排輩可以解決長幼輩份差異顯著之團體，但在同輩之間，一旦僵持不下，惟有以「上帝之手」進行抽籤決定。既然是你自己抽的，結果不理想就不能怨天尤人。抽籤讓人人有希望，個個無把握，竟成為考評人才阻力最小的作法，實在相當諷刺。

　　論資排輩與抽籤制度的存在，最大原因除人情取向外，乃在現代績效評鑑制度的匱乏。即以學校為例，評斷教師之表現實為難事。此因其在教室之中，即形成孤立王國，教學多元化造成難以採用具體量化指標進行績效評估。教師團體多半以「專業人士」自居，即使受教學生與家長有所異議，仍多半堅持自我理念而拒絕他人介入評斷。由於缺乏具體之績效評量，模糊性使得論資排輩與隨機抽籤作法順勢而入。此與私人商業組織之運作實有天淵之別。公司業務員薪資取決於每月銷售金額，扎扎實實的數字呈現眼前，各憑本事，誰敢有不平之鳴。

　　影響所及，教師團體即刻意避免競爭，情誼成為組織運作之準則。一旦需要分配利益，公平正義則必須靠邊站。所以吃力不討好之行政兼職，則非初出茅廬的菜鳥莫屬，因為「以後你年資久了，就可以叫別人做」。在考績方面，如果上面決定非要幾個乙等，除了新進者「當然」犧牲外，就只好眾人輪流或抽籤碰運氣，大家日後再補償你好了。說也奇怪，在不願得罪人之前提下，眾人對此多噤若寒蟬。成員即使表現極為傑出，仍與樗櫟庸材敷衍打混者得到同等回報，此種組織不要說創新發展，連向前邁上一步都氣喘吁吁。

　　缺乏自省能力與評鑑體制，卻要求成員擁有權責相符的精神，宛如是痴人說夢。實務上，要求教師集團提高績效，無異迫使其擠壓額外時間力求精進。加上囿於體制，難以提供額外收入，詰責撻伐之聲即拔地而起。組織利益平均化之要求，造成教師認為擁有不合作的權利，認為大家平安度日互不侵犯，校長又怎能亂出主意進行加害，讓教師櫛風沐雨疲於奔命。因此改革往往被視為是苛政，抱怨指責如火山般爆發噴出，造成局面失控而難以收拾。

由於各方利益難以擺平，維持現狀即成恐怖平衡下的最佳選擇。改革主張曲高和寡，整個組織一灘死水，領導者只好剝削少數認真付出者，任其身心枯竭而遭旁人訕笑。劣幣驅逐良幣，再驍勇的戰士，折磨久了，也會成槁木死灰。

始終難忘在美國的工作經驗。公司採用責任榮譽制，上班時間可選在 7 時至 9 時，一天需有 8 個鐘頭。我常見同事收拾完畢卻仍端坐位上。詳問原因，其回答：「今天上班晚了，還差 10 分鐘，可不能投機。」此種「我不負公司，公司也不能負我」的理性態度，實乃成就泱泱大國的風範。想起國內女職員上班時間出外買菜，仍聲稱「情非得已」的嘴臉，不禁搖頭嘆息。10 分鐘事小，牽涉的卻是一個民族的基本素質。可悲的是，女職員仍然順利退休安享天年，社會正義蕩然無存。

4.

因為缺乏社會正義，組織中說真話的人往往命運多舛。即以疏宕不拘的蘇東坡為例，其少有文才，氣度恢弘，不幸適逢北宋新舊黨爭，遂屢遭橫禍而一生偃蹇。如以現代說法，其做人情真意切，對於周邊政客毫不設防。對於變法之種種利弊，屢次如鯁在喉不吐不快。新黨上台時，他批評變法過猶不及。舊黨還政時，又反對全廢新法，力主擇善而從。如此違逆官場潛規則，其下場可想而知。

不出所料，烏台詩案使其鋃鐺入獄並降職遠謫。黃州、惠州、儋州皆為窮厄之地，但東坡搭橋築堤化民成俗，受到百姓愛戴而留永世盛名。其試圖在鬼蜮橫行貪才縱欲的官場中，打出一條自己的血路。流放期間，以青山明月為友，與村夫野老為鄰，力圖醞釀一份隳頹後的從容。無奈內心深處，仕途窮達齎志以終的無奈仍不時縈繞。

追根究柢，蘇軾臧否時政，侵犯了主流集團的利益，因此招致無情報復。新舊兩派表面上爭議理念，私下卻是權位之爭。讀書人焚膏繼晷，圖的即是一朝入仕。好不容易形成雨露均霑的關係網，又豈能

讓旁人攬局破壞。東波不明官場之潛規則，對人毫不設防，終於遭致橫禍。其在自海南島遇赦北上時，曾賦詩「心似已灰之木，身如不繫之舟」，青衫淪落之情溢於言表。

此種蒼涼古今皆然。日前參與一場校長遴選，會中部分校長已過耳順之年，此次連任無異是生涯的最後回眸。他們堅持辦學理念，兢兢業業戮力從公，無奈仍受教師代表指責其慳吝蹩扭疏於溝通。校長盡力辯解，卻難掩天涯倦客的感傷。物換星移人事遞嬗，這些曾為教育改革打過聖戰的老兵，終於不敵時代浪潮的沖刷。他們曾經與人情世故奮戰過，如今卻將靜靜隱入歷史的蒼茫中。瘋狂逝去的年華，流金燦爛的青春，終已化為寥落蕭然的身影。老校長偷偷拭去眼角淚水，孤單彳亍而去。

我真的納悶，為什麼一個擇善而從、情真意切的謇諤之士，最後竟會進退維谷惹人怨懟？正直努力者不得善終，成為千百年中國社會最弔詭的現象。

所以極目所見，學校以一動不如一靜的理由搪塞創新，校長以趨吉避凶的遁辭解釋苟安，教師以物傷其類的惻隱力抗評鑑。在組織潛規則的天羅地網中，改革之力，猶如蚍蜉撼樹，吶喊之後，卻是無聲死寂。

然而，一個民族若不以理性產生善惡是非，且誓死維護，即使產生曠世英雄，也只是一生僨僚徒增惆悵而已。

劍橋的如茵草地、哈佛的巍峨鐘樓，花點錢即可完成。然而欲以理性正義對抗社會的潛規則，卻需驚天動地的勇氣。在蹭蹬蹇促的人生路上，但願下一代不再沉默。

5.

　　在細雨霏霏的庭園中徘徊許久，依稀憶起當年初任院長時的惶恐。離去時，望著即將上戰場的學生，心中突然浮現父親的叮嚀：「禍福、榮辱、得失、成敗，盡在一念間。生命經過幾度秋涼，日後才會刻骨銘心。」

　　除此之外，我竟無言以對……。

己丑年
Los Angeles、台北

致讀者

　　領導理論是教育行政領域的超級巨星，不但研究數量浩帙繁卷，各家說法也是百家爭鳴，令人目不暇給。曾有學者主張：「有什麼樣的校長，就有什麼樣的學校。」我雖然不完全同意此種英雄論的看法，卻也不得不承認教育領導的獨特性。

　　於是，在學界好友幾經攛掇下，開始產生撰寫專書的念頭。一經下筆，方知艱困重重。此因之前教育領導已有多本名山之作，另闢蹊徑本非易事。加上相關文獻如恆河沙數，梳理統整曠日廢時。所幸 Fulbright 基金會提供獎助，順利遠赴 UCLA 擔任訪問教授，客居異地，心情逐漸澄明，遂在圖書館的滿室經籍與南加州的溫煦陽光中，開始振筆疾書。

　　撰寫之初，即奉行言簡意賅的原則，各重要理論只取其精髓，旁枝末節則予以割捨。1980 年代之後，教育領導理論百家並起，有的只有粗淺概念，即冠以新奇名稱發表於世。觀其論點，凌亂蕪雜，難以自成體系。基於此，本書排沙揀金，僅就具備一家之言或獨領風騷者，方才加以分群敘述。

　　結構上，計分為四部分。除導論外，其餘包括學校組織特性、主要教育領導理論、與校長的角色任務。其中學校組織特性部分，分從機構、文化、與政治三個層面，描述學校與其他社會組織相異之處。此因教育領導不應空談理論，必須了解所處組織之特性，方能對症下藥、因地制宜。本書並非一般領導理論著作，焦點乃置於教育領導者與組織的交會歷程與行為。期盼讀者能在不同的教育脈絡中，尋得改革創新的契機。

　　老子有言：「千里之行，始於足下。」教育領導領域浩瀚無涯，本書出版只是一個嘗試，期盼未來有更多學富五車的同儕加入行列。撰寫期間，煩勞政大教育行政與政策研究所的莊玉鈴祕書、簡正一、盧維禎、洪秉彰、吳毅然、陳浩、陳遵行、江志軒諸位先生細心校閱，

特此致謝。本書倉卒付梓，謭陋謬誤之處，尚祈諸位讀者指正，在此致以深謝。

去歲作客洛杉磯，偶訪張愛玲的故居。樸素潔淨的公寓，一株義大利柏樹順著屋垣孤峭拔起，各色藤蔦則在門前肆意竄爬。和風煦日的下午，四周極為寧靜。走過鄰街小書局與雜貨舖，再到著名的阿拉伯店吃波斯冰淇淋。已過九十的老闆細數前塵往事，其中也有張愛玲。談笑之間，時光的氣味與氤氳倏然而至。我這才明白，縱然當年漫步於此的故人已然遠去，但所有的存在皆已鎸入生命的雪泥鴻爪。它就在那裡，不管你是否在意。

這美好的人生風景，不久即被塵世的遺忘所湮沒。然而，我是如此渴望撞破記憶門閘，尋回曾經珍藏過的浮光掠影，以暫享人世貪歡。那種無形無色的溫暖，是一種存在的肯定。雖然此身孤寂，卻令人感到些許幸福。

南加州蟄居，我喜歡湛湛晴空下，那些粉紫、桃紅、嬌黃、月白的花朵，與風聲、鳥鳴、落葉、雲影。每日，陽光一寸一寸從稿紙上走過。動靜之間，前塵舊事如一夢，此身雖在堪驚。當年那份對於家國的愛戀與浪漫情懷，卻已在季節的開落中化為輕煙，似乎什麼都沒留下。除了幾本寒傖小書與隻字片語。

我始終記得那些時光，但時光會記得我嗎？

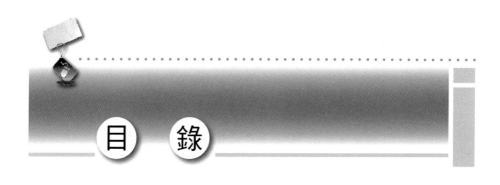

目　錄

第一章

導　論

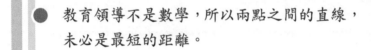

教育領導不是數學，所以兩點之間的直線，
未必是最短的距離。

　　教育事務千緒萬端，必須加以適當管理與經營，方能達成其既定目標。自古以來，對於實施教育之看法多如繁星，從人本主義到軍國主義林林總總，但皆須經過教育領導的歷程，理念方有落實之日。不明事理之人認為教育領導並非難事，只要努力即有一定成效。殊不知宵旰終日戮力從公，在現今多元社會中，卻不見得有積極之建樹。教育領導者除依法行政外，更應積極建構帶領組織進入新境界的願景。其無需事必躬親，但卻要有一定之定力與智慧。

　　此種例證頗多，即以香港中文大學前身之一的新亞書院為例，其創建乃基於幾個讀書人延續與創新中華文化的心願。創辦人錢穆、唐君毅在「手空空，無一物」的情況下，於 1949 年創立書院於山陬海澨的香港。當時國事蜩螗內戰方殷，設備物資極度缺乏。錢穆在《新亞書院概況》一書中曾如此敘述：

> 新亞書院之創始，最先並無絲毫經濟的憑藉，只由幾位創始
> 人，各自捐出少數所得，臨時租得幾間教室，在夜間上課而開
> 始。其先是教師沒有薪給，學生無力繳納學費，學校內部，沒
> 有一個事務員和校役，一切權由師生共同義務合作來維持。

　　然而，如此貧乏之環境，日後造就之人才卻是一時俊彥。原因何在？乃在主事者之胸襟、智慧、與願景。錢穆等人並非行政管理專家，卻以恢弘的氣度與堅持，翩然南渡引領師生同心走過艱困。他們所做的，是看似既無近功也無近利的事業，老師曲肱而枕，學生簞食瓢飲。然而幾十年集腋成裘，荒煙蔓草卻化成萬紫千紅的春天，關鍵何在呢？

　　記得當年渡海負責台灣大學校務的傅斯年，曾當著北大校友評論說：「蔣夢麟先生學問不如蔡元培先生，辦事卻比蔡先生高明。我的學問比不上胡適之先生，但我辦事卻比胡先生高明。」台下的蔣夢麟亦以自遣之語回答說：「所以他們是北大的功臣，我們不過是北大的功狗。」

　　「功臣」與「功狗」之說，乃是學人之間互相調侃之語，但卻巧妙的點出不同層次教育領導者的差別。教育領導絕非易事，如何成為學校「功臣」，則需花費畢生之力加以鑽研，本書只是一個開端。以下即就教育領導之基本議題如定義、架構、研究途徑、發展時期、與趨勢等先予敘明，最後再陳述本書撰寫之架構。

第一節　教育領導之定義與架構

一　教育領導之定義

　　現代管理學發軔於 20 世紀之初，歷來學者對於「領導」一詞之定義雖是汗牛充棟，但卻呈現眾說紛紜的現象。由於學派與走向不同，各家定義領導的重點即有所差異。例如 Stogdill（1948）即將領導定義為是「完成目標而影響群體活動的能力」。其中標舉組織目標的達成，頗具古典行政理論強調效能之色彩。此外，將領導視為是「能力」，也有特質領導理論之影子。Hersey and Blanchard（1977）則將領導視為是「組織之管理者衡酌各種情境因素如資訊差距、權力差距、與部屬成熟度後，所採取之行為方式」，相較之下，權變之主張呼之欲出。及至1990 年代新興領導理論出現，學者 Bass and Avolio（1990）則將領導定義為「領導者與成員共同建構組織具有方向意義的目標，並激發部屬意願以達成目標的過程」。其中即將與部屬合作之精神加以凸顯，主張領導過程不再由領導者獨霸。

　　由於各家對領導定義之多元歧異，領導學學者如 Yukl（2009）甚而主張領導並無所謂正確之定義，其往往隨著主觀與情境有所變動。由於定義之模糊，往往造成雞同鴨講之窘境（Rost, 1991）。雖然如此，Yukl（2009）在檢驗各家說法後，仍提出領導是個人特質、領導行為、互動方式、角色關係、與組織目標之整合行為。此主張將領導之範圍加以明顯擴大。

　　另一個造成定義困難的原因，乃在領導行為牽涉到各種人、事、地、物的變項，本身即極具複雜性。基本上，領導本身必定有其欲達之目標。無論其是由領導者單獨設定或是與部屬共同建立，領導之所以有意義，戮力達成目標絕不可少。此外，組織乃一社會系統（social system），領導者與組織成員及外部團體之相互作用勢不可免，交會歷程中所產生之政治權利操弄斑斑可見。其手段如溝通、商議、協調等，均呈現不同程度之領導影響力。即使領導者表面上聲稱放棄決策權力，但事實上仍屬一種改變他人行為的權力關係操弄。即以謙卑服務為特色的僕人領導為例，領導者謙沖為懷，放低身段，但其作為卻感動追隨者願意共成願景與達成組織目標，無異也是另一種影響力的展現。

📚 二　教育領導之架構

（一）Bolman and Deal 的多元架構理論

　　探究領導定義的另一種方法，也可從其基本架構中一窺端倪。此因領導行為發生於組織之中，因此探討領導行為，最好先瞭解組織的特性與架構。針對於此，Bolman and Deal（1984, 1991）即提出四種組織架構，希望藉此參照分析領導者的行為。四種架構又稱為多元架構（multiple frames）或是決定架構（decision frames），其中包括結構性架構（structure frame）、人力資源架構（human resource frame）、政治架構（politics frame）、與象徵架構（symbolic frame）。兩人主張成功

的領導者能夠同時運用四種組織架構，將各架構整合成一種多面向的領導，可稱之為多元領導型態（multi-levels leadership styles）。然而實務上，雖然四個架構之重要性不分軒輊，但僅有少數領導者會同時採用超過二個以上的架構（Bolman & Deal, 1991）。茲將四個架構分述如下：

1. 結構性架構

此架構著重組織的正式結構，其中包括組織目標、決策、與產出。偏重結構性架構的領導者，以絕對理性做決策，善用由上而下的科層體制，透過協調與控制，力圖達成組織目標與產生理想效能。換言之，結構性架構以績效為導向，重視領導者的職位權威、專業知識、與準確解決問題的能力，要求領導者以英雄自居。結構性架構可以促使領導者透過事前分析，對組織結構、策略、與環境的關係加以檢視，再經評估與再造組織的歷程，創建更高績效而達成組織的目標。然而，偏重結構性架構之領導者，常趨向於 Max Weber（韋伯）所主張之官僚領導模式。多半利用施予賞罰利益交換之手段，試圖控制部屬的行為，以致使成員對組織產生疏離感。

2. 人力資源架構

此架構著重組織成員的基本需求，強調其工作動機的激發，重視個人需求、與成員之間的相互溝通協調。偏重人力資源架構的領導者，重視營造工作環境中參與合作的氣氛，希望讓成員藉由對工作所產生的滿足感，進而努力達成組織目標。因此，偏重人力資源架構的領導者多半以參與的、民主的、協同的方式，關心成員的需求，以激發其成就動機與創造力，進而提升自我。由於溝通管道暢通與成員參與決策制訂，整體組織士氣與生產力自會增進。一般而言，偏重人力資源架構的領導，多半偏向於管理之同僚模式，領導者扮演催化者的角色。其任務乃在藉由支持與授權的歷程中，與成員拉近距離，進而激發其創造力與工作滿意度。

3. 政治架構

此架構著重組織之權力與競爭，力求透過協商與利益交換，進而達成組織的目標。此因組織係由多個不同利益團體所組成，往往形成風雲開闔之勢。由於系統過於複雜，以致難以單一組織結構加以規範。加上資源有限競爭者眾，必須仰賴協商、談判、折衝等手段予以處理。偏重政治架構的領導者，強調衝突與競爭，瞭解權力與資源來自於競爭的殘酷事實。其乃極端之務實派，清楚知道所能得到的資源，力圖建立人際關係網絡，並謹慎衡量自身影響力，以適時使用權力。此類領導者利用掌握資源之權力與對衝突的適當管理，強調行動之可行性與風險性，進而引導成員達成組織目標。換言之，偏重政治架構的領導者多半扮演協商者之角色。其會適時利用仲裁、協商、妥協之手段，設法形成各利益團體之共識，以共同解決問題。

4. 象徵架構

此架構著重組織文化的意義與價值，強調發展組織願景，進而建構成員之共同信仰與價值觀。偏重象徵架構的領導者利用組織既有之文化與價值觀，透過詮釋性的儀式與典禮，來賦予組織象徵與符號的意義。當個人成員服膺此種文化時，組織之各種象徵即形成個人意義而深入人心。換言之，個體在組織中之付出已不僅是工作而已，尚有更深層之意義（如對有教無類理念之堅持）。如此可以激發組織成員產生認同的文化與信念，共同為組織目標之達成而努力。有趣的是，偏重象徵架構的領導者有時扮演宗教先知或是詩人的角色，運用描述、詮釋、隱喻、乃至引申各種組織象徵之方法，以協助成員建構組織文化與論述願景。基本上，偏重象徵架構的領導者往往扮演建構者與觸媒者的角色。與其關係極為密切的領導理論包括象徵領導、轉型領導、道德領導、與文化領導，皆將焦點置於領導者詮釋象徵物能力、和成員共塑組織願景、提升道德與向心力，及創建正面積極組織文化之上。

　　理論上，組織多元架構模式係針對一般組織所發展，但也可適用於教育組織（如學校）。事實上，Bolman and Deal（1992）也曾為文將其理念應用於教育領域。學校是社會組織的一部分，有其組織特質。同時，學校組織基於成員、所處環境、採用策略之不同，型態上有極大差異。Bolman and Deal 所提出之多元架構模式，可幫助學校領導人藉著分析結構、人力資源、政治、與象徵四種架構，瞭解與預測組織需求，據以統整出適合特定學校的行政模式。換言之，學校領導人可選擇特定架構，或是整合兩種以上架構，進而運用於實務運作中。成功的領導者多能融合多種架構先知己知彼，再進一步瞭解學校變革的趨勢，以面對未來嚴峻的挑戰。

(二) Quinn 的競值架構理論

　　與 Bolman and Deal 所提出之多元架構模式有異曲同工之理論，則首推 Quinn（1988）的「競值架構」（Competing Values Framework）。其亦主張組織具有多元特性，深信唯有以統整角度並兼採不同模式進行動態分析，方能一窺組織運作之全貌。競值架構之特色乃在將兩種以上互為矛盾的概念，同時納入思考架構，以去除傳統「非黑即白」二分法思維之拘束。換言之，現代組織具有混沌與吊詭的特性，領導者必須面對複雜且多元的價值觀，單一模式打遍天下之思維已難符所需。競值架構之提出，即在彰顯統合各種模式的重要性。

　　競值架構的設計相當複雜，為增加其實用性，Quinn（1988）特從組織效能觀點，劃分出四種效能模式與評估指標，以符應組織效能多元面向的特質。其以數學座標為架構，依照縱軸（從彈性到控制）、橫軸（從內部到外部焦點）之不同，分別依象限以代表四種效能模式，其中包括人群關係、開放系統、理性目標、與內部過程。其所以被命名為競值架構，原因即在橫軸與縱軸兩端所強調的價值，乃是互相對立而有所衝突的。每個象限各自代表一種模式，且均包含兩項組織效能評估指標，以呈現不同模式之手段與目的（詳見圖 1.1）。理論上，四個模

式彼此之間具有相互競合的意味。以下即就其內涵加以簡述（Quinn，1988；吳勁甫，2003）。

1. 人群關係模式：位於圖 1.1 之左上象限。強調維持社會系統、關心人員投注、與分權化之特性。此模式認為員工是組織的主體，相關組織成員的士氣、滿足感、與和諧關係皆應受到高度重視。基本上，此模式關注焦點乃在非正式團體、工作規範、與組織中的社會關係。效能的評估指標主要為「凝聚力與士氣」、「人力資源的開發與訓練」。此模式相近於 Bolman and Deal 之人力資源架構。

2. 開放系統模式：位於圖 1.1 之右上象限。強調擴張與適應，注重組織與環境之間的互動，強調創新性與創造力。所定義的組織效能是組織能成功獲得重要資源，並創建與所處環境之間的互動關係。效能的評估指標主要為「適應性與敏捷度」、「資源獲得與外部支持」。此模式相近於 Bolman and Deal 之政治架構。

3. 理性目標模式：位於圖 1.1 之右下象限，強調系統的競爭能力，要求最大成果注重統整性與獲得最大利益。此模式追隨理性行動的基本理論，主張規劃與目標設定是導致生產力與效能的關鍵。一旦任務得以釐清，目標便可設定，行動也可進行。組織效能的評估端賴組織目標達成程度而定。換言之，組織目標完成的程度愈高，組織效能就愈高。評估效能的評估指標主要為「生產力與效率」、「計畫與目標設定」。此模式相近於 Bolman and Deal 之結構性架構。

4. 內部過程模式：位於圖 1.1 之左下象限，強調組織的鞏固與維繫，注重文書作業與資訊管理。模式主要目標乃在使組織成為穩定與均衡的環境，並在運作上井然有序。基於此，組織效能係指組織內部運作正常、運作例行化、高度的內部溝通、與成員具有監控自我行為的能力。效能的評估指標主要為「資訊的管理與溝通」、「穩定與控制」。此模式相近於 Bolman and Deal 之象徵架構。

綜而言之，競值架構的提出，彰顯了現代組織的多元性與複雜性。理論上，雖然不同效能模式之間存有衝突，但在實務上，模式並存的情況卻是屢見不鮮。一個成功的組織，獲得資源與外部支持乃是必須，但內部目標設定與對生產力之要求更不能偏廢。看似彼此衝突的評估指標，往往必須共存於真槍實彈的現實組織環境中。此種主張對於日後整合型教育領導理論之出現有極大影響。領導者往往發現單單使用一種領導主張，往往力有未逮。唯有以較為鉅觀的觀點，兼採不同領導概念，方能應付複雜詭譎的組織情境。

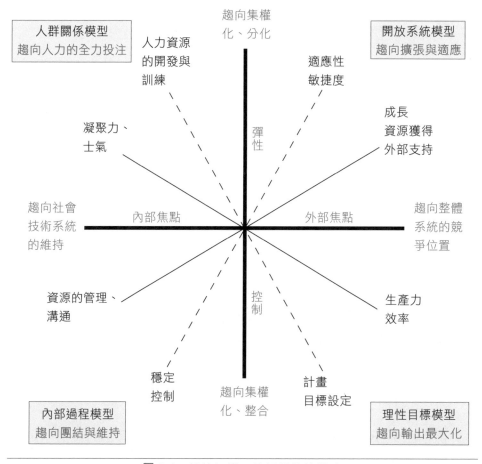

圖 1.1　競值架構下的組織效能模式

資料來源：Quinn (1988: 48)。

三 教育領導之基本模式

檢視相關文獻，歷來相對於教育領導所產生之模式已有一定數量與複雜度。其多半以領導者、追隨者、脈絡三者間的動態互動，與產生之成果形成基本的領導歷程。不揣淺漏，本書以教育領導研究之角度，將教育領導歷程所牽涉之變項加以分類，並將其整合為圖 1.2 之架構模式。相關變項計分為五類：(1) 領導者與部屬特質變項；(2) 領導中介變項；(3) 領導情境變項；(4) 領導行為變項；與 (5) 領導效能變項。茲分述如下：

㈠ 領導者與部屬特質變項

包括領導者的魅力、專業能力、人格特質、品德、健康程度等。此外，領導者不能只唱獨腳戲，必須與組織其他成員合作。而部屬特質如價值觀、工作動機、專業能力、人格特質等，均對領導歷程產生顯著的影響而不可小覷。

㈡ 領導中介變項

係指能夠影響或調節領導者與部屬在特定脈絡交互作用後，所產生之領導結果者。相關中介變項如組織結構、角色與任務之明確性、工作的特性、資源支持程度、組織溝通程度、組織外部壓力、部屬之努力程度（如教師組織公民行為）、成員合作凝聚力、成員創新性、成員參與性等。實務上，中介變項可充當催化劑或中和劑，前者能加速領導目標之達成，後者卻可能抵銷領導之功能，甚而產生副作用。運用是否得當，端賴領導者的智慧。

㈢ 領導情境變項

係指組織所處內部與外部環境的變數，其中最重要的包括組織文化、組織氣候、與組織健康等。此外，權變論學者（如 Fiedler）所主

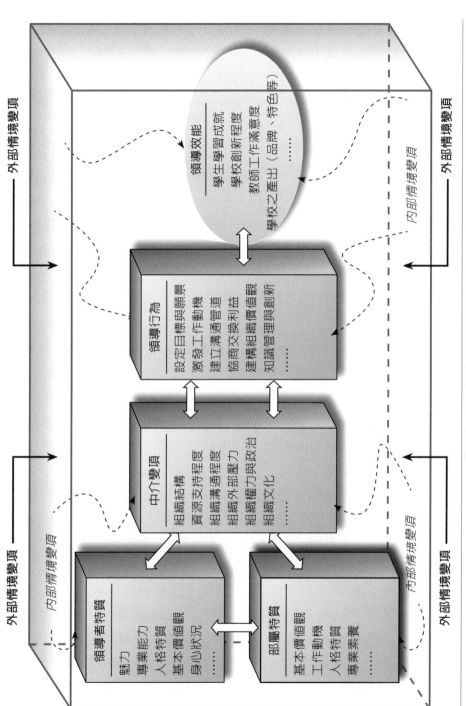

圖 1.2 教育領導相關變項架構圖

張的情境變數如部屬關係、外在環境壓力等，皆為學者所探討的重點。實務上，由於組織結構不一，所處環境又瞬息萬變，領導者必須隨時儆醒，以應付高度複雜的情境變數。

(四) 領導行為變項

係指領導者在使用權力後的外在風格與表現作法。其中風格分類頗多，例如俄亥俄大學領導研究（Ohio State Studies）所分出之倡導與關懷行為，或是如新興領導模式之僕人領導、道德領導、與家長式領導所強調之特定行為導向（如謙恭、開明專制等）。表現作法如設定目標與願景、成員工作動機之激發、透過協商進行利益交換、與建構組織文化等。

(五) 領導效能變項

係指領導行為所產生之成果。以學校為例，如學生學業成就、學校創新程度、教師工作滿意度、教師忠誠度、學校所產生之品牌與特色等。

由圖 1.2 中可以清楚看出，教育領導存在於特定內部與外部的環境中。前者如組織氣候、組織健康、組織利益團體之組成等；後者則如教育趨勢、外部相關團體之訴求、與社區之期望等。無論是內部或外部情境變項，均對其他教育領導變項產生不同程度之影響。在內框中的包括有領導者與部屬特質，除了身心狀況外，專業能力與基本工作價值觀，對於所產生之行為也有極大影響。領導者與部屬透過對領導可能產生中介效果之變項與領導行為之表現，最後產生領導效能。中介變項經研究包括組織結構（如公立與私立學校在結構上即有本質性不同）、組織溝通形式等。領導行為則回應各相關學者（如 Bolman & Deal）之主張。其中如設定目標與願景、成員工作動機之激發、透過協商進行利益交換、與建構組織文化等，均是實務上之作法。至於領導效能則牽涉到組織創新程度、組織產出成果等。值得注意的是，教育領導之各變項乃是彼此影響，形成環環相扣的態勢。

第二節　教育領導之研究途徑

在教育行政領域中，相關教育領導的研究如恆河沙數。此因校長的表現良窳，與學校效能有其一定之相關。雖然目前研究並未明確指出校長之領導行為對於學校表現的影響程度，但其重要性卻不容忽視（吳志宏，2002；Bush, Bell, & Middlewood, 2019; Connolly, Eddy-Spicer, James, & Kruse, 2019; English, 2008; Hallinger & Heck, 1998; Miller, 2019）。以下即以教育領導作為主題，分析1980年代以來歐美與華人地區在相關議題上的研究途徑，並敘述未來的可能發展趨勢（參見表1.1）。

作為研究者，在決定主題後，接著必須決定驗證理論的研究途徑與方法。以教育領導為例，研究者首先界定教育領導的內容，再依據文獻或自我發展的理論加以分析。由於對教育領導的概念不同，研究之重點也有所差異，所選擇的研究方法更是大異其趣。以下即就近年來教育領導的研究走向加以評述，分從其研究重點、研究方法、與研究假設加以

表 1.1　教育領導研究不同走向分析表

	實證論走向	詮釋走向	批判走向	後現代走向
主要研究焦點	1. 成功領導者特質與行為 2. 領導與學校產出之間的關係	1. 政治與權力運作觀點 2. 建構論觀點	1. 性別 2. 種族 3. 文化 4. 社會階級	1. 解構 2. 脈絡 3. 混沌現象 4. 複雜結構等
關心議題	1. 何種變項可預測成功的領導行為 2. 何種領導可造成最大的學校效能與效率	1. 學校政治與權力之轉換與各利益團體間的合縱連橫 2. 領導者如何形塑其領導行為及其使用形式	1. 領導者如何利用主流價值操縱與宰制被領導者 2. 關心平等與分權議題	1. 研究者如何在特定脈絡中呈現研究發現 2. 研究者與被研究者之間的交會關係
研究方法	統計分析如變異數分析、迴歸分析、因徑分析	民族誌、人類學、生命傳記等質性方法	觀察法、深度訪談法、歷史法	文本分析、系譜學

分析。

　　學者對於二次世界大戰以後，教育行政領域所使用的研究典範分類，並無一致之看法。例如 Denzin and Lincoln（1994）雖然主張可分為實證論（positivist）、詮釋學（interpretive）、與批判理論（critical theory）三類，但也承認並不周延。如以今日之觀點來論，其分類並未加入後現代理論（postmodernism），確有增補之空間。此也說明要發展一套精確的分類系統實在相當困難。因此，本書之研究走向分類絕非定論，只是從以往文獻中綜合而來，分別從實證、詮釋、批判、後現代四種走向加以敘述分析。

一　實證論研究走向

　　從歷史的觀點而言，二次大戰之後，以邏輯實證論為主的研究走向，即成為教育行政研究的主流。隨著 1950 年代以來的理論運動（theory movement）崛起，實證論研究走向的訴求幾乎充斥於所有的方法論教科書中。直至 1980 年代末期，Griffiths（1988）仍發現當時整個教育行政研究毫無變化性。其檢視 1985 年的主要期刊論文，發現在 230 篇中只有 3 篇為以質化研究為主，其餘皆為實證走向的作品，獨占之態勢極為明顯。

　　以教育領導相關的研究為例，實證論走向的理論基礎，乃假設社會組織為動態的系統，而領導行為的目的，乃在維持組織目標與產出之間的平衡關係。換言之，其吸收了古典 Weber 的官僚體系理論，與社會學的結構功能論（structural-functional theory）主張。前者堅信經由理性的行為與科層組織，整個系統會達到運作的平衡；後者則認為每個組織中的次系統（subsystem）均有其特定功能，如何統整連結各次系統，乃是組織運作成功的最大關鍵。基於此，Ogawa and Bossert（1995）即指出，如以領導研究為焦點，實證論走向有以下三點假定：(1) 領導之功能乃在影響組織之表現與維持穩定；(2) 領導者必須配合組織角色的

扮演；(3) 領導者係具有一定特質與可被觀察行為之個人。

　　根據以上假設，實證論走向在教育領導的領域中可分為兩支。第一支主要在探討行政工作的本質與領導者的特質。換言之，研究焦點乃在什麼樣的人在什麼樣的組織，會成為成功領導者的問題上。其特質（如人格、領導風格、經驗、智能、訓練）為何？其所擁有的價值觀與採取的行動又為何？此類研究遍及特質論、行為論、權變論、乃至整合型領導理論之各項研究，數量相當龐大。然而經過數十年發展，此類研究卻面臨巨大瓶頸。主要原因乃在其所研究之變項，極少被證明是預測教育產出的顯著指標。雖然統計上證明兩者確有關係，但離「決定性」或「顯著」的地步尚有差距（此由可解釋之統計變異量中可以看出）。影響所及，此類研究並未建立完整的理論架構，往往淪為各說各話的局面（相關評論可參見 Boyan, 1988; Hallinger & Heck, 1996; Slater, 1995）。

　　第二支實證走向的研究乃集中在領導與學校產出（school outcomes）或是學校效能（school effectiveness）之間的關係。美國自 1980 年代興起績效責任運動後，此類研究即大量出現，研究焦點多在探討校長之領導行為與學校績效之間的關係，試圖確立校長領導的正當性。其研究方式多半依賴問卷調查法，以分別探討校長對學校產出的直接、中介，或是間接效果。所使用的量化統計多為變異數分析、迴歸分析、與結構線性模式（SEM），並視需要加入控制變項。此類研究雖然證實教育領導行為確有影響學校產出的部分效果，但至今尚未建立系統性的模式與架構。

　　造成如此之原因主要在雖然經過多年研究，學校效能的理論模式、效能內涵、探討走向、與調查工具等議題均未達成共識。綜合國內外學校效能的研究文獻，發現其大致採取純粹理論探討與實證調查兩類。前者聚焦於效能理論模式與內涵層面的建立、論證、與比較；後者則多將相關效能變項以實徵方法驗證其與領導變項之關係（如學生學業成就與校長領導）。此外，學校效能內容的測量，可有主觀知覺與客觀評核兩種方式。分析方法除了應用一般統計分析（如迴歸分析、變異

數分析），其他方法如 AHP（analytic hierarchy process）、多層次模式（multilevel modeling）等也被採用，以調查評估學校效能。效能指標的類型分為兩類：一是知覺指標（perceived index），即效能為研究對象針對問卷問題的主觀感受；二為測量指標（measured index），係依據客觀、具體、與可測量的學校效能數據，如校務行政電腦化比率、學生考試成績、與學生中途輟學率等。

從研究之數量觀之，研究校長領導行為與學生成就間之關係，已成為近年各國之顯學。此因自 1980 年代興起之績效運動以來，社會多希望檢驗學生之學習成果，以評估校長之領導成敗。但因事涉複雜，相關研究結果並無定論。其中如 Witziers 等人（2003）分析 37 篇多國文獻，結果發現校長領導對學生成就之平均效果值僅有 0.02。然而另一位學者 Marzano 等人（2005）則發現校長領導對學生學業成就之平均效果值為 0.4，差異竟達 20 倍之多。Robinson, Lloyd, and Rowe（2008）接續進行後設分析。在分析 22 篇學術論文後，發現轉型領導影響學生學業成就之平均效果值為 0.11，教學領導對學生學業成就之平均效果值為 0.42。值得關注的是 Leithwood and Jantzi（2006）的研究。其探討轉型領導與英國學生讀寫與計算能力之相關，發現兩者並無顯著關係。兩人因而主張未來研究焦點，應置於領導行為如何激發教師動機等中介變項，再進而探討校長領導對學生成就之間接效果。

綜而論之，學者在評論實證論走向之領導研究時，認為其主要不足之處乃在視組織為封閉系統。所研究之變項如教育領導行為、學校氣候、學校組織、教師滿足感等皆為系統內之變項，卻忽略了環境、文化、社會的影響力（Goldring & Pasternak, 1994）。實務上，校長之領導行為極少能脫離文化與社會脈絡。雖然自 1980 年代後，部分學者（如 Hannaway & Talbert, 1993; Leithwood, 1994; Pounder, Ogawa, & Adams, 1995）開始加入如學生社經地位等情境變項，但因無法囊括所有文化與環境變項，因此至今仍未能產生系統性的完整理論。此外，值得一提的是以情境變項為研究焦點的權變理論，雖在 1970 年代引領風騷，但

其後卻未得到學者的青睞，相關研究也未達一定數量（相關研究可參見 Slater, 1995）。

二 詮釋走向的研究

如上所述，早期領導研究多採用實證論導向之量化研究。然而 1980 年代以後，後實證主義典範興起，主張以多元方式進行整合研究，量化研究獨霸之現象有所改變（秦夢群、黃貞裕，2001）。之後，質化相關研究法如民族誌、生命故事敘說分析等，採用對現象的深入詮釋，希望更能深入探討領導的本質與意義。

與實證論走向不同，詮釋走向的領導研究的重點，乃在探討領導者如何在所處組織中建構所需之知識與行為，以配合情境與脈絡的發展。換言之，其主張領導者行為難以客觀測量，而必須利用詮釋的方法，即使有時被認為是主觀的（以實證論的觀點而言）。基本上，詮釋走向的領導研究可分為兩類，一為政治與權力觀點之研究，二為建構主義（constructivism）的觀點。茲分述如下：

政治與權力觀點的研究在領導行為上與實證論走向判若雲泥，認為學校的領導行為不限於校長身上，且學校的正式組織也不見得擁有權力。反之，其將研究重心放在學校政治與權力的轉換上，對於各利益團體與社區的力量頗為重視（Greenfield, 1991; Jantzi & Leithwood, 1996）。即以學校改革的議題為例，實證論走向將焦點多置於學校內之成員與領導者身上，政治與權力觀點之研究則注重各利益團體（教師、家長、社區等）的參與程度與合縱連橫的過程。

此種對領導過程的不同看法開啟另一條研究之路。在實證論走向研究中，鮮少加入政治與權力因素（Anderson, 1990），而僅是機械的認為只要校長建立明確目標，其他次級團體即會予以響應而遵守。事實上，學校是一個複雜且多元的系統，它具有成員持有不同目標、多元教育主張、與教師享有高度自主的鬆散結合特性。實務上，各利益團體之

間的關係極為複雜，有時校長不見得是真正的領導者，而必須聽命於其他次級團體。因此，只是探討校長行為是不足的，而必須研究其與各利益團體的交會關係，才能真正瞭解領導之本質。

基本上，政治與權力普遍存在於學校中，而探討其間運作者，學者稱之為「微觀政治學」（micropolitics）。實務研究上，此派學者重視各利益團體如教師、家長、學生、社區的價值觀與信念，分析其如何透過交涉與談判，與正式組織的領導者在合縱連橫間做出決策。例如在 Blasé（1993）的研究中，即將重心放在校長如何利用正式與非正式的權力來達成學校的目標。其發現校長如利用規範策略（如使用符號、儀式）來與教師「協商」其希望下達的命令與要求，反而能建立真正的領導權力。此外，Blasé（1989, 1991a）也將教師在面對不同類型（如封閉型、開放型）之校長時，所採用政治策略（如外交協商、逃避、對抗等）加以詳細描述。此類研究的重點放在領導之過程，補足了實證論只注重輸入（如校長特質、工作特性）與輸出（如學校產出）之不足。

建構論為詮釋走向領導研究的第二個分支。與實證走向堅持操弄相關統計變項的信念不同，建構論將領導行為視為一個整體，其關注焦點乃在校長與其他成員如何在組織中形塑對自我角色的共同認知（Everhart, 1988）。在此走向下，領導者的任務即在幫助自我與成員建構對工作的意義與價值觀，以探討其與外顯行為之間的關係（Duke & Iwanicki, 1992; Lotto & Murphy, 1990; Lum, 1997）。

建構論的相關領導研究較實證走向更為費時，主因即在其必須藉著深入觀察與訪談過程才能完成。早期的研究如 Wolcott（1973）利用民族誌與人類學的方法，詳盡描述教育領導行為的始末。在研究中，領導行為不再被切割為零碎的片段（如實證走向所抽離的變項），而是全像式的探討。藉著各種事件的描述，讀者可看出校長如何建構「校長」這個職位的意義，及其所受到之文化與社會脈絡的影響。Wolcott（1973）的研究帶動了 1990 年代的後續作品，其中如 Ogawa（1991）以校長交接為研究主題，探討學校既成的規範系統與價值觀，新校長社會化的形

塑，及其與新學校環境之間的融合過程。Anderson（1991）的研究則探討教師價值觀如何形成與集結，以對抗學校的改革。

依照建構論的理念，學校領導常被賦與新穎的名詞，其中包括象徵式領導（symbolic leadership）、隱喻式領導（metaphorical leadership）、或認知式領導（cognitive leadership）等。其重點多在瞭解角色、價值觀、文化之間的關係與建構過程。換言之，主張領導行為在組織中乃是分享與建構的過程，絕非可自領導者身上單獨抽離。

三　批判走向的研究

教育領導的另一發展為批判走向的研究。雖然建構論已將文化與社會脈絡列入研究重點之一，但是批判走向的研究卻更進一步，對於現存的社會關係與意識型態進行批判。持此種論點的學者認為領導行為多半只是以既有之價值框架，迫使被領導者接受不公平的對待，其本質乃屬於操縱的。批判走向指控學校不動聲色的利用現存的主流社會價值，促使社會不平等現象恆久化（Keith, 1996）。因此，當檢視學校改革之成效時，單單分析領導者的行為並不夠，而必須包括平等的議題，否則一切只是研究表象而已。

部分學者（如 Dillard, 1995; Maxcy, 1995; Scapp, 2006）指出，傳統對領導的看法，並不足以解釋學校所發生的現象。學校處於不同的文化與脈絡中，其影響絕不容忽視。許多 20 世紀的教育行政論文乃植基於西方文化的基礎上，其是否適用於其他社會與文化，則產生相當大的疑慮。如果將西方文化所產生的理論強加應用於其他社會，則明顯有控制的意圖，雖然它並非可以明顯察覺（可參見 Cheng & Wong, 1996; Ribbins, 1995）。此種對於跨文化教育領導予以關注的走向相當重要，尤其是在與西方具有本質上差異的東方與回教文化中。以往華人地區的教育領導研究，多半引進英美兩國所發展之模式，但是否合用則成一大疑問。

　　批判走向的領導研究，主要可分為針對不同性別、種族（族群）、文化、社會階級等，相關宰制、再製、控制、操弄等議題之深入探討。即以性別為例，以女性主義（feminism）為主的學者（如 Dillard, 1995; Benham, 1997），開始探討黑人女性校長如何在強勢之社會價值下（以白種男人為主流），如何自我行動適調，並創造不同的領導風格。此外，批判走向研究也涉及探討不同文化下的領導理念，分析領導者在不同文化價值觀之下，如何界定與執行領導的角色。相關研究如 Bajunid（1996）之探討馬來西亞回教文化、Cheng and Wong（1996）之研究華人文化、與 Hallinger, Taraseina, and Miller（1994）之探討泰國文化，均呈現不同的面貌。

四　後現代走向的研究

　　後現代主義的派別如後結構主義（poststructuralism）、非線性系統理論（non-linear system theory），皆主張解構大型理論的形成。對於可藉著特殊證成模式探索組織本質的假定，採取完全否定的態度。後現代走向研究不再專注於任何特定的研究方法，主張單一方法不能捕捉人類的真實經驗。最顯而易見的，是其對後設敘述的否定，主張個別研究係不同時空下的產物，不能類推於其他的情境中。此外，由於主張沒有單一的研究方法可以捕捉人類行為的變異性，研究者在論述被觀察者的行為時，往往受其性別、階級、族群，乃至特殊之意識型態的影響。因此，讀者在檢視或應用所產生之研究「結果」時，必須瞭解研究者的背景與研究過程時的脈絡，特別是針對研究者身處的社會與政治系統。

　　影響所及，質化的研究方法即成為後現代主義研究者的多數選擇。即以教育行政領域中的領導行為研究為例，實證論典範多從成品與結果的角度來研究領導。換言之，即從各種產出變數（如組織氣候、教師滿意度）來瞭解校長的領導行為。因此，量化研究如問卷調查即成為普遍之形式。其大量與迅速的特質，有利於其後統計分析的推論與類化。與

之相較，後現代主義的研究焦點卻放在領導行為被詮釋與實施的過程，其中包括領導者如何受其背景與社會脈絡（如性別、種族、文化、社經背景、教育經驗）的影響，而形成其自我詮釋「領導」理念的不同風格與歷程。實務上，質化研究較能符合如此研究的需求。

　　因此，在已出版的相關教育行政研究中，所使用之方法幾乎全為質化方法，其中包括論述法（narrative）、生命傳記（life biography）、個案研究（case study）、與文本研究（textual analysis）等。原則上，後現代走向的研究對於「成功領導者」的概念不再重視，而將探討重點置於個人在特殊脈絡中，如何感受與詮釋領導之歷程。在研究過程之分析、撰寫、呈現的形式上，均與傳統之實證論有雲泥之別（相關論述可參見 Robinson, 1996）。此種特殊的文本分析，某種程度上凸顯了領導行為在研究上的主觀特性。

　　後現代走向之教育領導研究可以量子理論為例說明。量子理論認為量子的所有行為或運動都可以在一個非連續的、不可分的、被稱之為量子的單位中被發現。根據測不準原理，量子主體與外在世界，存在變化與曖昧之界線關係。要瞭解一個量子主體，必須檢視其所存在的關係脈絡。脈絡一旦改變，量子主體的特性也隨之改變。換言之，量子主體必須與環境脈絡產生關聯，才能界定完整之圖像。應用於領導行為上。量子領導（quantum leadership）係指運用量子理論的啟示進行組織的領導。Jensen（1998）將其定義為「領導者與追隨者兩方一起進入場域，而後形成互動關係的一種行為」。量子領導主張領導者與追隨者的關係就像跳一場雙人探戈，兩人同等重要，缺一不可。換句話說，不論是領導者還是追隨者，都是成功領導不可或缺的要素。其主張領導場域應是能自我組織的架構，領導行為即是領導者與追隨者共同經營的場域，兩者同等重要而無尊卑之分。在研究上，領導行為是完整一體的，不能將其由脈絡中抽離。研究者與被研究者具有相互影響而依存的關係。

　　實務上，由於後現代主義對基礎主義之反動，因此對於傳統教育領導有不同之看法。首先，傳統教育領導者之培育建築在既定之知識架構

與大型理論上;後現代主義則主張依其脈絡之不同,知識之詮釋有其不同之風貌,因此必須採用多種方法幫助培育者學習。其次,傳統校長培育重在理論之傳授;而後現代主義則認為理論與實務不應分開,必須整體連結。此因沒有理論可以放諸四海皆準,校長必須依現場之情境靈活運用所學之理論。最後,傳統校長培育多採用敘述式之理論傳授,後現代主義則主張多種形式,其中如組成同伴團體(cohort group)等學習方式,均是值得鼓勵的。

第三節 教育領導理論之發展時期與趨勢

教育領導向來是研究教育行政領域的重鎮。此因即使師生互動再好,學校資源再豐富,但缺少教育領導者的居中牽線,所產生之成果往往事倍功半。傳統所謂「有什麼樣的校長,就有什麼樣學校」的說法,晚近雖受到挑戰,但仍為不少社會人士所堅信。尤其是在各國頻頻進行教育改革之際,領導行為之研究更形重要。影響所及,在各種教育行政的教科書中,教育領導必定占有一定篇幅。傳統上,其相關理論多可被歸類為特質論、行為論、權變論三大走向。然而自 1980 年代以來,許多新興的教育領導類型(或僅可稱為理念)興起,令人目不暇給,也開始挑戰傳統領導模式的主張。

一 學者對教育領導理論發展時期之分類

最早針對新興領導理論加以評述的乃是學者 Bryman(1992)。其在《組織魅力與領導》(*Charisma and Leadership in Organization*)一書中,指出自從 1980 年代以降,領導研究的重心已從「舊領導」轉向至「新領導」。新領導相關理論的興起主因乃起於舊領導理論(特質論、行為論、情境論)之不足。Bryman(1992)指出所謂的新領導最早起源

於對魅力領導的討論，並將領導重心放在以下之面向：(1) 建立願景；
(2) 鼓舞成員共成願景；(3) 激勵與鼓舞；(4) 改變與創新；(5) 賦權於部
屬；(6) 激發成員承諾；(7) 激勵額外付出；(8) 忠誠及具有敏銳的直覺；
與 (9) 洞燭機先於環境的改變。

其後，Hoy and Miskel（1987）依據當時已發展之領導理論，將其
分為「特質情境兩難走向」（the trait-situation dilemma approach）、與
「權變走向」（contingence approach）兩者。不但過於簡單，且未檢視
新興教育領導理論之發展。此外，Bensimon, Neumann, and Birnbaum
（1989）則將領導研究分為六種類型。其分類除認知理論類型外，其餘
五類已相當接近日後眾多學者的分類。茲將六種類型簡述如下：

1. 特質論（trait theories）：研究焦點乃在探討成功的領導者所具有
   的個人特質與其影響程度等。

2. 行為論（behavioral theories）：研究焦點乃在探討領導者的實際
   領導行為。其中包括領導型態、管理哲學、與行為模式等。

3. 權變論（contingency theories）：研究焦點乃在探討面對組織所處
   環境之特性，領導者之作為與對策等。

4. 權力與影響理論（power and influence theories）：研究焦點乃在
   探討領導者藉由對組織權力之操弄，如何影響其與部屬之間的關
   係及相對作為。

5. 文化與符號理論（cultural and symbolic theories）：研究焦點乃在
   探討領導者如何詮釋組織之符號、信念、與價值，進而建構組織
   文化的歷程。

6. 認知理論（cognitive theories）：研究焦點乃在探討領導行為所處
   之變動與複雜的世界，藉以瞭解社會如何詮釋與歸因領導行為。

學者 Leithwood and Duke（1999）在參閱相關教育領導文獻後，將
其分為六類。分別為：(1) 教學領導：注重教師在教學歷程中與學生之
間的交流；(2) 轉型領導：注重組織願景之建構與對成員之激勵；(3) 道

德領導：注重領導歷程中之倫理與價值觀；(4) 參與領導：注重成員之共同參與決策歷程；(5) 權變領導：注重對所處特殊情境之機動應變；與 (6) 管理領導：注重組織結構與目標之達成。

針對主要新興領導理論之研究數量，Leithwood and Duke（1999）調查四種教育行政領域之英文期刊，範圍為 1985 至 1995 年。四種期刊分別為《*Educational Administration Quarterly*》（EAQ）、《*Journal of School Leadership*》（JSL）、《*Journal of Educational Administration*》（JEA）與《*Educational Management and Administration*》（EMA）。前兩種為美國主導，後兩者則分由澳洲、英國主編，基本上顯示以英美文化為主之觀點。調查結果發現最多研究之領導模式分別為教學領導、轉型領導、權變領導、道德領導、管理式領導、與文化領導。

由調查之結果中可看出即使早在 1990 年代中葉，轉型領導即已成當紅炸子雞，其研究盛況將延續多年。此外，權變領導與管理式領導仍有餘威，代表傳統之領導理論並未完全沒落。管理式領導脫胎於古典之管理理論，強調透過計畫、協調、溝通、執行、評鑑等功能，以達成組織既定目標；強調成員具有足夠理性判斷與完成「對的事情」。此外，教學領導之拔得頭籌，顯示校長扮演之角色已不再侷限於管理與行政，而必須肩負教學領導者的任務。

學者 Yukl（2009）則在《組織領導》（*Leadership in Organizations*）一書中將領導研究走向區分為：(1) 特質走向（trait approach）；(2) 行為走向（behavior approach）；(3) 權力影響走向（power-influence approach）；(4)情境走向（situational approach）；(5)整合走向（integrative approach）等五種。其中所謂的整合走向，係指所進行的領導研究或概念包含了兩個以上的領導走向。1980 年代以降，整合走向變得相當風行，研究者傾向統合兩個以上的領導變項在同一個研究上，但在其所提出的領導模式中，仍然可以發現過去所論及的研究走向，如特質走向、行為走向、情境走向。Yukl 認為整合走向發展最好的例子就是魅力領導（charismatic leadership）。

　　除了領導研究走向之外，Yukl（2012）也將領導行為分為六種主要因素，其中包括歷程、能力、行為、影響、環境、與資源。檢視其對領導走向的分類，特質走向、情境走向、行為走向乃為傳統之分類；權力影響走向則深受批判典範的影響；整合走向則較為含糊，只要涉及兩種領導走向者，似乎皆可包括在內。此種分類是否周延，則須待日後研究之探討。

　　英國學者 Bush（2003）的分法則較為不同。其從管理模式出發，再將相關領導模式歸於其中。依據當時之相關管理走向，Bush 認為計有六大類（詳見表 1.2）。茲簡述如下：

1. 正式模式（formal model）：此模式與傳統官僚體系極為相近。領導者掌控組織目標之設定、政策制訂、與最後決定。領導者位居要職且擁有巨大權力，其作為直接影響組織之成敗。相關領導模式如管理領導。

2. 同儕模式（collegial model）：在此模式中，組織決策乃經由各種委員會，利用正式或非正式之管道進行磋商後做成。領導者僅是眾多委員中之一人，並無絕對之權力。實務上，領導者之最大責

表 1.2　Bush 主張之領導理論類型

管理模式 （management model）	領導模式 （leadership model）
正式模式（formal）	管理模式（managerial）
同儕模式（collegial）	參與模式（participative） 轉型模式（transformational） 人際模式（interpersonal）
政治模式（political）	交易模式（transactional）
主觀模式（subjective）	後現代模式（postmodern）
含糊模式（ambiguity）	權變模式（contingency）
文化模式（cultural）	道德模式（moral） 教學模式（instructional）

資料來源：Bush（2003: 33）。

任乃在折衝樽俎，盡力使眾人達成共識。其可能是組織中威望最高者。相關領導模式如參與式領導、轉型領導模式、人際領導等。

3. 政治模式（political model）：在此模式中，決策過程中的協商、折衝、利益交換等政治行為被強烈標舉出來，而領導者即被期待能擺平各利益團體。事實上，其權力之來源與大小端賴政治運作之成果，常有成王敗寇的下場。好的領導者周旋於立場不同的團體中，能以政治手段達成組織最大利益。相關領導模式如交易領導。

4. 主觀模式（subjective model）：在此模式中，領導的色彩被刻意沖淡。反之，個人的特性及其對事件之詮釋，則受到進一步的重視。組織中的個體皆有其既定價值觀，並深深影響其對組織運作的看法。身為領導者，應該強調個別成員之主體性，瞭解其獨特立場，並在同一的詮釋基礎上帶領成員完成目標。相關領導模式如後現代領導。

5. 含糊模式（ambiguity model）：此模式強調環境的不穩定性與組織的不確定性。因此，世上並無絕對最佳之領導模式。身為領導者，必須檢視組織內外之重要變項，並因之發展獨特之領導模式，以適應所處之獨特環境。相關領導模式如權變領導。

6. 文化模式（cultural model）：在此模式中，組織文化之發展與持續，乃為領導者最重要之任務。其可以利用各種符號、儀式、與故事，建構組織文化的基底與架構，以讓所有成員瞭解組織運作背後之意義。此外，領導者也必須利用多重溝通管道，針對外部利益團體，說明組織的中心價值觀。相關領導模式如道德領導、教學領導。

檢視 Bush（2003）對領導之分類主張，可看出其為較周延者。不但含括傳統之正式模式，也將文化模式、與後現代主義有密切關係之主觀模式列入。然也因為如此，其分類較為含混，但至少提供另一種分類

之主張。

　　在中文研究部分，大陸學者黃崴（2001）將 20 世紀西方教育管理理論的發展，依次分為：(1) 古典教育組織理論（效率為本模式）；(2) 人本主義教育管理理論（人本模式）；(3) 教育管理科學理論（理性為本模式）；與 (4) 後現代教育管理理論（多元整合模式）。其主張雖以教育管理（行政）整個領域加以分析，但對教育領導仍有其一定適用程度。

　　台灣學者則多針對教育領導研究進行分析之相關論文，其在 1990 年代幾近闕無，直至 2000 年才出現較為統整之研究。林明地（2000）首先回顧近 30 年之 95 篇相關校長領導學術論文，發現早期以行為論相關篇數最多，尤其是針對俄亥俄大學領導行為研究之兩層面（關懷與倡導）模式。在後期新興領導理論部分，則以轉型與交易領導研究最為風行。同年，潘慧玲、梁文蓁、陳宜宣（2000）分析近 10 年教育領導之相關碩博士論文 75 篇，發現只有 4 篇是以女性領導者為研究焦點，42 篇之過半數論文完全未將性別變項列入。顯示教育領導之研究仍以男性為主軸。之後，孫瑞霙（2001）蒐集近 5 年之教育與企管領域碩博士論文（教育 27 篇，企管 47 篇），焦點設定於領導型態與組織效能之關係研究。結果發現在教育領域中，近 5 年研究相關轉型與交易領導研究高達 13 篇，儼然成為顯學。此種現象在企管領域卻不明顯（僅有 4 篇）。

　　由於對傳統領導理論的反動，1980 年代之後產生的新興理論百花齊放。似乎只要有特殊想法，即可冠以一個新名詞加以代表。部分如根本領導（primal leadership）、加值型領導（value-added leadership）提出後幾乎無人研究，而僅是曇花一現。對於各種新興的領導理論（或只是理念），葉連祺（2004）曾加以整理分析，其中包括 60 個相關理論，並將之分類為：(1) 領導者特質類；(2) 領導者行為類；(3) 權力影響關係類；(4) 人員行為類；(5) 組織任務類；與 (6) 組織特性類。在被引介與討論上，發現在中文資料的探討和引介部分，居前 10 名依序是轉型領導、教學領導、課程領導、主管領導、交易領導、家長式領導、魅力領導、道德領導、文化領導、團隊領導。至於英文部分，教學領導、教師

領導、創造性領導、學術領導、課程領導為前五名，其次是轉型領導、共享領導、策略領導、團隊領導、科技領導、主管領導、家長領導。

綜觀 20 世紀以來教育領導理論的發展，本書認為約可分為五個主要類型：(1)特質論走向：盛行於 1940 年代之前，強調領導能力乃是天生，因此探詢「英雄特質」即成為研究焦點。(2) 行為論領導走向：盛行於 1940 年代至 1960 年代，強調成功領導與領導者行為息息相關，因此能夠產生高組織效能之領導者的行為模式，即成為研究焦點。(3) 權變論領導走向：盛行於 1960 年代至 1980 年代，強調成功之領導必須視所處情境通權達變，世上並無絕對最佳之領導模式；基於此，探討不同領導行為與情境之間的關係，即成為研究焦點。(4) 整合型領導走向：興起於 1980 年代之後，有別於傳統之三大走向，部分學者將之命名為「新興領導理論時期」(李安明，2003；張慶勳，2001；Bryman, 1992; Cheng, 1994; Yukl, 2009)。(5) 功能型領導走向：就發展時間來看，其也可被視為新興領導理論之一部分。功能型領導之內涵乃依據各教育功能之需求，適時利用領導理念，以發展配套作為。例如課程領導、教學領導等。嚴格而論，此類領導本身並未發展特定之領導內涵，多只是將相關領導理念應用於日常教育運作中，不具有嚴謹之理論基礎。然而由於研究者眾，故特別將其分出為一單獨走向類型。相關五個教育領導類型之比較請參見表 1.3。

整合型領導時期的特色一是百家爭鳴，二是採取整合性的領導走向。此因社會結構日趨複雜，眾聲喧嘩之下，使得以往單靠某一走向的領導理論不敷所用，而必須整合各模式產生多元走向的領導理念。即以近年被研究最多的轉型領導（transformational leadership，大陸多翻譯為變革型領導）為例，其所包括之面向如魅力，即有傳統特質論的色彩。其他如激發動機、知識啟發等，則又屬於行為論之範疇。此種現象，代表傳統單一走向之不足，必須加以整合產生新領導模式。換言之，魅力、願景、行為、情境、道德、與文化等領導面向皆成為領導理論矚目之焦點，更別說許多只有少許概念，就自稱為理論的領導類型。

表 1.3 不同教育領導理論發展走向摘要表

領導理論走向	研究重點	研究設計	不足之處	應用於教育之理論
特質走向	成功領導者的特質。	以各行各業成功人士為樣本,找尋其領導特質。	易懂,但所提出之特質數量太大,令人無所適從。	1.傳統特質理論如偉人論、時勢論。 2.現代特質理論如Stogdill、Katz之研究、隱涵領導等。
行為走向	有效能領導者的外顯行為類型。	探討領導者行為與組織效能間的相關。	忽略了情境因素,以致造成研究結果難以類化的問題。	1.單層面領導行為理論如X與Y理論。 2.雙層面領導行為理論如俄亥俄大學領導行為研究、管理方格等。
權變走向	在特定情境中適當的領導行為。	以情境因素為中介變項,尋求領導行為與組織效能間的最佳組合。	對於情境因素的取捨不同且不夠周延,以致各相關研究難以定論。	相關Fiedler、House、Reddin、Hersey and Blanchard等權變模式理論。
整合走向	試圖整合多個走向或層面(如特質、情境),以發展出最具效能的領導模式。	結合各走向之特點,探討整合理念之可行性。	雖力圖整合,但也因此呈現大雜燴之現象。且類型極多,較難加以聚焦。	轉型領導群、交易領導群、道德領導群、服務領導群、分布式領導群、家長式領導群、文化領導群等領導理論。
功能走向	將領導理念應用於各教育功能(如教學)之中。	觀察教育各功能之需求,適時利用領導理念或原則,發展相關應對之作為。	本身並未發展出嚴謹之領導概念,至多只是將相關領導理念應用於教育運作中。	課程領導、教學領導、知識領導、科技領導、學習領導等。

領導者力求發展整合模式，以達到組織動態平衡的境界。此時期號稱之領導理論眾多，宛如形成一個大調色盤，其上花花綠綠各顯風騷。基本上，此時期目前仍繼續發展，其對領導發展之功過尚待歷史證明。

由於教育領導行為的複雜性與牽涉眾多變數，至今對於教育領導整體圖像之建立仍未有定論，遑論類型分類之周延。自 1980 年代以來，企業界與教育界出現大批領導的理論或名詞，但除少數外，多半如流星般一閃即逝。表 1.4 與表 1.5 中在檢索主要資料庫後，呈現 1990-2019 年 30 年之間，在教育行政與管理研究相關學位與期刊論文中，歐美與華人地區研究最多之教育領導理論。其中英文部分，前 15 名依次為教學領導、轉型領導、服務領導、教師領導、分布式領導、組織領導、交易領導、真誠領導、共享領導、倫理領導、合作領導、學術領導、科技領導、主管領導、與靈性領導。中文部分，前 15 名依次為課程領導、教學領導（teaching leadership）、教學領導（instructional leadership）、轉型領導、道德領導、教育領導、組織領導、交易領導、文化領導、教師領導、分布式領導、服務領導、家長式領導、願景領導、與科技領導。全體教育領導理論檢索數量總表，請參見附錄 1。

分析表 1.4 與表 1.5 中之數據，整體而論兩者之重複度頗高。前 15 名名單顯示近 30 年何種領導理論最受學術界青睞。個別領導理論部分，1990-2009 年轉型領導皆是獨占鰲頭，但近十年已經被課程領導與教學領導趕上，兩者成為最火紅之領導理論，顯見功能型領導被重視的程度（科技領導也在榜上）。此外，近年新興領導理論發展也有逐漸減緩之趨勢，較令人矚目者如學習領導、正向領導等，研究數量尚在增加中。至於中西研究之焦點也有部分差異，其中最明顯的為家長式領導，其在華人地區之研究熱度，非歐美地區所能及。此外，三大傳統研究走向（特質論、行為論、權變論）之相關理論，除魅力領導外，其餘多已銷聲匿跡。推其原因，可能已個別融入新興領導理論，以整合的型態轉變後加以呈現。

表 1.4 教育領導理論被研究次數前 25 名摘要表（英文）

教育領導理論	譯名	學位論文（關鍵字）	期刊（題目）	總計
instructional leadership	教學領導	1439	353	1792
transformational leadership	轉型領導	690	333	1023
servant leadership	服務／僕人領導	659	105	764
teacher leadership	教師領導	357	348	705
distributed leadership	分布式／分散式領導	243	280	523
organizational leadership	組織領導	318	45	363
transactional leadership	交易／互易領導	265	33	298
authentic leadership	真誠領導	191	79	270
shared leadership	共享領導	165	66	231
ethical leadership	倫理領導	114	101	215
collaborative leadership	合作／協同領導	85	61	146
academic leadership	學術領導	28	103	131
technology leadership	科技領導	66	64	130
executive leadership	主管領導	85	27	112
spiritual leadership	靈性領導	91	13	104
strategic leadership	策略領導	40	61	101
team leadership	團隊領導	56	41	97
self leadership	自我領導	44	32	76
charismatic leadership	魅力領導	46	25	71
cultural leadership	文化領導	48	21	69
curriculum leadership	課程領導	11	55	66
visionary leadership	願景領導	34	26	60
moral leadership	道德領導	24	32	56
teaching leadership	教學領導	2	46	48
emergent leadership	浮現領導	36	7	43

註：1.英文學位論文以 ERIC（ProQuest）搜尋（1990 至 2019 年 4 月）。

2.英文期刊以 ERIC（ProQuest）搜尋（1990 至 2019 年 4 月）。

表 1.5　教育領導理論被研究次數前 25 名摘要表（中文）

教育領導理論	譯名	學位論文（關鍵字）		期刊（題目）		總計
		台灣	中國大陸	台灣	中國大陸	
curriculum leadership	課程領導	153	128	124	1573	1978
teaching leadership	教學領導	10	35	340	604	989
instructional leadership	教學領導	96	5	87	604	792
transformational leadership	轉型領導	204	51	142	48	445
moral leadership	道德領導	15	8	35	165	223
pedagogical leadership	教育領導	0	35	115	37	187
organizational leadership	組織領導	4	42	1	97	144
transactional leadership	交易／互易領導	58	2	35	29	124
cultural leadership	文化領導	5	4	6	107	122
teacher leadership	教師領導	17	9	65	19	110
distributed leadership	分布式／分散式領導	18	5	54	9	86
servant leadership	服務／僕人領導	45	2	24	9	80
paternalistic leadership	家長式領導	31	0	22	12	65
visionary leadership	願景領導	16	16	16	17	65
technology leadership	科技領導	11	3	28	18	60
team leadership	團隊領導	7	34	11	7	59
charismatic leadership	魅力領導	9	1	33	8	51
co-/co-operative leadership	共同領導	0	10	34	6	50
knowledge leadership	知識領導	14	1	27	7	49
positive leadership	正向領導	18	0	27	0	45
managerial leadership	管理領導	0	3	7	26	36
learning-centered leadership	學習領導	10	1	11	10	32
executive leadership	主管領導	0	5	18	8	31
ethical leadership	倫理領導	8	0	12	6	26
strategic leadership	策略領導	8	1	7	9	25

註：1.台灣學位論文以「國家圖書館全國博碩士論文資訊網」搜尋（1990 至 2019 年 4
　　　月）。以「英文」為關鍵詞搜尋，若無，再以「中文」為關鍵詞搜尋。
　　2.台灣期刊以「國家圖書館期刊文獻資訊網」搜尋（1990 至 2019 年 4 月）。以「英
　　　文」為關鍵詞搜尋，若無，再以「中文」為關鍵詞搜尋。
　　3.中國大陸學位論文以「中國博士學位論文全文數據庫」與「中國優秀碩士學位論
　　　文全文數據庫」搜尋（1999 至 2019 年）。以「英文」為關鍵詞搜尋，若無，再
　　　以「中文」為關鍵詞搜尋。
　　4.中國大陸期刊以「中國期刊全文數據庫」搜尋（1990 至 2019 年 4 月）。以「英
　　　文」為關鍵詞搜尋，若無，則以中文為關鍵詞搜尋。

　　此外，本書也自相關教育研究資料庫中，整理出近年教育領導研究
最多探討之相關變項，並將之呈現於表 1.6。讀者可從其中瞭解在教育
領導相關研究中，何種變項最受關注。

表 1.6　教育領導研究相關變項摘要表

領導	組織	管理	教師	學校
轉型領導	組織公平	知識管理	教師工作壓力	學校效能
課程領導	組織文化	策略管理	教師工作倦怠	教學效能
教學領導	組織氣氛	變革管理	教師教學風格	學生成就
知識領導	組織健康	專案管理	教師教學創新	學校創新經營
催化領導	組織學習	品牌管理	教師組織承諾	學校公共關係
服務領導	組織創新	全面品質管理	組織公民行為	學校行銷
交易領導	動態能耐	學校本位管理	教師專業素養	學校發展
道德領導	競爭優勢	人力資源管理	教師專業評鑑	學校整併
學習領導	組織效能	創新經營	教師工作投入	學校轉型
科技領導	組織變革	五力分析	教師增權賦能	學校市場化
文化領導	文化資本	團體決策	教師幸福感	學校國際化
分布式領導	組織溝通	參與式決策	教師數位學習	學校公辦民營

資料來源：ERIC（ProQuest）資料庫、台灣國家圖書館期刊文獻資訊網、
　　　　　中國期刊全文數據庫。

📚 二　主流教育領導理論簡介

為使讀者初步瞭解，以下即先就在教育行政領域研討較多的領導理論加以簡述。其中部分領導理論概念雖極為相近，但因其名稱不同，故仍分別簡介之。此外，以下並未將其加以分類而僅以英文字母排列，讀者在之後各章之敘述中，可依次瞭解本書所提及之相關教育領導分群及其主要概念。

(一) 真誠領導（authentic leadership）

真誠領導係指領導者清楚覺察自我之信念，以誠實、崇高、具使命感等內化道德觀，表現出與內在想法一致的外顯行為，並透過他人的回饋進行自我調節，培養部屬的信任感，進而使其產生同樣特質的領導模式。例如 George（2003）於《真誠領導》一書中即主張真誠的領導者擁有以下五大特質：(1) 瞭解領導的目的；(2) 創建穩固的價值；(3) 用心領導；(4) 建立良好的人際關係；與 (5) 展現高度自律。此外，Walumbwa 等人（2008）分析相關真誠領導文獻與團體訪談，將真誠領導分為四個層面，其中包括：(1) 自我覺察；(2) 關係透明度；(3) 公平的訊息處理；與 (4) 內化道德觀。

(二) 魅力領導（charismatic leadership）

魅力領導係指領導者以其遠見與活力，成為部屬崇拜學習的理想對象，進而甘心遵照其指令完成業務之領導模式。Bass（1985）指出魅力領導者具有自信、自尊、自主、轉型、與解決內在衝突等特質。領導者以此建立良好的形象，以維持部屬對領導者的信心。基本上，轉型領導含括魅力領導之概念，魅力只是轉型領導的重要特質之一。因此，成功的轉型領導者必定是魅力領導者，但魅力領導者卻未必是成功的轉型領導者。

㈢ 文化領導（**cultural leadership**）

文化領導係指領導者透過領導行為影響成員的信念、價值觀、與規範等，進而力求形塑與提升優質組織文化之領導模式。換言之，文化領導也可說是領導組織創造、維護、與更新文化的歷程。謝文全（2003）歸納國內外學者，提出文化領導的要點包括：(1) 領導者文化理念的建構、傳播與示範；(2) 透過器物形塑組織文化；(3) 建構合理升遷獎懲標準；與 (4) 加強組織文化的傳承。

㈣ 課程領導（**curriculum leadership**）

課程領導係指領導者針對課程發展、教學方法、課程設計、課程實施、與課程評鑑提供支持與引導、以幫助教師有效教學與提升學生學習成果之領導模式。Lee and Dimmock（1999）認為課程領導應包含三個要素：(1) 校長與教師之間須有具體目標與雙向的合作；(2) 校長和行政人員需積極投入課程發展歷程；與 (3) 共同建構全校性的課程政策。

㈤ 分布式領導（**distributed leadership**）

分布式領導係指領導者與組織成員，依其專業與能力共同承擔任務之領導模式。其作法傾向於集體領導、分享領導、與分權領導的形式。實務上，分布式領導較注重實質之領導，主張即使不具有領導之「職位」，也可能因其專業與能力，而成為真正的領導者。換言之，領導不再只限於具有名分之領導者，而擴及整個組織成員。領導的實踐也隨著組織發展需要而更替與轉變。

㈥ 促進領導（**facilitative leadership**）

促進領導又被稱為催化領導，係指領導者扮演化學過程中催化劑的角色，適度引導部屬良性互動，激發成員齊心一致，以有效完成組織任務之領導模式。其觀念係由 Dunlap and Goldman（1991）提出，主張領

導者之功能不在命令與指揮，而應集中全力發展有效策略，以催化成員齊心協力為組織效力。理論上，促進領導的概念源自於轉型領導。

(七)融合領導（fusion leadership）

融合領導係指透過鼓勵對話、分享資訊、共同承擔責任等方式，將組織成員結合起來，創造出連帶與伙伴關係，發揮團隊的巨大力量（謝文全，2003；Daft & Lengel, 2000）。其特徵包括：(1) 強調聯合與社區精神；(2) 與他人共同管理；(3) 資訊與責任的分享；(4) 強調願景、價值規範、與成果分享；(5) 強調活力、授能、與組織自我調適。

(八)隱涵領導（implicit leadership）

隱涵領導係指組織成員在評估領導者的行為時，會建構內在知覺系統，並依其定調領導者之領導模式。隱涵領導為對傳統特質論之修正，為 Eden and Levitan（1975）所提出。相關研究多集中於探詢隱涵領導特質，目的乃在瞭解受試者如何建構心中之理想領導特質，及其在評估領導行為時的關聯性。例如大陸學者凌文輇等人（1994）之研究，即發現「個人品格」為中國人臧否領導者時最重要之隱涵特質。

(九)教學領導（instructional leadership）

教學領導係指校長為了提高教師教學品質與學生學習績效，進而發展及參與學校教學相關活動與措施之領導模式。McEwan（1998）指出有效教學領導應包括五項重要步驟：(1) 建立與執行；(2) 創造引導學習的學校文化與氣氛；(3) 溝通學校的願景與任務；(4) 與同仁建構高度的期許；(5) 對學生、教師、與家長維持正向態度。

(十)知識領導（knowledge leadership）

知識領導係指領導者提供適切的環境、文化、與組織結構，以利於組織知識的建立、分享、與創造之領導模式。此因隨著知識經濟時代的

來臨，知識已經成為最可貴的資產。有些知識屬於外顯知識，可以具體看到；有些知識卻屬於內隱知識，乃是無形的、抽象的、難以名狀的。知識領導之理念也包括創意領導（creative leadership）之主張。創意領導係指領導者以其創意，在相關行政決策與作為上發展巧思，並激發成員之才華，發展組織特色之領導模式。創意領導的核心關鍵，即在知識領導之知識轉換與創建。藉由新思維與新方法，方能使組織脫胎換骨再創新局。

(十一) 學習領導（learning-centered leadership）

係指以學生學習為中心，藉由共同塑造學習願景、提供適當資源、促進教師相互合作、以提升學生學習成果之領導方式。實務上，學習領導以學生學習為中心，強調權力分享、關注學校不同層級的學習、創建各種學習共同體與專業發展社群、進而促成學校自我更新而永續發展。整體而言，學習領導較其他功能性領導模式（如課程領導、教學領導）更具全面性。

(十二) 道德領導（moral leadership）

道德領導係指領導者以自身道德操守作為領導基礎之領導模式。其以責任感與義務感實施領導，希求成員也以同等態度加以回應，真心且全力為組織目標而努力。道德領導又稱倫理領導（ethical leadership），實務上，其以正義無私等道德特質激勵成員，使之在潛移默化後，發展正向之工作心態（Ciulla, 1998）。

(十三) 參與式領導（participative leadership）

參與式領導係指藉由共同參與的方式，使組織成員在執行任務的決策與處理上，產生同舟共濟、人人有責之領導模式。其目的乃在強化成員的認同感，進而毫無保留貢獻所能，以有效達成組織目標。此外，晚近並有「融合領導」（fusion leadership）理念之提出。其係指透過鼓勵

對話、分享資訊、共同承擔責任等方式，將組織成員結合起來，以創造伙伴關係發揮團隊力量（謝文全，2003；Daft & Lengel, 2000）。其特徵包括：(1) 強調聯合與社區精神；(2) 與他人共同控制；(3) 資訊與責任的分享；(4) 強調願景、價值規範、與成果的分享；與 (5) 強調活力、授能、與組織的自我調適。參與式領導之基本精神與分布式領導極為相似。

(十四) 正向領導（positive leadership）

與魅力領導類似，強調領導者正向態度與特質，但興起時間較晚（Cameron, 2013）。係指藉由領導者正向樂觀的特質，以關懷與同理的正向態度激發成員內在動力，進而促進組織正向成長的領導模式。實務上，正向領導受到正向心理學強調之樂觀、信心等概念之影響，強調領導者應積極透過自我正向力量來影響周遭組織成員。主張領導者應帶領同仁建立正向組織願景、正向看待部屬行為、創建尊重信任之溝通關係、進而營造正向積極之組織文化。換言之，正向領導希望藉由「培養正向情緒→創造正向意義→形塑正向關係→促進正向成長」的循環，以產生既定之正向領導效能。

(十五) 家長式領導（paternalistic leadership）

家長式領導係指領導者展現父權的作風，雖然堅持不容挑戰之權威，但同時卻也照顧體諒部屬、與力求樹立典範之領導模式。家長式領導的研究多以華人社群為主體的場域為主，探討華人領導者的領導特色。Farh and Cheng（2000）綜合相關研究指出，家長式領導的內涵包括：(1) 仁慈領導；(2) 德行領導；與 (3) 威權領導。

(十六) 僕人領導（servant leadership）

僕人領導係指領導者具有僕人風格與心理特質，能夠服侍、扶持、激勵、與授權他人，而非只是高高在上發號施令之領導模式。僕人領導一詞，最早係由 Greenleaf（1970）在其所發表的「僕人是領袖」（The

Servant as Leader）一文所提出。由於僕人領導表現為他人服務的行為
與態度，故又被稱為是服務領導。

(十七) 默默領導（silent leadership）

默默領導係指領導人具有謙遜、低調、堅持專業等特質，並以謹
慎務實態度進行領導之領導模式。其由 Badaracco（2002）提出，主張
默默領導人不具強烈魅力與權力慾，甚至不認為自己是領導者。但在另
一方面，其總是三思而後行，小心與謹慎做出對的事情，而讓工作順利
完成（張明輝，2004）。默默領導之精神也影響其後提出之「第五級領
導」（level 5 leadership），其係由 Collins（2001）於《Good to Great》
一書中所提出。主張領導者共可區分為五個層次，其中第五級領導者係
指領導者結合謙虛的個性與專業的堅持，將個人的自我需求轉移到創建
卓越績效的遠大目標。其特性是謙沖為懷、意志堅定、不好大喜功，強
調團隊而不自我膨脹。

(十八) 靈性領導（spiritual leadership）

靈性領導者係指領導者忠於自我核心價值，不會在受到威脅時妥
協與讓步，勇於表達自己的想法，並謹慎面對成員不同價值觀之領導模
式。靈性領導者所具備的特性包括：(1) 建立共享價值；(2) 建立願景；
(3) 分享意義；(4) 影響及權力；(5) 授權；(6) 直覺；(7) 服務；與 (8) 轉
化。

(十九) 科技領導（technology leadership）

科技領導係指領導者發展、引導、管理、與運用科技於組織運作
中，以提升品質與績效之領導模式。其為伴隨資訊科技快速發展，因而
產生之功能型領導模式。科技領導主張校長不僅需要具備科技素養，也
應進行相關科技的領導。其作為如在校園中積極引入資訊科技融入教
學，鼓舞教師整合資訊科技於教學課程，利用科技擴展學生學習方式等。

(二十) 交易領導（transactional leadership）

交易領導係指領導者本著社會交換理論的原則，透過交易互惠給予特權的方式以刺激成員動機之領導模式。其由 Burns（1978）提出，強調與注重成本效益的分析與權力的交換。Bass and Avolio（1990）所編製的「多因素領導問卷」（Multifactor Leadership Questionnaire，簡稱 MLQ），界定交易領導的內涵與層面包括：(1) 後效酬賞；與 (2) 例外管理。

(二十一) 轉型領導（transformational leadership）

轉型領導係指領導者具有魅力、強調知識啟發、鼓勵部屬共同創建願景，以提升其工作動機之領導模式。其由 Burns 在研究行政領導者行為後提出，主張轉型領導不但顧及部屬的基本需求，會進一步激發並鼓舞員工的動機，使其自我實現而超越原先預期的需求。Bass and Avolio（1990）所編製的多因素領導問卷中，界定轉型領導的內涵包括：(1) 魅力；(2) 激發動機；(3) 知識啟發；與 (4) 個別關懷。

(二十二) 願景領導（visionary leadership）

願景領導係指領導者與成員建立共同的價值、信念、目標，以發展組織未來願景與方向之領導模式。實務上，教育行政學者 Sergiovanni（2005）進一步將願景視為「教育平台」，主張藉此平台，組織可以創造心靈社群，並建立成員之行為規範。願景領導在實務上包括：(1) 發展願景；與 (2) 執行願景兩項步驟。

三 本書之結構

基本上，本書之寫作焦點為 20 世紀以來主要教育領導理論之走向與發展，並就歷年被研究討論較多的領導理論加以論述。由於本書非企

業管理專書，故僅含括影響教育行政領域較為深遠之領導理論。讀者若需獲得其他更詳盡之資料，還請參考相關學者之大作。

本書為教育領導專書，所述內容在結構上大致分為四個部分。其中包括如下：

(一) 導論

探討教育領導之基本架構與研究走向。其中並分析自 1980 年代以來，在教育研究領域中，最常被研究之領導理論與類型。

(二) 學校組織之特性

不可諱言，學校乃是實踐教育領導最重要之場域。如要探究教育領導之精髓，則必須先瞭解學校的組織特性。此部分計有三章，分從學校之機構、文化、與政治層面，描述學校與其他社會組織不同之處。希望藉此讓教育領導者熟悉所處之特殊場域。

(三) 主要教育領導理論

歷年所發展之教育領導理論或模式如恆河沙數，但能獨領風騷者卻是百中選一。此部分計有三章，分別為：

1. 傳統教育領導理論

分從特質論、行為論、權變論之主張加以分析。其中特質論包括傳統的特質理論（如偉人論、時勢論）、現代特質理論（如 Stogdill, Katz 之主張）、與隱涵領導模式等。行為論包括單層面領導行為理論（如領導的 X 與 Y 理論）、雙層面領導行為理論（如俄亥俄大學領導行為研究、管理方格）等。權變論則包括 Fiedler 權變理論、House 的路徑目標領導理論、Reddin 的三層面理論、與 Hersey 和 Blanchard 的生命週期領導理論等。

2. 整合型教育領導理論

此部分多為 1980 年代後所出現之理論，大多整合多個層面（如特質、情境）後加以發展。由於呈現百家爭鳴之態勢，因此僅將在教育行政研究中最受青睞者加以敘述。其中大致依其內涵可分為七群：(1) 轉型領導群：其中除轉型領導外，與之相關類似的尚有魅力領導、願景領導、催化領導、促進領導等。(2) 交易領導群：與之類似的包括領導成員互動理論（LMX 模式）。(3) 道德領導群：與之類似的包括倫理領導、真誠領導等。(4) 服務領導群：與之類似的包括僕人領導、默默領導等。(5) 分布式領導群：與之類似的包括參與式領導、共享領導、合作領導、團隊領導、授權領導、融合領導等。(6) 家長式領導群：與之類似的如主管領導。家長式領導為華人社會相當普遍之領導類型，故特以專節加以討論。(7) 文化領導群：與之類似的包括象徵領導、價值領導等。以上七群除文化領導敘述於第 3 章，其餘六群均呈現於第 6 章。

3. 功能型教育領導理論

專指將領導理念應用於各教育功能（如教學）中之相關理論。嚴格而論，此類領導本身並未發展嚴謹之領導內涵，多只是將相關領導理念應用於日常教育運作中，不具有嚴謹之理論基礎。然而由於研究者眾，且對教育領導者之成敗具有重大影響，故特以第 7 章專章加以敘述。其中包括近年最受矚目之課程領導、教學領導、知識領導、科技領導、與學習領導。

㈣ 校長的角色與任務

空談教育領導理論，實無補於行政績效之催生。本書即以校長為例，說明並分析實務上之現況與問題。身為第一線的教育領導者，校長必須先瞭解其角色扮演與工作特性。因此第 8 章即從校長工作特性、面臨之限制、扮演之角色、有效能校長的特徵與作為等角度出發，希望能讓校長在眾說紛紜的教育領導理論中理出頭緒，創建自我之一片天。

1

個案研究 橘逾淮為枳

　　莫知南是台北市一所國小的校長，第一任校長任內，被分派到市郊一所小型學校服務。學校雖然較偏遠，但環境不錯。教師年輕有活力，且彼此之間的感情與互動情形良好，學生背景單純，家長對校務的意見也不多，完全信任學校的辦學方式。莫知南在這所學校任內，就聽從資深校長的叮嚀，一開始即採取強勢作風，力圖建立校長的威嚴。果然在環境單純的郊區學校，得到不錯的成果，教師對校長的要求配合度很高。莫知南在任內的第二年就考上課程與教學研究所，開始進修碩士學位。有些剛學到的理論與學理，就自然帶回學校應用驗證一下。老師也覺得校長很有理念，且能以身作則帶頭進修，於是都盡力配合。所以莫知南在初任學校覺得頗有作為且評價不錯。

　　完成碩士學位的同一年，剛好是第一任校長任期屆滿，莫知南參加校長遴選，順利轉任到較為市中心的另一所小學服務。該校歷史優久，教師平均年齡偏高，許多老師任教年資都比校長還久。家長的社經水平雖然較高，但學生來源卻差異頗大且相當複雜。學校在上任校長屆齡退休之前，早就呈現一種穩定安逸的組織文化。教師習慣沒有太多活動的日子，只要把班級管好，學生不要出事就行。莫知南到任後，雖感受到不同於前校的氣氛，但卻滿懷信心，深信以其向來之努力態度，套用到現任學校一定不會有問題。加上剛從研究所畢業，正有滿腹的課程教學理論等著落實。因此，在到任一個月後，他就開始要求老師必須進行課程統整，發展學校本位課程、積極自編教材、與排出共同時間進

行專業對話。此外，教學時也要求老師之間打破班制界限，實行「協同教學」的理念。莫知南還親自帶領老師做行動研究，並督促老師持續進行課程省思與分析批判。於是在週三下午或假日，每週都排了滿滿的教師專業成長活動，還規定老師一定要來參加，因為他深信沒有教師專業發展，就沒有課程發展。

莫知南非常積極推出各種活動，可說是每隔一陣子就有新點子與新措施。他堅信在如此用心努力的領導之下，學校一定能有一番新氣象，老師也會產生不一樣的作為。一學期過後，莫知南卻逐漸發現，老師仍然固守課本教科書的內容，並跟教務主任抱怨課本都教不完，哪還有時間自編教材。教師也認為自己就有能力把班級教好，何必還要弄個「協同教學」。所以校長雖然強力推銷，教師還是各自教自己的。專業對話也多是聚聚閒話家常而已。至於行動研究，老師更是主張作研究是大學教授的事，研究結果對他們的教學並無太大幫助，所以也就剪剪貼貼，勉強湊個行動研究報告交卷。在課程慎思與反省批判部分，老師更覺抽象。要慎思什麼？要批判什麼？老師反倒覺得校長該慎思，該反省一下為何要把大家弄得心神不寧與心力交瘁。所以，儘管校長精心安排各種專業進修活動，老師不是請假不想參加，就是帶著簿本到研習會場批改作業，或是看報紙、聊天、打瞌睡。

老師的反應與反彈，莫知南並非沒有感受到，只是他覺得再過一段時間，等老師習慣也瞭解他的用心後，情況自然會好轉。然而一年過去了，整個學校的氣氛變得更不好，行政人員與教師對立情況愈來愈嚴重，教師也變得愈來愈冷漠消極。莫知南極度疑惑，為何付出愈多，得到的回報卻是如此。他想要有所調整與改變，但不知該怎麼做？

註：本個案承蒙政治大學桃園縣校長培育班同學提供主要內容，併此致謝！

研究問題 ....

1. 試從實證、詮釋、批判、與後現代研究走向，說明在分析莫知南的領導行為與所遭遇的困境時，所關注的焦點有何不同？

2. 在上述案例中，莫知南在兩所不同學校中所應扮演的課程教學領導角色該相同嗎？此外，莫知南在新學校鎩羽而歸，其原因為何？

3. 上述案例中的莫知南應有何種對策與調整？又該有哪些具體作為？

第二章

學校的機構層面

> 作為校長，有時候使學校「看起來」有績效，
> 比「真的」有績效更為重要。

　　學校是教育組織的代表，對於國家進步有深遠之影響。歷年探討學校組織結構之論著浩帙繁卷，大多指出學校乃是極為複雜的組織（如Lunenburg & Ornstein, 2011；Mitchell, Crowson, & Shipps, 2011）。1970年代之後，美國興起對於教育的績效運動，堅持政府支持之公立學校，必須展現一定水準之產出成果，如此才能無愧於廣大的納稅人。持續至今，基於種種限制（如義務教育階段學校無權選擇學生），社會對於公辦教育之評價仍是毀譽參半。應運而生的，一方面是另類教育（如特許學校）的出現，一方面即是試圖移植成功企業的經驗於學校。然而事後證明，其成效多並不理想。

　　此因學校與企管組織的特性實有天淵之別，企業成功之模式與策略，應用於學校卻往往出現南橘北枳績效不彰之窘態。推其主因，乃在學校與商業組織特性互異，必須因地制宜才能收其成效。任何一廂情願的全面移植，必定產生嚴重的後遺症。教育組織難以創新之原因極多，數其犖犖大者，包括：(1) 目標過度哲學化而不明確；(2) 成員表現缺乏客觀評量機制；(3) 教育成果為長期性難以量化評量；(4) 成員之間因工作性質缺乏緊密結合；與 (5) 容易受到各種利益團體之干預等。

　　為重建具有創新性的學校組織，學者莫不殫精竭慮，試圖分析學校組織特性，以為日後開立處方之依據。追根溯源，近代相關正式組織的理論，莫不多少受到德國學者 Max Weber（韋伯）的行政組織理論影響。Weber（1947）認為科層結構（hierarchical structure）是治理人類組織的最佳手段，近代教育組織之最初建立與經營，也大致依循韋伯的模式，其具有以下六項組織特徵：

1. 實施分類分層（hierarchy of offices）：由於組織牽涉事物極為繁雜，非領導者個人所能掌控，其需要各種具有專業與技能的員工來分層負責。如此可以進行系統控制，並使成員各盡其職。因此，組織也必須提供適當的在職訓練以提升員工知識技能。此種制度可使人發揮潛力，而組織也因此而能創新改革。

2. 建立權力階層（specialized tasks）：在組織內，職位不但被分類分層，且彼此之間也存在著一定的權力從屬關係。下級職位必須聽命上級，而上級則依據法規進行指揮。此種權力階層（hierarchy of authority）的存在，目的在維持團體內成員之間的互動與合作，並提供一定之遊戲規則。

3. 訂定法定責任（rules and regulations）：維持權力階層的運作，組織中必須有一套完善的法令來規定權力義務。此套法令也許嚴謹，也許鬆散，但都對上級與下級之間的關係有所界定，以保持團體運作的規矩與制度。

4. 建立記錄檔案（files and records）：組織之相關運作活動與員工資料，都必須酌情予以記錄並建立檔案存底。此因許多計畫的制定多參考過往實施的利弊評鑑，以作為未來決策的依據。此外，員工的資料記錄則作為其升遷、獎懲、與支薪的重要標準。

5. 建立理性關係（impersonality）：原則上，組織之決策應該基於理性，而非感情用事。所以在科層結構中，決策過程應由多人參與，並以法令規章為本，對於各種人情關係應儘量避免。一切只要合乎規定則執行，否則必須另做考量。領導者應盡力避免自我好惡，以做到就事論事的地步。

6. 實施薪資制度（salary system）：由於定期提供報酬，成員可以安定工作以發揮所長。組織也常利用薪資之調整來回應個人表現的優劣。有特殊表現者，則予以額外之報酬或加薪。對依靠固定薪資度日的員工而言，無異是實質上的最大鼓勵。

依據科層結構理論，具有以上結構特徵的組織，應會產生最大之績效，但實施於學校卻非如此，部分辦學成果往往令家長與社區極不滿意（陳伯璋，1993；張新平，2003）。於是學者另闢蹊徑，主張學校即使有科層體制之外殼，但內部運作卻別有洞天。基於此，秦夢群（2017）綜合相關學校組織結構的重要文獻，其中包括 Lipsky（1980）的基層官僚理論、Weick（1976）的鬆散結合理論、與 Meyer and Rowan（1983）的雙重系統理論等（因篇幅所限，相關理論詳情請參見拙作之《教育行政理論》一書），主張學校有以下三項組織結構特性：

1. 勞力密集：晚近教育組織之建立，必須符合相關法律之規定。除了極少數外，大部分皆具有科層體制的架構。此雖與商業公司極為相似，但實際之操作卻是勞力密集之形式。如果秉持因材施教之原則，學校本應是精緻的手工業，但如今卻被迫大量製造。理想上，學生天賦不一，受教程度參差不齊，最好應該實施個別化教學。然而近年由於政府財政吃緊，再加上特殊需求之學生日益增加，放入一般班級中而令教師疲於奔命。為了應付大量需求，學校必須聘僱大量教師，來處理日益複雜的教育問題。大量製造之結果，乃是成品制式化及績效的難以提升。不幸的是，教師雖疲於奔命，但仍受到不同需求家長之「缺乏專業」質疑。

2. 基層官僚：基層官僚為站在第一線與群眾接觸之機關組織，責任乃在分配資源與伸張公權力。明顯例子如警察局、公立醫院、與公立中小學。基於所擔負之教育義務，中小學多不能挑選顧客，經常與需求多元之家長產生衝突。此外，由於政府資源有限而分者眾多，學校所提供的服務往往只能差強人意。家長抱怨教師不夠盡心，卻忽略了「小吃攤中難有五星級旅館服務」之殘酷事實。

3. 鬆散結合：基於教學的特性，教師彼此之間及與行政團隊之關係趨於鬆散。待在教室中，教師即形成自我之王國，缺乏與外界密切結合之動力與意願。在另一方面，教師又以專業人士自居，對於學校之運作常宣稱擁有一定之決策權力。但因缺乏行政運作經

驗，教師之主張常被追求績效的行政團隊嗤之以鼻。教師認為行
政僭越專業，行政指控教師只出一張嘴，雙方爭執形同水火。歸
根究柢，實乃學校組織之鬆散結合特性所造成。

以上三項特性，造成學校改革必須另案處理，萬萬不能只從成功企
業進行「橫的移植」。如前所述，相較於商業組織，學校常被批評為過
於被動而缺乏自省與創新能力（請參見章末「滿城盡是甲等人」之個案
研究）。綜合分析現今學校運作，在機構運作之層面部分，其乃具有：
(1) 組織惰性；(2) 同型化；(3) 專業官僚；與 (4) 不可預測性等特殊現
象。其連帶所產生之議題包括如下四項：

1. 為何學校會產生長期不思創新改進的組織惰性現象？
2. 為何學校彼此之間會有同型化現象？為何學校績效未達要求，卻
   依然挺立而平安無事？
3. 為何學校組織會出現專業官僚系統？為何成員會產生「相信專業
   更勝於組織」之現象。
4. 為何學校組織表面看似穩定，但運作卻事故不斷？為何學校之變
   化常難以預料？

為回答以上問題，本章以下即分從組織生態學（議題一）、制度學
派（議題二）、組織結構理論（議題三）、與複雜理論（議題四）之觀
點，探討與解釋學校之機構特性。四者分屬不同典範（如制度學派為實
證典範，複雜理論則屬後現代理論），但皆對學校特性提出不同角度之
詮釋（參見表 2.1）。其雖不能一窺學校組織之全貌，卻有其特殊觀點，
值得教育與學校行政者參考。

表 2.1　四種組織理論在教育領導上之主張與應用

	組織生態學	資源依賴理論	制度理論	複雜理論
所屬典範	邏輯實證論	後實證論	後實證論	後現代主義
基本主張	強調環境之選擇機制迫使組織被動改變。	強調組織可因應環境進行調適與重組之主動性。	強調組織建立的合法性與同型化趨勢之觀點。	強調組織同時具有秩序與混沌的弔詭特質。
主要內涵	1. 強調外界環境對組織結構與運作之影響。	1. 組織無法在動態的系統中單獨運作，必須爭取環境中的資源。	1. 重視社會制度環境對組織運作與變遷之影響。	1. 提出「混沌邊緣」概念，主張其乃介於混沌與秩序之間。
	2. 由於環境之變遷，組織必須進行轉型。其中包括轉變、選擇、與維持三階段。	2. 與外界環境之關係乃是多元的，必須靈活操弄或與其他組織加以結合爭取資源，方能生存無虞。	2. 組織制度變遷乃是基於獲得合法性的過程，先決條件在組織運作配合社會價值與政府規範。	2. 組織運作遊移於混沌邊緣，一方面藉秩序維繫穩定力，一方面靠混沌培育創造力。
	3. 面對環境之變遷，組織缺乏自主性，僅能被動接受環境之選擇。	3. 極為重視組織對外資源交換網絡之建立。組織擁有愈多網絡，就愈有生存力。	3. 同型化是組織變遷之必然趨勢。組織為了取得合法性，會產生與其他組織同型化之現象。	3. 重視「複雜調適系統」之運作。其為成員與環境間交互之演化活動。過程乃是非線性、不連續、與跳躍式的。
	4. 組織演化過程中，會產生長時期之組織惰性現象。	4. 主張組織不再只是被動的順應環境，可以尋求資源自我發展。	4. 新制度學派主張應重視成員如何利用社會文化之特性，以建構其行為意義之過程。此外，市場力量也應被重新檢視。	4. 主張組織本質乃是弔詭的，對立之兩者同時並存。強調混亂中隱含規則，組織必須在弔詭中尋求平衡點。

表 2.1（續）

對學校組織特性之解釋	1. 說明基於環境之變遷，學校組織演化與轉型之過程。	1. 說明學校建立資源交換網絡，與掌控資源能力之必要性。	1. 說明學校績效未達要求，卻依然挺立之原因。	1. 說明學校組織行為呈現非線性與未可預知之原因。
	2. 解釋學校長期不思改進之組織惰性現象。	2. 解釋學校為何必須與外界組織合作之重要性。	2. 解釋學校組織類型幾近雷同之背景與原因。	2. 解釋學校運作產生對立之兩者並存之弔詭現象。
在教育領導之應用	校長對於學校產生之惰性現象，應提出相關激勵政策，並主動出擊爭取機會。	校長應依環境變遷，與其他學校或組織交換並分享資源。各種合作形式如策略聯盟均可加以考慮。	合法性與同型化之概念已無法完整描述現今教育組織。校長宜注意社會文化與市場力量形塑教育組織與制度之作用。	1. 全像式思考。2. 分散式領導。

第一節　學校組織惰性

 一　組織生態學與組織惰性

　　組織生態學（organizational ecology）乃是以生態學之觀點來研究組織與環境之關係，並探討不同環境如何影響組織之結構與運作。其主張環境之力量迫使組織發生轉變，而轉變即是組織成長及改變之最大誘因與力量。組織必須不斷適應於環境之改變，環境力量包括市場、政經潮流，乃至文化變遷。組織生態學主張組織的內在結構與外在環境息息相關，不論其發展與運作，皆受到社會、政治、與經濟環境因素的影響。任何環境的突發事故，都會直接或間接影響組織的正常運作。理論上，一旦組織適應了現處環境，其結構與行為會有一段平穩時間，直到下一次環境之改變為止。

為何組織會在結構與運作上發生蛻變，組織生態學的代表學者（如 Hannan & Freeman, 1984; Singh & Lumsden, 1990）皆提出「組織惰性」（organizational intertia）之概念，認為組織若承平已久，其結構即出現僵化之現象，而無法應付新潮流之需求。屆時組織對環境之變異，即會出現難以因應的窘境。結構惰性可來自於設備、人員、資訊、與領導者之觀念。換言之，環境的變遷決定組織的存亡。當環境變動時，既存組織若不妥善因應，即可能沒落或死亡。反之，積極適應環境而能有所作為之組織才能重新崛起。此種「演化觀點」，使得組織生態學之研究多聚焦在組織創建及消失、組織適應及選擇、與組織結構多樣化等議題上。近年來，組織生態學學者更主張組織會從經驗中學習，因此組織的蛻變與重塑可被視為是順應環境變遷與危機之結果（Sastry, 1997）。

基本上，組織生態學假設由於環境之變遷，組織必須具有轉型之功能，經由持續之汰舊、蛻變、與重構之程序，進而生存於新的環境中。此種情況與地球物種演化之過程極為相似。Aldrich（1979）指出組織演化之過程有三個階段，其中包括轉變（variation）、選擇（selection）、與維持（retention）。茲分述如下：

（一）轉變

其最主要功能乃在提供組織改變之根源與能量。Aldrich（1979）認為組織轉變之型態有三：

1. 組織間之轉變（between organization variation）

其發生於同一社會系統中，類似之組織發生質變，進而影響其他組織。即以學校為例，以往公立中小學由於學生來源無虞，多半蕭規曹隨少有創見。1980 年代之後，創立另類教育（alternative education）之呼聲震天，因之所產生之教育類型如特許學校（charter school）、在家教育（home schooling）等，皆對傳統之中小學產生巨大衝擊。由於學生來源重疊，組織結構與運作未能因勢利導而做改變者，可能會面臨減班

或被合併之窘境。

2. 組織內之轉變（within-group variation）

其發生於特定組織中，來源包括人員之更迭、新科技之引進、課程之改革、乃至教學策略之改變。組織內任何部分之變動，即會打破以往所形成之均衡態勢。以學校為例，一旦特定學科（如數學科）決定採用E化教學與大量使用電腦教學模式，必將對其他學科產生衝擊。又如新課程理念（如建構式教學）之實施，對於傳統教學之教師一定有所影響。當然，學校內最可能產生轉變之來源即是校長之更迭。新校長治校理念不同，必令教師感同身受，而產生一段較長的適應期。

3. 時間之轉變（variation over time）

又被稱為是「隨機之飄盪」（random drift）。係指組織運作與完成任務時，隨機所產生之組織行為變化。此種隨機且常難被知覺之變化累積起來，即會使組織之行為在默默中有所改變。時間之轉變常是非計畫中的改變，其多半只是無心之作。例如即使是同班人馬，在辦理校慶時，前一年與今年極少會完全相同。其中突然一年試辦化妝舞會大受歡迎，即可能成為日後之傳統。但當年為何要如此，則往往不得而知。

(二) 選擇

係指將無用之組織結構進化成合宜之結構過程。組織生態學借用熱力學「熵效應」（entropy）原理，說明組織如何在發生環境變化後進入選擇之階段。熵效應認為當熱力傳達後，會漸漸失去其力量而滅絕。持封閉系統之傳統組織理論者，即認為組織無法避免最後滅亡的命運，原因即在內部之動力經年累月消耗後已逐漸枯竭。組織生態學則正好相反，其持「反熵效應」（negentropy）之看法，認為組織會自然注入能量，產生自然選擇（natural selection）之結果，能將組織中混亂與無用之結構，演化成嶄新且合宜之系統。基本上，選擇之過程乃獨立於組織

之外，非組織成員所能掌控。只要有外界社會力量之逼促，其可能在任
何組織情況中產生。就此而論，組織之領導者，雖在內部有其一定之權
力，但仍無法阻止或主導自然選擇之發生。組織生態學認為自然選擇的
動力根源乃是競爭，並主張此乃自由市場的可貴之處。有趣的是，組織
生態學認為在自然選擇過程中脫穎而出的，往往是能夠爭取資源最多
者，而非眾人眼中的佼佼者。

(三) 維持

係指組織經選擇形成新體系後，逐漸穩定並發生組織惰性之歷程。
組織生態學主張在演化過程中，組織會經過一段漫長而穩定的階段，接
著才會因突如其來之變異，再進入自然選擇之過程而重構，然後又是一
段漫長的安定期。實務上，組織處於維持階段時間甚長，甚而被部分成
員認為此才是組織的「正常」情況。

此種保持長期維持狀態之結果，即是組織惰性之產生。如果表面上
一切運作無虞，何必隨著環境起舞！所以即使外界人士或家長皆認為變
動與改革乃是必須，學校內成員之運作卻依然故我。雖然偶有少數教師
發出聲音，但多半淹沒在要求安定之浪潮中。難道學校行政團隊與教師
均是抵抗改革之守舊人士嗎？其原因何在？

理論上，校長與教師皆接受過專業訓練，應不至於無理抗拒改革，
但事實並非如此。實務上，學校被外界指控發生組織惰性而不知變動之
原因有三：

1. 改革需付出代價

依據組織生態學之說法，現行之組織結構乃是反應過往環境演化
而成的。為維持其運作，學校已投入大量資源與人力。如果率性改革，
必定要重新投入新資源。舊資源因而被廢棄不說，教師之作為也必須有
所調整，包括教師之額外在職進修、設備之替換等，其所費必定不貲。
尤有甚者，改革初期由於支持系統之不成熟，往往問題百出，使得學校

之產出或績效大受影響，自然也動搖組織成員之改革決心。此種情況在學校轉型期時有所聞，猶記第二次世界大戰後，教學新科技之引進此起彼落。一下子是行為學派之編序教學法，一會又是開放教育之協同教學法，如今又大力倡導認知學派之建構式教學，皆使學校與教師窮於應付。不論在設備上整個換新（想想看如果沒有班群教室，又何能進行協同教學），教師也必須重新設計教學程序。更嚴重的是，因各項支持系統的不足，實施新教法之成效往往不如預期，更加深成員「新不如舊」的想法。凡此種種，皆代表無論是資源上或成品上，改革背後均需要付上龐大代價，也進一步造成組織對改革之不敢輕舉妄動。

2. 改革代表不安定之開始

如前所述，學校之各項支持系統均以組織現行體制為標的物，牽一髮則動全身。新的改革除有新資源之引進外，更會激化贊成與反對兩派人馬之對立。尤其在新改革之結果未如人意，兩派之衝突更達極點。學校由於已經上了車，即使發現車況不佳，依舊得硬著頭皮開向前去。如此尷尬之進退維谷場面，實非組織成員所期盼的。

3. 權力平衡允許組織惰性之維持

實務上，改革多半被視為是破壞各方權力平衡之最佳殺手。理論上，組織應朝向積極改革並演化出最適模式，以符合環境之要求。然而，歷史告訴我們並非如此，理性之思維往往抵不過個人之私心。例如在學校中，一位無所事事之校長，位子卻坐得穩當。詢之教師，得到的答案竟是：「他雖無能，但不會干涉我們，大家平安無事就好。」換個角度來看，如果來位胸懷大志者，一意推行改革，則校長與教師長期之權力平衡態勢即被打破。此種平庸領導竟安坐其位的怪現象，實非銳意改革者所希望發生，但事實上卻存在之異數。

組織生態學深受社會達爾文主義（social Darwinism）之影響，主張在危險且貧瘠之環境中，唯有適者方能生存。基本上，面對環境之變遷，組織並無自主性，只能被動接受環境之自然選擇。其與權變理論皆強調環境對於組織之重要性。然而細究之後，卻可發現組織生態學較權變理論更為被動。作為一位領導者，其最大之任務乃在「順應」環境，並進而做出適應對策。相形之下，權變理論之重點乃在要求領導者「檢視」不同環境，然後再選擇對應模式。就此而言，組織生態學簡直完全臣服於環境之下，領導者行為乃是被動的回應，只能不斷揣測組織長期靜止不變之狀況，是否有益於組織而有轉變之可能性。此種論點與「校長是學校改革火車頭」之倡議迴然不同。

二　資源依賴理論

組織生態學興起於 1960 年代，當時討論組織與環境之關係的，尚有資源依賴理論（resource dependence theory）。其在 1970 與 1980 年代頗受青睞，但主張與組織生態學卻大相逕庭。資源依賴理論認為在面對多元複雜與競爭的環境，組織無法在動態的系統中與其他組織分離而單獨運作。其必須爭取環境中的資源，與靈活操弄與其他組織的互動關係，方能生存無虞。換言之，資源依賴理論主張組織與環境之關係，決定了組織的結構與行為（Pfeffer & Salancik, 1978）。基本上，組織輸出其所擁有或所生產之資源，並配合在外在環境中尋找新助力，以使組織維持動態與平衡之發展。此種說法頗為抽象，但如從商業公司之經營型態即可一窺究竟。為了尋求生存與發展，企業可依市場之趨勢，進行各種結構之重組，其中包括策略聯盟、合併、交叉持股、乃至聯營等。其目的即在從環境與其他組織中獲取資源，以壯大自我組織之能量。想想看，在目前競爭激烈的市場中，單打獨鬥與一成不變皆可能成為組織衰敗之先兆。被動如學校，有時也必須視情形與他校組成策略聯盟，以交換彼此資源，造成雙贏之結果。

　　資源依賴理論可被視為是早期「網絡理論」（network theory）之先驅，極為重視組織之對外資源交換網絡之建立。依據資源依賴理論之主張，組織不再只是被動的順應環境，而必須發展出新的策略與組織架構，以降低不確定性與依賴性，而其先決條件即在組織能在外在環境中爭取資源。換言之，資源依賴理論一反組織生態學消極備戰心態，認為組織具有主控性，其能因應環境之需求，自行調整內部結構，並積極爭取外部之適當資源。一個組織掌控資源之能力愈強，擁有對外資源交換網絡愈多，就愈有生存力。以學校為例，同樣是面對經費短缺之窘況，有的校長卻能爭取中央之特定補助（如閱讀計畫），或是與他校聯盟，互相交換師資與設備，其表現自然不可同日而語。

第二節　學校組織之同型化

一　制度學派之基本主張

　　基本上，制度學派（institutionalism）認為制度的設計安排，對於形塑組織的集體行動具有舉足輕重的影響力。其理念可上溯至 Barnard（1938）的合作系統理論（cooperative system），與結構功能學派學者之主張，其中又以 Selznick（1949）之研究最具指標性。其於 1947 年對田納西流域水利局（Tennessee Valley Authority，簡稱 TVA）的個案進行探討，並就此凸顯了組織行為的非理性層面。TVA 在 1930 年代組成之目標乃在興建水庫解決洪水問題、提供電力振興經濟、與進行森林保育。為使計畫順利進行，聯邦政府派遣專業人士進駐，並邀請當地仕紳作為顧問。TVA 成立經年，其當初之目標卻逐有改變。例如原本計畫要保護之山林，最後部分竟賣給私人伐木公司。明明目標已經確定，為何一群專業執行者竟讓其發生質變？Selznick 之研究發現組織並非機械性運作，而會在社會系統中依其需求進行回應與調適，此不只牽涉到目

標的達成，還必須與難以捉摸之成員與環境周旋。Selznick 借用心理學之人格概念，認為組織處理社會需求與決策之模式各有其特點，此種組織人格，Selznick 將之稱為「制度化」（institutionalization）。

相較於科學管理學派，制度學派對於組織建構與變遷有大相逕庭之主張。科學管理學派之學者如 Taylor（1911），認為組織活動之形塑決定於最大利益或績效之獲得（如公司之組織設計完全以能賺最多錢為依歸），制度學派則主張組織行為之形成乃基於社會的感受與價值（Meyer & Rowan, 1977）。換言之，制度學派認為組織變遷之最大動力非在市場、成本效益等「工具性理性」因素，而在社會之制度規範，其中包括社會價值、習慣、文化、與國家所制訂之法律規範。制度學派極為重視制度環境對組織之影響，主張只要取得了制度規範正當性，組織即使在運作上沒有績效，也是可以被接受的。

基於此，制度學派即將組織之變遷視為是一獲得合法性（legitimacy）的過程。主要目標乃在追求所處社會對其行為之肯定，而先決條件乃在組織之運作，能夠配合社會所支持之價值文化與政府規範。制度學派主張組織之核心價值來自過往歷史與人民共識。在此情況下，組織只要符合所處環境之規範與價值，即使資源之使用與運作未達最大效率之要求，依舊可以順利運作無礙，其最大原因即在有合法性之支持。此種現象，Meyer and Rowan（1977）將之稱之為「合理性迷思」（rationalized myths）。

制度學派之主張說明了辦學平庸之學校依舊生存無礙的原因。如以 Weber（1947）之科層體制主張，學校之表現績效（如學生之數學與閱讀成績）不盡理想，即應立刻大刀闊斧調整組織結構。但在制度學派學者眼中，只要領導者之行為能夠符合社會規範與價值，學校之運作與生存並不會受到影響。實務上，校長在學校進行決策時，必須參酌教師、家長、乃至社區之價值觀與意見，至於其是否為最有效率之作法，則非一定之主要考慮指標。

組織取得合法性之來源包括法規、價值觀、風尚、與文化等，有

其歷史根源（以前就是如此做），或是民意基礎（大家就是這樣想）。Deephouse（1996）亦指出合法性之來源有二：一是由國家或政府所主導之規範認可（regulatory endorsement）；二是一般社會所接受之公眾認可（public endorsement）。以法規為例，學校向來被社會高度期待能夠藉著教育活動，培育才德兼備的學生，以成為社會進步之原動力。此種歷史共識，藉由各種教育規章的制訂，使學校之存在具有合法性。再以風尚為例，其即為標準之社會產物。小至穿著，大到制度改革，學校校長之領導作為實難脫離社會風尚與文化之影響。例如一位女校長如在上班時穿著皮衣皮褲，多少會招致社區部分民眾之議論。此外，現在流行建構式教學與 e-learning，校長就得努力進行相關器材與活動之引進。此並不保證學校因此而增加績效，重要的乃是其合法性的增強。有趣的是，第一位引進新觀念新作法之校長，其出發點多半是為了促使學校更具績效。但是，其後追隨者之動機則多在引進後使學校「看起來」有績效。為何如此，即在追求組織之合法性。

合法性之追求，凸顯了制度學派力主制度會影響行為之看法，此與行為學派之基本主張大不相同。行為學派認為行為會影響制度，並進一步形成制度。制度學派則剛好相反，認為組織的基本建構會對組織成員之行為形成框架，並進而塑造組織成員的行為。例如可視為早期制度學派學者之 Max Weber，即大力倡導建立一種高結構化與正式化的理想行政組織（即科層體制），並認為其是對組織成員進行控制、達成目標、與提高生產績效的最佳組織形式。Weber 認為組織成員的行為必須藉由制度來規範及塑造，基本上屬於制度學派的觀點。持批判典範之新馬克斯主義（如 Habermas、Adorno 等學者），即屬行為學派的觀點。其認為組織中權力之操弄，才是形成組織運作之重要因素。如以校長為例，制度學派認為制度之合法性決定了校長之領導行為，新馬克斯主義則檢視學校各團體間競逐權力之過程，深信擁有權力者，才是真正制度之形塑者。

制度學派的另一主要論述乃在認為「同型化」（isomorphic）是組織

變遷的趨勢。組織同型化係指為了取得所處環境之合法性（即趨近社會之中心價值），組織會透過機制，使其與其他組織產生類似（similarity）之歷程。DiMaggio and Powell（1983）主張促使組織同型化之來源與壓力有以下三者：

㈠ 強制壓力（coercive pressure）

主要來自國家司法與政治之期待。其主要之形式為法規之制訂與執行，迫使組織不得不從之。Cohen, March, and Olsen（1972）即指出法規乃是社會價值與信仰之法條編撰（codification），也是大眾信仰之法律化。隨著歷史變遷，此種強制力的內容也迭有變更。當組織面對政府期待與法條之規定時，為避免橫生枝節，即必須向其他類似組織靠攏，而產生同型化之現象。以中小學為例，台灣在 2006 年立法明文規定不得體罰學生，使得管教學生之作法丕變。由於體罰定義之不清與法院會對體罰之教師判刑，使得各校必須「相互學習」，以產生不致引起爭議之管教環境與作法。何校證明比較沒問題，其他學校即進而抄之。造成本來各校應該有自我特色之管教政策，但翻開一看卻是千篇一律之現象。

㈡ 模仿壓力（mimicry pressure）

主要來自同類組織之模仿學習。此因面對未來之不確定性，組織有向具有特定成功或展現優勢同類靠攏學習的傾向。一來可避免過度與眾不同，二來可向外界展現追求卓越之決心。例如在不同時代中，高中生即呈現不同穿著與講話方式。其所形成之文化有的來自流行音樂，有的根本就是複製「風雲人物」（校隊選手、啦啦隊長）之翻版。此外，學校校長也常試圖找出其他學校成功之模式，進而模仿引進學校中。Stinchcombe（1965）指出組織結構之變遷，其實是一種「銘印」（imprinting）過程。基於社會期待與價值觀之差異，組織即憑藉此種「文化藍圖」（cultural blueprint）將其反映與印記在結構與運作中。

⊜規範壓力（normative pressure）

主要來自社會機構化與其所產生令人視為當然（taken-for-granted）之規範。Zucker（1983）指出機構化之結果產生規範，進而形成常理，以定義何者是適當、有意義、與有價值之行為。即以學校為例，為何高中一節課為 50 分鐘？為何要穿制服？為何要有畢業旅行？其均為世代流傳大家視為當然之規範。除非所處之社會文化不同，否則同類學校即形成相互學習彼此大同小異之情況。事實上，校長在領導時，很少質問這些規範背後的理由，而多半會觀察他校作法以為依據，此種決策方式難稱是理性的。例如高中畢業舞會之正當性為何？校長如要質疑，多半學生會回答：「歷屆都有辦，其他學校也有辦，本校怎能沒有！」規範壓力使得校長領導將「通情達變」放在第一，至於是否合理，則往往刻意忽略。

制度學派的主張，說明了學校的部分特性。合法性之取得，使得績效不彰的學校依舊挺立，但先決條件是必須符合社會之價值觀。作為校長，使學校「看起來」有績效，比「真的」有績效更為重要。影響所及，過度強調制度會塑造及影響組織成員的行為，造成無法發展針對制度逐漸僵化與淪為機械化的因應之道。此外，同型化之趨勢，使得各類學校之結構大同小異，鮮少有百家爭鳴之盛況出現。理論上，制度學派的焦點乃在組織成員彼此的關係與連結上，而較少關注個別之行為（Pfeffer, 1997）。以校長為例，瞭解教師在學校中之社會連結（與其他人之互動與同儕如何看他），比自我觀察之意見更形重要。一位教師匠心獨具，利用創新之方法進行教學，深得學生肯定。但如果姿態過高而使其他老師受到威脅，身為校長，明知此教師極為優秀，但在現實環境中是否願意公開給予獎勵，則必須細細思量。

根據制度學派之說法，領導行為之主軸乃是對社會實體（social reality）之影響過程。此聽起來頗為抽象，且與一般傳統的領導學說

（如特質論主張之獨特能力）有所差別。此可從實務案例中加以說明。一位校長除了執行例行業務外，還可藉著各種途徑塑造其很有績效之「形象」。要求學校有績效乃是社會之主要價值，但要如何詮釋績效，則端賴校長之本領。首先，校長建構要求績效之標語（如「我們做得到」）；其次，建構績效之指標與作為（如本校參與全縣比賽大獲全勝）；再者，利用符號與儀式外顯其作為（當眾頒獎並齊呼口號）；最後，利用多元管道塑造學校具有績效之形象（如在地區報紙或社區大會上暢談學校表現）。此種過程，看在內行人眼裡（老師往往最清楚），常覺不以為然。有的校長與上級行政機關交往甚密，頻頻承接計畫拼命表現。活動辦得震天價響，社區人士紛紛讚揚，但對學生是否有好處（以所付出之時間精力與成果相比），則成一大疑問。然而，校長此舉一來逢迎上級，二來得到社區之肯定，絕對符合制度學派追求合法性之訴求。部分教師抱怨此類未曾帶給學校真正績效的「不適任」校長，居然能安坐其位，實乃忽略了領導者除了技術性能力外，還必須有與社會實體打交道的本領。

❧ 二　制度學派與鬆散結合理論

　　制度學派學者針對教育組織所做之研究首推 Weick（1976）之「鬆散結合理論」（loose coupling theory）。其在觀察教育組織（主要為學校）後，發現教育組織各部門之間的聯繫並不緊密，有時甚至呈現獨立狀態。換言之，一個部門（如數學科）之作為，對於另一部門（如英文科）之影響力極為微小。此種鬆散組合之組織，Weick 認為利弊互見，並將之列舉七點如下：

　　1.組織之單位可因之獨立運作並進行演化，但也可能各行其是，缺乏整體考量之成果。

　　2.組織之單位可因之對環境之要求更具敏感性，但也可能會突發奇想，未考慮整體利益而趨迎風潮。

3.組織之單位可因之對局部狀況進行適應，但也可能只有利於個別
　單位，而無法使整個系統受惠。

4.組織之單位可因之自我進行創新實驗，但也可能因有所侷限，而
　無法散播或應用成果於整個組織。

5.組織可因之隔絕於個別單位之問題而相對不受重大影響，但也可
　能使個別單位因孤立而求助無門。

6.組織之單位可因之自給自足，並對環境保持相對彈性，但也可能
　使單位在惡劣環境中必須自我求生。

7.組織之經營成本較低，但也可能因之對各單位喪失主控權。

　　由以上敘述可知，鬆散結合組織之各單位因為相對獨立與隔絕，
較容易對環境之變化進行個別適應，但問題乃在如何將各部門之改革整
合到系統中。個別表現固然出色，然而多頭馬車往往會抵銷組織整體之
績效。Weick 之學說對於教育行政研究所以產生巨大影響，乃在其指出
美國學校所以會呈現鬆散結合，主因即在學校運作多注重社會合法性之
維持，而輕忽市場對績效之要求。學校之走向多控制於政府與專業團體
（如教師）手中，市場之干預力量微乎其微。教育組織因之被形容為是
「被俘組織」（captive organization），要求創新之呼聲多淹沒於同型化
之浪潮中。控制學校之力量乃為政府與專業團體所決定之規範與價值
觀，領導者自然對於市場力量與績效之要求難以兼顧。

三　新制度學派之主張

　　傳統制度學派對於教育組織之看法，到了 1990 年代即受到新制度
學派（new institutionalism）之挑戰。其主要原因乃在美國教育組織與
機構（包括 K-12 與高等教育）產生巨變。Meyer and Rowan（2006）即
指出主要變化有以下三者：

　　1.教育提供管道多元化：以往教育之提供者幾乎全來自政府（尤

其是義務教育），但近年來由於對公辦教育品質之質疑，私立學校與另類學校如雨後春筍般興起。不同學校類型如特許學校之興辦者已擴及企業或非營利團體。在家教育之出現，甚至將教育工作還給父母。凡此種種，皆代表政府獨占教育之時代已然結束。

2. 教育組織趨向緊密結合：由於社會對教育投資後所產生績效日漸重視，各級學校現今皆面臨各種評鑑要求。為應付各界壓力，學校組織開始趨向緊密結合，而不再如以往般散漫。即使各部門仍渴求獨立，但在「整體表現」之要求下，卻必須與其他部門有更多之接觸與聯繫。

3. 教育受到社會更多關注：值此知識經濟時代，社會各界更加關注教育之發展。學校之表現被視為是國力之象徵。因此，各種利益團體包括家長、企業、非營利團體、乃至政黨開始強力介入，使得教育之運作更為複雜。

　　就聚焦點而論，制度學派將焦點放在制度環境對人類行為之影響，而組織乃是追求合法化過程中所建構與再塑之結果。基本上，認為組織乃是獨立於個體行為之客體。新制度學派則主張成員行為並非隸屬於機構，因此其在機構中如何利用社會建構之產物（如語言、儀式、與符號），以建構其行為意義之歷程即成研究重點。傳統之制度學派多以機構本身之形塑與同型化為主，新制度主義則擴及組織成員之行為，重視文化特性，認為其才是組織成員對其行為加以詮釋之主要依據。此外，傳統制度學派所忽視之市場力量也捲土重來。以往基於種種因素（如政府力量獨大、獨占或寡占形式、與評鑑機制之缺乏），市場機能所強調之績效要求不彰，因此造成「平庸卻能存活」之現象。自1980年代美國興起績效運動後，市場決定之呼籲再起，也成為新制度學派所關心之重要議題之一（Meyer & Rowan, 2006）。

　　基於此，新制度學派主張以往傳統制度學派強調合法性與同型化之概念，已無法描述教育機構之發展本質。其關注焦點於是開始轉向。總

括而言，主要可分以下兩點：

1. 傳統制度學派將焦點多放在歷史演變後所形成之合法結構，並視機構本身與人類行為之間乃是互相獨立的。新制度學派則認為規範乃是人類所定，也是組織機構化之組成要件。因此，人們如何利用語言或其他象徵形式，在機構中建構其意涵，乃是必須加以重視的。此項論點牽涉到學校文化之建構，內容可參閱第 3 章。

2. 市場之影響力開始受到關注：傳統制度學派鮮少注意教育市場之發展。事實上他們也無須關注，因為當時之教育機構幾乎全控制在政府手中。晚近則因全球化與績效運動之興起，教育提供者不再由政府獨占，各種市場機制之出現與介入，其中如教育券（voucher）、特許學校、乃至公辦民營學校之出現，皆為市場介入後之結果。因此，新制度學派指出存在於教育機構、政府、與市場之間的三邊關係，乃是未來必須特別注重的。

第三節　學校之專業官僚特性

一　組織結構理論之基本主張

學者 H. Mintzberg（1979）在觀察各種社會組織後，提出所謂的「組織結構理論」（the configuration theory）。主張組織之構成要素如下：

1. 層峰領袖（apex）：係指組織之最高決策領袖，握有制訂組織運作方針與控制組織走向之權力。

2. 技術幕僚（technical staff）：係指負責專業知識與技術之建立，並確立組織運作之標準程序與制度之人員。

3. 中層人員（middle line）：係指組織之各階層之部門主管，主要負責組織上層與下層之溝通與協調。

4. 支援幕僚（support staff）：係指來自不同領域的專家，以互相整合之方式，負責解決組織所面臨之發展問題，並提供諮詢服務給幕僚人員。

5. 作業核心人員（operating core）：係指各組織部門下之作業人士，利用其專業知識與訓練，負責組織日常之運作與行銷之業務。

6. 意識型態（ideology）：係指組織所形成之特有信念與價值觀。

對於組織的分類，學者看法各有不同。Mintzberg（1979）則以組織的功能，將組織分為五類，認為任何一個組織由於其構成要素之獨特性，可建構與形成互異的組織類型。其中包括：(1) 簡單結構組織（simple structure）：其特徵為直接的督導與集中化的決策形式。組織中最強勢或主要構成要素為層峰領袖，有低複雜化、高集權化、與決策過程快速之特點。例如小的新興商業公司或是小本經營之企業均屬之。(2) 機械官僚（machine bureaucracy）：組織中最強勢或主要構成要素為技術幕僚。特徵為標準化的工作程序、正式化的組織結構、以及垂直集權但水平分權的形式。此外，高集權化也相當明顯。此類組織型態常具有規模較大、環境單純穩定、所需技術非頂尖科技等特徵。(3) 專業官僚（professional bureaucracy）：組織中最強勢或主要構成要素為作業核心人員。特徵為高度依賴各部門專業知識與技能。原則上，主管願意授權給作業核心人員，以使其有較高決策參與之機會。公立學校的組織結構即屬此類。(4) 部門化組織（divisionalized form）：組織中最強勢或主要構成要素為中線人員。其特徵為標準化的輸出、某種程度的垂直分權、與市場導向。此外，這類組織常按顧客、產品、或地區劃分事業部門，各部門之間獨立性高。總公司充分授權各事業部門，多肩負協調工作以達共同目標。一般傳統的跨國大企業即屬此類。(5) 無固定結構組織（adhocracy）：組織中最強勢或主要構成要素為支援幕僚，而成員多藉由相互調適進行合作。其特徵為機動式的組織結構與分權化。此類組織大多為低正式化與低集權化，且以問題為導向，強調創新整合與相互

支援。高科技產業或需要高度專業的研究中心即屬此類。

二　專業官僚之形成

在相關研究分析後，Mintzberg 認為在以上五類組織中，公立學校屬於「專業官僚」之形式。主張其基本上有以下五項特徵：

1. 專業官僚之運作並非由法令規章來進行掌控，其主要依靠組織成員在養成階段所受的專業知識與訓練來加以導引。此與機械官僚必須根據規定依樣畫葫蘆的情況不同，專業官僚（如教師）即使在大方向之指引下（如應該因材施教），仍必須仰賴在師資培育階段所受之專業知識加以導引，以決定如何將行動具體化。例如因材施教是否就允許能力分班的議題，均需參酌教育專業的考量。

2. 專業官僚有將工作分類分層的趨勢。面對不同服務的對象與課題，成員必須將工作任務分類分層，以試圖減低其複雜性。例如在學校中，會依學生之心智，設立特殊班級（如資賦優異或身心障礙）。此種作法能讓教師展現其專才，也使任務執行時更為單純且專業。

3. 專業官僚之運作由於主要依靠成員專業，因此適度的自主性（autonomy）乃成必要之舉，此種現象在學校中相當明顯。當教師走入教室後，即形成其小王國，校長與同僚很少能對其班級經營或教學有置喙之餘地。自主性所以能在學校中運作，其原因即在假定成員專業有一定之知識基礎，能根據所面臨之複雜情境，在大原則下彈性發揮。

4. 專業官僚因為允許某種程度的自主性，使得成員會有「相信專業更勝於組織」之情況產生。此外，專業官僚組織之績效檢視，往往相當複雜而必須仰賴專業判斷。因此專業成員彼此之互信與互動即成為組織運作之主軸，甚而有時會與組織唱反調。如以學校

為例，以校長為代表之組織，有時並非教師或家長效忠之對象。反而是專業團體（如教師團體）所凝聚之共識，才是其意見所向之處。

5. 專業官僚之運作與任務相當複雜，很難單靠上層之命令掌控即可完成。推動業務之主要力量乃在專業能力，因此即使領導者對於分享權力意興闌珊，但仍無法阻止由專業成員分享決策權力之訴求。試想一位校長，對於各科之教材教法極難號稱是全才專家，最後相關課程或教科書之決定，多需該科教師形成共識決定，其在默默中即對組織運作展現影響力。

綜而言之，根據 Mintzberg 所提出的組織結構理論，大致可將學校組織歸類為專業官僚組織。如果觀察學校之組織剖面圖，可看出依照法律規定，校長勉強可被視為是層峰領袖（但是否真的擁有決定一切之權力則另當別論）。此外，學校基於行政之運作，也有少數之技術幕僚（部分由教師兼任），其主要任務為確立組織運作標準與合法程序（如人事與會計人員）。學校運作之主要動力乃在以教師所組成之作業核心人員。其乃各科專業領域之專家，利用其專業知識與訓練，提供教育服務給學生。相較之下，中層人員（負責上層與下層之溝通協調，如各科室主任）與支援幕僚（如研究發展人員）之人數則明顯較少，只具點綴之功能性作用。

如將學校定位為專業官僚，依其特性，校長在領導學校時，必須深切瞭解其以下特性：

㈠教師從未放棄其專業權力之行使

學校之權力結構有其特殊之處。基本上，專業人士為使其能力日益精進，多半不願擔任行政工作，而寧願將時間放在專業活動上。因此，就人數而論，願意走上行政人員（如校長）之路者比例並不高。此因擔任行政工作曠日廢時，對於自我專業絕對有所衝擊（例如擔任大學校長

後，論文研究之數量即很難兼顧）。影響所及，擔任行政職之成員即具有相當大之權力。大至預算，小至文具之採買，學校行政者之角色實是舉足輕重，如能巧妙用之，學校之掌控盡在手中。雖然如此，卻並不代表以教師為首之專業人員放棄權利之行使（他們只是不願浪費時間）。一旦其發現學校運作與其專業信仰有所扞格，即會以各種方式反撲以對。此是校長必須瞭解的，切莫自認當選校長即具有絕對之權力。

(二) 維持教師一定之自主性乃是必須

為使自身專業信仰能反映在學校運作上，教師在重大議題上，多要求以選出代表參與會議之模式來彰顯其影響力。因此，學校成員擁有一定之自主性乃是順利運作之要件。此因學校許多決定牽涉到專業，需有一定專業知識之代表參與。校長如果不尊重此種「專業領導」需求，而一味堅持己見，必定發生極大衝突。

(三) 教師多抱持相信專業更勝於組織之理念

學校之專業人員基於「相信專業更勝於組織」之信念，較少認為自我乃是下屬，而必須對以校長為首之行政體系唯命是從。前已述及，教師多不願擔任行政工作，並不代表其放棄引導學校運作之意圖。基於此，教師多認為行政人員應是與之「平行的成員」，其應提供學校活動之支持與協調。因此，當非教育專業之行政人員想法與作法與教師不同時，即產生「雙重系統」（dualism）之衝突。行政人員一板一眼，拘泥於規章制度，教師則未諳程序，常有不平之鳴。面對此種情況，一位校長除應嫻熟行政程序外，更應扮演專業協調角色，瞭解教師之心態與主張。此種「行政與專業」角色之具備，實為今後校長所必須追求的，卻也是最困難的。

(四) 協調溝通乃是必要之姿態與舉措

作為專業官僚組織之領導者，往往發現真正花在做事之時間遠比

協調工作上要少。此因組織內之專業人員對於自我專長極為肯定，往往將自我不當放大，只要認為有礙於專業發展，立即群起反對。有時是囿於資訊不足，有時是基於立場差異，領導者推動改革之行動常受教師抵制。因此，不斷協調與善用民主體制，乃是必然之舉。作為一位校長，切勿認為教師本來就應該瞭解行政之運作而配合。事實上，教師在其專業之小天地中，無暇也不願「浪費」時間去探究行政之作為，只要不侵犯其「專業權力」就行。然而推動業務之革新，鮮少不會影響教師之固有行為（如依其專業信念所形成之多年教學模式）。影響所及，如果沒有協調溝通，小則耳語，大至抗爭，教師總多少要展現其「專業力量」。所以，即使曠日廢時，校長也必須放下身段協調。有的時候只是個姿態，教師明知不改革不行，但就是要校長來做個樣子探訪「民瘼」。歸根究底，還是回歸到組織內專業人員之組織特性。

(五)教師表現績效需有一定之評鑑機制

專業官僚組織中之專業人員自信，並不代表外界之肯定。理論上，專業人員擁有之學位與訓練，理應有一定程度之表現，但事實並非如此。在著名大學中，教授多半擁有博士學位，且做過相關領域之研究，但是學生仍發現部分教授之表現並不稱職。大學如此，中小學更不待言。推其原因，包括：(1)知識日新月異，只停留在畢業時知識水平之教師，無法一套把式耍到底，應付不同年代學生之要求；(2)教師自認為專業者，對於非教育界之聲音（如家長之抱怨），往往認為其不懂而嗤之以鼻，拒絕改進之要求；(3)由於教學之成效難以評估，未若商業公司賺錢與否之明顯，適任與否常引起爭議，也使改革之腳步躊躇不前；(4)教師多不願推動針對自家人進行淘汰或制裁之制度，物傷其類之考慮與程序之繁文縟節皆使教師裹足不前。因此，作為學校領導者之校長即必須面對外界之「雜音」與內部教師之「堅持」，常因此產生衝突。為使不適任之教師離開，歷年來各國紛紛推出政策應對。其中如定期評鑑、標準化之教學程序（如教師必須按時繳交教學方案），乃至強

迫進修之要求。但到目前為止，其效果不是有限，就是尚待評估。

第四節　學校之不可預測性

　　制度學派主張組織發展具有合法性與同型化之趨勢，在近年社會丕變之環境中，已漸失其說服力。反之，成員組成的多元性、組織行為之複雜性、乃至教育場域之弔詭性，皆使身為領導者之校長窮於應付。對於此種不穩定與不可預測的學校特性，另種理論於焉興起，其中最引人矚目者首推非線性典範（nonlinear paradigm）之混（渾）沌理論（chaos theory）與複雜理論（complexity theory）。由於混沌理論在拙作《教育行政：理論部分》一書中已有專章詳細介紹，以下僅加以簡單敘述。

一　混沌理論之基本主張

　　回顧歷史，傳統科學觀多傾向於線性、穩定、平衡的關係，而將無秩序、不規則的結構視為偏態。然而科學家如 Prigogine and Stengers（1984）、Kiel（1989）均主張自然現象乃是混沌與非均衡的，也就是因果之間不成比例。綜觀各家看法後，混沌理論的基本概念可有耗散結構（dissipative structure）、蝴蝶效應（butterfly effect）、奇特吸引子（strange attractor）、與回饋機制（feedback mechanism）四項。茲簡述如下：

(一) 耗散結構

　　基本上，耗散結構係一開放系統，隨著內部能量的消長，隨時與外部交會而產生新型態。在此結構中，存在著不同的次系統，其關係乃屬非線性。換言之，其性質不如線性關係般的平穩，彼此之間並不相稱而無一定比例關係。此與一般線性迴歸方程式，預測變數（x）增加，而

其效標變數（y）即隨一定比例變化的情況不同。影響所及，系統中即使枝微末節之事，也可能因為非線性之關係產生巨大影響，甚而摧毀現行之結構。

此外，耗散結構也非穩定之系統，有時會陷入混沌暴亂的情境。來自外部環境與系統本身的隨機波動（random fluctuations）與騷亂（disturbance）不斷發生，而其強度與性質往往決定現行結構的穩定度。有時耗散結構呈現表面穩定的狀態，有時卻因隨機波動事件所產生之非線性振盪效果驟增，而形成極度不穩的騷亂。此種不穩的狀態到達臨界點或是分歧點（bifurcation point），系統內部的平衡即造成斷裂，而導致長期的混沌狀態，或是趨向於另一新的、更高層次的耗散結構。一旦建成，新系統中的另一平衡關係在各次系統中即重新確立。此時，外部與內部的隨機波動又起，開始另一波的變化。換句話說，整個耗散結構的變化乃是一種連續的過程。其特點乃在完全拋棄既有結構，而在決定性之分歧點上蛻化而成新的系統。基本上，它是一種「穩定→崩潰→重組」的更新過程。耗散結構是混沌理論對於現存系統特性的主張，具有非線性與不穩定的特性。

㈡蝴蝶效應

蝴蝶效應所傳達的是「藻萍之末，可以起風」的意涵。與西方主張之「巴西蝴蝶展翅，德州就可能颳颶風」（a butterfly flaps its wings in Brazil, the result may be a tornado in Texas），實有異曲同工之妙。此因組織耗散結構的運作，對於起始狀態（initial conditions）極為敏感。由於各次系統之關係呈現非線性，因此細微之處即可能造成巨大影響，如同蝴蝶展翅卻可能造成颶風一般。傳統認為系統是線性的，因此明顯的事件即應有巨大的影響，一般芝麻小事則無甚重要可不予理會。混沌理論卻主張鉅細靡遺，任何現象均代表某些意義，不應被歧視或丟棄。忽視表面上枝微末節事件，即可能無法一窺各次系統之間的連結失衡問題，終而造成巨大損失。

（三）奇特吸引子

混沌理論的另一重要理念是奇特吸引子的存在。所以名之為奇特，乃指其性質極為不定，有時複雜，有時卻簡單，令人難以捉摸。簡而言之，其為軌道中的一點，能吸引系統朝其而去。以鐘擺之擺動為例，在一般情況下，其擺動範圍的中點即為吸引子之所在。由於其行徑始終如一，因此稱為固定吸引子（fixed attractor）。然而如果加上其他力量如磁力或地心引力，則其系統就更形複雜。當吸引子有所改變時，系統之走向自然隨之更動。在複雜的系統中（如學校），吸引子不止一個，而其走向更是不定。有時似有規則可循，有時卻雜亂無章。此因奇特吸引子並非皆為明顯，隱藏其中者往往突然產生巨大能量。例如股票市場中的暴漲暴跌、氣候之不尋常發展等，皆說明有未知奇特吸引子存在。系統的突然轉變方向，即可透露出久藏其中以往並無顯著影響的吸引子正躍躍欲動，值得領導者加以正視。

（四）回饋機制

混沌理論之耗散結構在隨機與動態中，經由各吸引子之導引，而形成系統之進化軌跡。如此反覆進行，前次產出的成果回饋至系統而成為新的輸入，並因此產生波動而激發出下一波的新結構。然而，其具有不可逆性（irreversibility）的特質。舊的成果雖再注入系統，但所產生的下一結構卻是嶄新的。此與以往科學家將宇宙視為是靜態的、可逆轉的看法大不相同，基本上否定了組織有秩序的循環現象。

基於以上混沌理論的基本概念，對於教育領導者可有之應用與啟示，可包括以下數點：(1)體認學校運作之非線性特質，培養見微知著的敏感度；(2)對於蝴蝶效應之重視，注意個別事件之危機處理；(3)明察組織中各次系統之需求，多方溝通以盡力達成系統平衡；(4)警覺隱藏於組織中可能之奇特吸引子（人物或事件），以瞭解其影響性；與(5)注重組織回饋機制的歷程，以建構新的組織型態。

二　複雜理論之基本主張

　　與混沌理論相似，複雜理論之理念皆來自自然科學（尤其是物理學）。基本上，兩者皆為討論組織與環境之交互網絡中的非線性因果關係（nonlinear cause and effect）。多年來，行政學者持續探究組織與環境交互後之特種行為，是否能引起特定後果。因此，其不斷利用自然科學之概念與隱喻（例如封閉系統理論對於熱力學熵效應之借用），藉以瞭解組織成員之行為及與環境互動之結果。前已述及，伴隨典範之轉移，組織行為之因果關係已從過往主張之封閉、可控制、線性關係、具預測性，移轉至非線性典範之混沌、不可逆、難以預知、與隨機性。即以混沌理論為例，其主張組織之場域乃經常處於混沌狀態，但藉著奇特吸引子之作用，使得系統擺盪於秩序與混亂中。其關係是非線性的，因此小的轉變，可能日後形成巨浪（蝴蝶效應）。此種極度不穩但長時間觀之仍亂中有序（耗散結構）的主張，生動呈現並解釋了人類組織行為極度複雜之事實。

　　混沌理論之出現，使得以邏輯實證論為根基之學說受到極大衝擊。傳統認為凡事皆可預測，但事實並非如此。即以教育組織為例，以往校長只要奉公守法關起門來辦教育即可。但如今社會之多元開放，使得戮力從公之校長並不見得受到歡迎。此外，一校成功之模式，在他校卻可能變成票房毒藥。教育組織之複雜、矛盾、與弔詭，使得傳統之理論難以招架，也促使非線性典範之興起。

　　基本上，與混沌理論相較，複雜理論也不主張組織行為對結果之預測性，但更注重組織之自我調適機制，與成員之互動關係。此因混沌理論較適合於解釋自然現象（颱風較之人類行為雖顯狂亂但卻容易被覺察），對於組織成員之行為互動與自我適應過程，則著墨較少。混沌理論對於處於暴風圈之組織描述與診斷，有其獨到之處，但對平日看似平和之「混沌」組織，對其與環境回應調適之歷程探討，卻是力有未逮。相較之下，複雜理論更重視調適、共同演化、互動關係之特性，頗有取

代混沌理論之勢，並逐漸躍身成為研究組織變革的一股「新興勢力」（Lewin, 1992）。以下即將複雜理論之基本主張加以敘述：

(一)混沌邊緣

　　複雜理論中所稱之「複雜」，係指介於經常改變之「混沌」與相對平穩之「秩序」之間的狀態，常被形容成是「混沌邊緣」（edge of chaos）。此種狀態乃是兩個世界間的最佳位置，組織一方面在秩序世界累積資訊，一方面在混沌世界中進行非線性之改革變化（參見圖 2.1）。理論上，系統的組成份子游移其間，一下狀似穩定，一下卻融入混沌。在混沌邊緣，生命一方面藉秩序來維繫穩定力，一方面也靠著混沌狀態，孕育足夠的創造力（Waldrop, 1992）。在混沌邊緣，秩序和混沌相互交會，若即若離，彼此勢力互有消長。此種微妙關係即成就了「複雜調適系統」（Complex Adaptive System，簡稱 CAS），試圖使組織在混亂與秩序間達到非線性之動態平衡。

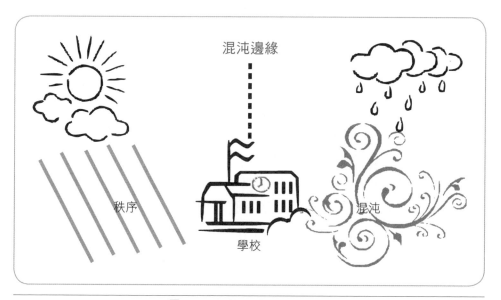

圖 2.1　學校位於混沌邊緣圖

(二) 複雜調適系統

根據相關學者（Holland, 1995; Kauffman, 1995; Lewin, 1992; Stacey, 1996; Waldrop, 1992）之論述，複雜調適系統的主要特質如下：

1. 組織系統中互相關聯的組成份子（agents），彼此會依循特定規則而隨機互動，並藉由所謂的「非線性回饋迴路」（nonlinear feedback loops）與內部和外部環境形成連結。此種連結與互動會造成組織「突現」（emergence，或可譯為浮現）出各種情況。所謂突現，係指未在計畫內，而是突然出現的。例如熟悉市場的專家指出，要獲得成功，密切觀察市場的瞬間變化，多半比做制式之市場計畫更為重要。例如 Youtube 當初計畫設定為交友網站，不料與商業市場之調適結果，竟「突現」為最大的影音分享平台。一群本為陌生人之新進教師，經過一段時間便能突現出默契、嫌隙、合作、與排斥之各種型態，而這些並非是在計畫中所能預料的。

2. 系統藉著非線性回饋網絡，搖擺運作於混沌與秩序之間的混沌邊緣。組織有時將穩定但僵固的系統解構，將其推往未成形但富有彈性與創意的混沌區域；有時則藉由回饋與聚斂之行動，將紊亂且潰散之現象導入穩定且有規律之秩序區域。兩者的碰撞，常是組織創新的開始。實務上，如果組織過度偏向秩序區域，則會有逐漸僵化缺乏變革能力之弊病。但若組織一味向混沌區域奔去，則其混亂散漫必成為隱憂。因此複雜理論力主組織應定位於混沌邊緣，以保持其持續調適與演化之能力。

3. 複雜理論重視組織中「複雜調適系統」之運作。其係指成員與環境之交互活動。因為組織成員屬於環境的一份子，環境的改變自會影響成員間之互動，但同時成員之互動結果也醞釀著環境的改變，這種現象可稱為是相互演化（co-evolution），調適過程並非在穩定狀態中進行。此因組織是開放的，隨時會有新的參與者與環境變數產生，所以系統乃處在自我調適與重組建構的動態迴路

中。組織演化的過程乃是非線性、不連續、與跳躍式的進行，多半隱晦，但過一陣子卻突現秩序。以學校為例，其非封閉之組織，擁有自我組織與調適之特質。學校組織之演化與重塑，必須由成員之間及其與環境的互動決定，絕非校長所能掌控。因此校長所能做的乃在形塑成員間之調適系統，而非只是一味要求命令下達。

4. 複雜理論主張組織本質乃是弔詭的（paradoxical）。所謂弔詭的情況係指相互矛盾對立的兩者同時並存，此與一般傳統主張組織具有單一主軸的看法大異其趣。複雜理論主張混沌邊緣之存在，而系統同時擺盪於穩定與混沌之間，即顯示系統弔詭之本質。所謂「混亂中隱含規則」，因此如何在互相對立的弔詭情況中找尋平衡點，即成為組織自我演化與調適之不二法門。以往校長多認為學校必須要「鞏固領導中心」，並極力撲滅「反動之意識型態」。殊不知，即使學校一意掃蕩，仍無可避免於其弔詭本質。陳成宏（2007）即指出教育組織正如複雜理論之主張，充斥著矛盾的弔詭。舉其犖犖大者如中央集權與地方分權的衝突、專業自主與公共順服的兩難、及社會正義與追求卓越的對立等。不管樂意與否，現今之教育領導者皆須面對充滿弔詭之組織。只有尋求矛盾雙方之平衡點，方能創造組織改革與適配之契機。

（三）聚合體之組成與結合

複雜理論與混沌理論雖都強調組織發展非線性之特質，但前者卻不認為組織變遷是狂亂而雜遝無章的，而相當重視複雜調適系統之運作。複雜調適系統（CAS）之最小組成單位，Holland（1995）將之稱為是「聚合體」（aggregate），其以各種形式出現，例如一個部門、非正式團體、或是班級。個別聚合體與其他聚合體交會與合作而形成「超聚合體」（meta-aggregates）。例如學校教師為一聚合體，其必須與學生家長所形成之另一個聚合體有所交會，因此形成所謂的超聚合體（參見圖2.2）。

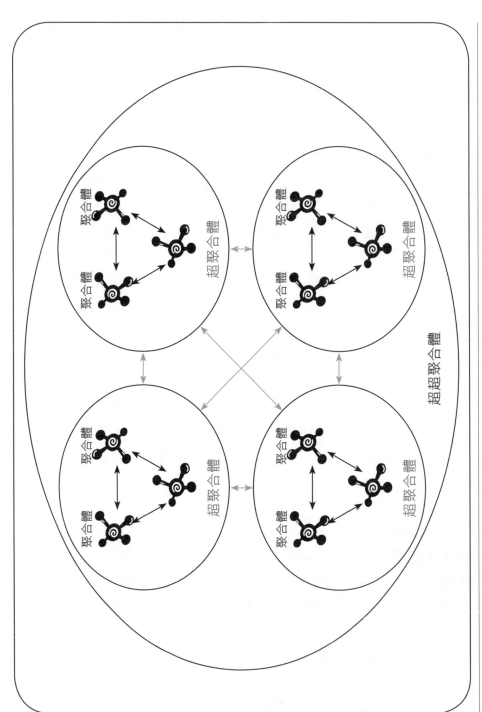

圖 2.2 複雜理論中聚合體、超聚合體、超超聚合體之關係圖

超聚合體之間的關係不一，或為法令規定（如商家與消費者），或只是訴求相投（如環保機構與義工團體）。當兩個以上之超聚合體發生相依相存之關係，即形成更高層之「超超聚合體」（meta-meta-aggregate），Holland（1995）也將之稱為「場域」（field）。如以學生為一聚合體，則依其需求可形成各種超聚合體如學校（讀書之處）、補習班（補習之處）、與家教中心（提供家教服務）等。三者息息相關而形成超超聚合體（或可稱為文教產業）。一方發生變化（如學校自己開辦課後輔導，即可能影響其他兩超聚合體之運作（學生時間變少，無法像以前全力至校外補習）。為應付變局，其他兩超聚合體也必須調整腳步（如壓縮課程，或是釜底抽薪，乾脆指控學校課後補習乃是違法）。換言之，在一特定場域中，由各種聚合體所組成之超聚合體彼此交會並互相調適，其間會發生許多非線性之事件與驚奇，而此時組織之創新與改革即逐漸浮現。

聚合體、超聚合體、乃至超超聚合體所組成之網絡之間有其一定之結合（coupling）形式。有的為緊密結合（tightly coupled），有的為鬆散結合（loosely coupled）。複雜理論認為所謂結合，乃是組織單位（如聚合體）之間互相影響之程度，並主張最好之結合為「中度結合」（moderately coupled），以保持若即若離之狀態。此因組織要遊走於混沌與秩序之間，過度緊密之結合與限制將導致僵化；反之，極度鬆散與缺乏規範會造成混亂，兩者間必須有所平衡。

基於此，Kauffman（1995）將聚合體間的交互影響稱為「自動催化」（autocatalysis），主張聚合體之間彼此交會而產生催化作用，並藉著新資源之投入，而產生新的聚合體或是超聚合體。例如學校中最早是一兩位老師對資訊教學產生興趣，藉由與其他教師之連結，即可能產生更大更新之讀書會團體（聚合體），或是校際之資訊教學工作團（超聚合體）。此種情況有如化學作用，但並非是線性關係，代表投入愈多，所獲並不等值。

組織之運作端賴聚合體、超聚合體、乃至超超聚合體所組成之網

絡運作。一般而言，其可維持一定之平穩狀態。然而，如果一旦負面事件不斷累積，即可能使網絡之運作崩盤，而預告組織衰敗之開始。舉例而言，此種情況時而發生在新校長就職初期。由於未諳時局，校長率性任用對業務並不熟悉之新教務主任。缺乏經驗加上溝通不良，行政團隊與教師團體之網絡漸趨功能不彰。加上「助選有功」之部分家長掌控家長會，使得所處社區（超聚合體）流言四起，進而使社會各界（超超聚合體）對學校產生負面印象。影響所及，教師不認同校長而陽奉陰違，學生表現自然不佳，形同逼使好學生出走。此時，整個聚合體、超聚合體、超超聚合體之間的網絡已經崩潰，校長之離職已是指日可待。

複雜理論凸顯了組織同時擁有秩序與混沌的矛盾特質。在此之下所產生之結果乃是無法精確預測未來，更無法發展特定大型理論或模式來形塑組織之行為。以往邏輯實證論所強調之理性分析與事先計畫似乎皆無用武之地。學者（如 Marion, 2005；Regine & Lewin, 2000）指出在此種複雜體系中，任何長時期之規劃常屬枉然，領導者應著眼於短期與當下的及時回應。此因長期來看，組織之作為常發生以下現象：(1)今日之問題來自昨日之解決方案。例如為節省經費縮編教師名額，雖一時財政過關，但學生之表現卻一落千丈。經年累月到達社會不能忍受時，卻需花更多之經費解決問題。(2)對系統推的愈用力，系統愈會彈回來。例如家長對教師教學頻有意見定會引起教師團體之同仇敵愾。此時即使平日主張改革之教師，也因怕犯眾怒而必須暫時偃旗息鼓。(3)欲速則不達。系統改革有其一定之速度，操之過急定會產生後遺症。例如台灣自 1990 年代開始進行之教育改革，擬以由上而下之力量，促使教育進行重構。由於各個次系統（即複雜理論中之聚合體，如教師團體）之間之交會網絡功能不彰，且未在本質上進行蛻變，改革效果僅具表面化，但卻引起極大副作用。

三　複雜理論在教育組織上之應用

面對複雜理論所提出之主張，組織領導者處於弔詭、非線性、相互演化、複雜調適、與動態平衡之「動態複雜系統」（dynamic complexity）中，應有哪些作為，學者看法互異。以下提出全像式思考與分布式領導兩點以供參考。茲分析如下：

㈠全像式思考

面對組織之複雜系統，Senge（1990）提出「系統思考」（system thinking）之理念。其最大之特徵乃在對組織做全像式（holistic）之思考。換言之，領導者必須尋找森林，而非只是找到大樹即可。「見樹不見林」乃是學習障礙組織（learning-disabled organization）之特質。其成員之思考焦點僅限於局部性之事件，多半未能檢視自我在系統中所扮演之角色。他們只知對自我職位進行投資，卻未察覺自我乃是問題之一部分。因此，組織之問題永遠在別人，與自我一點關係也無。因此，自己無需成為解決問題之一員。就如同溫水煮青蛙，當成員一旦習慣「問題」，也就無法驚覺水已漸漸燒開，組織即將覆亡之事實。

基本上，Senge 將複雜系統分為「枝節複雜」（detail complexity）與「動態複雜」（dynamic complexity）兩種。前者為組織局部之活動與事件，許多只是驚鴻一瞥，但學習障礙組織之成員卻終日樂於加以熟知記誦。由於許多僅是蕪雜散漫之事件，因此成員常抱怨「要學的很多」。一位校長勤於花整日時間瞭解去年校慶是如何辦的，卻鮮少考慮學校與社區關係之遞嬗變遷。反之，動態複雜乃是一種整體的過程，藉著檢視其發展，領導者以全像式的思考角度，努力探究組織內因果之關係。因其為非線性之發展，一時難以察覺。有的事件短期看似平常，但以長期眼光視之，方能見其深遠影響。學校為複雜體系之一環，充滿著混沌、模糊、弔詭、與散漫。領導者必須以創意性的思維來探測學校與其環境間的最適互動平衡點。全像式的思考必須搭配領導者之直覺與專業，若

是只以自我角色或職位出發，則很難一窺究竟兼顧全局。

㈡分布式領導

複雜理論之動態複雜系統發展，乃取決於成員自發性的自我組織，其為組織內成員間的互動與適配過程。由於系統之隨機突變特性，組織成員之交會可能引發不可預測之新結構與新結果。演化的過程隨時形成非線性之突現，適足說明學校為一「活生生的組織」（living organization）。為了要謀求混沌與秩序之平衡，領導者必須捨棄傳統由上而下之形式，轉而與組織成員合作。Morrison（2002）即提出「分布式領導」（distributed leadership）之建議，倡議與學校成員共享治理之權力。校長所扮演之角色為催化者，主要任務在創建新的工作網絡，以使成員能因之充分發展並互相依存。此種伙伴關係之建立，在多元、複雜、散漫、僵固之校園中尤為重要。組織成員（聚合體）所形成之複雜調適系統，使組織在弔詭中取得平衡，並擁有自我演化與重組之特質。實務上，學校及時溝通管道之建立極為重要，如此成員才能獲得適度回饋與新知，進而產生積極之互動而創新。相關分布式領導之詳細敘述，請見第 6 章第四節。

2 個案研究　滿城盡是甲等人

2007 年 10 月

　　平地起風雷，位於台灣南部之台南縣政府，將 2006 學年度全縣 260 多所中小學教師考績清冊全數退件，理由是未落實考核。教育界一片譁然，縣府則重申教師考核應採比例制，並以甲等 9 成為上限的政策。此舉使校長左右為難，認為老師沒犯錯，如何打乙等？

　　依據當時法令，台灣教師並無分級制度，但每年必須接受考核，即所謂的「教師考績制度」。其法源為「公立高級中等以下學校教師成績考核辦法」，其中教師等次分為四條一款（甲等）、二款（乙等）、三款（丙等）。依據規定，考定甲等者應合於下列條件後，給與一個月薪給之獎金：

1. 按課表上課，教法優良，進度適宜，成績卓著。
2. 訓輔工作得法，效果良好。
3. 服務熱誠，對校務能切實配合。
4. 事病假併計在 14 日以下，並依照規定補課或請人代課。
5. 品德生活良好能為學生表率。
6. 專心服務，未違反主管教育行政機關有關兼課兼職規定。
7. 按時上下課，無曠課、曠職紀錄。
8. 未受任何刑事、懲戒處分及行政懲處。

　　與之相較，考列乙等者則需合於下列條件後，給與半個月薪給之獎金：

1. 教學認真，進度適宜。

2. 對訓輔工作能負責盡職。

3. 對校務之配合尚能符合要求。

4. 事病假併計超過 14 日，未逾 28 日。

5. 品德生活考核無不良記錄。

此外，辦法中也規定辦理教師成績考核，學校應組織「成績考核委員會」。完成初核後，再報請校長覆核。教師成績考核結果，應分別列冊報送主管教育行政機關核定。教師之成績考核結果，主管教育行政機關認有疑義時，應通知原辦理學校詳敘事實及理由或重新考核，必要時得調卷或派員查核，如認為考核結果不實或與查核所報之事實不符時，得逕行改核，並說明改核之理由。基本上，台南縣政府對於教師考核清冊予以全數退件，即是執行此項職權。

明眼人可以輕易看出，由於規定文字之模糊，獲得甲等與乙等之條件多難以分辨。其中如甲等之「訓輔工作得法，效果良好」，與乙等之「對訓輔工作能負責盡職」之間又有何差異？加上教師獲得甲等之比率沒有上限（公務員為75%），因此只要請假不超過 14 天者，幾乎皆被列為甲等。教師考績行之有年，但其公信力卻被社會大眾認為是「參考用」的。現行制度不管教學績效與風評，只要不犯大錯就穩拿甲等，形成不講是非好壞，難以鼓舞好老師。部分家長批評教師年年甲等，教學卻毫無改進停滯不前，實在是「教育奇蹟」。台南縣 2005 學年度獲得甲等教師之比率竟達99.16%，因而使縣府興起加以設限為 90% 的想法。

全數退件造成縣內教師嚴重抗議，抨擊縣政府漠視教育體系的特殊性。學校代表表示贊成落實考核，反對比例設限，否則將嚴重打擊老師士氣。一位來自小型學校之代表認為全校 6 班 10 位

老師表現都很好，要如何拉下一位老師打乙等呢？如果每 10 位教師需有 1 人打乙等，莫非認為每 10 位老師中有 1 人表現不好？

對此，台南縣縣長蘇煥智強調，落實考核是共識，90% 甲等不是設限，是衡量指標。考核是「比較」，教師考核雖沒比例規定，但教師優劣總應有個合理比例。就此而論，大部分學校考核不確實。他不相信每個老師都符合甲等所有條件，校長不能只做好人，忽視獎優汰劣的考核精神，又有何公平可言！

2008 年 1 月

由於教師考核清冊被再度退件，台南縣中小學第三度為教師考績重新考核。但如何符合甲等之 90% 上限規定則傷透腦筋。校長自嘆如夾心餅乾，基層則痛批甲等設限制度已成變相懲罰。各校為了重擬考核名冊弄得烏煙瘴氣。除了部分校長原件送回縣府之外，有的校長迫不得已擬從進修老師或本學期剛外調的老師著手。有的乾脆抽籤輪流，校長則準備籌錢補貼自願打乙等老師的獎金損失，

2008 年 4 月

台南縣六甲國中、永康國中兩校 200 多位教師考績因為甲等比例達到 100%，退回重審後仍超過縣長蘇煥智所堅持的 90% 上限。僵持不下，縣政府逕自推定全數教師為乙等。消息一出，地方人士笑說六甲國中可以改名為六「乙」國中了。

由於蘇煥智堅持國中小教師考績甲等比例不得超過 90%，因此包括六甲國中等四校遭到退回，台南縣教師會因為不服依法提出申訴，但未經教師申訴評議委員會審議即遭到教育局退件，並要求自行列舉優良事蹟。

2008 年 5 月

爭議再起，兩國中必須再開考核委員會。六甲國中校長林永上為避免犧牲全體老師權益，逕自將 5 人改為乙等。但永康國中仍堅持維持原案，第六度將全數甲等的考核名冊送交縣府。

六甲國中校長林永上無奈表示，他實在很為難，但別無選擇，內部的爭議他必須要扛下來。永康國中校長楊景匡則說，落實考核的目的是改善教學，設上限對改善教學沒有直接關係，還會適得其反，畢竟教育無法量化。

收到考核名冊後，縣政府表示六甲國中因已逕行修正就此定案，永康國中則因未落實考核，縣府將逕自進入實質審查，並將依審查結果逕予核定。

結果，歷經約 8 個月的紛擾，全縣 206 所國中小老師考績，經過六送六退後，最後只剩永康國中堅持不配合甲等上限政策，被縣政府逕自核定 64.14% 教師（93 人）乙等，創下考績乙等比例與人數最高紀錄。考績雖已定案，但地方人士評論縣政府與教育界兩敗俱傷。此因經過如此折磨，老師的士氣被徹底擊垮，而校長、老師、與考績承辦人員之間的互信也蕩然無存。此外，部分老師為了本身考績抗爭，影響其社會觀感甚巨。

之後，蘇煥智於 2010 年卸任縣長之職，一般民眾對其政績毀譽參半，原因之一即是堅持教師考績甲等上限 90% 政策所引起之爭議。

研究問題

1. 一個考績制度竟有 99% 以上之教師獲得甲等，其形成原因為何？
   請試從組織生態學、制度學派之主張加以分析（或請參考本書序
   言部分）。

2. 落實考核是雙方共識，但是否訂定甲等上限則爭議不休。沒有上
   限，大家都當濫好人，使考核淪於形式。但部分教師卻主張教育
   有其特殊性，不能與其他行業相比。試分析雙方意見，說明您的
   看法。

3. 就以上敘述之現況事實，台灣未來教師考績制度應如何加以改
   進，方能達成其獎優汰劣之目標？

第3章

學校的文化層面

領導者千萬不要忽視部屬要求分享權力
的本性。

　　校長在綜理校務時，往往必須考慮學校組織結構之一體兩面。
在分類上，有的學者（如 Porter, 1975）將其分為正式組織（formal
organization）、非正式組織（informal organization）兩部分；其他學者
（如 Deal & Peterson, 1994）則將之區分為學校技術面（technical side
of schools）、與學校象徵面（symbolic side of schools）。基本上，正式
組織（或技術面）強調計畫、組織、與結構，其性質乃偏向技術性、工
具性、與目標導向之走向。與之相較，非正式組織（或象徵面）則關注
在正式組織中的人際交會與所形成之文化，重視並不外顯的組織信念、
價值觀、與符號儀式之呈現。前者已於第 2 章分析敘述，本章則專注於
後者之探討。

第一節　組織文化之特性與內涵

　　走入校園，人們會從各種跡象中，感覺到學校的組織文化與氣候。
此種感覺雖是無形且難以捉摸，但它就在那裡。初訪客開車進入大門，
下車後抬頭一望竟是學校圍牆上之一圈圈鐵絲網，當下感覺會是什麼？
　　作為一位學校領導人，校長必須提倡與培植一個能促進學生學習及
教師成長之組織文化。Covey（1995）指出，一個學校若具有以下三項
特質者，其整體表現必定較佳。其中包括：(1)能共同合作發展明確之
學校任務；(2)能緊密合作並執行學校之辦學目標；(3)能分享共同之價
值觀。三者所牽涉到的皆為建構學校文化之一部分。

由於學校組織文化往往具有難以名狀之特性，以下即先以治理同一學校達 30 年的辛志平校長為例，說明其形塑新竹中學學校文化之歷程。此因其掌校時間甚長，可以看出其長期之作為與影響力。在其中可以瞭解辛校長如何發展學校之定位（自由學風）、如何執行學校之辦學目標（五育均衡）、與如何創造學校之共同價值觀（不打架、不作弊、不偷竊）。其雖非完美無瑕（仍有部分家長抨擊其作風），但所建構之學校文化卻是影響深遠，值得細細玩味。以下敘述資料主要來源為《無私與大愛：辛志平校長的故事》一書（新竹市立文化中心編印），與相關辛校長生平網站。

一　辛志平與新竹中學

台灣在 1950 年代出現了一批「超級校長」，其特徵是主持校政年限極長，且對該校具有奠基之貢獻。其中如台北市建國中學之賀翊新校長（15 年），台北市第一女子高中之江學珠校長（22 年），以及主政新竹中學長達 30 年之辛志平校長。

近年來，教育改革之風潮在台灣燎原而起，其主要訴求乃在教育鬆綁與去除升學主義。然而，遠在數十年前掌理新竹中學的辛志平，卻早已堅持德智體群美「五育並進」。此種人性化的教育理念，造就人才無數。後來事實證明五育並進的學生很會玩，並在玩的過程中產生想像力與原創力。此是只重考試的華人社會中最欠缺的素質。

辛志平於 1912 年生於廣東省羅定縣，6 歲入塾。1934 年畢業於國立中山大學教育學系，後因對日抗戰隨學校遷往昆明。1945 年 11 月奉命接任台灣省立新竹中學校長，1975 年 2 月屆齡退休。退休前夕，同學代表贈送一副橋牌。30 年皆在新竹高中度過，辛志平常笑說，他一生只做過兩件事：參加抗日戰爭與擔任新竹中學校長。

(一)五育並進

「五育並進均衡發展」是辛志平長經營竹中的教育總方針。當年的竹中同學，都曾感受到美術、音樂、體育課等所謂「副科」的壓力，甚至遭受補考、留級、退學之命運。辛志平對各科一視同仁，堅持學生必須文理兼備。考自然組者必須確實修習歷史、地理、與公民。社會組的學生，也不得放棄物理、化學、與生物。要求嚴格的硬派作風，讓不少家長與學生相當感冒。然而畢業生各科知識兼備，卻成為日後成功的最佳利器。辛志平當年的眼光確有獨到之處。

竹中的課程安排採取大學式的跑班制，平均每兩節課換一次教室，由學生來配合教師。由於重視體育、美術、音樂，使得學生感受較少身為菁英高中的升學壓力，並提早享有大學的自由學風，對於日後之生涯發展極有助益。

竹中的 5,000 公尺越野賽跑與嚴格的游泳要求，當年聞名全台。越野賽跑在每年冬天舉辦，按年級距離有所不同，高一跑 4,000 公尺，高二 5,000 公尺，高三則為 6,000 公尺；除了身體有殘疾外，所有學生一律參加。每次比賽前一個月，朝會升旗完畢，先由體育老師帶領練習。正式比賽時，則是跑學校後面上坡道極多的環山公路。

越野賽跑成績會計入體育成績，跑得太慢就要補考，補考沒通過體育成績會不及格，嚴重的會導致退學之命運。十八尖山的山路崎嶇難行，嚴格考驗學生之體力與意志力。若等到校門口的紅旗一放下，還沒跑回終點的同學，就面臨補考再來一次的慘劇。

游泳則是另一項體育重點。辛志平主張通才教育，早在接任時，即已立下「不會游泳不得畢業」之規矩。由於新竹中學早年沒有游泳池，因此必須就近借用縣立游泳池。只要一開放，體育課就一律到游泳池，上課時學生全班跑步到縣立游泳池。按照新竹中學的傳統，學校在夏季皆舉辦全校游泳比賽，除了正式賽程的選手外，其餘同學一律參加 25 公尺的會外賽。實在不會的，半游半走也得想法子完成。對於游泳的嚴格要求，對於學生身心有極大之助益。

(二) 三大鐵律

在辛志平治校期間，尚有令出必行之「三大鐵律」的制訂。所謂三大鐵律就是「不打架，不作弊，不偷竊」，違犯者一律退學。辛志平認為民主精神就是要講道理，所以絕不可以打架，違者一定退學。影響之下，即使校外學生追打，竹中學生也不敢還手。

考試不作弊也很堅持，甚至畢業考時也不例外。有一年高三畢業考在大禮堂舉行，在考公民時發生作弊。當時公民科較不受重視，學生準備不夠就伺機作弊。結果才考完試，退學名單已經公布。

當年的竹中是全國唯一沒有圍牆的學校。辛志平對於學校建築有其定見，認為一切應以學生與教學為主體。早年他曾向學生說明立場：「與其花錢建圍牆，還不如多蓋幾間教室。」竹中不辦合作社，不強迫推銷簿本與書籍。制服儘量取最簡單的樣式，因為辛志平認為當時所得普遍較低，註冊開銷已很沉重，學校不應巧立名目加重家長負擔。

因此，新竹中學的另種特色就是很土氣。在校理大光頭，一年四季一律穿制服，即使參加校外比賽也不例外。同學抱怨其他學校制服漂亮，樂器也擦得亮晶晶。辛志平就解釋說比賽主要的是表現水準，而不在制服與樂器漂不漂亮。他堅持學生不是學校爭取名聲的工具，強調絕不讓學生因爭取獎牌，而犧牲學業與健康。影響所及，竹中樂隊一直都穿制服，頭髮理得光光的，他校戲稱其為和尚軍，但竹中表現卻始終令人刮目相看。

(三) 自由學風

新竹中學有三大鐵律並不代表實施斯巴達式集權教育。相較於其他學校，竹中之生活管理頗為寬鬆。師生之間頻繁的交流，以及校長對於學生的尊重，都使得竹中有其一定之自由學風。

最明顯之例子就是默許學生之蹺課。新竹中學占地十甲，校園廣且地勢高。早年除附近少數住戶外，都是稻田與河渠，學校後頭還有十八尖山。加上竹中沒有圍牆，根據歷屆相傳，全校最佳逃學蹺課的漏洞

有 32 處之多。當時上課老師不點名，全由班長代勞。有的學生會到圖書館用功看書，有的則會溜出校外，跑到門口的小吃店吃冰，或是閒逛十八尖山。對此，辛志平較持開放之態度，除偶然至各地趕學生回去上課外，並無懲戒之執行。

動員月會是另一項彰顯自由校風的傳統，每個月舉行一次。主席由學生普選產生，主持開會事宜。動員月會討論之主題千奇百怪，許多在別的學校根本就是禁忌，無法公開批評。例如其中一個即是「學校為什麼要建圍牆？會不會破壞竹中自由的校風？」最精采的莫過於臨時動議，每次總會有學生數落學校作為，往往擊中行政要害，引起大家共鳴，台下便是一片掌聲。默然間，「竹中是我們的」的感覺即在學生心中油然而生。

有時在動員月會上，學生向校長的質詢相當辛辣。例如有學生批評校長，開朝會時遲到為何沒自請處罰？校長不強調升學主義，為何把女兒送到北一女讀書？辛志平多半即席回答，有時與學生意見不合而爭得面紅耳赤。雙方你來我往砲聲隆隆，學生往往激動大開汽水噓校長。面對這種尷尬場面，辛志平乾脆置之不理，從未聽說曾有學生因在動員月會上的發言而遭事後懲戒的。

(四) 竹中精神

在辛志平掌校 30 年間（1945-1975），由於實施不作弊、不偷竊、不打架的三條戒律，學生多養成正向之人格。雖然對違規者一律開除，但除非必須絕不輕易執行。辛志平認為制訂校規之目的在維持優良校風，絕非輕易放棄學生。所以一旦開除學生，學校隨後仍盡力將學生轉介到其他好學校，讓其換換環境。

辛志平的教育理念堅持全人與五育並重的教育，使得新竹中學成為台灣極少數擺脫升學主義陰影，興辦正常教育的處所。在五育並重的均衡教育下，新竹中學造就了許多人才，他們均肯定學校獨特的傳統。著名人物如李遠哲、許信良、張系國、章孝嚴、劉家昌、鄭愁予等人，皆

具有鮮明之獨特性。

堅持必須付出代價。辛志平教育主張與當道之升學主義有所衝突，至其掌校晚年已形成極大爭議。他堅持五育並重，學生因為美術、體育、音樂不及格而被留級，於是憤而轉至他校就讀。其是否符合法律比例原則，也頻受部分家長質疑。1960 年代晚期，竹中升學率只有五成多，新竹地區無法認同辛志平教育理念之優秀學生，紛紛選擇台北名校就讀。由於學生素質降低，在辛志平治校晚期，新竹中學之名聲已非如日中天。

辛志平則於 1985 年 6 月因急性心肌梗塞與世長辭。告別式當天，綿延數公里的兩旁夾道上，成千竹中人靜立送行，獻上最後的致敬。

二 學校文化之建構與塑造

由以上辛志平校長之事蹟分析，學校文化之建構與塑造，看似簡單，實際上卻非易事。此因其中牽涉到組織中深層且抽象之層面，包括價值觀、信仰、與意識型態。辛志平以 30 年時間為竹中奠立校風，批評反對者大有人在，影響極為深遠。學校文化乃由校長、教師、學生、家長、行政人員、與社區人士共同創建，其間之錯綜複雜關係，短時間欲窺全貌實非易事。此外，學校作為一個機構，有其一定之傳統、儀式、符號、與常規。這些歷年累積之餖飣瑣事，常令新進者一頭霧水而不知所措。因此，在甲校表現傑出之校長，採用同樣領導模式治理乙校，往往成果未如預期，其原因多半為學校文化歧異之因素所致。

對於組織信念與符號之注重，可以窺見組織運作之文化底蘊。在學校中，表層之結構與體系固然重要，但穿梭其間的價值信念也有不容小覷之震撼性。組織文化對於學校運作影響之深，往往非校長或其他成員所能想像。然而，教育領域開始深入研究組織文化，卻遲至 1980 年代。Stolp（1994）即指出組織文化之探討先是大興於企業界，之後才引進於教育機構之中。學校組織文化呈現之形式極為多元，有的具體，

有的卻隱含其中，但不自覺中卻深深掌控成員之行為。Sergiovanni and Starratt（1998）認為可用以下四個問題，來檢視學校之組織文化。其中包括：

1. 學校之歷史：過往之經驗如何傳承於今日？
2. 學校之信念：主宰學校成員之辦學信念為何？
3. 學校之價值觀：學校運作所呈現之最重要價值觀為何？
4. 學校之行為模式：學校不斷再現之習慣、儀式、與模式為何？

相關「文化」一詞之定義，各家學者有不同之詮釋。例如 O'Reilly and Chatman（1996）即將之定義為「組織成員共享價值、規範、與行為之系統」（p.160）。對於組織文化深有研究之 Schein（1992）則更進一步將文化之特性歸納為以下十項：

1. 成員互動之行為常規（observed behavior regularities when people interact）：組織成員在特定文化中互動，即發展出標準化之行為慣例。例如在學校中，中國人以往不論教師性別，皆將其尊稱為「先生」，但是在美國大學中，有的教授允許學生直呼其名（如 Jim、Tom 等）。日本中學直到今日，尚殘存「學長制」之遺風，高年級之畢業班，可擁有使喚學弟之特權。此種行為常規，凸顯出組織文化之特質。

2. 團體規範（group norms）：其包含組織成員所認同之價值與信仰，常存在於成員之潛意識中。例如學校教師之穿著，雖未明文規定細節，但大部分人心中卻存有一把尺。此種團體規範因時因地會不斷改變。明顯如對學生體罰之看法，以往不打不成器才是常態，打學生之教師被認為才是負責的。然而現今價值觀丕變，動手之教師多半會被冠上惡名。今昔之別，顯見文化之影響力。

3. 擁護之價值（espoused values）：此為組織公開擁護與盡力達成之價值觀，常常以辦學目標加以實質呈現。此種宣示性之聲明，凸顯了何種文化是學校所追求的。

4. 規範的哲學觀（formal philosophy）：此為對組織政策、意識型態、與通則作概括性敘述之聲明，常以座右銘（mottos）形式出現。簡單描述如「Home of a winning attitude」，清楚摘釋了學校文化之定位。

5. 遊戲規則（rules of the game）：此即為組織約定成俗之行為規準，有時會顯得瑣碎。例如「每日將課桌椅收拾乾淨，不要讓夜間部同學坐擁垃圾」，或是「節約用紙，就可救下一棵樹」等。新進者必須熟悉這些行為規準，否則很容易被排斥。

6. 氣候（climate）：其為組織成員在與他人（包括組織內與組織外）互動後，對於組織整體之感覺。例如在學校廁所中貼有學生之繪畫作品，即顯示此校重視人文藝術之傾向。此外，選擇學生之作品，也讓人覺得此校之氣候偏向學生本位。組織氣候乃是一種整體感覺，不能支解分析。一校之建築沒有冷冰冰之水泥圍牆，乃是形成開放式教育之起步。校長必須有其他配合作為，才能使特定氣候逐漸形成。

7. 置入的技能（embedded skills）：此為組織歷經世代後，成員在完成任務上之特殊技能與表現。例如有的學校傳統上具有培育冠軍球隊之體育教師，有的學校則以數理教育見長。

8. 思考之習慣（habits of thinking）：此為成員對於組織實體之內心感知模式與相關之語言建構。基本上，外顯語言之呈現乃是一種心理感知的鏡照。成員對特定事物之看法，可顯示在其語言用詞上。例如對於學習能力較差之學生，台灣以前多稱之為「放牛班」，如今則以「資源班」命名。前者隱約透露出歧視之意味，後者則試圖將教育平等之理念帶入。雖是同一個班級，但命名者之思考習慣卻迥然不同。

9. 分享之含意（shared meaning）：係指在特定文化中，成員分享相關概念用語之形成與意義。在很多組織中，成員甚而會演化出只有成員才會瞭解的特殊用語與意義。青少年最諳此道（想想他們

給教師所取之外號），學校當局則必須「虛心求教」，以免被認
為是前朝古董。時空轉變，字詞也產生不同意義。即以「很屌」
一詞為例，以往多列為不雅之詞，於今卻被青少年視為桀驁不馴
之代名詞。

10. 隱喻之根基（root metaphors）：係指組織隱喻建構之根基，其中
包括儀式（rituals）、價值觀、與傳說（sagas）等。每個文化皆
會形成反映其形象之隱喻，例如中國人認為其是「龍的傳人」。
其建構隱喻之形式即有儀式（舞龍）、傳說（龍生九子）等。組
織隱喻反映成員在情緒上與美學上之特質，且與其他組織加以區
隔。即以龍為例，歐美多將其視為是邪惡之物，英雄之事蹟常是
奮勇屠龍後抱得美人歸，與中國人之看法實是大相逕庭。

綜上所述，可知 Schein 的論述極為周密，從最高層之抽象哲學觀
到價值觀之形成，最後為具象之表現（如組織遊戲規則、團體特殊用
語），環環相扣而連成一氣。Schein（1992）與另一位學者 Daft（1999）
都認為組織文化有不同之表現層次。其中包括：(1)人工製品（artifact）：
此為能見度與感覺度較高者，例如學校建築、服飾、成員言談舉止與情
緒表達、傳說與故事、儀式和典禮等。(2)價值與信念：雖不顯見，但
可隱隱覺知其存在；例如校長花費大量時間與各科教師溝通，即讓教師
感到校長重視合作之信念。(3)基本假設：多半深植於組織成員之潛意
識中，幾乎難以被察覺。其影響成員信念與價值觀，為組織文化之最深
層部分。例如一位教師深信社經地位較低（或某個種族）之學生學習能
力天生較差之假設，就難以產生「有教無類」之信念。許多人類之偏見
常在此層次中存在，影響力不容小覷。

作為一位成功之校長，絕非只限於做好分內之事，其最大之任務乃
在既有基礎上，創建新的組織學習文化。Lunenburg and Ornstein（2000）
即指出此種將成員組織文化加以重塑之過程，除了需要校長之魅力外，
還必須有知覺學校活動之象徵性（symbolic）意義之能力。

簡而言之，社會實體之各種現象，乃其成員加以建構並賦予意義，最後形成特殊之組織文化。學校是社會實體之一環，其組織行為有其一定之象徵性意義。Bolman and Deal（1991）指出要瞭解組織之象徵性結構，必須先確立以下之假設：

1. 組織事件所呈現之最重要者乃是其意義，而非發生了什麼。
2. 事件與意義乃是鬆散結合的，同樣事件卻有相異之詮釋。成員由於所持基模（schema）與框架（frame）之不同，會產生歧異之理解。
3. 許多在組織發生之重要事件，常是含糊不清且不確定的。因此很難理解為何發生與其後續之發展。
4. 組織之事件愈含混不清，就愈難用理性之問題解決方式進行決策。
5. 由於面對之事件含糊不清且不確定，組織成員於是建構各種符號來解除疑惑。雖然事件本身仍舊顯得模糊而缺乏邏輯，但相關之符號可幫助其瞭解其中意義。
6. 許多組織事件之重要性乃顯示在所要表達之意義，而非其產品。成員往往藉著儀式、典禮、或傳說來詮釋與瞭解事件背後隱藏之意義。

第二節　學校文化構面之象徵意義

傳統理性學派之行政學者，多認為組織行為乃是邏輯的、理性的、與目標導向的，然而事實證明並非如此。即以學校為例，許多活動千篇一律（例如每日之升旗），其象徵性意義實大於實用價值。Bolman and Deal（1991）即指出在目標含糊與鬆散結合之組織，其行為之具有強烈象徵性更是卓然可見。對照此些象徵性意義，更能令人明瞭組織之運作特性。

　　組織行為之象徵性層面，與其組織文化往往緊密結合。事實上，組織文化之呈現也多半必須藉助於各種符號。以下即以學校為例，列舉筆者認為組成學校文化中，八種最具有象徵意義之構面加以說明。其中包括學校傳統、學校儀式與典禮、故事與傳說、潛在課程、學校建築與場地、學校會議、學校評鑑、與學校領導者。

一　學校傳統

　　依其歷史之長短，學校皆有其辦學傳統，名校更為明顯。傳統代表以往學校之辦學形式與堅持，其象徵意義極大。許多學生選擇學校之主因即是其優良傳統。「本校一向以數理見長」，或是「本校之籃球隊所向匹敵」，皆代表學校具有特色，並進而導引師生之行為。在實質表現上，校旗、校歌、制服、乃至校章（badge），皆傳承了學校傳統。中國傳統重視儒家教導，校旗校歌多半是四平八穩之格言，美國學校則喜以吉祥物（如老鷹、灰熊、海豚等）繡在校旗上，也因之凸顯其所在地與傳統。英國古老之大學如劍橋牛津，其袍服即傳承自中世紀之教士衣著，雖不「現代」，但有其文化深遠意義。在上述之新竹中學案例中，辛志平為不使家長負擔加重，一律要求出外比賽之同學穿著校服應賽，也形成一種學校傳統。

二　學校儀式與典禮

　　其形式極為多樣，從每日之晨會到畢業典禮等不一而足。其中有特殊之新生歡迎會、退休教師歡送會、甚而是過世師生追悼會等，皆構成學校文化重要之一環。學校典禮之所以扮演重要象徵角色，係其生動表達了學校之價值觀與常規。無可諱言，學校典禮有時失之乏味，但若能精心設計，則會令參加者動容。一位誨人不倦之教師退休，學校特地布置滿室燭光，並由退休老師將其手傳給當屆畢業生，傳承之意味躍然而

出。再如慶生會安排生日學生為其母親洗腳，感恩之價值觀不必言傳，自能藉儀式傳遞其間。

三　故事與傳說

　　一般人多以為故事之敘說乃針對孩童之娛樂性活動，然而在學校中，故事與傳說卻與學校之基本哲學與價值觀緊密相連。Wilson and Corcoran（1988）發現組織成員往往藉著故事之內容，確立組織與自我之目標。如果處理得當，故事之敘說可以傳遞訊息、倫理觀、與價值信仰。此外，人們對傳說多是半信半疑，但透過儀式不斷的引述，即能在聆聽者心中凝鑄特定之信念與價值觀，而成為組織認同之一部分。其就如羚羊掛角不著痕跡，然在組織面臨風雨或進行改革時，卻是最佳之催化劑。

　　基於此，校長與教師可以善用活動與典禮，利用說故事之方法創造氣氛與確立價值。一般而言，有歷史之學校多半有「英雄」之產生，敘述其行誼，常會有點石成金之效。故事常是溝通之最佳工具，既具娛樂性，也容易造成高潮。想想看，一位校長回憶當年籃球校隊隊長之雄風：「當時球場一陣滂沱大雨，他卻奮力上籃建功。對手一個箭步向前阻擋，結束鐘響後，他才發現滿嘴是血而斷了兩根牙。」說者慷慨激昂，聽者無不血脈賁張，欲傳達之訊息即順利達陣。

四　潛在課程

　　其既為潛在（hidden）之性質，在一般課堂教學中即不顯見，但影響力卻深不可測。表面上，教師以所學之知識教導學生，然而冥冥中，因其所持之特定價值觀與信仰，卻間接影響學生與學校文化。表現不佳之學校，常瀰漫著「我們天生就是輸家」的失敗主義。校長與教師當然不會當面明講，但從各種動作（如嘆氣、搖頭）、言語（如「死馬當活

馬醫」的慨嘆）之表達，皆使學生感到透骨心寒。在此頹唐的學校文化中，根本無法提升學生之自信，更遑論期待他們出將入相了。

📚 五　學校建築與場地

無論是高屋建瓴或是甕牖繩樞，由於預算所限難以經常翻建，一校之建築常形成學校之特殊文化。例如傳統教室之「一條龍」設計，往往因走道空間狹小，造成學生爭先恐後一意搶快之習性。校園四周築起高牆，名義上是為了阻止學生爬牆逃學，事實上卻反映學校之嚴管作風，其對學生之態度與所形成之組織文化不言可喻。

📚 六　學校會議

乍看之下，學校會議具有極強之機構功能性。大大小小之會議，有的是法律明訂，有的僅是日常校務之討論。此種例行（有時極為乏味）之活動，具有之象徵性意義又何在？追根溯源，其與垃圾桶決策模式（garbage can model）頗有相關。其為非理性決策模式之一，並具有三項特徵（Cohen, March, & Olsen, 1972）。其中包括：(1) 組織目標模糊（problematic preference）：成員對整個組織所欲達成之目標並不清楚，且無法釐清自我偏好與選擇對各個目標的優先順序；(2) 目標達成方法的不確定性（unclear technology）：由於是鬆散結合，各成員並不明晰其他單位的運作情形，因此常需要不斷嘗試錯誤，從失敗經驗中學習；(3) 流動式參與（fluid participation）：大多數成員由於組織特性，多僅能偶而或選擇性的參與決策過程（學校之各種委員會代表多半由選舉產生，具有一定之任期），同樣的議題因此可能由不同的代表接力制定完成。如此組織特性，使得決策過程無法有確定的順序，如同將不同問題及解決方案傾倒至一個垃圾桶。在其中，問題尋找答案，答案也在尋找問題。參與決策者進進出出曠日廢時。由於意見分歧，只有在特定參與

者（此屆代表幾乎都是校長之人馬），在一定的時間（這星期一定要決定呈報上級），與一定之壓力（時間緊迫，最後進行投票表決）時，才會有實質決策產生。但其是否具最大效益，則非組織成員所最關心的。

　　觀察學校之決策模式，常與垃圾桶模式相若，其中又以學校會議最為明顯。愈廣泛之議題，其分歧性（好聽一點是多元性）就愈大。議題如「提升學生學習力之途徑」，多半會引起眾聲喧嘩，各方代表語不驚人死不休。最後主席所能歸納的結論必須提升到「哲學」層次（如督促父母親發揮親職作用），方能使各方勉強同意。如此沒有「績效」之會議，有何存在必要？有的！就在其象徵性價值。至少，代表發言、抱怨、爭執、妥協、與投票；校長出席、發言、聆聽、溝通、與接受投票結果，均使整個過程強烈具有象徵意義，大家都參與了民主程序，成品是否最好，就非我們的責任了。

七　學校評鑑

　　為了確保組織成員之表現與各部門之績效，評鑑活動如今在教育與學校系統已成主要活動。政府經費的大量投入與對有限資源之競爭，使得社會大眾對於學校之表現更加重視。因此，學校中對校長、教師、行政人員迭有考核或評鑑，學校與學校間也必須定期接受政府或專業團體各種形式之評鑑（如認可、訪視、考察、評等、排序等）。無論何種評鑑，其過程多半費時、費力、且消耗資源甚巨。經過冗長與正經八百之程序後，評鑑報告總是厚厚一疊擲地有聲。然而其後呢？多半束諸高閣或是放在校長之抽屜中。到底有無改善並無太多人關心，因為此次評鑑已令大家精疲力盡，況且離下一次評鑑還早的呢！

　　此種行禮如儀的學校評鑑，在學者眼中價值不高，Bolman and Deal（1991）即指出組織評鑑結果報告鮮少被用於決策過程中。然而，評鑑的象徵性意義卻不同凡響。在一次演講中我曾對疲憊之校長勉勵：「評鑑是必要之惡，不得不為之，而且評鑑會使社區覺得你在努力辦

學。」事實上，評鑑之象徵性功能不止於此。評鑑會使學校顯得更注重目標，會使家長感到學校要求品質之努力，會使教師感到社會之壓力，會使學生知覺學校之特色（如果你會凸顯評鑑結果表現精湛之部分）。做了這些，即使評鑑之後改善有限，也是令人難以「苛責」了。

八 學校領導者

身為學校之領導人，校長本身即是一個符號（Deal & Peterson, 1994）。藉由信仰、慶典、言語、動作之傳達，校長可以傳遞明顯的象徵性意義。所謂虛實相縈，身為領導者，其行為自是動見觀瞻，深受學校成員與社區人士之矚目。一個成功的校長，多半會運用各種管道，發揮其象徵性功能，以不著痕跡的方式闡述其辦學理念。在某些情況下，校長之言行即代表學校，身繫接受社會臧否之責任，有其不可替代之重要性。校長之行為深具符號性之處頗多，舉其犖犖大者，可包括以下四者：

(一)服飾舉止

從衣服配件至五官表情，校長舉手投足深具意義。一個體胖卻身穿緊身衣服之校長，讓人覺得其對美感之不足。此外，與低年級小學生談話，會蹲下來與學生齊高之校長，則會令人深覺其以學生為中心之心態。

(二)辦公場所

校長室之位置、設備、擺飾、與整齊程度，皆能反映校長之價值觀與所希望呈現之學校文化。例如校長室位於學校正中，其面積與教師休息室不相上下，且是唯一裝置冷氣之房間，即清楚表達校長所欲展現之地位與權威。此與房間中掛滿學生送給校長的五顏六色自製卡片，與牆上一只刻著「學生是我們生命中的天使」字樣的牌匾，所呈現之意象自

是不同。實務上，把桌子清得一塵不染之校長不見得受人敬重，要能隨時從書櫥中拿出新書供教師參考者，才令人眼睛一亮。

(三)時間分配

校長每日之作息，除顯示可見度外，且能傳遞其標榜之價值觀。一個不斷監控學生掃地，或是糾察學生服儀之校長，顯示其鉅細靡遺之個性，其是否有空思索經國大事則是未定之數。每日站在校門口觀看學生走入校門，時而與家長寒暄之校長，會讓社區至少感到其貼心與熱情，但遲到之教師則深覺不是滋味。在會議上喋喋不休並使之雜遝冗長者，會使參加者懷疑校長之時間管理能力。凡此種種，皆有意無意顯示校長治校之重心與優先順序。

(四)言行表演

針對不同場合，校長之言行內容必須另闢蹊徑通時達變，甚而有時還需有些許之表演成分。幽默、愛心、熱情、與負責之特質為人所肯定，但必須藉由適當形式加以表達，尤其是在人生幾度秋涼的時刻。難忘一位美國校長在學生意外車禍身亡後之輓詞：「Peter 雖非校隊之主力球員，過世前仍花了一整天時間研究戰術，並把全隊之球衣整理好。如今化身天使，在天國他一定在看著我們，並且樂意當永遠的啦啦隊。」葬禮當日雨雪霏霏，現場很少有不動容者。

第三節　校長之文化領導

學校文化領導需具備一定之象徵性意義，透過不同的符號儀式，使領導者理念與學校文化之中心內涵相互融合。張慶勳（2001）的研究發現，校長形塑學校組織文化所運用的符號與儀式，不僅能反映學校的多元特色（如族群、鄉土、與傳統價值），其象徵性意義則經由符號之轉

化，進而鐫刻與凸顯於學校的信念與價值觀中。實務上，組織的象徵符號包括靜態的表象與動態的轉化。為宣示學校辦學之理念目標，有作為之校長應利用各種機會，將學校各種象徵符號予以意義化。其可善用各種儀式、慶典、姿勢、言詞、行動等，多元詮釋學校之訴求，以凸顯學校願景與未來走向。此種將具有靜態表象之象徵符號予以動態意義化之歷程，乃是形塑學校文化的核心。例如學校識別系統即是學校文化構成之重要象徵性符號，校長如能善用，必產生畫龍點睛之作用。

在檢視美國學校之個案後，Deal and Peterson（1994, 1999, 2009）認為校長之象徵性領導角色可有八種，分別具有不同之功能。茲分述如下：

1. 歷史學者（historian）：以歷史學之角度，回顧學校之傳統與過去，藉以瞭解現今學校組織文化形成之背景。探究過往重大歷史事件之影響、訪談社區耆宿、與檢視校史文獻，均能對建構新的學校組織文化，有建設性之幫助。

2. 人類學的偵探（anthropological sleuth）：以人類學之角度，蒐集、觀看、傾聽、與感覺學校文化中具有象徵性意義之內涵，其中包括常規、儀式、言行、與角色扮演等。校長藉此可一窺學校文化形成與運作之端倪。

3. 願景卓識者（visionary）：與各次文化與社區之領袖共同合作，發展學校未來發展之願景（vision）。此種願景之形成乃基於組織成員對於未來之夢想，經過集體討論後所形成之集體價值與思維。其之後會成為未來發展學校文化之骨幹。

4. 符號（symbol）：如前所述，校長本身即是一符號。其透過衣飾、行為、注意重點、儀式、乃至例行文書呈現其所欲導引之信念與價值觀。

5. 陶藝家（potter）：如同捏陶一般，校長藉由形塑學校儀式、慶典、英雄、與傳統，導引未來學校組織文化之樣態。其中之過程，除需一定之技巧外，最好包括組織成員之共同參與。

6. 詩人（poet）：利用語言去增強信守之價值觀與理念。語言之型態包括圖像、文字、故事、與傳說等。透過隱喻與意象之傳達，可使成員明瞭組織文化之核心價值。

7. 演員（actor）：學校中之活動充滿人間喜劇、悲劇、甚或是鬧劇。校長透過不同之角色呈現，使台上人與台下人確認其與組織文化之關聯，並進一步指引未來學校信念與價值觀之轉化。

8. 療傷者（healer）：歲月流逝，學校必定經過轉折與重大事件。人事代謝、重大衝突、與意外亡故，皆會導致失落與傷痛。校長必須藉著各種活動，共同度過止痛療傷之階段。集體之力量才能撫平傷口，對未來重拾希望。

在相關研究部分，張永欽（2001）探討台北市國小校長領導行為塑造學校組織文化之實際現況。結果發現在「基本假定」向度得分最高，代表校長在教育信念、教育哲學、教育態度上的表現較佳。然而在「象徵性活動」向度得分則較低，代表校長在利用學校史蹟、典禮儀式、共同手勢、口號等學校人造品以產生象徵性文化部分仍嫌不足。

學校文化之所以重要，乃因其形塑了成員對事件之認知結構，並且賦予角色與任務之意義。實務上，其具有承先啟後之功能。校長對於現存之信念與符號，固然必須深切瞭解，但也應期許在既有基礎上，創建有助於組織改革之文化。如果不先深植有利於學校改革之信念，一味只以權力命令與監控管理之手段強力推動，其結果多半不脫「上面有政策、下面有對策」之鬧劇。舉例而言，Cunningham and Gresso（1993）發現美國最佳之學校文化，具有以下特點：

1. 關注對學生有正向影響之改革相關行動。
2. 具有充足信任感、開放、不受限制的溝通管道。
3. 具有對理想學校之共同與具體之願景。
4. 具有共同支持、成長、與改革之組織氣候。
5. 具有 3 至 7 年改善學校之展望。

6. 各方利益關係者（stakeholder）有面對面參與學校事務之機會。
7. 學校決策乃基於價值觀、權益、與專長。
8. 具有持續的、累進的、與系統性的改善行動。
9. 視成員之成長、脾性、與能力為學校改進之重要構面。
10. 家庭、學校、與社區三方之合作。
11. 對學校成員之授權與鼓勵其實驗發展而共享成果。
12. 對於學校產出進行持續之監控與回饋。
13. 具有上級主管行政機關之支持與協助。

　　由以上之構面中，可以看出組織非顯而易見之部分，常扮演改革之重要角色，其中包括信任、願景、乃至信仰等。信任使得行政者、教師、家長、與社區人士能夠齊心且面對面的共同合作；願景給予成員進行組織轉型與改革之依據；信仰給予成員心靈上之澆灌，對於學校未來之走向與改革，賦予一定之意義與加持。沒有這些精神構面，成員在改革中常不知為何而戰。也唯有在校長之成功文化領導下，組織方能脫胎換骨，改革才能由內到外。

　　如上所述，學校之運作除表象之行動外，尚有隱含於其下的象徵意義。成功校長深諳學校基本信念與願景的重要性，認為唯有創建改革之文化，學校才能在多變的時局中浴火重生。晚近文化領導之興起，實乃對傳統行政理論之反動。其強調透過組織文化的創建與形塑，以帶領組織成員進行改革（文化領導部分問卷參見表 3.1）。以下即就文化領導之相關概念加以敘述。

📚 一　文化領導的定義

　　文化領導係指領導者透過影響成員的基本信念與價值觀，進而形塑與融合特定之組織文化，以配合進行組織改革之領導行為。換言之，文化領導係以組織文化為本位，透過領導以達成創建、形塑、與更新組織

表 3.1　文化領導部分問卷

學校盡力維護具有特別意義的校舍或建築物。
學校已建立識別色系、服裝樣式、公文信封樣式等完整學校識別系統。
學校同仁瞭解本校校徽、校服所代表的象徵意義。
學校校歌可用來闡釋學校所要表現的精神。
學校同仁盡力維護某些特定的或與其他學校不同的典禮。
學校同仁經常運用校內流傳的口號及精神標語。
學校同仁經常傳頌本校特殊的歷史傳統（如校隊的優秀成果）。
學校同仁會在溝通中呈現只有本校成員才能瞭解的語言、手勢及比喻。
學校盡力維護具有重要性的學校文物，例如紀念文物、校刊、校史等。
學校時常流傳著學校以前或現在成員的過往成就或感人事蹟。

資料來源：王淑娟（2005: 212）。

文化的歷程。謝文全（2003）歸納國內外學者，提出文化領導的要點包含：(1) 領導者文化理念的建構、傳播、與示範；(2) 透過器物形塑組織文化；(3) 建構合理升遷獎懲標準；與 (4) 加強組織文化的傳承。

二　文化領導的策略

　　文化領導並非止於口惠階段，必須輔以實質的策略與作為，方能將領導行為與組織文化有所融合。搭配之策略依組織之特徵雖有所差異，但瞭解組織的情境脈絡、與成員積極互動、確立組織走向與目標，及與成員共創願景等，皆是可採行之策略。實務上，文化領導較強調成員基本信念與價值觀之形塑，為達其既定目的，在相關技術與策略上即有部分與其他領導理論有所重疊。其中如與成員共創願景即與轉型領導相似，建立績效評鑑機制則有交易領導的影子。領導者可伺機交互使用，以達成建構所欲之組織文化的目標。以下綜合部分學者（如秦夢群，2010；張慶勳，2003；黃宗顯，2007）的觀點，歸納文化領導可有以下策略：

　　1. 身體力行與示範組織文化：組織文化之形成經年累月，領導者

卻不可因此怠忽職守，認為在任內看不到成果而懈怠。其應成為
組織文化的主要建構者，並身體力行發揮示範作用。尤其在組織
面臨危機時，領導者在處理時必須展現與組織文化契合之價值
觀，以凝聚組織成員之向心力。

2. 透過各種象徵物與外顯成品建構組織文化：領導者可藉著各種
儀式、符號、言詞、行動彰顯組織文化之訴求。換言之，領導者
必須藉組織之外顯成品，凸顯隱藏於組織文化中之基本信念與價
值觀。此因組織文化相當抽象，若無外在實體之呈現，外人很難
瞭解其深意。

3. 建立績效評鑑與獎懲制度：為維繫與強化目前之組織文化，可
對成員之表現進行績效評鑑，以增強成員對組織文化的瞭解與認
同。再配搭適當的獎懲制度，以增進成員產生符合組織文化規範
之行為。

4. 加強成員溝通與交流之機會：組織中成員若缺乏日常交流，對
於組織文化的認同必定較低。因此領導者必須創建各種正式或非
正式、定期或不定期之溝通管道與機會，促使成員瞭解組織文化
中之主要理念與價值觀，進而融入其中。

三　文化領導的發展階段

　　組織領導者日理萬機，往往必須面對成員基本價值觀的挑戰。即
以教育改革為例，小小一個體罰問題，就必須費盡唇舌經歷多年之磨合
後，方能使教師接受「不打也能成器」的教育價值觀。此種改變緩慢但
卻影響深遠。正面之組織文化包含對外調適與對內整合的需求。雖然不
同組織因其發展特徵與結構之差異，導致領導者關注焦點有所不同，但
其發展階段大致可分為在既有基礎上瞭解組織文化、維繫組織文化、與
更新組織文化三個階段。茲將其簡述如下：

1. 瞭解組織文化：組織文化的創建與形成，端賴領導者與組織成員

在基本信念、價值觀、所持規範上之磨合與彼此融入。雙方藉各種形式與言行規範，將組織之基本假定（basic assumption），形成所謂之共同價值觀（values），最後呈現於外顯成品（artifacts）上。組織文化於焉形成。此外，現今組織文化之形成有其歷史背景，領導者必須深入瞭解與探究。

2. 維繫組織文化：組織文化在創建後，必有一段長短互異的維繫時期。組織文化中之基本信念，深切影響成員對議題與解決策略的思考模式。為使之定型與增強，組織會採取各種方式，其中如利用儀式、行動支持，乃至進行績效評估等具體措施加以強固。其目標乃在維繫領導者所欲維持之組織文化，並促使成員加強認同組織文化。

3. 更新組織文化：時局變化詭譎多變，學校面臨各方壓力與成員之老化，必須適時更新現有之組織文化，以利下一波改革之促動。不論是遭逢危機或是受到外界壓力，領導者必須察覺當今組織文化之負面效應，以謀求改變之道。此種過程極為痛苦且費時，往往需積數任校長之力方能完成，但卻不得不啟動。在此階段，相關利益團體與成員之抵制與責難乃是家常便飯，領導者必須虛心以對。

上述三個階段看似抽象，在實務上卻有其具體之一面。以下即以校長為例，說明文化領導的發展歷程。作為學校之領導人，校長必須自許有承先、固本、與啟後之功能。推之於學校文化，即必須瞭解已存在之學校文化（承先），接著是維繫學校文化（固本），最後才能在既有基礎上，重塑學校文化（啟後）。以下即就三個階段分別加以說明：

(一) 瞭解組織文化

新職就任，無論校園是碧瓦朱甍或是水泥森林，校長如同新鮮人，必須細心探究隱於其中之現存組織文化。基本上，筆者認為如能確實回

答以下 15 個問題，即可幫助新任校長瞭解局勢，進而創建新的組織文化：

1. 學校興建於何時？其興建原因為何？鄰近是否有同類型學校加入競爭？彼此間勢力消長程度為何？

2. 學校興建之初衷，較之今日是否有巨大改變（如從普通教育轉成職業教育）？學校之轉型是否成功？

3. 學生的組成結構為何（如社經地位、本地生之比例、與近年之學業表現等）？與前數年相較，是否有顯著之差別？學校近年學生入學人數之消長為何？是否有被併校或廢校之疑慮？

4. 教師之組成結構為何（如年齡、專長、學科分配、與特殊表現等）？最近是否有大量新進教師或是退休潮？

5. 上屆校長之背景、治校理念、與風評為何？其所帶領之行政團隊績效如何？成員對校長與行政團隊愛憎之原因何在？是否曾引起重大學校重大爭端？

6. 學校上次發生之重大危機為何？當時之校長如何處置？其他成員如教師、家長、與社區之態度為何？

7. 學校經常舉辦之特殊儀式（如新生訓練、畢業典禮）為何？其緣起與代表之意義何在？是否已成為學校之特色？

8. 學校之有形建物（包括教室、校園、花草庭園等）是否具有特殊歷史傳承與象徵意義？

9. 學校之次級團體（如家長會、各科教師會）有哪些？其以往所扮演之角色為何？其中是否有極為強勢而能主導校政者？是否造成前屆校長領導之阻礙？前屆校長又是如何處理的？

10. 學校中之主要衝突來源為何？解決方式曾有哪些方式？其對學校之發展影響力為何？前任校長之學校權力分配結構為何？其是否成為學校發生衝突之主要原因？

11. 社區與學校之關係為何？較之學區內其他學校，社區人士對本校之評價與期待為何？學校之應對方式與過程為何？

12. 學校對於未來是否有一定之願景，其主要內容為何？過去數年間校長是否努力實現？其未成之原因又為何？

13. 學校中是否曾經出現傑出人士或英雄人物，如今仍被成員津津樂道者？其影響程度為何（如曾出現棒球明星因而帶動學校棒球隊之發展）？當時之背景又為何？

14. 一言以蔽之，教師與學生評述學校現況之意見為何？

15. 學校目前被成員列為最急迫需要改進與發展之議題為何？其形成之背景為何？如為私立學校，董事會之態度與走向為何？是否與學校其他成員有一致之想法？

以上 15 個問題，雖不能使校長完全明晰現存之學校文化，但多少可一窺洞天。命運弄人，公立中小學校長之遷調，有時並非能完全依照當事人之意願。然而，進入「條件差」之學校並非世界末日，如能瞭解其組織文化，日後能改進之空間也許更大，作為也更有影響力。

(二) 維繫組織文化

實務上，鮮少有校長能夠有機會創建一個新的學校文化。除非是新設校或是學校之結構產生翻天覆地之改變（如從職業高中轉成普通高中），否則校長之基本任務，多在特定基礎上維持現有組織文化，並做適度之改進。基本上，當今學校文化乃歷經長久時間演化而成，有其一定之安定性。如無大礙，組織成員多視其為傳統之一部分，而不願校長任意改絃。校長所面對之成員大致可分為三大集團：(1) 內部新進者：以新進教師為代表；(2) 內部資深者：以資深教師為代表；(3) 外部成員：以家長與社區人士為代表。此三個集團由於背景之差異，校長之作為當有所權衡。以下即分別敘述之：

1. 內部新進者

傳統上，新進教師代表一個新的世代，其在校園中常扮演挑戰現

有文化之要角。此因新進教師多半剛自學校畢業，具有教育新知識與新理念之專業能力，且較具理想性，喜歡臧否時政。此些「新新人類」之理念、價值觀、與基本假設，與學校合則兩利，不合則易起紛爭。實務上，新進教師對於學校文化之重塑，有其火車頭之衝力，但常因其態度之倨傲（如以改革開放者自居），使其建言之成效適得其反。

基於此，在維繫學校文化上，校長對新進教師可有以下之作為：(1)注意遴選程序：既然學校有其支持之文化，因此在遴選新進教師時，即應檢視其基本理念與價值觀。如果發覺差異太大，則應予以割愛。例如學校之信念為「學生第一」，因此希望擔任導師者可以隨時處理問題。但部分新進教師以隱私權為由，拒絕家長在課後時間電話聯絡，而引起極大爭議。此種教師之堅持也許有其依據，但很明顯與學校之信念有所扞格。(2)幫助新進教師社會化：許多新進教師抱怨不知學校葫蘆裡賣的是什麼藥；由於缺乏管道，常誤觸地雷而不自知。解決之道包括利用學校之儀式，說明學校傳統與信念，或是經由各次級團體之安排，由資深教師利用個案與事件，說明學校政策之原則與依據，使得新進教師能夠及早社會化。(3)安排活動與機會進行傳承：瞭解學校文化之最佳途徑乃在使成員加入活動，新進教師尤應如此。學校之傳統活動（如每年別出心裁之畢業舞會），如能由新進教師加入聯合辦理，其在過程中自能很快進入情況，親身體會學校文化之傳承。

2. 內部資深者

內部資深者的情況與新進者剛好相反。他們久居學校，事實上乃是學校主要信念、價值觀、與行為常規之塑造者。校長探究資深教師之虛實，資深教師也在觀測校長之言行是否支持現存之組織文化。基本上，資深教師經驗豐富，教學表現有一定之專業水準，但其最大問題乃在其視野。由於當今教室之設計宛如一獨立王國，教師多半喜歡單兵作戰，很少有教師願意校長「侵入」其教室進行干涉。影響所及，許多資深教師已習慣將其職責侷限於教室中，對於組織制度與文化之建構，認為是

行政團隊之業務。如此想法對於校長試圖維護與重構學校文化，產生不小之負面作用。

建構學校文化之先決條件，乃在以整個學校為視野，從各個角度展望未來。為使資深教師能夠以全像式之角度瞭解學校文化，校長可利用不同教師團體所形成之次級文化（subculture）來進行統整。次級文化在學校存在已久，依教師之不同背景（如性別、科別、畢業學校、籍貫、年資、嗜好、乃至社經地位等）而形成。其是教師展現意見與活動之產物，以往多被認為是「搞小圈圈」而有害團體。然而事實證明，如能善用次級文化，校長與資深教師才能攜手共同建構健康的學校文化。

實務上，校長可有以下之作為：(1)瞭解各次文化之特質與運作模式：前已述及，每個次文化之形成有其一定之背景，其運作自也有所差異。有的鬆散，有的緊密；有的積極，有的隱沒。更有的次級文化乃是學校中之不適任教師力圖自保而聚集的。校長必須透過各種管道清楚瞭解其背景，如此才能加以應變。(2)促成各次級文化之交流：由於各自為政，組成次級文化之非正式團體多力守本位主義，鮮以整個學校為思考中心。基於此，校長自應藉著各種儀式或活動之實施，製造各次級團體整合之機會。尤其是次級文化之主導領袖，更應促動其相互交流（以執行學校政策為依歸，而非僅是聚會消遣），針對彼此訴求相互瞭解，以共創學校文化。(3)對於學校辦學與儀式之清楚說明：在許多情況中，校長自認站得住腳之作為，常被其他成員誤認為破壞學校文化，其主因即在校長無法傳遞其作為之依據與構想。茲舉一例加以說明。某高中之畢業典禮，向以熱鬧多變著稱。近年西風東漸，學生競相舉辦化妝舞會在夜晚狂歡，其中竟有飲酒作樂（常以雞尾酒為幌子）與邀請外校學生而造成糾紛之情事。新校長上任後力圖加以改善，希望取消化妝舞會，卻遭臨巨大批評。好事者甚而勾串學生在校長室前示威。其實，校長若能提出事實或數據（如家長抱怨之信函）事先召集教師討論，事後再在集會中向學生解釋，縱不能完全取消化妝舞會，至少也能依據舞會之象徵意義（如果有的話），在形式上予以轉變（如不得有含酒精之飲料），

其結局應較為圓滿。別小看畢業化妝舞會，其在許多成員心中已是學校文化之一部分，地位不可被忽視。

3. 外部成員

在面對外部成員方面，雙向溝通乃是不二法門。部分校長認為藉由學校儀式或是固定會議之參與，家長或社區已能完全瞭解學校文化之信念與價值觀。其實只對了一半，學校是否能清楚體會外部成員之想法同等重要。因此，雙方之真正「對話」與否，關乎外部成員對學校文化之看法。校長應該參與社區活動，瞭解其變遷後所持之基本信念。換言之，校長之敏感度提升，有助於其與外部成員之組織文化連結。

(三) 更新組織文化

世界政經情勢與社會結構之轉變，使得重塑學校文化之必要性大增。傳統之校長，其任務多以瞭解與維持學校文化為主，創建或重塑之機會甚微。然而 1980 年代在美國興起之績效運動，以各種標準測驗與評鑑活動，迫使績效不彰之學校必須徹底轉變，其中當然包括其組織文化。此外，人口之變遷（如外來移民之加入），使得社區之穩定性變弱，校長自然必須見機行事。

實務上，針對學校文化，校長必須發動各種程度（大至在新校創建全新文化，小至只酌情修改某些既定信念）之重塑行動。其作法可有以下數點：(1)建立檢視之基模：先蒐集資料，其中包括學校文化之現況、所產生之問題、內部與外部之改革壓力、次級團體之支持程度、乃至進行重塑之作法與後果等項目。有些校長會尋求其他專家之意見（如公認辦學成功之校長），以確立如何弭平現實與理想間之差距。(2)處理改變時所造成之不安與騷動：任何文化重塑時，均會使部分成員感到被侵犯，因此如何適度化解，乃是校長重要之責任。校長必須有一定之 EQ（情緒智商）接受挑釁，並採取必要措施幫助不安者度過陣痛階段。例如學校資訊化乃是績效之重要指標，但是對於未諳電腦者，則是一項威

脅。除非校長能幫助其有所適應（如安排嫻熟電腦者在學期初進行一對一之協助），否則必將引起抵制而事倍功半。(3)擴大參與面：部分校長胸懷大志，一心銳意改革，卻忽視了學校文化乃是眾人築起之長城。因此，擴大參與面乃是必要之舉。此代表各次級文化團體之介入與討論，其中不乏有眾聲喧嘩討價還價之尷尬時刻。雖然不能形成全面共識，但校長至少可以明瞭各種聲音與意見。重塑之結果也許未如校長原意，但也不致引起巨大爭端。

四　組織文化的黑暗面

水能載舟亦能覆舟。組織文化之存在一方面可以使成員團結一致，齊心共創學校之未來，一方面也有其慵倦淒暗的陰影。部分表現不佳之學校，其文化乃呈現呆滯僵固之情狀，此種被稱為「毒性組織文化」（toxic culture），已成為學校興革之絆腳石。基本上，學校文化具有以下特質時，其負面影響已是昭然若揭：

1. 學校成員無中心思想，只思苟且度日：校長與教師每日上班只為一份薪水或工資。對於學校之將來漠不關心，任何外界改革之建言，皆被視為是無端騷擾。整個組織呈現死寂之狀態。

2. 學校成員呈現負面思考：對於學生之表現不佳與家長之抗議，均認為是學生不努力與家長過份挑剔所致，自我一點責任也沒有。此種在心理學所稱之「內外控特質」（locus of control）中，即呈現極端外控之現象（即所有不好的皆由他人造成，與己無關），常讓學校文化消極、被動、與具有被迫害妄想症。教師開始怨恨學生，家長則不斷詛咒教師。

3. 學校各次級文化爭鬥傾軋激烈：校園山頭林立，各派教師為己身利益爭鬥你死我活。校長無法整合，竟深怕站錯邊會粉身碎骨。學校大部分精力都用在爭權中，改革之行動只能靠邊站。

4. 學校失去危機處理之能力：有些學校平日看似相安無事，但由

於缺乏正向組織文化，臨到危機撲天蓋地而來時，則毫無應變能力。重大危機如學生午餐後食物中毒、教師發生性騷擾之疑雲、或是學校被評鑑差人一等，皆需啟動學校應變機制加以處理。然而此時學校行政團隊倉皇失措，教師多作壁上觀，聞風而至之媒體則樂得落井下石，結局之慘烈可想而知。因此，危機之到來，適可強力將學校組織文化打出原形，作為領導者之校長不得不慎。

五　文化領導的限制

文化領導之興起，乃針對傳統實證論走向之不足，嘗試以深入詮釋之方法，瞭解探討校長領導在特定之脈絡中，與組織成員交會後所形成之文化。作為學校領導者，校長必須適時配合時勢進行文化領導，但也必須正視其實際執行的限制性。其中包括：

1. 文化領導漫長且難收立竿見影之效：現存之組織文化形成有其歷史背景，絕非一朝一夕所能改變。文化領導牽涉到組織高層次的象徵符號與基本價值觀，其行為往往難以名狀且必須積沙成塔，在多個時空中漸進醞釀。基於此，其績效絕難在短期中產生，成員也無法立即感受文化領導所帶來的正面效應。此外，目前各國對於校長之聘任多實行任期制，因此往往造成人去政亡的現象。希望在任內藉文化領導加以收穫之校長，多半會失望而歸。所謂「前人種樹，後人乘涼」，乃是文化領導之最好寫照。

2. 文化領導常遭受不同利益團體之抵制：組織文化牽涉成員之基本價值觀，欲其改變難如登天。此外，基於利益之考量，組織之各次級團體多對於己不利之文化領導內涵，進行不同程度的質疑與抗拒。校長如不能調和鼎鼐，往往在遭受挫折後鳴金收兵。因此，尋找各利益團體的最大公約數，乃是文化領導的不二法門。

3 個案研究　暨南大學與 921 大地震

強震

台灣於 1999 年 9 月 21 日凌晨 1 時 47 分，發生近百年以來最強烈地震。震央在南投縣日月潭西方 12.5 公里之集集鎮，地震規模高達 7.3 級，並陸續發生 500 多次餘震。地震深度只有一公里，係屬淺層地震。由於淺層地震的範圍小卻震度大，因此全台都感受到強烈震度，各地都傳出重大災情。之後統計死亡人數高達 2,000 多人。

不幸中的大幸，位於附近埔里地區的暨南大學相較之下受損較輕。全校 2,500 名師生都還算安全，最多只是輕傷，但建築物經該校土木系老師評估不能使用進駐。暨南大學的老師冒險到附近城鎮求救，感慨昨天才開學，今天就碰到大浩劫。

地震發生後，由於交通、通訊、水電、與糧食中斷，加上餘震不斷，當時身為校長的李家同，決定帶領全體師生撤離以確保安全。此外，在校舍安全鑑定結果出爐前，為顧及學生上課權益，師生暫時遷往位於台北市的台灣大學寄讀。

遷離

李家同於 1999 年 8 月接任校長，學術專長為電機工程。在地震造成重大災害後，其在 9 月 26 日於《聯合報》發表專文。主張「政府應嚴禁有危樓的中小學校開學上課……。將來大批小朋友返校，萬一有一位小朋友遇難，那所學校的校長如何面對

社會的責難？」隱約之間，可以顯露其將暨大師生撤離與寄讀台大的邏輯思考。

暨大學生於 10 月 13 日陸續至台大復課，利用晚上、周末假日、與部分白天時間上課。李家同表示，台北都會區的生活多采多姿，他有信心學生一定會很快適應。至於有學生質疑到台大上課變成在晚上及星期假日，心中覺得很委屈。李家同回應此乃過渡時期，同學只能利用台大空檔時間上課，也是沒辦法的事。

責難

在此時期，暨大他校寄讀之舉措，卻引起部分社區人士之強烈不滿。民進黨籍的南投立委蔡煌瑯大加撻伐，指責李家同在大地震後讓師生逃離埔里，最後甚有廢校傳聞，實在傷透埔里人的心。他表示，與其他學校相比，暨大的損壞最為輕微。校長未經師生會議就匆忙撤離災區的決策過於草率，對災民產生無比的打擊。其抨擊李家同只知帶領師生「逃出埔里」，毫無社會責任及鄉土認同，災區已將他列為不受歡迎人物。暨大翁姓教授也指出，埔里有難，大學生卻逃往台北，大家不要自私到這種地步。埔里其他學校受損情形是暨大的幾十倍，大學生應該要負起社會責任。

埔里鎮長張鴻銘則批評暨大至台大復課錯誤的決定，是對受災慘重埔里的再一打擊。他認為相較整個埔里的斷垣殘壁，暨大校舍算是完整的。但李校長反應過度，貿然做出遷校決定，不僅傷了埔里人的心，也對埔里災後經濟的復甦造成打擊，因為暨大師生是埔里重要的消費群。

縣議員賴麗如表示，李校長決定撤校，剛開始她很同情，但在地方民情反映下，李校長仍堅持撤校作法，無意馬上返回埔里

復學。賴麗如說，埔里有很多中小學遲延一個多月才復課，已經是成年人的暨大學生晚一、兩個月復學有什麼關係，為什麼一定要離開自己校區呢？

面對外界責難，李家同則表示暨大有自己的考量。因為大部分暨大學生不是當地人，2,000 多名師生留在埔里，反而會造成更多的資源浪費。此外，暨大之後所開之擴大行政會議已決議絕不考慮廢校或遷校，校方也在努力希望儘快復學。他強調，校方希望在最安全的情況下讓師生重回校園，如果順利的話，下學期就會讓學生回學校上課。

在暨大學生與家長方面，則分別對埔里鄉親之反彈做出回應。一位家長於 10 月 12 日投書報社，指出：「埔里父老，為暨大創校，獻心獻力，功不可沒。但我認為，要暨大回饋地方的最佳方式，絕不是希望該校師生效法當年四行倉庫的八百壯士死守校園，增加災區的負擔。猶記當年對日抗戰，政府全力搶救各大學師生，在後方成立西南聯大，繼續為國育才的義舉。……是以，我認為不必急於要那群無辜的孩子，以懷德報恩心情，充當代罪的羔羊。」

一位自稱暨大外文系之陳姓同學則在網站之登載一篇「災區的 48 小時」文章，以針對部分媒體譴責暨南師生「沒有和埔里民眾共赴國難」做出回應。文中指出，在災後的一片混亂中，有學生受傷，大家都十分慌亂，家長甚至開車冒險到學校，希望把學生接回去。強調暨大學生並沒有想要拋棄埔里，而是因為自身難保，將來還是要回到自己的學校。

文章刊登後，引發許多網友較正面的回應，一位也自稱暨大學生的網友感嘆，難道非得大家受傷才算愛埔里嗎？希望大家將心比心體諒一下。

　　如此之回應似乎一時難以平復爭議。暨南大學師生雖然順利復課，沒想到 10 月初卻接到監察委員準備約談李家同和相關人員的訊息，全校士氣大受影響。李家同認為，如果一位大學校長已盡了全力，卻仍要面對無謂的調查，那還不如掛冠求去。

　　在立法院，立委砲火一樣猛烈。認為在南投辛苦救災的國軍，年紀都和暨大學生差不多，結果國軍流血流汗，大學生卻逃難去了。教育部長楊朝祥則回應指出暨大離震央不遠，校內大部分建築都受到損害。除了結構技師外，教育部又派出 6 名教授實地勘查，發現暨大多數的建築須補強。此外，暨大是新大學，校舍不像舊大學那麼多。為了不妨礙學生課業，校方才決定北上復課。至於李家同的去留，根據大學法，校長是否去職是各大學的職權，教育部會尊重學校決定。

辭職

　　衡酌情勢後，李家同於 11 月 11 日向教育部提出辭呈，驚動了全校師生。李家同重申，他辭職不代表向立委認錯。他仍認為撤離學生到台大復課的決定是正確的，而且得到多數學生及家長的支持。李家同強調，希望藉自己的辭職，凸顯外力干預校務的正當與否，引起社會及學術界的重視。

　　不過，他不否認遷校過程中，有思慮欠周延之處。他最大的遺憾，就是撤離暨大後，沒有立刻組織志願服務隊到埔里災區服務。此因當時進行附讀的事太複雜，人手又不夠，他忙於處理，一時太累了，沒有想到這個問題。他希望接任的校長，以後要好好經營和埔里社區居民的關係，不要再讓民眾誤會暨大不關心埔里。

　　學生代表決定發出兩份聲明，一份是請校長留下的「慰留

書」，另一份是給教育部的陳情函。在另一方面，埔里鎮地方人士則發動「反慰留」行動。連署的人士指出，暨大是南投縣境內唯一大學，當初在地方熱切企盼下，由南投縣政府借貸 3 億元設校。埔里人對暨大寄予無限厚望，將之視為社區發展中心。不料大地震後，暨大隨即撤離，這種情況看在埔里人眼中，即產生大學無法與地方形成生命共同體的反彈。

聲明中又說，地方原對李家同充滿關懷弱勢情操的著作讚美有加，沒想到大地震後，李家同竟聽信幾名無社區意識的教師之言，貿然率師生遷移台大寄讀，學生並在網站散布謾罵詆毀地方的言論，破壞與地方之感情，這種對地方不認同的心態實在令人失望。

由於各方激烈角力，經過一星期長考後，李家同遂於 11 月 22 日發表辭職聲明。成為任期不到五個月因為政治壓力而下台的大學校長。

尾聲

隔年（2000 年）3 月 8 日，教育部長楊朝祥親往暨大巡視震災後重新復課的學校師生，並探訪請辭轉任教職的前校長李家同。由於李家同正在上課，部長千言萬語化作一句「辛苦了」，李家同則回以「謝謝」二字。應對之間，一切盡在不言中。

研究問題 ....

1. 暨大在大地震過後，迅速撤離師生而未傳出重大傷亡，原本是大功一件，最後卻變得飽受指責。不但校長被立委逼退，學生與家長也不得不出面加入戰團。加上民代上場助陣，用粗暴的言語對待校長與學生。整個事件卻被強烈政治化，其原因何在？

2. 身為校長，李家同也有其難處，如果師生留在當地，萬一發生傷亡，家長必定興師問罪。當年抗戰之時，北大清華等名校輾轉遷徙復校，一時傳為美談，為何暨大暫時離開就罪不可逭呢？其中原因何在？

3. 如果將社區視為是學校的外延區域，試就校長文化領導的概念，分析李家同校長在處理「外部成員」時，有何疏忽之處？埔里當地人士之要求是否合理？

4. 如果時光重回，你會建議李家同校長如何處理？

第四章

學校的政治層面

> 校長不能遺政治而獨居，因為身邊
> 圍繞的就是一群政治動物。

除了機構與文化外，教育與學校組織尚有政治與權力操弄之層面，其與前兩者之關注點迥然不同。學校之機構層面關心組織的目標、結構、運作，及與內外環境之互動關係；文化層面則強調學校活動之象徵性特質，探討領導者如何利用儀式、活動、與符號來建構特定文化。相較之下，學校組織之政治層面則將焦點放在各個利害關係人（stakeholder）如何藉由政治手段，操弄權力以爭取最大利益之過程。換言之，學校乃是一個權力競技場，表面上雖然每日行禮如儀，但檯面下卻是波濤洶湧。以下即先以華僑高中出題風波為例，說明學校是如何容易陷入政治紛爭，以及「教育中立乃是神話」之殘酷事實。

第一節　學校之政治特性

一　華僑中學出題風波

台灣在 2004 年面臨前所未有之政治紛亂。3 月 20 日所舉行之總統大選，尋求連任之陳水扁獲得險勝，引發不滿群眾之激烈示威抗爭。此因在前日（3 月 19 日）發生「兩顆子彈」之陳水扁中槍事件，在野黨指控其假造意外操弄選舉。其後陳水扁雖順利就職，但朝野之緊張氣氛始終不減。在國會中居多數的國民黨，之後對於民進黨政府所提之議案多採取抵制之態度，其中之一即是國防部希望通過 6108 億特別預算向美國購買軍購之議案。

　　為爭取民眾之支持，國防部 9 月於各報推出「珍珠奶茶換軍購」說帖，聲稱民眾每週少喝一杯珍珠奶茶，即可向美國購買武器換來國家安全。其主要呈現方式是一幅「一杯珍奶，換國家安全」為題的彩色漫畫文宣，當中一名男童手裡拿著一大杯珍珠奶茶，旁邊則是潛水艇、愛國者飛彈、與反潛偵察機的圖片。報導引述文宣說法指出：「每人每週少喝一杯珍珠奶茶，就可以買頂尖的裝備來保衛家園。」

　　這種推銷方式連主要外國媒體「路透社」都覺得新鮮，發自台北相關報導竟被放在「奇聞軼事」的類別下。以當時主要在野黨國民黨為首之「民主行動聯盟」，也於 2004 年 10 月 20 日發起「反 6108 軍購大遊行」。最後軍購案雖胎死腹中，但卻餘波蕩漾，連學校教師也捲入其中。

　　同日，台灣各主要日報皆大幅報導位於台北縣板橋市之國立華僑中學的出題風波。此因學校 9 月第一次段考，高一國文竟有 7 題和政治相關，其中之試題甚至要求學生只要以希特勒式敬禮，高呼「用珍奶，買軍火，愛台灣，挺阿扁」，就可獲得 10 分。當天下午，學生把考題帶回家，就有老師接到家長電話，認為國文科試題有嚴重的政治傾向，內容黨政不中立，因而質疑試題的客觀性。

　　接到家長抗議後，華僑中學決定這 7 題不計分。華僑中學校長並保證爾後考題要複審，不會出現類似事件。他說明此次高一國文試題的命題老師已年逾 50 歲，在學校服務十幾年，平時上課認真，也很少談論政治事務。對於將自己的政治立場帶入考題覺得不妥，澄清原本只想結合時事出題目，訓練學生的思考能力。沒想到竟引起家長如此大的反彈，以後出考題會特別注意。

　　在這張試卷中，爭議之題目舉例如下：

1. 韓愈不諳馬屁文化，而直言不諱，活該被貶，同學當引以為戒。當今是馬屁文化時代，試觀今日位居要津的高官權貴，何者不是箇中高手？是有出息的台灣囝仔必修的課程。可愛的僑中小朋友，發揮台灣人固有的本土智慧，施展出語言魅

力，好好的歌頌一下閱卷老師，讓老師甘心樂意給滿分（12
分）。

2. 如果你認為以上題目過於艱深難解，那麼請做以下的動作，
就免費送你這兩題的分數（10 分）。

A. 起立。

B. 立正。

C. 右手向前伸直，與身體成直角（如希特勒式的敬禮）。

D. 口中高呼「用珍奶，買軍火，愛台灣，挺阿扁」。

　　針對第一題，學生有的寫「老師好帥、好美」，或稱讚老師上課認
真，自己獲益良多。反正就是讚美，想到什麼寫什麼，希望能夠加分。

　　針對第二題，一名學生家長說，女兒班上有學生起立呼口號，後來
也得 10 分。但這些有政治立場選擇的陷阱，他擔心孩子沒選對答案而
被貼標籤。強調雖然尊重老師有不同的政治想法，但實在不適宜出現在
考試命題中，以免引起學生不安。有些學生對考題爭議覺得無所謂，結
果有個班級全班起立，但也有班級都沒人站起來。

　　面對爭議，當時執政之民進黨所任命之教育部長杜正勝回應說，他
尊重每個人的政治選擇，但民主機制有一定的運作軌道，個人可以有政
治偏見，但絕不可以在教學上呈現。個人言論自由有一定的權限，如果
超越權限就要接受法律與社會制裁。

　　相較之下，「基層教師協會」則聲援出題的教師，指出結合政治時
事出考題並沒有錯。要教師避談政治，只會讓校園自外於社會現狀。基
層教師協會表示，十年教育改革強調思想的自由，要求老師多元教學，
就是不要學校變成一言堂，老師站在教育專業的立場，結合政治時事出
考題，華僑中學這位國文老師並沒有錯。人是政治的動物，要求老師去
政治化，是非人性的作法。

　　華僑高中則召開考績委員會，認定出題教師違反教育中立原則，給
予記過兩次。教務主任則因督導不周記過一次。校長則要求教師教學應

該中立，往後各學科段考命題要交給學科主席，由學科主席請其他教師
審題，若有爭議由該科教師們討論是否修改題目。

二　學校之政治特性

由以上華僑高中之出題風波，可以瞭解教育與政治密不可分之關
係。以往學者所嚮往之「教育中立」，在現實社會中無疑是神話。此因
學校為社會組織之一種，有其一定之政治特性。學者 Bolman and Deal
（1991）在觀察社會組織後，曾針對組織之政治層面提出以下五個論
點：

1. 組織之成員乃由不同個體或利益團體所形成之聯盟所組成。其形
   式極多，有依部門、專業所組成的，有的則基於個人之背景（如
   性別、種族、語言等）所形成。
2. 在組成之個人與團體中，有其長久以來之差異，例如價值觀、偏
   好、信念、對於現實之感知等。而這些差異改變速度甚慢。
3. 組織中最重要之決策牽涉到有限資源的分配，重點乃在誰得到了
   什麼。
4. 由於組織的有限資源與成員之長久差異，衝突即成為組織動力之
   中心，而權力乃是最重要之資源。
5. 組織之目標與決策，乃在不同聯盟之成員彼此討價還價、協商、
   與耍花招之過程中形成。

傳統行政理論（如科層理論），認為權力擁有者應是依法所產生之
領導者。基於職權，其可設立目標、調整組織結構、與僱用下屬，以確
保組織能達成既定之目標。然而事實證明，組織之權力運作並非如此簡
單。領導者雖憑藉職權，有其一定之法定權力，但充其量不過是權力競
逐者之一。實務上，組織中之權力競逐者以各種形式組成，他們彼此雖
有相異的價值觀與偏好，但皆以爭奪最多資源為職志。因此，組織領導

人雖有先天之優勢，卻也不免陷入政治與權力之漩渦中。表面上，組織之目標與政策，多為領導者所主導發布，然而事實上其乃是組織各聯盟與利益團體之間，不斷折衝協商後之產物。許多案例指出，學校最大權力之擁有者並非是校長，而可能落於教師會、家長會、甚而社區代表手中。校長若無一定之文韜武略，極難周旋於權力之競逐中。因此，以學校為例，其政治層面所關心之焦點，即在對於各權力競逐者之瞭解。其中包括其背景、運作手段、協商機制、與因應對策。

在另一方面，學校領導者對於權力之操弄也令人關注。次級團體如教師會、家長會均有其特定訴求，其間或有衝突之處。面對眾多利益團體，校長所需扮演之角色即相當複雜。所謂「順了姑意、逆了嫂意」，其間拿捏存乎一心。此外，學校成員多不喜歡擁有絕對權力之超級校長，因此對於其施加的「控制」手法，往往不予苟同而暗中抵制。政治與權力之結合有其負面與破壞之一面，教育界以往多半噤口不論。然而人是政治的動物，蝸角虛名蠅頭微利之相爭者不在少數，學校成員也不例外。作為學校之領導人，即使不喜歡操弄權力，卻無法超曠放達翛然塵外。此因基於法律之授權，校長在組織建構、政策制訂、與資源分配上，有其一定之影響力。此使其無可避免成為與各利益團體進行協商之首要對象。學校之權力運作也存在於教師與教師、教師與學生、及教師與家長之間，但不可諱言的，校長與各團體之間之折衝樽俎與調和鼎鼐，歷來即是眾人矚目之焦點。

學校結構具有強烈政治性格，另一原因乃在成員組成之多元性。教師、家長、社區、甚而學生，皆有其獨有之價值觀與意識型態。其受到家庭與社會文化影響形成特有之信念，進而成為其在學校中行為之綱領與依據。影響所及，學校成員特有之價值觀與意識型態，對於學校文化的建構與形塑有舉足輕重之地位。麻煩的是，組織的利害關係人各擁價值體系，對於學校目標與運作看法黨同伐異，甚而冰炭不容。誰能出奇制勝，端賴政治手段之操弄，也使得學校形成了兵家爭奪權力之場域。

此外，學校組織結構的特殊性，也使其政治活動勃興。即以教

師與校長之關係為例，由於教學任務多執行於教室中，身為專業人士之教師，基於其專業而享有一定程度之自主性，彼此之間形成鬆散結（loosely coupling）之態勢。此與一般商業機構權力層次分明之結構，實有雲泥之別。號稱學校領導者之校長，就實際掌控權力而言，實難與公司總經理相提並論。加上教師團體主張與校長之間乃為平行關係，內心極度排斥校長是其上級的主張。影響所及，各方人馬林立，誰都不願屈就，自然衍生眾多政治操弄與活動。

　　研究學校權力運作與操弄之理論繁多，其中又以微觀政治學（micropolitics）與批判理論（critical theory）對於權力之詮釋最引人矚目。前者以政治學之角度分析學校內外各成員與利益團體之角力，其中又以校長與教師之間的關係為研究主軸；批判理論則以文化宰制與霸權切入，評論成員因其背景所導致之教育不平等現象最為鞭辟入裡。兩者觀察重點不同，在分析上卻各有獨擅勝場之處。

第二節　微觀政治學之學校權力運作

　　學校的政治層面牽涉到各聯盟與利益團體之政治行為與權力操弄，其研究主題與政治學自是相關。學校組織猶如政治實體，涉入複雜且捉摸難定的權力遊戲乃是無可避免。然而長久以來，學校結構維持表面科層化之特質，成員之間的合縱連橫雖是事實，卻少有學者深入探究。直到 1980 年代後，才漸有相關專著發表（如 Ball, 1987; Blasé & Anderson, 1995; Hoyle, 1986），就中又以 Joseph Blasé 鑽研最深。其以微觀政治學之觀點，驟括分析校長與教師（1989, 1991a）、教師與學生（1991b）、教師與家長（1987a）、及教師與教師（1987b）之間的權力競合關係。Blasé（1991b: 11）認為「微觀政治學乃涉及個人與團體利用正式及非正式權力，以達成其於組織中設定目標之行為」。Ball（1987）則重視學校運作中充滿衝突之事實，描述其就像權力之競技場，具有多

元意識型態之成員，往往在衝突中產生各種撕裂。

一 學校之政治層面

綜上所述，可知學校之政治層面牽涉到兩大部分：一為內部成員彼此間之合縱連橫與利益分配，二為學校與外界社群之衝突合作與權力操弄。前者之成員如校長、教師、與家長依其背景先形成不同之信念、價值觀、與意識型態，再進而投射到個別之利益需求與目標設定。為了獲得目標之利益，成員彼此之間即運用各種政治策略如集體協商、談判、組成聯盟、與利益交換等，以爭取最佳之資源分配與自身利益之保障。

分析以上兩部分探討之焦點，實也涉及鉅觀政治學（macropolitics）之探討領域。針對這點，Blasé（1991b）也並未否認。其認為微觀政治學涉及教育的各層級，其中包括國家、地方、與學校層級，因應世界潮流而產生之教育變遷，即牽涉到鉅觀政治學之領域。利害關係人因權力運用所引發的衝突或合作行為，往往必須結合鉅觀政治學與微觀政治學兩者的觀點，方能一窺全貌（王麗雲，2007）。

基本上，鉅觀政治學較關注整體世界、國家、與社會（如政治、經濟、與文化層面等），對組織制度與結構運作之探討，及整體歷史文化與結構制度的變遷。換言之，代表國家之執政者的意識型態與作為，即深刻影響學校權力之分配與運作。持批判典範之學者（如 Pfeffer, 1997）對此著墨極多，主張國家乃至社會之菁英（或是當權者）每每透過「國家機器」，進行不同形式之宰制。茲舉一例加以說明。台灣在 1999 年之前，中小學之主要科目教科書係採用「部定本」。中央主管教育機關首先訂定課程綱要，並依此進行教科書之撰寫。由於各級學校入學考試之內容乃以部定課本為範圍，因此各級中小學鮮有不採用部定本者，如此即形成全國統一之態勢。此舉實對教師之教學自主權產生極大戕害。此因知識乃是擁有權力之要件之一，專業者往往較能在自我領域中享受一定程度之自主。教師既為專業人士，本當對教學有一定之專長

與看法。一旦採用統一教材，進度與內容齊一，教師發揮之空間瞬間限縮，對於需求相異之學生，能夠自我編定教材之可能性幾近於零。如以鉅觀政治學之觀點分析，學校與教師原擁有之教學自主權力，已因教育政策而移向少數學者與中央教育決策者，其控制之意圖昭然若揭。

　　無獨有偶，美國近年所興起之能力本位教育（competency-based education）與效標參照測驗（criterion-referenced tests）之相關政策，也遭到州政府意圖控制之質疑。此因美國於 1984 年發布「危機國家」（A Nation at Risk）報告，其中痛陳美國中小學生基本能力（如語文與數理）之低落，必須改弦更張進行改革。美國教育傳統上實施地方分權，地方學區各依山頭而立，其學校制度乃至教材多因地制宜具有彈性，但也因此產生良莠不齊，天高皇帝遠之現象。為「控制」各學區，部分州政府（最有名的即為前總統 George W. Bush 擔任德州州長時）即開始實施能力本位教育，將學生之學習成就劃分為可以清楚定義之目標（具有操作型定義），並利用效標參照測驗加以評量。以往教師多不肯承認學生能力低落之事實，現今採用標準測驗，學生在全國常模中之地位一目了然，表現「較差」之教師無所遁形。此舉雖一掃過往各行其是之教育亂象，但看在批判典範學者眼中，無疑是對教師教學權力之侵害。此因教學雖有科學之論證，但其「藝術」成分也應等量齊觀。能力本位教育將教學過程化約成一組可以客觀評量之能力，忽略了其複雜性與多元性。影響所及，教師被迫限縮自我之教學範圍與形式，僅針對效標參照測驗之項目加以回應，無疑失去了大部分的自主權。少數在上之菁英份子決定了教育「能力」與「效標」，大幅限縮教師之教學自主權，宛如 Jermier（1998）所描述之「戴上絲絨手套之權力鐵腕」（the iron fist of power in a velvet glove）。其影響力無遠弗屆，也自然造成爭議四起，撻伐之聲不絕於耳。

　　除對課程控制外，中央政府另一項武器乃是對教育經費分配之權力。透過財政劃分相關法令之訂定，地方政府即使表面上擁有權力，但因需要仰賴上級之經費補助，在政策之推行上，自然必須加以配合，否

則極可能面臨限縮補助款之後果。此種現象即使在實施地方分權之美國也經常出現。以聲譽卓著之州立大學為例（如加州大學系統），即使主要管理者為州政府，但也因需要爭取大量聯邦政府的研究經費而矮了一截。換言之，聯邦政府即使不是法令上行政權力擁有者，但藉由經費之挹注，欲爭取之大學必須服膺聯邦之教育政策（如性別平等），實質上完成了權力之操弄。

與鉅觀政治學相較，微觀政治學之焦點，則多放在行為者的信念行為及與他人的互動關係。微觀政治學接受政治行為者的歧異性與多元性，探討行為者基於不同信念所發展之權力操弄模式。應用於教育領域，近年來全球化（globalization）與國際化（internationalization）浪潮對教育制度與政策之衝擊，即可視為是鉅觀政治學之重要主題。至於學校內部成員彼此之間或與外部利益團體，透過協商談判以競逐有限之資源與權力，則較屬微觀政治學之領域。其所探討的重點，在於利害關係人基於意識型態與利益之糾葛，因而運用權力策略發揮影響力，以獲得最大資源之過程。以往校長較重視學校整體績效之達成，較忽略相關成員與利益團體之訴求。微觀政治學觀點在教育上之應用，可補足過往對瞭解成員特殊利益之盲點。唯有兼顧學校組織與成員之利益，方能取得各方權力的平衡。

陳幸仁（2007）分析 Blasé（1991b）對於微觀政治學的定義，綜合其相關概念有三個。其中包括：(1) 微觀政治學包含合法與非合法的權力使用。前者即為正式權威之運用，較為公開與具結構性；後者則指非正式影響力之運用，雖較隱密，但更能貼近政治真實面。(2) 微觀政治學所指的目標，包含個人與團體所追求的利益、偏好、或目的。其中個人與團體所追求利益可區分為組織利益、自我利益、專業利益、與生涯利益四種。其會因個人或團體的立場或需求，而產生利益衝突。在目的部分，學校利害關係人之間往往存有解讀歧見，因而對其優先次序的排定難以獲致共識。(3) 微觀政治學所指利害關係人從事的政治行動，其中包括決策、事件、與各種活動。以決策為例，在正式會議中，有的校

長運用議程限制參與人員發言以行控制之實，有的卻是教師團體藉著拖延時間或提出新議題之手段，以爭取發聲機會展現實力。凡此種種，皆為利害關係人所從事的政治行動。

在此權力爭奪的政治行動中，衝突則是難以避免的。然而衝突、協商、共識、與合作乃是政治行為中的連續過程。民主型的組織重視多元意見與聲音，開始時必定有所爭執與衝突，此乃是之後獲致共識的必經之路。事前之爭辯總比強迫執行後之暗中抵制具有正面意義。傳統校長懼怕衝突，認為會因之傷了和氣。殊不知在現今之多元社會中，發生衝突乃是家常便飯勢不可擋，重要的是如何達成共識學習合作。

二 權力之類型

學校的政治層面中，權力無疑是中心議題。組織成員為達其政治目的，權力之操弄乃是先決條件。權力之定義極多，最簡約的乃是「A 使 B 形成特定作為之影響力」。Blasé and Anderson（1995）指出權力之操弄或是昭然若揭，或為隱密不宣，但理論上至少應是可觀察的。與之相較，Foucault（1977）則力主權力乃建構於科層組織之各種活動、事件、與社會關係中，常是深藏其中，必須置身其中才能有所體會。

以往「權力」一詞給人之印象較為負面，多引申為強制或迫使他人之力量，或是利益交換之結果。前者如 Machiavelli（馬基維利）之君王論主張，認為應不擇手段獲取控制他人與操縱資源分配之權勢；後者則如秉持社會交換論（social exchange theory）之 Blau（1964），其認為人類之互動關係乃是雙向之社會交換行為，當一方無力償付同等價值之物時，只有放棄部分自身權力，而成為被支配者。Blau 認為這就是權力的來源，主張權力源自於個人所在的結構位置，隨時會發生變化。

傳統之行政理論如科學管理學派，多傾向以物質酬賞（如金錢所得），來交換員工之努力付出。此即產生交易領導（transactional leadership）之形式，其核心概念乃源自由 Blau（1964）所提出之社會

交換理論。社會交換理論乃建立在個人中心與利己之基礎上，假設凡事物必有其代價，而人類之互動關係，即是一種付出與回收以達到均衡之模式。換言之，個體在與他人互動的行為過程中，會盱衡交換過程之代價和獲得，以理性選擇最有利自己之方式。其所獲得的即為酬賞，可分為內在酬賞（internal reward）（如情感、尊敬、與滿意等），與外在酬賞（external reward）（如金錢、權力等）兩大類。個體會審度付出和回收是否達到均衡，如未獲預期之酬賞，其行為即可能被削弱乃至消失。

基於實務上之需求，學校之行政處理過程中，仍有濃厚之交易領導色彩。依據 Bass and Avolio（1990）之研究，交易領導主要層面有二：

1. 後效酬賞（contingent reward）：即指部屬在完成既定目標後，領導者所給予的正增強歷程。在企業組織中最常被採用，例如分紅制度之建立即可使員工在金錢上實質獲利。公立學校之校長多半未有直接給予獎金之權責，但對表現良好之教師，依舊可以進行後效酬賞。其方式如公開肯定、提報優良事蹟、與分配額外資源等，均能使教師感受到獲得酬賞。

2. 例外管理（management-by-exception）：係對部屬的不當行為給予負增強的歷程，其手段不外乎處罰或剝奪獎勵。依其性質，例外管理可分為主動（active）與被動（passive）兩種。前者為在部屬行為過程中，預見與注意其錯誤，隨時伺機加以糾正或懲戒；後者則在部屬行為已完成後，對其未達目標之事實予以處理與懲罰。在學校中對於不適任教師，除依法提報上級予以處理外，校長也可依情況給予糾正或是剝奪其權益（如教師升級、考績獎金之發給等）。

由以上敘述可知，實施交易領導，領導者與部屬之間的關係僅限於資源的交換，強調兩者間關係乃基於資源互換的交易行為。此種以利益為導向的領導型態，忽略部屬組織認同度與組織原創力，並不利於組織

之永續經營。與之對照的，乃是訴求提升部屬期望與改變組織文化的轉型領導（transformational leadership），二者之間差異極大。轉型領導之相關敘述詳見第 6 章第一節。

實務上，權力之來源相當多元，行政學者 French and Raven（1959）曾提出五種權力之來源與類型如下：

1. 獎賞權力（reward power）：以控制獎賞之施與及多寡與否，達成影響他人的目標。例如校長對教師進行年度評鑑，並據此給予加薪即是美國中小學行之有年之制度。此種權力之行使乃藉由他人渴求獎賞而願意順從。

2. 強制權力（coercive power）：以施與懲戒或剝奪獎賞為手段，使他人因恐懼而順從。例如學生遲到會被記過、無故上班請假會被扣錢等皆是。此種權力之行使乃藉由他人逃避懲戒而順從。

3. 專家權力（expert power）：具有專業知識或技能，因而滿足特定需求而影響他人行為。例如醫生之忠告會改變個人的飲食習慣，學校中嫻熟教學之教師，往往會成為專業領袖。擁有此種權力者因具有專家知識，其意見或看法常具有決定性的力量，他人認為其對自我之行動有利，故願意追隨其後。

4. 法令權力（legitimate power）：基於法律之授權擔任特定職位，因之所獲得的法定權力。例如學校校長依法綜理校務，依相關法律之規定，可擁有一定之聘任權與裁量權。

5. 參照權力（referent power）：特定之魅力、能力、知識、與智慧之擁有者，因之吸引他人的肯定與效法，即形成參照權力。例如社會上之宗教家或是青春偶像皆屬此類。其想法作為與意識型態，皆可能深深影響追隨者，甚而形成社會風潮。

除了以上五種權力外，實務上校長仍可自以下來源取得實質之權力。其中包括：⑴對於日常活動與行程之控制，進而彰顯或忽略特定人士之訴求。如欲倡導閱讀，即爭取教育局資源，舉辦類似活動以求曝

光之機會。(2)對於學校文化與符號之詮釋,進而引進特殊之意識型態。(3)對於資訊之掌控,儘量散發與傳播對己有利者,使自我訴求能得到更多支持。(4)對於重要會議時程與議案之控制,可利用技巧擋掉己所不欲者。在當今重大事項多半必須進行公決之規定下,此為相當有效之手法。(5)盱衡情勢與利益分配,與立場相同者(如教師、家長、甚或社區人士)進行權力之結盟,形成學校之「校長派」。基於特定目標之達成與利益交換,校長因之可獲取相當程度之支持與影響力。

理想上,校長應擁有以上之多種權力來源,但其是否落實,則必須視學校結構與穿梭其間之政治行為而定。校長往往發現,其雖名為一校之長,但所擁有之權力卻未如預期。教師、學生、家長、與社區人士在推動改革與化解衝突上,似乎更具有力量。因此,探討學校之政治層面,乃在使校長除了探討自我擁有之權力外,更需瞭解其他成員與利益團體實質上之份量與斤兩。在學校進行重大改革或發生危機衝突時,校長常覺力有未逮。此種權力缺口(power gap)之出現,即強烈暗示校長必須騁才運思,檢視學校之權力分布與比重,單靠校長表面上之權力,實不足以應付突來之天風海雨與詭譎多變的政治情勢。

依據領導者與他人之關係,Blasé and Anderson(1995)將權力分為三種形式。其中包括:(1)控制式權力(power over);(2)促進式權力(power through);與 (3)合作式權力(power with)。其用三個介系詞(over, through, with)來說明其間之不同,茲分述如下:

1. 控制式權力:此種權力之行使以壓迫與控制他人為手段,認為組織中之權力應為獨占之物,一人得勢眾人皆倒,完全是一種零和遊戲。為爭奪權力,組織中之成員彼此傾軋互不相讓,氣氛極為火爆。

2. 促進式權力:此種權力由領導者主動促進成員參與決策而來,認為權力不應獨占且非一種零和遊戲的爭奪。例如領導者激發組織中之成員去共同設立目標。基於對組織之強烈期待與改革之熱情,組織成員與領導者互相瞭解對方之期待,進而共創目標,對

於成員之歸屬感有極大之促進。

3. 合作式權力：此種權力之行使基本上已脫離傳統官僚之科層體制，亦即領導者之角色漸趨模糊，其與成員乃是平起平坐無分尊卑，共同制訂學校目標與政策。基本上，對下屬之增權賦能（empowerment）與成員民主式的參與，乃是行使此種權力之配套條件。組織之改革有時未必由領導者領銜發動，其他利益關係人一樣有其主動性。

除了提出權力之形式外，Blasé and Anderson（1995）也以領導風格（leadership style）與領導目標（leadership goals）為層面，建構出一個 2×2 的微觀政治學領導矩陣（the micropolitical leadership matrix）。其將領導風格分為開放型（open）與封閉型（closed）兩種，屬於前者之校長較願與部屬分享權力，偏向後者之校長則會直接且獨享權力的操弄。至於在領導目標部分，則分為交易式（transactional）與轉形式（transformative）兩種。前者注重的乃是依契約行事與權力的交換；例如下屬必須服從命令，才能如願獲得酬賞或避免懲罰。領導者之目標多在要求部屬依契約之規定，無條件服從上級之命令，類似於社會學中之交換理論。與之相較，轉形式之領導目標則除了完成任務外，尚有與部屬共創願景，並提升其工作動機至較高層級，以共同完成既定目標的訴求。轉形式領導之主要概念發軔於 Burns（1978），其不但願與部屬分享權力共同合作，更進一步激發其自我實現，共創組織之願景。影響所及，領導者與部屬皆獲得成長，並因之帶動組織之改革與重建。

領導矩陣以領導風格之開放與封閉程度為 X 軸，以領導目標之交易式與轉型式之偏向為 Y 軸，即形成矩陣之四個象限（詳見圖 4.1）。落於其中之校長，各有其權力之操作模式。茲分述如下：

1. 獨裁式領導（authoritarian leadership）：發生於封閉型且交易式的組織中。校長往往忽視教師要求對話之要求，完全以正式組織之規章行事。協商在此情況下極為鮮見，即使有，也多半是私相

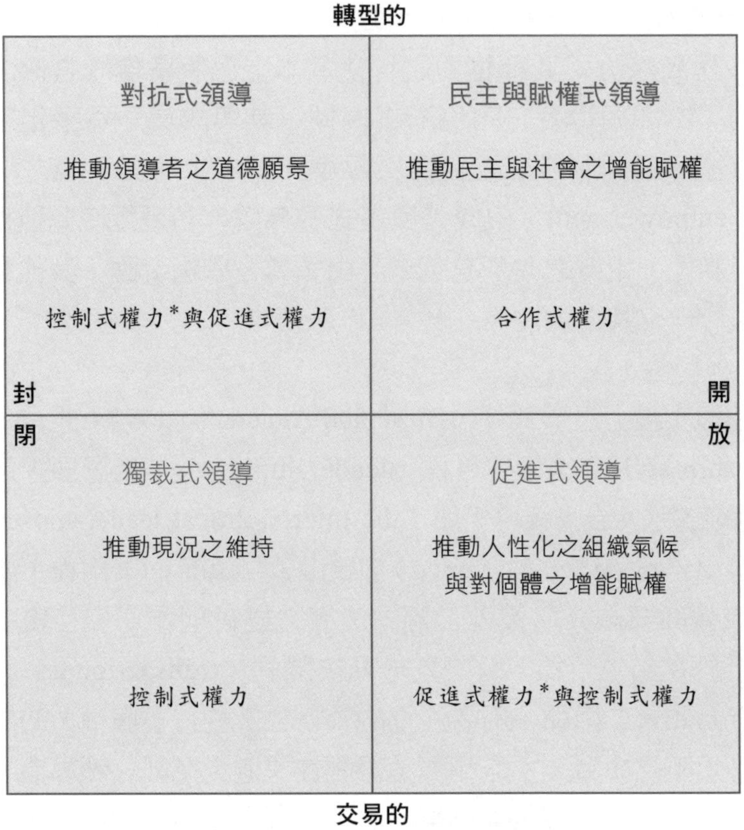

轉型的

對抗式領導	民主與賦權式領導
推動領導者之道德願景	推動民主與社會之增能賦權
控制式權力*與促進式權力	合作式權力

封　　　　　　　　　　　　　　　　　　　　　　　　　　**開**
閉　　　　　　　　　　　　　　　　　　　　　　　　　　**放**

獨裁式領導	促進式領導
推動現況之維持	推動人性化之組織氣候 與對個體之增能賦權
控制式權力	促進式權力*與控制式權力

交易的

* 為首要之權力形式

圖 4.1　微觀政治學之領導矩陣

資料來源：Blasé & Anderson（1995: 18）。

授受之利益交換。部屬因為溝通無門，因之產生不信任與逃避之現象。基本上，此乃傳統官僚體系之翻版，校長行使控制式權力，並全力促進現況之維持。

2. 對抗式領導（adversarial leadership）：發生於封閉型且轉形式的組織中。此類校長持封閉型之心態，但表面上卻展現某種程度之開放性。與獨裁式領導不同，對抗式校長不怕與部屬爭論與產生衝突。此類校長往往具有強烈之意識型態與信念，為將學校導往

所欲之方向，即使與部屬產生對抗也在所不惜。此種領導形式頗
似家長式領導（paternalistic leadership），講究的是能夠擺平各方
壓力與爭端。領導者強調並推動自我之道德形象與願景，主要採
用控制式權力。但因其有限度之溝通協商，有時也使用促進式權
力。

3. 促進式領導（facilitative leadership）：發生於開放型且交易式的
組織中。此類校長持開放之心態，廣開與部屬溝通之管道。然而
觀其行為，仍多半侷限於交易式之領導心態。換言之，組織中較
為人性化之氣候，仍建基於如何達成上級之教育目標而已，對於
學校願景與部屬之成長則較為漠視。因此，此類領導以促進人性
化之組織氣候，與對個體之增能賦權為訴求，主要使用促進式權
力。但因所執行之目標與格局為上級多所限制，故有時仍有控制
式權力之影子。

4. 民主與賦權式領導（democratic leadership）：發生於開放型且轉
形式的組織中。此類校長之角色與傳統領導者大易其趣，強調領
導不是控制管理，而重在對部屬之增權賦能，共同執行學校之願
景改革。由於校長激勵教師成長並啟發其智識，因此民主式的學
校治理遂有其可能性。在其中，各利益團體直抒胸臆，雖有齟齬
扞格之處，但藉著協商溝通之民主機制，終能化解歧見。此類領
導以促進民主與對組織成員之增能賦權為主要訴求，主要行使合
作式權力。

第三節　校長之政治角色與作為

前已述及，時代的演變已使校長之政治角色扮演與作為不再限於校
內。實務上，校長之職位屬於中階主管，必須同時與多組人馬打交道。
如以其位置為基準，校長至少需有以下四種政治關係：(1)上與長官之

關係； (2)下與部屬及教師之關係； (3)平行與家長之關係；與 (4)外部與社會、社區、與利益團體之關係。基本上，學校內外成員與團體均有其特定之利益需求與意識型態，並試圖利用各種權力運作，以達成其設定之有利目標。校長身為學校領導者，其領導作為必須兼顧學校目標與其他成員與團體之個別利益。

即以華僑高中命題個案為例，若非來自家長之抗議與社會政治利益團體之推波助瀾，其爭議不致成為燎原之勢。所謂「人在家中坐，禍從天上來」，除了學校內部外，校長對整個社會與社區之教育訴求，也絕不可裝聾作啞，耽誤適當政治作為之時機。以下即由外至內，從社會、社區、與學校三個方面，分析校長扮演之政治角色與對應作為。

一　社會

傳統中國儒家思想基於對教師之尊重，表面上多半不支持用政治力干預教育（但實際上歷代幾乎都是政治凌駕教育）。《荀子‧大略篇》主張：「國將興，必貴師而重傅。貴師而重傅，則法度存。」直把貴師當作國家興亡之關鍵，隱含教師所在之學校自有其神聖不可侵犯之意味。然而時代遞嬗，學校在社會中扮演之角色，早已超出單純傳道授業解惑之功能，而必須適度與社會接軌。兩者互動之結果，學校的政治色彩無形中與日俱增。Slater and Boyd（1999）指出現今學校常呈現三種政治型態，其中包括： (1)學校如政治體制（school as political systems）； (2)學校如公民社會（school as civil societies）；與 (3)學校如民主機構（schools as democratic institutions）。

學校如政治體制意味著學校早已脫離自主無爭的境界，其內部與外部之各方人馬，各依其獨特之意識型態，透過各種政治運作，希望導引學校至其提倡之方向。由於立場各異，短兵相接之肉搏戰在所難免。Cibulka（1999）指出美國政經社會思潮之改變，迫使學校做出更多之政治回應。改變主要原因有三： (1)社會大眾對於學校之信任程度逐年遞

減；(2) 強大之教育利益團體之出現，其對公立學校之角色與績效，抱持強烈懷疑之態度；(3) 美國經濟之全球化結果使得學校之壓力遽增。思潮之改變加上各持不同價值觀之利益團體，使得學校之運作更形政治化。校長在制訂政策時，考慮之變數絕不能將政治效應排除其外。許多政治爭議議題如宗教、黨派、性別、種族、語言、文化、乃至社經地位，皆已侵入學校之政策制訂與運作中。介於對立雙方拉扯之間，校長在大嘆難為之際，更需如履薄冰謹慎為之。

檢視二次大戰後，歐美先進國家與華人地區的教育改革，皆受到不同價值觀之影響。價值觀的形塑乃基於社會傳統與現代思潮之融合，各有其發展之背景。影響教育之價值觀甚多，最為大眾所關注者計有四個，分別是平等、卓越、自主、與多元。近年各國之教育改革均不脫其影響力，只是關注焦點與比重有所不同。茲分述如下：

(一) 平等

在教育領域中，平等最簡單之定義乃是「分享教育資源的公平性」。然而實務上，何謂真正的教育平等卻頻生爭議。首先，平等並非是均分相等之資源。堅持每個學生所獲資源必須相等，無異是將社經地位不利或是特殊需求學生打入深淵。偏遠地區學校獲得額外補助，即是一種平等精神的展現。

實務上，所有及齡學童接受義務教育、對於社經地位不利學校與學生之補助、特殊需求學生相關學校與班級之設立、乃至給予弱勢族群額外入學與加分機會，均是追求教育平等之具體措施。

(二) 卓越

卓越之定義繁多，簡單而言即是「學校以高品質方式達成教育目標」。至於教育目標之注重價值，即決定其對卓越之定義。例如傾向平等價值者，對於卓越即認為是學校能誘導學生將其潛力發揮至極致。所以一位智能不足學生在一週內學會綁鞋帶，即是卓越之表現。與之相

較，部分社會人士卻將焦點置於學生學業成績上。在華人地區乃是各種升學考試、會考之成績，在美國則是國家標準測驗之成績，造成「分數至上」之怪現象。此外，家長與社區關心的另一焦點乃在學校是否有效運用經費，以創造出良好的績效。學校雖非私人企業必須進行成本利益分析，但仍須在相關指標上有所表現。此牽涉到教育政策、校長之領導、教師之合作、與行政之運作，影響因素極為複雜。

(三) 自主

自主之定義簡而言之即是「讓最懂教育的人經營教育」。換言之，如果教師與家長最瞭解學校之需求，即應授與經營學校之權力。長年以來，大陸與台灣均實施中央集權之教育行政制度，高度統一化之結果，很難達到因地制宜之成果。台灣於是在 1990 年代進行教育改革，主張「教育鬆綁」，將部分行政權與課程權賦予教師與家長，以使學校運作更有彈性。晚近推動之學校本位管理（school-based management）即是自主價值觀的實質展現。極端的自主倡導者甚而主張政府根本無須介入學校教育，而應由市場決定其存廢。教育券（voucher）與在家教育（home education）乃是兩種最極端之制度，至今仍爭議不斷。

(四) 多元

多元可從不同角度加以定義。基本上，其可定義為「創建不同形式之教育作為，以因應需求互異之受教者」。多元之形式繁多，大從學制之設計，小至班級教學之模式，均有其不同程度之差異。教育多元之主張，乃是對一元化之反動。華人地區之教育深受升學主義之影響，考試往往引導教學，長久以來，即形成中央集權與課程教學一元化之後果。整個國家之資源多半投注於學業成績優秀之學生身上。此種具有濃厚英才制的背景，迫使教材與教法無法依學生程度多樣呈現，結果即是放棄「不會考試」但卻具有他項潛能之學生。如何創建不同之教育制度與活動，即成為各國教育改革之重點。例如美國另類之特許學校（charter school）之出現、大陸高校之多元化、台灣教科書開放與課程自由化政策，皆是力求多元之表現。多元之實施乃是將受教者放在不同天平中學習與評量，其複雜度必定較高，也需要更多教育資源之投入。

平等、卓越、自主、與多元四者關係錯綜複雜，且呈現互有消長之態勢。任何國家的教育制度均無法四者兼備，而必須視時勢加以選擇。褚宏啟（2006）即主張現代教育應該堅持「教育公平與教育效率並重」的原則，而通過教育公平提升教育效率已成為教育改革的趨勢。但在實務上卻面臨難以兩全之窘境。例如美國 1960 年代的民權運動最初不惜動用政府力量逼使學校接納黑人學生，即是極度向平等靠攏之例。即至1980 年代，政府才驚覺因過度強調入學公平而導致學生程度低下，遂以發表「危機國家」報告書，開啟注重績效的年代。聯邦政府再度利用各種方式，迫使各州使用標準測驗評量學生學習成效。對於平均成績低於平均數之學校，雖給予額外經費，但卻限期令其改善。此種強烈要求績效的趨勢，使得學校與教師之自主性大為降低。於是在 1990 年代，基於對公辦教育品質的疑慮，部分父母追求子女教育選擇權的自主，各種另類學校如特許學校紛紛興起，甚而帶動在家教育的風潮。此種趨勢不但踐履了教育自主之價值，更迫使國家提供與傳統迥然不同的多元教育管道。

基本上，平等、卓越、自主、與多元四價值皆為教育學者所追求。然而囿於現實資源之有限，四者之間所產生之利弊得失互有消長。所謂「贏了那邊就輸了這邊」，教育改革者必須盱衡時局有所選擇。四者之間所產生之衝突屢見不鮮。例如美國在 1960 年代追求平等，聯邦政府過度介入學校運作。學校若不接受繁文縟節之規定（如必須接收多少比例之黑人學生），則無法獲得適當補助經費。影響所及，學校之自主性蕩然無存，學校之績效也因運作之複雜性而大打折扣。再就台灣教育改革之「廣開大學」之政策，雖表面上因應「學生想讀就有學校讀」之平等訴求，但結果卻是資源過度稀釋而影響整體的卓越程度。此外，符應自主價值觀之另類學校的出現，更被部分教育學者評為是「有錢人的天

堂」。想想看，若非小康以上之家，有何能耐提供有品質之在家教育，更別說支付另類學校的高昂學費。至於教育多元化，由於複雜度較高，其代價乃是資源的更多投入。由於要確保達成教育目標，所需花費之行政運作與成果評鑑之費用往往遭人非議。凡此種種，皆使國家在進行教育時必須慎思熟慮。

學校如公民社會之意涵，不僅限於學校之運作應符合一般公民社會之準則，更負有教育學生以創建未來公民社會之責任。公民社會之最重要特質乃在對他人福祉之關注，與多元價值觀之呈現。然而學校目前之學習科目中，向以智育與考試成績掛帥，對於公眾之事務著墨甚少，學生因此養成極端之個人主義。其不但對學校服務嗤之以鼻，更無法容忍不同之聲音。凡此種種，皆須學校利用相關課程與活動（如勞動學習）予以導正。學校是未來公民之搖籃無人反對，但真正投入者實屬鳳毛麟角。學校之政治層面所牽涉的不只是權力之操弄，公民社會之養成也應是其中之一部分。

在學校如民主機構之部分，身處民主社會，學校除應教授民主外，本身也應具有民主機構之特質。Maxcy（1995）指出學校應秉持三項民主價值。其中包括：(1) 對於個體存在價值之肯定，與確信個體參與及商議學校運作之重要性；(2) 對於自由、智慧、與探索之信念；(3) 彙集個體之知能於社群中，以產生一定之構思、計畫、與解決方案。以上三種民主價值看似抽象，卻可實質發揮於學校之運作中。例如利用各種會議與場合讓各利益團體暢所欲言、尊重多元之聲音、與瞭解「沉默大眾」之心聲等。東方社會由於教育制度多採取中央集權體制，學校成員習於服從上級指令，往往成為沉默大眾（因為人微言輕，說了也沒用）。此種現象不僅使決策者未識民瘼，且也容易造成私下抵制之後果。民主機制並非無政府狀態，面對眾口紛紜，最後仍須經過協商取得共識。即使協商不如人意，仍有票決之機制可以善後。其過程雖紛紜雜沓，但決策後之副作用則是較為輕微。

　　植基於以上三種政治型態（政治體制、公民社會、與民主機構），校長在面對社會時扮演政治角色時，應有如下之理念：

(一)校長必須明確知曉當今啟動教育改革之背後思維

　　日月逾邁，每個時代均有其教育思潮。經與社會文化交會後，即發酵形成特有之改革力量。具有政治靈敏度之校長，可以感知改革力量之到來與其訴求。許多教育改革如禁止體罰、學生自治、另類教育、與公辦民營學校，發軔時皆受到學校行政者之懷疑，然其之後所展現之力量卻如千軍萬馬，非當道者所能阻擋。所謂「識時務者為俊傑」，校長縱非熱情擁護者，也必須虛心暸解其來龍去脈，以應付學校特殊利益團體之出招，切不可一味蹈常襲故。學校中總不時有號稱「自由改革人士」之出現，其最佳之舞台，即在藉當下爭議之教育改革議題進行發揮。其中媒體之大幅與放大之報導，必使校長之作為被打為「保守」。因此，明暸教育改革之思維與訴求，將減低政治之殺傷力。

(二)校長必須實踐學校公民社會與民主社會之發展

　　基於社會之開放，學校之運作動見觀瞻，完全暴露於外界之監控之下。晚近媒體網絡之勃興，更使學校之突發事件成為眾相報導者。面對意外與事件，校長如果脫離公民社會與民主機構運作之常軌，必定遭遇四射之砲火。傳統之校長為避免家醜遠播，多採取低調之私下解決策略。未料欲蓋彌彰，反而造成七損八傷。即以校園目前常見之霸凌事件為例，校方若僅是消極應對，認為不過是男生之平日打鬧行為，即可能使悲劇發生，引起人權團體爭相撻伐，最後造成輸家是整個學校。此因公民社會中有其一定之規範與堅持，霸凌案中之被害者與加害者均為無完全行為能力之人，必須事後予以個別幫助與輔導。就此而論，學校未展現其應對行為，自然難稱符合民主精神。若能藉此事件成為催化劑，統合全校之力利用各種課程與管道教育學生與導師，即可撥亂反正，為學校之成為公民社會奠下勝基。

二 社區

第二次世界大戰後，各國多將義務教育至少延長至 9 年（美國部分州甚至到 12 年），並採取學區制分發入學。因為學區內公立小學與初中之學生來源無虞，校長與社區（或學區）之關係多停留在禮貌尊重之層次。除了偶而以「地方重要人士」參與慶典活動外，校長扮演之政治角色並不突出。1980 年代之後，此種現象已逐漸改變，為了競爭與爭取資源，校長再也不能只坐在辦公室中等待資源分配下來，而必須與所處社區密切合作。傳統老校長難以接受此種「拋頭露面」的政治運作，但卻無法抵擋時代的浪潮。

綜觀學校與社區局勢改變之原因，數其犖犖大者有以下數端：

(一) 多元價值與文化之成型

20 世紀下半所興起之後現代主義（postmodernism），強調解構主流與重視多元價值。影響所及，過往同質性較高之價值觀被打破，校長所面對之社區已成為多元併陳具有爭議之利益團體，此由家長與學生之組成結構即可明顯看出。由於都市之發展與人口之遷移，社區之種族（族群）、社經地位、乃至政治傾向皆可能有所變化。20 年前之商業繁盛區，如今卻因沒落而淪為貧民聚集之處。結構之差異代表意識型態之迥然不同，其對校長之要求與壓力自是不可同日而語。

(二) 對公立學校辦學績效之存疑

以往由於是獨占事業，公立學校多有恃無恐，不怕沒有學生來源。此造成學校辦學績效低落，且因教師團體（如工會）之介入，其不適任者尸位素餐多年，卻極難依法淘汰。社經地位較高之家長於是紛紛選擇私立學校，使得被迫留在公立學校之貧寒學生處境更是雪上加霜。為改變此種困境，歐美先進國家改弦更張，利用另類教育（alternative education）之形式，打破公立學校之特權。另類教育包括特許學校

（charter school）、在家教育（home education）、與教育券（voucher）
等形式，實施以來，對公立學校之經營產生顯著衝擊。既然社區中有多
種學校型態可供選擇，如何吸引家長並符合其教育訴求，即成為公立學
校校長之當務之急。否則抱殘守缺，在出生率逐年下降之趨勢中，公立
學校門可羅雀之蕭條指日可待。

（三）資源之減少與競爭

　　傳統上，教育機構被視為是消費者或受益者，每年自國家與社區中
爭取資源以利活動之推展。此種觀念近年來雖逐有改變（如視教育為專
業知識的生產者），但經費之獲得仍是校長每年必須嚴陣以待之大事。
由於教育機構之大量擴張（如台灣與大陸之高等教育），固定之經費遭
到稀釋，每校所得往往捉襟見肘。基於此，除了固定之國家分配，如何
自社區中獲得資源，即成校長必須努力之方向。為此，與社區之關係必
須緊密適切，此當然涉及政治之運作。

　　基於社區環境之改變，校長所扮演之政治角色日益複雜。Goldring
and Ralis（1993）就指出校長在社區中必須是：(1)協商者（negotiator）；
(2)溝通者（communicator）；(3)持旗者（flag-bearer）；與 (4)橋樑者
（bridger）。此四種角色在實務上交錯使用，各有其功能。例如社區之
成員各擁獨特之意識型態，要使學校之立場與多數人社區相合，就必須
經過多次溝通與協商，互相瞭解對方之訴求，如此才能達成共識。校長
在協商中必須標舉與表達學校之願景，因此具有持旗者之特質，絕不能
因某些利益團體之要求，而對學校教育目標與原則有所妥協。

　　此外，以往校長也多充當緩衝器（buffer）之關係，即將外部社區
訴求與內部教師意見之差異予以緩衝，避免兩者直接之衝突。此種功能
至今依舊存在，但校長不能秉持「到我這裡就停止」的息事寧人心態，
而必須進而扮演橋樑者之角色。此因當今社區利益團體各據山頭，向校
方反映後無法得到積極回饋，極可能轉往其他管道發聲，其中媒體往往

乃成首選。嗜血的媒體最喜愛重大爭端，學校若不提早依法處理，遍體鱗傷指日可待。晚近之混沌理論（chaos theory）所提出之「蝴蝶效應」（butterfly effect），即在描述起始之微小不起眼事件，未來卻可能因非線性現象，進而擴大而造成星火燎原之後果，而其催化者往往即是媒體，身為校長者不得不慎。

因此，校長在扮演橋樑者角色時，絕不能自囿與停止於瞭解之階段，而必須主動出擊扭轉頹勢。除了讓社區發聲外，是否能共同合作分享資源也很重要。學校之願景應依社區之需求加以擴大。保守之校長抱怨諸事難為，優秀之校長卻能在爭議中開創契機。例如近年來社區對特殊教育需求甚殷，受限於經費之學校即可趁勢而為，結合熱心家長與特教團體之力量。剛開始僅是試辦性質，等到實施卓有成效，自然會吸引上級之注意而編列經費予以正式化。此種合作之策略，無異將學校之願景依社區之需求而擴大，自然會形成雙贏之局面。

📚 三　學校

自 1980 年代後，世界各國多經過不同程度之教育改革。後現代主義之解構主流與民主思潮之尊重多元訴求，促使學校組織權力結構上沖下洗，產生極大改變，其中首當其衝者當推校長。如何檢視學校權力結構並發展出因應之道，微觀政治學理論之引入，適可引領校長一窺其與利害關係人（如教師、家長、學生等）權力消長之堂奧，進而決定未來之攻防策略與行動。時代變遷，校長以往依恃之行政權威已逐漸式微，唯有看清局面順勢而為，方能在亂局中取得先機。

較之社會與社區，學校中之政治運作更為近身且明顯。以實務觀點來看，各種學校重大決策之制訂，幾乎均染上政治色彩。分析利益關係人之政治操作，不外乎改變他人想法、完成自我訴求兩個動作。前者旨在說服或經過利益交換，使得具有不同價值觀與意識型態的他人輸誠來歸；後者則藉由各種與對手之交鋒策略（如打擊、對抗、壓制、懷柔

等），以確保己身利益與訴求。其間各利益團體合縱連橫爾虞我詐，與傳統行政理論認為成員能拋棄人情而理性思考之主張大相逕庭。

　　校長在學校之政治角色相當多元，限於篇幅，以下僅就針對上級與針對教師部分加以敘述。前者是校長之頂頭上司，依不同教育制度之設計而有所差異。例如在實施地方分權之美國，任命與評鑑校長者為「地方教育委員會」（local school board of education）；在中央集權之國家，則為縣市教育局長。不論職稱為何，其直接對校長之影響力不可小覷。

　　一般而言，上級控制校長之策略與方式包括：(1) 人事之任命：對於校長人選與遷調之決定，乃成為最直接之控制手段。任何「爭議」事件之出現，均可能使校長一夕翻船。(2) 資源之分配：除既定之常態預算外，上級主管教育行政機關皆可「視情形」給予學校特定補助。平日配合上級政策之校長，雀屏中選之機會自然較高。資源分配的多寡對校長與教師之關係多有所影響。教師常以爭取資源之能力評斷校長，尤其是在特殊計畫（如特殊教育）與設備之添購部分。(3) 考核與評鑑：校長定期接受上級之考核評鑑，其結果對於未來職務之調整去留有重大影響。(4) 對校長作為之支持度：由於利益團體眾多，學校就像一個壓力鍋，隨時可能爆炸。即使是最優秀的校長，也無法凡事妥當而讓四方臣服，多少會有不平之鳴拔地而起。此時上級之支持力道即很重要，長官一句肯定，勝過萬人吆喝。校長平日之政治操作若符合上意，危機時自然會有援兵出現。否則得罪當道，緊要關頭被人落井下石，又豈是一個慘字了得！

　　面對上級之操控，校長最基本之態度乃是「依法行政」。面對任何法律的灰色地帶，決策作為之前必須具體請示上級，以求能立於不敗之地。此因任何事後被判定違法的行為，即使上級鼎力支持，校長仍會受到法律之懲戒。其次，對於學校危機必須即時處理，不可有敷衍推卻之被動心態。此因學校發生爭議事件，加上媒體與外界利益團體之推波助瀾，危機之火必往上延燒。上級主管教育機關此時被迫成為緩衝器，處理一時不慎即可能引起眾怒。此種「池魚之殃」，定被上級恨之入骨，

校長之形象自也摧毀殆盡。最後，校長應該在上級與部屬（主要是教師）之間取得平衡。部分校長為迎合上意，將上級交辦之事看得斗大，甚而主動承攬計畫力求表現。此種心態自會引起教師抱怨，認為基本負擔已很沉重，為何還要被迫逾時工作。況且只是為人作嫁，功勞多只記在校長身上。基於此，校長試圖有所振作而進行計畫改革時，必須由下而上，讓教師有充分瞭解與準備後，方可發動執行。此因校長之角色扮演，除了對上是部屬外，更重要還是學校領導人，必須通盤考慮與教師之關係。

在與教師之關係部分，校長之舉措對於學校之改革與成長影響甚鉅。實務上，校長面對教師之心態可分為三種：(1) 視教師為下屬：此類校長憑恃行政之職權，認為教師必須絕對服從命令。對有異議者，視之如寇讎而堅決排拒。(2) 視教師如路人：此類校長抱持「井水不犯河水」之心態，只要教師盡其職守管理學生，即給予其一定之自主權。兩者之間秋毫無犯形同路人，鮮少有交集溝通之機會。(3) 視教師如伙伴：此類校長認為教師為學校進步之重要參與者，因此願意與其共享資源並幫助教師專業成長。教師在合作之氣氛下，主動貢獻專長與意見，攜手共同達成學校願景。

(一) 教師對封閉型校長所採取之策略

以上三種校長心態，均會引起教師不同之對應政治策略。Blasé（1989, 1991a）在觀察封閉型與開放型之校長後（由當校之教師對校長之知覺來決定），發現教師確有相異之應對策略。封閉型之校長之特質為抱持封閉之政治心態，因此喜歡採用防衛的與間接之戰略對付教師。上述之視教師為下屬與路人之校長，大致即屬此型。Blasé 形容此類校長為難親近、不容改變、反覆無常、權威自愎、與避免衝突。影響所及，其學校在改革之成果上自然乏善可陳。由於缺乏互信與合作之基礎，教師之對應也趨向負面，其採用之政治策略有以下數種（Blasé, 1991a）：

1. 逃避（avoidance）

此策略之另一含意為撤退，意味教師為避免與校長衝突而造成爭端，乾脆三緘其口關閉與校長溝通之管道。搭配之行動包括避免發言、避免與校長意見相左、避免讓校長知悉自我遭遇之教學難題、與避免與校長接觸等。教師使用此種策略多為保護自我。不說反對意見就不會正面衝撞，不與校長熟識即可避免成為爭議人物。更重要的是，如果一味反應教學與管教學生的問題，日子久了會讓校長覺得自己是麻煩製造者，或是能力不足之不適任教師。溝通時一言不合就令雙方困窘且尷尬，不如逃避不見，尤其是面對強烈情緒化之封閉型校長。明哲保身是形容使用此類策略教師之最佳註腳，即使在面對開放型校長時，仍被少數教師選擇採用。

2. 理性說明（rationality）

面對封閉校長的固執與情緒化，部分教師採取主動理性說明之策略。其原意極具建設性，但卻因校長之作為而有被動之色彩。例如教師反應：「在其斷然拒絕之前，我必須準備充分資料加以遊說，以使不利之局面有所轉圜。」除了口頭報告外，書面資料也極為重要，以防止校長之質疑與惡意拖延。在過程中，相關技巧也被教師所採用。其中包括如：(1)引述前例（precedent）：以往都如此做，所以此次照辦；(2)強調時勢所趨（bandwagon）：鄰近學校皆採用此政策，為免特立獨行最好從眾為之；(3)造成形勢（priming）：先提供完整資料，下次碰到校長時就可順勢提起等方法。值得注意的是，教師雖盡力採取理性說明之態度，但鮮少獲得雙向溝通之機會。封閉型校長之回應大多只是「可」或「不」，完全一副掌人生死之態勢。因此，即使教師採用理性說明之策略，其功效仍頗多限制。

3. 逢迎（ingratiation）

此策略雖隱含耍詐與欺騙之意味，但為迎合校長以獲得肯定與特權，部分教師雖感困窘，但仍選擇採取此策略進行利益交換（Blasé, 1991b）。教師會以讚美、支持、與假裝抱持同理心（empathy）之態度奉承校長。既是奉承，就代表言過其實，並非真正支持對方之作法。實務上，作法如講校長愛聽的話、知曉校長之喜好、與公開場合之簇擁讚許，均可獲得某種程度之校長回報，其中包括資源之獲得與工作之保障。逢迎之策略具有交換論之濃厚色彩，不但可以避免衝突，而且可以各取所需，雖不免有道德之瑕疵，卻不失其實利之政治功能，即使在面對開放型校長時也是如此。

4. 對抗（confrontation）

此策略與逃避相反，教師選擇正面或檯面下之對抗，迎擊與自我利益有所衝突之校長。對抗形式有多種，其中包括言語衝突、文字表達、與私下抵制等。教師團體（尤其是工會）時有採取此策略以保護己身利益。嚴重者甚而最後產生教師罷工行為，導致雙方兩敗俱傷。

5. 聯盟（coalitions）

教師為免人單勢孤，遂結合具有相同意識型態與利益者組成各種形式之聯盟，以與校長周旋談判。聯盟之組成或為長久已存在（如資深教師），或因特殊議題（如教師評鑑之實施）而臨時形成，但皆代表特殊利益之訴求。教師藉此策略保護自我權益，希望藉展現實力而使校長就範。

6. 轉介（intermediaries）

為使自我不致正面與校長交鋒，部分教師會轉介自我意見給他人（多半為教師意見領袖），由其代表與校長交涉。此舉可避免直接砲火之攻擊，但有時卻發生他人無法暢達己意之弊病。但對於封閉型之校

長，此為消極避免其報復之不得已策略。

7. 不服從（noncompliance）

對於與自我信念或利益相左者，部分教師採取不服從之策略。此形式多為消極之抵制，其強度雖不如正面對抗衝突，但教師會利用各種機會消極表達抗議。作法如校長要求教師每日填寫教學進度表，不滿者雖按時繳出但卻簡略隨意為之，間接顯現不服從之心態。

8. 記錄（documentation）

此為教師試圖保護自己之策略之一。對於任何有爭端或是未來會產生法律爭議之議題，教師詳細記錄校長之言行與其要求之行為，以證明自己乃是奉命行事。此舉可避免日後若發生任何閃失，即可避免牽連其中而受到懲處。此在學校決策行走於法律邊緣時，保留相關公文紀錄，不失為不錯之自保策略。

(二) 教師對開放型校長所採取之策略

與封閉型校長相較，開放型校長之風格傾向誠實與喜愛溝通。其採取同僚式（collegial）之管理，將教師視為伙伴，願意支持教師成長與共同設定學校之願景。Blasé（1989）發現此類校長之表現較有績效，而教師之對應政治策略計有六種，除有以上所介紹之逃避與逢迎外，計有以下四種策略，茲分述如下：

1. 外交協商（diplomacy）

在面對校長時，部分教師選擇外交途徑與手腕策略，試圖以「理性」之方式進行協商。既然有外交之色彩，其過程必須正式與系統化，但手法卻不能僵化。一般而言，其過程大致分為三個部分：(1) 蒐集資料清楚呈現議題之所在，使校長瞭解現況與急迫性；(2) 發展議題之邏輯而使之具體化，校長因之可以共同進入情況；(3) 提出議題解決之方

案與相關之利弊得失，以供校長參考決定。在另一方面，由於並非雙方進行對抗，交涉之手腕則必須靈活。首先，教師必須利用各種機會呈現議題，並伺機測試水溫觀察校長之態度。方式如校長巡視教室時，趁機反應教學器材之故障與不足。也可在放學眾人離去後，「漫步」校長室閒話家常但帶入問題。其次，教師必須預留空間給對方。即使心中已有定數，仍應尊重校長之看法。說詞如「我認為解決方式這樣最好，但校長是此領域專家，請給予意見與指正。」或是「這問題有幾個解決方案，校長覺得哪個最可行」。最後，教師必須隨時保持議題的熱度。此因校長公務繁忙，很容易掛萬漏一，因此必須經常提醒其已做之承諾。方式如口頭或是電子信件均可。教師在使用此策略時，必須具備人際關係之正面特質（如有禮、熱心、友善、幽默、與講理）與積極態度（如被對方拒絕仍能處之泰然）。Blasé（1989）發現使用外交協商策略之教師，其正面滿意度在七點量表中高達 6.26。

2. 遵從（conformity）

採用此類策略之教師，對於學校之正式政策規定與各種校長非正式之要求，採取遵行與合作之態度，即使心中並非真正支持。除了奉行法定職責與上級指示外，對於許多額外要求（如參與課外活動）也勉力為之。其理由不外是獲得校長之交換型回饋、豎立正面形象、避免制裁、與使他人獲益（如能獲得額外資源改善教學，則學生即成間接受益者）等。此策略之出發點並非刻意試圖影響校長，但卻具有交換條件之色彩。

3. 額外工作（extra work）

此策略為教師願意負擔聘約外之額外工作，以獲得校長之肯定與注意。學校事務林林總總，從課程教學乃至學生服裝均極為繁瑣，此時若有教師挺身相助，校長定是另眼看待。額外工作之性質多元，例如特殊教學之研討改進、課外活動之義務帶領、乃至校園建築與花木之維護。具有特殊專長（如園藝知識）之教師，自可利用機會一來發揮專長，二

來引起校長之感激之情。近來各國上級教育主管機關均重視學校之行動研究，希望教師能針砭校內問題並提出對策。然而囿於人力之不足，一般教師分內之事已精疲力盡，難有餘力額外付出。此時若有教師挺身而出包攬研究工作，自然會得到各方青睞與肯定（然而要注意不要越界搶了他人之風采）。此種策略對於工作之保障（尤其是私立學校）、生涯之規劃（未來有意於校長之職）、與建立專業形象均有極大助益。

4. 凸顯（visibility）

使用此策略之教師利用各種方法提高自我之能見度，以吸引校長之注意。現今社會鮮少有領導者願意三顧茅廬移樽就教，因此行銷自我即很重要。當然，凸顯時機之選擇也是玄機，此多在教師覺得有所表現時。配套之行動包括邀請校長至教室參觀學生之特殊表現（如外語演講）、公開展示教學之成果（如學生美術作品獲獎時）、與讓校長知曉學生之成就（如參加入學考試之高分數）。這些行動之目的不外乎在凸顯教師自我之成功，因為「學生成就之背後，老師定是功不可沒」。如此可讓校長願意並「放心」給予額外資源，也進一步樹立教師專業之形象，在整個政治操作上更具有份量。此策略有時雖淪於言過其實，但面對開放型校長，仍有其正面意義。

由以上兩組教師對應政治策略來分析，雖然有重複之處（如逃避、逢迎），仍可看出其間之差異。教師面對封閉式校長，傾向使用防衛與對抗之策略；面對開放型校長，則多選擇雙向關係之溝通與交涉之策略。就近年來之各國教育改革趨勢來分析，開放型校長才存在揮灑之空間。此因新理念如「校本管理」（school based management），已將傳統校長之權力下放給教師，希望由下而上，依據各校之不同願景進行發展。以往學校之權力結構，形成緊密結合之行政體系與鬆散結合之教師專業團體雙向並立之態勢。學校科層化與專業化依其不同屬性，經常發生衝突。此因行政體系為掌控全局，雖給予教師部分教學自主權力，但

涉及全校事務之重要決策，則往往採取剛性領導強渡關山之方式，使得教師淪為橡皮圖章且需共負決策失敗之後果。

　　為使學校更趨民主化，近來各國之教育改革多開始將「分權」之理念列入重要議題，以增加教師參與決策之權力，使其專業能一起貢獻於學校之進步。各種措施如教師團體（如專業公會或職業工會）之勃興，或是立法賦予教師參與重大決策（如聘任）之權力，均使學校不再有偏向行政體系之權力失衡現象。面對此種變化，身為行政與專業兩大系統的領導者，校長必須縱橫捭闔，放下身段利用各種管道傾聽教師的訴求，進而瞭解其所追求之利益（雖很世俗，但基於政治操作卻很重要）。如此方能整合各方意見，求得最大共識。校長若還膠柱鼓瑟堅持唯我獨尊，其治校之路必是瑣尾流離困難重重。

第四節　批判理論之學校權力宰制

　　批判理論有時亦被譯為批判典範，因其並非是單一理論，而是由多個觀點相近之理論組成。其以另一種觀點分析學校之權力結構與宰制現象。批判理論檢視既存權力結構背後之隱含霸權（hegemony），凸顯主流得勢者如何藉由表面之合法權力，實際上卻進行階級再製（reproduction）之事實。批判理論最初興起於法蘭克福學派（The Frankfurt School），代表人物如 M. Horkheimer、T. Adorno、H. Marcuse 等學者。之後並經 J. Habermas、M. Foucault、P. Freire 等人發揚光大，成為研究教育行政之主要典範之一。本書並非教育哲學或方法論之專門著作，以下僅先引用批判理論大師 J. Habermas 之主張，針對學校多元結構與權力操弄部分加以敘述。有關批判理論之詳細論點與其在教育行政領域之研究，請參考秦夢群、黃貞裕（2014）之《教育行政研究方法論》，或其他相關教授之大作。

一　批判理論之基本主張

　　首先，對於批判理論之本質，Habermas（1984）指出人類在知識之主體感知過程中，存在有三種興趣（亦有人翻譯為旨趣），並對應於三種科學。三類興趣為認知興趣、實踐興趣、與解放興趣。三類興趣並因之對應於三種不同科學：經驗分析科學、歷史詮釋科學、與批判溝通科學。興趣滲透在主體感知過程中，使得感知過程中具有價值取向與判斷之特性。此與邏輯實證論主張知識之獲得乃基於理性，是客觀不受主體價值影響的論點大異其趣。Habermas 強調，主體的興趣決定其所屬科學，而不同之科學也反映主體之特定興趣。

　　三種興趣各有其特定訴求。認知興趣是人類試圖發展與利用技術，藉以支配外部自然世界的興趣，其目的在瞭解自然世界之原理與定律，擺脫其對人類之限制；因此，累積客觀知識征服自然乃是第一要務。實踐興趣藉著瞭解與詮釋人類的特性與其歷史，目的乃在希望人類能擺脫特定意識型態而有自主之價值體系。解放興趣則是人類對主體性之確立與獨立的興趣，目的乃在對於霸權之反抗與公平之建立，將人類從受壓迫與被迫依附於主流之惡劣情境中加以解放。三類興趣中，解放興趣乃是在人類權力之運作中產生。此因在社會中存在著各種權力操弄之形式，人類基於對自由與公平的追求，與針對不對稱權力關係之反思，進而孕育出解放興趣。批判溝通科學即在解放興趣的基礎上具體發展而成，基本上反映人類社會行為的主觀性與權力之操弄。其最終訴求乃在解構人類特定之意識型態限制，進而建構自由、沒有壓迫、與充分溝通之解放關係。

　　哲學大師 Habermas（1984）在其相關批判理論的作品中指出行為的理性有兩種：一為溝通理性（communicative rationality），二為工具理性（instrumental rationality）。前者是人們在彼此相處與交會時，以尊敬而不壓迫對方之態度，進行充分與平等溝通後形成共識之行為；後者則牽涉到「手段－目標」之過程，主張只要能達成組織既定目標，其所

使用之手段即是理性的。工具理性強調組織的最重要使命乃在工作目標之達成與其績效之提升。以學校為例，其現行之機構特性多為科層體制之形式，除了有既定之規章政策外，往往必須展現一定之績效，否則即被視為辦學不力。在此情況下，學校之日常運作即明顯偏向工具理性而輕忽溝通理性。在東亞地區，由於競逐名校使得智育掛帥之現象極為嚴重。升學競爭激烈導致各校被迫卯足全力拉抬學生成績（如升學考試錄取率），往往忽略教導學生彼此尊重的溝通理性。影響所及，學校即成為主流意識之溫床，其不但壓迫各種弱勢者，更使學生缺乏解放興趣，對於被壓迫與不公義之社會現象視若無睹，甚而淪為幫凶。

實務上，溝通理性注重「溝通情境的對稱」與「溝通共識之產生」。溝通情境的對稱注重參與者在溝通情境中，是否有公平對稱之機會暢所欲言。在現實社會中，即使表面上人人有發言機會，但基於各種權力之操弄，溝通乃呈不相稱之態勢。一個仰賴上級加薪之員工，極少有勇氣「犯上」批評，如此即造成溝通過程之扭曲。基本上，溝通乃是由參與者相互表達描述、詢問辯證、與最後形成共識之歷程。專斷、操控、與霸權之作風完全不能顯示在社會組織中受壓迫與不平等之現象，自然也無反省與重建之可能。在另一方面，溝通共識之產生必須透過各種不同團體的相互溝通，與反覆性辯證歷程。其主張人類的價值必須透過不斷溝通，瞭解被壓迫者之地位與訴求後，方能逐漸產生共識加以形成。換言之，如果缺乏對稱之溝通參與及對話，社會正義與公平價值將不會醞釀產生。批判理論希望藉由個人主體的相互溝通與凝聚對組織價值共識的手段，進而減輕組織因濫用工具理性所形成的物化現象。其希望讓組織成員能夠有其主體性，而非僅是在上者達成目標之工具。

對於教育組織之運作，批判理論特別青睞支配團體與從屬團體之間的權力角力。學者如 Giroux（1983）認為利用經濟、文化、與社會資本，主流支配團體因此取得合法之優勢，而學校則淪為再製社會階級之場所。換言之，主流意識型態的建立不但不能促成真正的社會正義

（social justice），而且會使弱勢者永不翻身。即以教室為例，批判理論學者視其為文化形塑之重要場所，成員之實質互動即建構與詮釋了知識與現象之意義。即以表 4.1 之「玫瑰少年」個案為例，是誰決定愛打毛線的男孩即是娘娘腔？其部分來源即來自於課程的設計與教材之編寫（課本中只有女生才做家事）。因之產生的刻板印象，遂使學生對少數特異族群行為賦予負面意義。既然學校都如此教導，施暴學生即取得欺負他人之「合法性」，冥冥中再製了主流階級之意識型態，造成被壓迫階級之更形弱勢。此種由特定主流菁英份子所主控的現象，表面上看似民主（因為多數人主張如此），其實卻是不折不扣的霸權主義。基於此，批判理論學者非常重視教師之角色。認為其如能發展批判之意識，經由經驗反省與知識之啟蒙，即能抵擋主流意識型態之壓迫與宰制，讓學生進而關注教育主體性與社會正義之議題，使其能自由的批判、解構、反省、與重建價值。

批判理論主張檢驗學校教育不能脫離其社會脈絡，認為知識的形成與社會政經文化因素密切相關。基於人類之解放興趣，透過主體的自我檢視及反省，批判理論試圖揭開與解構隱藏於教育體系中之主流意識型態霸權。其配套作法不外發展以人為主體之課程，鼓勵採用溝通理性進行多元參與，以形成共識的模式重建教育之目標。

主張批判理論之學者多有斲斷文章之才，但部分作品用字晦澀，令讀者難以鉤玄提要。此外，其雖也強調重新建構符合主體價值的目標，但卻因批判霸權與解放受壓迫個體的「解構」強烈色彩，遭受外界「強於破壞疏於建設」之指責（如 Palestini, 2003）。但不管如何，批判理論以迥異之觀點檢視學校之權力操弄與運作，仍值得教育領導者予以重視。

表 4.1 學生性別取向個案

玫瑰少年

暮春時節，一位少年於 2000 年 4 月 20 日在學校廁所中離奇死亡。此名就讀台灣屏東縣某國中之學生名叫葉永誌，具有女性化特質。據其父母親描述，其自小即喜愛烹調、女紅、打毛線、掃地、或洗衣。同村人均稱他很乖巧，是個好孩子，一點都不加以排斥。

然而，在進入青春期之後，葉永誌就嚴重遭受國中同學的歧視與侮辱。男同學笑他娘娘腔，非常噁心變態，所以有時還會動手打他。更離譜的是，有些男生還會趁他如廁時，強力聯合脫其褲子，以確認他到底是否是個男的。恐懼之下，葉永誌不敢在正常下課時間上廁所，只有藉著上課時間沒人時才去。因為怕被羞辱不敢上學，其曾留字條向父母訴苦。母親因而對校方陳情，但學校並沒有及時處理與適當的回應。

當天上午，葉永誌徵求老師同意後，利用第四堂下課前 5 分鐘奔向廁所，但卻遲遲未歸。下課後，同學發現其已倒臥血泊中，在左後腦有明顯的撞傷。由於發現時已深度昏迷，經校方送醫兩天後死亡。詳細調查後，學校指稱該生個性內向並無與人結怨，應是不慎失足跌倒致死。檢察官則排除該生在校交往因素，純粹認定是廁所品質不佳（包括電燈長期不亮與水箱損壞），造成地板濕滑而使該生滑倒撞擊地面致死。檢察官因之提起公訴控告學校校長等三人疏失，全案遂進入司法程序。一審法官依據法醫之記錄，判定該生係因身體不適引發昏迷導致猝死，因此將校方被告無罪開釋。

此案所以引人矚目，乃在家長表示該生曾抱怨在校遭受其他學生欺負，質疑死因並不單純。事實證明葉永誌開始求學後，外界一

連串的歧視和不平等的對待接踵而至，最後連號稱相對安全之學校也保護不了他。

　　不管葉永誌死亡之直接原因何在，其因與眾不同，必須選擇在上課時間獨自如廁卻是不爭之事實。如果在下課時間旁邊有同學，立即進行急救或許仍有生機。就因為女性化，使他成為校園中恃強凌弱的霸凌（bully）受害者。此種「性霸凌」指的是不斷的性騷擾或性暴力，譏笑對方是男人婆、娘娘腔、或是同性戀。此因在傳統男性主導社會中，男童經由社會化過程開始形塑大眾所認可之男人形象，並不自覺的凸顯其強烈的男性氣概。因此，娘娘腔與同性戀就成為其取笑與排斥的對象，因為其是具有「缺陷而變態」的男性。其實，大多數的青少年富有同情心，但往往只能袖手旁觀，因為同情娘娘腔就會被同儕認為是其同類，誰敢淌這種渾水？

　　在這種情況下，教師與學校即成最後一道防線。無奈其受傳統文化之影響，多半僅是消極的制止施暴者行動，其效力如杯水車薪，悲劇終於發生。此在號稱公民社會之學校中無異是一大諷刺。那些施暴者之動機多源於社會主流的優越性和排他性，所以非主流之娘娘腔，就應被羞辱指正。基於此，當代民主政治與社會思潮都力主公權力應該介入此種歧視與侵害，因為人的差異是正常的，娘娘腔之所以被視為變態，乃是後天被社會主流扭曲所造成的不平等現象。葉永誌從小所居之村人並未排斥他，何以同學對其如此殘暴？

　　學校不但要教導民主思想，更要加以實踐。特殊氣質的學生不需只是被保護，因為他們沒有錯。如果學不到尊重多元與差異，整個學校與社會都會是輸家。打毛線的男生奇怪嗎？對社會有害處嗎？正如其名，一個早逝的玫瑰少年如葉永誌，值得為人教育者深思且「永誌」難忘！

二　學校之多元性與差異性

　　如上所述，批判理論控訴學校藉著各種方式（如能力分班、課程設計），為主流強勢團體護航並複製其文化，使得校園中充滿不公平之現象。與主流文化不相稱或不同者，即會受到壓迫而居於不利之地位。換言之，批判理論點出學校組成之多元性與差異性之事實。作為領導者，若不能對各差異團體公平對待，極可能產生權力之傾斜與支配現象。Pai and Adler（2001）即指出人類很容易基於種族優越感（ethnocentrism），將自我文化高舉，並認為那些少數或非主流文化乃為次品，必須以教育為工具將其強力改正。在這些人眼中，差異常被引申為不足（differences as deficits），必須接受主流文化之校正與洗禮。

　　傳統之校長被教導依法行政，對於學校中之霸權文化現象多半視若無睹。此因一來校長本身即多為主流文化之一員，對於其他團體缺乏瞭解與同理心；二來當時學校在封閉系統之思潮下，鮮少受到外界環境之介入。然而時代變遷，1960 年代美國之民權運動大興，對於因特殊身分所引起之不平等現象，均給予最嚴厲之口誅筆伐，學校自然難以置身事外。因此，批判典範所強調之主流文化壓迫與再製，事實上已成一嚴肅之政治議題。不管校長喜不喜歡，其已成為工作職責之一部分。校長如不坦然面對，必成為政治操弄下之犧牲品。部分外界利益團體如同嗜血之鯊魚，隨時等待吞噬出錯落海之泳者。校長之言談作為若無一定之敏感度，即很容易成為權力爭奪下之祭品。即以本章章末個案研究之哈佛校長桑莫斯為例，其「女生在數理科學上天生就較差」之見解是否正確，仍待日後查證。作為一位教授，有其一定之言論自由，但身兼素有盛名之哈佛校長，即會引起極大政治效應，而遭受到有心人之強烈砲火襲擊。自己相信是一回事，擔任校長對外發言卻不可恣意而為。

　　在這種情況下，校長對於學校文化多元性與差異性之態度，實對公平正義之踐履有舉足輕重之影響。學生為受教之主體，理應享有平等之對待。然因本身背景因素之差異，卻仍有強勢與弱勢之別。基本上，

造成學校多元性之學生背景因素約可歸納為六個，其中包括：(1) 社經地位；(2) 種族與族群；(3) 語言；(4) 宗教與文化；(5) 性別與性取向；與 (6) 特殊教育需求。按照批判理論之說法，具有以上特殊身分之主流團體利用優勢，不但獨占文化正統之位置，且對其他身分者施予鄙視與壓迫。在美國，優勢之主流團體多半之身分為男性、白人、清教徒、與以英語為母語者。華人地區之種族宗教問題較不明顯，但因性別、社經地位、與學業成就之差異，也形成另一種形式之主流團體。茲將各因素簡述如下：

(一) 社經地位

社經地位之高低最直接牽涉的即是社會階級與貧窮程度。Wolfe (1977) 即發現處於貧窮之小孩成為低成就者之機率，為他人之兩倍。有趣的是，父母之收入多寡並非唯一決定因素。其必須搭配相關指標如父母對子女成就之期望、在家閱讀之數量、與家庭對教育之態度等，才能完全解釋其間之變異量。不幸的是，貧窮家庭之父母往往在各相關指標之表現上乏善可陳，因此更加深子女處於貧窮之劣勢。Kennedy, Jung, and Orland (1986) 之研究也有類似結論。其發現配合以上之相關指標，陷入貧窮之年數與學生是否表現落後有極大相關，其中黑人之情況比白人更為嚴重。

此外，Wolf (1977) 也針對學校之貧窮程度進行研究，其評量乃在統計全校學生達到貧窮標準之比例（各國與各地方區域皆訂有不同之貧窮等級標準）。結果發現學校之總體貧窮比例乃成為預測學生成就之顯著指標，甚而比學生個別貧窮程度還要有預測力。換言之，一個非貧窮學生就讀貧窮學校，比貧窮學生就讀富裕學校，還要有機會成為低成就者。無怪乎對教育極為重視之家長，往往效法孟母三遷，寧願跋涉千里將子女送入好學區學校。此因富裕學校在相關指標如同儕影響、每生資源分配、教師素質、教師對學生期待、家長參與度、與學校之願景塑造上，多有較佳之表現，進而提升了學生的動機與成就。

綜上所述，貧窮之學生與學校皆有較高機率產生低成就之結果。學生之背景校長較難置喙，但對整體學校之提升卻必須全力以赴。為了打破劣勢，校長必須結合社區與公益團體，以創造更多之資源。其他之作法如與相近之學校結成策略聯盟，或是發展學校特色，均可使資源匱乏之學生扳回一城。當然，教師之心態必須調整，若一味抱怨學生之低程度而不針對其發展特定的課程教法，其結果就是惡性循環，學校向下沉淪而永無翻身之日。

(二) 種族與族群

不同種族之間會產生相異之語言、文化、宗教、習俗、與價值觀。長久以來，強勢之民族（其不見得是人口多數，如在廢除種族隔離制度前之南非白人）會產生優越感，試圖同化其他種族。此種傾向在華人地區即是「漢化」，在美國則是堅持將「盎格魯撒克遜」（Anglo-Saxon）之傳統施加於其他種族上。盎格魯撒克遜係 1870 年前移民美國之英國後裔文化，具有使用英語與具有基督教新教徒（protestant）之傳統，此對後來移入之種族如猶太人、亞洲人、與西裔拉丁美洲人（hispanic or latino），造成文化上極大衝擊。美國自詡為「民族大熔爐」（the melting pot），但事實上卻是希望非盎格魯撒克遜之民族能夠同化。此舉自然引起許多衝突，尤其是與以非洲文化為傳統之黑人。華人地區之種族緊張關係雖不如美國，但仍有少數民族之問題。例如台灣原住民（屬於南島民族）地區之學校，仍存有相關教育理念的歧異（如認為學校教育不符部族之所需），尚待日後加以化解。

(三) 語言

語言包括口語與文字。學生入學時之母語如果不是教學所使用之語言，則其必定遭遇重大學習困難。此因不同語言往往在用語（pragmatics）、語意（semantics）、語態（morphology）、及語法（syntax）上均有所差異，學生處於另種語言之環境中，實如缺乏泳技

者在水中載浮載沉。一方面要學習課業，一方面要熟習課堂中所使用之
語言，往往過於負荷而事倍功半。負笈美國之中港台留學生大多曾經深
受其苦，第一年幾乎都在適應英文之教學環境，必須依靠終日苦讀方能
填補語言所造成之傷害。

　　對於小學生，不同語言所形成之學習障礙遠比成人要大。因此，各
國多有雙語教學（bilingual education）之實施，但皆產生極大爭議。以
美國加州為例，由於西裔拉丁美洲移民之湧入，以西班牙話為母語之學
生大增。歷經美國國會制訂「雙語教育法案」（Bilingual Education Act,
1968），與聯邦最高法院於 1974 年之 Lau v. Nichols 案例判決結果，
州政府開始積極設立雙語學校。初時以西班牙語或其他語言（如越南
文）教授，採取漸進之方式融入英語教學環境（Zepeda & Langenback,
1999）。然而實施至今，爭議卻未曾停歇。反對者認為雙語學生依賴母
語過深，如今又刻意創造非英語之學習環境，實對其日後融入主流社會
有所阻礙。華人社會書寫系統較為統一，閱讀較無困難，然在口語上，
部分學生學習上仍有困難，甚而因鄉音過重而遭人訕笑。此外，少數民
族之語言與漢語涇渭分明，入學時進入全漢語環境，必有一段適應期，
如何調和統整，端看教育主政者之智慧。

(四)宗教與文化

　　宗教與文化密不可分，也造成不同團體在意識型態與生活上的衝
突。在美國，由於公立學校深受基督教新教徒之影響，使得信仰其他宗
教（如佛教、回教、猶太教）之學生深感被邊緣化之苦。例如學校之假
期多以基督教之信仰為依歸，其中如復活節、聖誕節等。但對其他宗教
之重要節慶卻仍須上課。其中如回教曆法的 9 月為齋月（Ramadan），
其間教徒必須白天禁食，此種齋戒之要求對於仍須上課之回教學生即是
一大困擾，不明就裡之同學甚會藉故挑釁。此外如學生是否可在學校
禱告、回教女學生堅持配戴頭巾、印度教教徒拒絕參加學校聖誕節舞會
等，均可能使有心人見獵心喜，進而火上加油而一發不可收拾。華人地

區之宗教問題較不明顯，但對少數民族之宗教信仰，在學校中仍須酌情
處理。

(五)性別與性取向

性別差異對教育上之影響，早在 20 世紀之初即引起激烈爭辯。當
時女生無論在受教機會、就讀大學、與工作所得上皆瞠乎其後。經過強
力之抗爭，學校因性別所造成之不公現象似已有所轉圜。例如文東茅
（2005）針對中國大陸透過 1998 年與 2003 年全國性高校畢業生進行調
查，發現男女在學業成績與就業收入方面並沒有顯著差異，但在入學機
會和就業率方面，女性則明顯低於男性。其中較低的高考成績和較少的
工作機會則是造成差異的重要原因。然而，因立場與研究發現之差異，
性別差異之爭辯依舊方興未艾。舉例而言，Sadker and Sadker（1994）
及 Sommers（2000）皆出版相關美國性別差異之學術專書，但結論卻有
天壤之別。前者之書名為《公平之衰微：看美國學校如何欺騙女生》
（*Failing at fairness: How America's schools cheat girls*），其中敘述雖
然女生在最初幾年之身心狀況與學業成就上，能與男生並肩甚或超越
之，但其後在大學入學測驗分數上卻較低，尤其是在科學與數學方面。
Sadker and Sadker 歸納原因為教師對兩性之態度不同（較鼓勵男生從事
數理研究）、女性在教科書中代表性不足、與標準測驗內容對女性有歧
視之因素。因此，兩人主張即使女生獲得初步之教育平等機會，但仍遭
受其他形式之歧視。

在另一方面，Sommers 之書名為《不利於男生的戰爭》（*The war
against boys*）。她在書中引用美國全國教育統計資料，顯示在學業表現
上，男生才是教育體系中之弱者。指標諸如在讀寫能力上男生平均落後
女生一年半、較少比例男生進入大學、男生成績較差、與較少男生參與
大學先修課程（advanced placement courses）等，皆凸顯男生在教育表
現上之弱勢。其與前述 Sadker and Sadker 之論點剛好相反，誰是誰非
仍待未來研究定奪。但不可諱言，性別仍是學校教育之熱門議題，校長

仍須小心為之。未來相關話題如單一性別學校之存廢（如女子學校、男子軍校）、加入社團與球隊（如棒球隊可否收女生）之論戰，仍會是學校性別權力角力之焦點。

　　性別之外，晚近學生性取向（sexual orientation）之議題也隨之浮上檯面。一般而言，性取向之種類包括異性戀（heterosexuality）、同性戀（homosexuality）、雙性戀（bisexual）、跨性別（transgender or transsexual）等四類。其中以異性戀為主流之學校文化，往往會對其他性取向者產生巨大壓力。Zera（1992）之研究即指出同性戀學生由於不能認同自我之性取向，往往有較高之自殺、濫用藥物、酒精成癮比率、與學習課業上之問題。跨性別學生之女生男性化與男生女性化，也會使教師與同學將其視為異類，而遭到不同程度之騷擾與侵害。如何讓異性戀學生瞭解與尊重其他性取向者，恐怕要先從改變校長之心態做起。

㈥特殊教育需求

　　基於身心與環境因素之影響，部分學生之教育需求必須個別與特殊處理。一般而言，此類學生可分為三大類：(1)身心障礙學生（students with disabilities）；(2)資賦優異學生（gifted and talented students）；與(3)面臨危機學生（students at risk）。三者性質不一，但以往皆受到校方漠視而令其自生自滅。以身心障礙學生為例，經過民權運動之洗禮，美國政府遂於 1975 年正式通過「殘障孩童教育法」（Education for all Handicapped Children Act），之後被檢驗出需要特殊教育之學生倍增。其類別繁多，包括學習障礙、情緒障礙、多重障礙等。相關美國特教之立法，可參考秦夢群（2006）之《美國教育法與判例》一書。校長雖非特教專家，但作為領導者，應熟悉其類別與對應之教育方案，如此才能使學生適性學習。

　　除了提供適當的教育外，其實施之形式也很重要，應在「受限最少之環境」（least restrictive environment）中執行。晚進所倡導之「回歸主流」（mainstreaming）與「融合教育」（inclusion），其目的皆在讓有

身心障礙或有特殊需求學生多半時間或全時加入一般班級，以確保其能參與及融入正常環境。然而此舉常導致部分家長與教師之反彈，認為特殊學生需要特殊照顧，會剝奪教師對其他學生之時間，而且對特殊學生之教學效果也令人質疑。其間之認同問題，校長必須加以處理，透過教師、家長、特教專家之協商，爭取各種資源，以創建符合身心障礙或有特殊需求學生之最適教育模式。

與身心障礙學生相較，資賦優異學生之表現雖令人稱羨，但應如何對其教育仍引起巨大爭議。爭議焦點包括：(1) 測量與判定學生為資賦優異之方式應為何？此在重視升學之華人地區爭議尤大。以往使用智力測驗之結果常導致學生瘋狂補習，有的補習班甚而偷竊試題，以揠苗助長方式，幫助「假資優」學生進入特別班就讀。(2) 部分資優表現如藝術或體育領域，均需家長對子女之事前大量投資，方能有特殊之表現。試想一位蓬門少女或蓽戶少年，家中經濟入不敷出寅吃卯糧，哪有餘錢購買鋼琴培養子女？如就批判理論之觀點而論，此即是社會階級之再造，貧家子弟即使有八斗之才，恐怕也需將機會拱手讓人。(3) 民主國家在實施義務教育時，多採取平均分班之政策，其目的在力求教育之公平。各種形式資優班之成立，無疑造成此種均勢之打破，而造成「菁英團體」（elitist）之出現。此對其他學生之影響見仁見智，但卻很容易成為眾人批判之對象。

實務上，為資賦優異學生設計課程與教學均需各科教師通力合作，方能打破學科界線，為學生經營一個具有創造性的環境。校長除整合資源外，重要的是不要存有藉資優班以拉抬學校聲勢之心態。水能載舟亦能覆舟，好的資優教育計畫（學生真的是資優且課程可使其潛力得以發揮）會使學校更有特色，但藉資優教育卻行能力編班之實者，則會引起利益團體之公憤。學校成為最後輸家，校長往往得不償失。

除了身心障礙學生與資賦優異學生之外，面臨危機學生晚近也被列為是特殊教育需求之團體。英文 at risk 一詞意義頗廣，此處則專指「學業成就低落、適應不良且傾向輟學之學生」。此類學生以往即被冠上

「壞學生」之名，學校往往因資源不足而令其自生自滅。殊不知造成此類學生之原因極為複雜，但不利之家庭與社經背景實為主因。學校若不適時伸出援手即時介入，其中途輟學之機率極高。此類學生之外顯行為有以下特徵：(1)由於基本語文與數理能力之不足，面臨危機學生之學業表現多瞠乎人後，因此常被認為是愚蠢或懶惰，造成其自尊與自信之缺乏，認為自己無法掌控人生。(2)與學校呈現疏離之狀態，進而不相信教師與同學，認為周邊之人無法瞭解其需求。(3)對於傳統制式聽課方式難以適應，因此常被視為搗蛋者，造成其傾向缺課輟學。然而，對於將所學實際運用（如工藝），卻顯示較大之興趣。(4)抱持現實主義，對於未來缺乏計畫，也不認為努力即可成功，充滿宿命論與無力感。

　　針對面臨危機學生，校長除啟動學校輔導系統外，特殊班級與另類學校之成立也是因應之道。面臨危機學生顯然不能適應傳統學校，因此以實作為主之技能班，或是如美國磁力學校（magnet school）之出現，其目的均在專門為面臨危機學生設計另種教育環境與教學。此類學生多身處於文化與社會不利之地位，如能給予適性發展，才能打破惡性循環，建構其自我人生。

三　校長對學校多元性之作為

　　以上六個因素僅針對學生之背景差異加以敘述，並不能含括學校組成多元性之所有來源。但不可諱言的，忽略任何一類學生之需求，均會形成政治壓力與效應。即以學校編班政策為例，全部平均分班無法呼應特殊需求學生，但能力編班卻有違背社會正義與公平之普世價值。此種兩難現象，確實令校長進退維谷。華人地區特重學生成績，進而極度強調學校之績效是否卓越，其與公平之間的拉扯取捨即成一大學問。能力編班可使教師集中火力拉抬優秀學生成績，創造卓越之紀錄，然而同時卻可能對表現平庸之學生過於忽視。卓越與公平皆為學校所追求，面對不同之環境與成員，如何求得適當位置（並非一定是中心點，必須視內

外環境因素而定），實考驗校長之專業與功力。

面對學校之多元性與學生之特殊需求，世界先進國家紛紛創建各種教育方案以為因應。其中較為人知者如雙語教育（bilingual education）、融合教育（inclusive education）、另類教育（alternative education）、多元文化教育（multicultural education）等。其中雙語教育乃為未諳學校教學所使用語言者而設（在美國即為英文，華人地區則多為普通話或國語），有部分制與全時制之分。前者僅在部分課堂中使用學生母語教學，後者則擴及整個學校。雙語教育之實施，屢屢引發是否阻礙學生學習主流語言與文化之辯論。融合教育則多為特殊教育學生所設，希望其能融入一般班級以早日回歸主流社會。另類教育設立目的繁多，有為面臨危機學生而設者（如磁力學校），有因不滿公立教育力圖改革而設者（如特許學校），甚而一校中尚有另類班級之存在（如為對傳統科目無興趣學生所設的技藝班）。但不管形式為何，目的皆在提供另種形式之教育，以符合對一般課堂教學不適應之學生團體。多元文化教育則牽涉更廣，試圖以多元角度，讓學校成員瞭解文化之多元性與差異性，進而能互相尊重而共存。以下即簡述其發展與模式，讀者若需進一步詳細瞭解，還請參考其他相關之學術著作。

多元文化教育之發展並非一步到位。Banks（1999）指出其可有四個階段：(1)單一種族課程（monoethnic courses）：焦點集中於單一種族對其文化之學習，例如為美國原住民（Native American，亦有人翻為美國印地安人）開設與修習其相關文化課程。(2)多元種族研究課程（multiethnic studies courses）：修習範圍擴展至一般學生。學校開設課程如少數民族音樂、美國黑人文學等，以比較之觀點分析不同文化之內容，但多僅止於介紹階段。(3)多元種族教育（multiethnic education）：此階段開始以多元與統整之觀點設計課程，並不把少數族群文化單獨分出。試圖以平等之觀點介紹各民族與文化。(4)多元文化教育（multicultural education）：不再受限於種族（族群）之差別，而將任何可能造成學校多元性之因素納入，其中包括宗教、性別、與社會階級

等。試圖以全面角度與多元觀點，檢視人類因各種因素所形成之不同文化。教育之形式除一般課堂之科目外，還延伸至課外活動與學校生活。

　　由以上敘述可知，現今對學校多元性之觀點已有極大改變。以往強勢文化當道，常視不同背景之學生為有所不足（deficit）。例如來自單親家庭即被視為是功能不良（dysfunctional），因此成為孩子學習與成功之障礙。晚近想法已有所改變，主張其只是與主流文化有所差異（difference），而非是不足或較差的。此種觀點使得平等觀念植入教育中，非主流之學生並非低能，他們需要被瞭解與幫助，雙方地位並無高下之分。實務上，依國情與所處環境之不同，校長可酌情配合國家政策與社區需求進行多元文化教育。在此必須強調的是，多元文化已不再限於傳統之種族（族群）、宗教、性別，而擴及於社會階級、家庭背景、與文化差異之層面。社會結構日漸複雜，學生之背景會更趨多元。主流價值乃多年累積而成，但並不保證適用於所有個體。以下再依 Banks（2003）之主張，說明實務上學校課程之不同作法，校長可酌情而為之。其階段有以下四個：

(一) 貢獻導向（contribution approach）

　　此導向以介紹特定族群或團體之貢獻與影響為主。例如在美國金恩博士日（Martin Luther King Day）向學生說明黑人民權鬥士金恩博士之醫生行誼與貢獻。或是在華人地區之佛誕日（多訂在陰曆 4 月初八），學校可介紹浴佛儀式與相關慶祝活動，以說明佛教之文化與對華人生活之影響。此種導向由於較為單一與片面，學生較難對多元文化擁有全面之瞭解。

(二) 附加導向（additive approach）

　　此導向將相關多元文化之概念、想法、與主題加入課程中，但並非是重新建構之統整形式。即以「哥倫布日」（Columbus Day）為例，其在美國為 10 月 12 日或 10 月的第二個星期一，當天正是哥倫布在 1492

年登上美洲大陸的日子。美國大多數州會舉辦紀念活動，但卻是偏向歐洲人之觀點來詮釋哥倫布之作為。事實上，其雖開啟了殖民美洲的大門，但對當地原住民印地安人，卻是侵略與悲慘生活之開始。因為隨後之殖民者大肆擄掠並帶來疾病，導致印地安人失去土地且大量死亡。由於無法自給自足，許多原住民成為中南美洲國家社會的底層，生活極為困苦。所以每年到了哥倫布日，各地印第安人都會舉行活動抗議殖民統治。南美國家委內瑞拉自 2002 年開始將哥倫布日改稱「原住民抵抗日」。凡此種種，即使教師在課堂引述不同觀點（印地安人），但在整本歷史皆以歐美角度撰寫而成之架構中，其效果實屬滄海一粟。再以華人地區之課程為例，歷史教師鮮少有時間加以呈現不同觀點。此因一來需要趕課，二來考試也不考，學生之感受並不明顯。

(三)轉型導向（transformation approach）

此導向開始以統整方式編定課程，讓學生能從不同觀點，瞭解身邊所存在之多元文化。例如教科書中之女性不再只是洗衣做飯，其可與男性一樣成為政治家或企業家。甚而在某些美國教科書中，敘述家庭之組成不再限於一男一女，同性戀也可組成家庭。凡此種種，皆對社會造成不同程度之衝擊，但卻讓學生瞭解不同文化或團體之訴求，因為未來他們就要親自面對此種世界。

(四)社會行動導向（social action approach）

此導向為最後階段，以社會正義為主軸，具有批判理論之強烈色彩。在此階段，學生不但獲得多元觀點之多元文化，其還需學習如何發展分析能力，以進而採取社會行動去除社會之不平等現象。此即形成所謂之「批判教育學」（critical pedagogy）。主要著作如 Apple（1986）、Giroux（1992）、Freire（1973, 1985）、與 Torres（2009），均以批判理論之角度，要求教師與學生能蒐集、分析、綜合、與判斷各種社會議題之資訊。從瞭解知識之建構過程，進而批判主流文化之再製與宰制他人之

機制，最後能提出行動主張去解決社會問題。此導向雖在中小學階段較難達成，但仍應列為是努力之目標。

面對學校多元文化，校長必須細心觀察其所產生之政治效應，並適時加以處理。許多教育從事者避談政治，但最後卻因鴕鳥政策而失去先機。教育問題一旦染上政治色彩，就不能以單一教育觀點解決，此是學校領導者必須切記的！

4
個案研究　大學校長與女人的戰爭

桑莫斯（Lawrence Summers）係美國知名經濟學家，曾擔任柯林頓（Bill Clinton）總統時代（1993-2000）之財政部長。主政期間用預算盈餘還清美國國債，因而聲名卓著。基於其在財政方面之專才，聲譽卓著之美國哈佛大學延聘其總理校務。桑莫斯遂於2001年5月繼任為第27任校長，卻未料因特殊言論而惹禍上身。

2005年1月14日

桑莫斯在美國國家經濟研究局會議中，主張女性科學家和工程師在菁英大學無法升遷，兩性的基本差異應扮演重要角色。天生的性別差異，或許有助於解釋為何科學與數學領域中有成就的女性很少。此一言論立即引起外界之強烈口誅筆伐。

一位在場之女性生物學家表示：「當他談到男人與女人天生稟賦的差異時，我差點連氣都喘不過來，這種偏見令人很不舒服。別忘了，以前也有人說過女人不能開車。」

主辦單位表示，桑莫斯係以經濟學家身分與會，與哈佛大學校長身分並無瓜葛。桑莫斯則為辯護說：「造成任何誤解，本人深感遺憾。但提出問題討論，或許可以去理解問題背後之原因與解決之道。我的發言，就是要刺激各位發表看法的。」

2月15日

哈佛大學部分教授在文理學院的全體教員大會中，表達對桑

莫斯的領導風格強烈不滿。除出言不遜對女性歧視，在其出掌哈佛大學三年期間，提供給女性的高階層職位也逐年減少。此外，桑莫斯出任校長以來，獲得終生教職的女性比例偏低。2004年獲得終生教職的 32 名文理學教授中只有 4 名女性。

3 月 15 日

文理學院教師以 218 票對 185 票，18 票棄權的比數通過對桑莫斯的不信任案。然而，負責監管學校的校董會仍支持桑莫斯之任命。但桑莫斯卻是哈佛大學創校以來唯一被教師通過不信任案的校長。教師的不信任案只有象徵意義，唯有由 7 位董事組成的校董會才有權解聘校長。

5 月 16 日

桑莫斯宣布哈佛未來 10 年，將花費至少 5,000 萬美元，加強招募和拔擢女性和少數族裔教職員，特別是在科學和工程方面。計畫內容包括增加經費，支應招募的女性和少數族裔學者的薪資，並為資淺教職員提供指導。桑莫斯也表示，他將設立高級行政職務，促使哈佛教職員多元化。

7 月 30 日

校董會給桑莫斯加薪 3%，校董會唯一黑人董事哈波辭職。哈波辭職信表示，桑莫斯的管理風格、對待同僚的方式，使得許多教授覺得未受尊重而引起廣泛爭議。建議應促使桑莫斯下台。

11 月 15 日

哈佛大學學生報指稱桑莫斯想藉故逼使文理學院院長柯比下

台，再度引起部分教授與職員對其領導風格之不滿。

2006 年 1 月 27 日

文理學院院長柯比辭職。哈佛大學學生報引消息人士的話指稱，其辭職是桑莫斯所逼。

2 月 9 日

因為文理學院院長柯比辭職，教職員之不滿逐漸升溫，對桑莫斯第二次不信任投票之呼聲又起，預計排定在 2 月 28 日舉行。

2 月 21 日

桑莫斯宣布將於 6 月 30 日下台，結束他和教師之間的爭執，成為 1862 年以來任期最短的校長。其在哈佛大學網站上發表一封公開信：「本人深感遺憾，因為和文理學院部分教師失和，本人已難以推動攸關本校前途的革新措施。對本人而言，這是個百感交集的日子。」之後，代表校方之校董會對其表示謝意，認為「桑莫斯校長在任期間為哈佛精心擘劃，眼光遠大，氣象恢宏」。

2009 年 1 月

其後，桑莫斯出任美國總統歐巴馬政府之白宮經濟會議主席，主要任務在推動創造就業和基礎設施支出計畫，被視為是預算政策的幕後決策者。

研究問題

1. 桑莫斯校長主張其發言乃基於部分研究結果，在號稱「學術自由」的大學中，其受到攻擊乃是對其言論自由之侵犯。你是否同意此種說法？反對桑莫斯校長的正當性何在？

2. 試以微觀政治學的觀點，分析爭鬥過程中，雙方操弄權力之手法與技巧。桑莫斯校長最後中箭落馬的主因為何？

3. 試以批判理論的觀點分析此事件。如果你是桑莫斯校長，在一開始禍從口出後，會進行何種補救措施以平息眾怒？

第五章

傳統教育領導理論

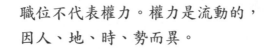

職位不代表權力。權力是流動的，
因人、地、時、勢而異。

　　領導行為極其複雜，又為組織成敗的重要關鍵，因此一直成為學者所關注之焦點。環顧歷史，教育領導理論呈現百家爭鳴的狀態。依據時間先後，最早特重領導者生理與心理特質，接著轉向至領導者的特定行為，之後加入情境因素，形成身心特質、外顯領導行為、與情境因素三者鼎立之局面。近年來則更是萬花齊放，研究者分從不同角度探討領導理論。其目的乃在發掘適當的領導模式與作法，以提升組織的經營績效。

　　依照領導理論發展之順序，傳統領導理論包括特質論（trait theory）、行為論（behavior theory）、與權變論（contingency theory）。三者大抵成熟發展於 1980 年代之前。雖然其相關主張與理論，各教育行政專作中多有述及，但為使讀者瞭解傳統領導理論之發展淵源與脈絡，以下即就三者之基本理念加以分析探討，並解析其如何詮釋成功的教育領導。

第一節　特質論教育領導走向

　　利用科學實證方法來研究組織領導理論，最早多為特質論走向。顧名思義，特質論特重領導者的生理與心理特質。主張成功的領導者必定擁有與常人不同之特質，其中可來自人格、情意、智能、生理、心理等個人特質。特質論之相關探討自古即有，特別是在相關英雄、豪傑、明君、與特異人士之描述上。傳統上東西方均有「英雄造時勢，時勢造英

雄」之說法，並分別形成偉人論（great man theory）與時勢論（Zeitgeist theory）兩種看法。前者主張英雄造時勢，認為歷史是由偉人所創建，人類的未來繫於少數天才身上，其先見之明與真知灼見會導引社會的進步。此外，偉人之領導技巧乃與生俱來，非後天培養而得。例如唐太宗年方 4 歲，即被形容為「龍鳳之姿，天日之表，其年幾冠，必能濟世安民」。其父唐高祖李淵遂將其名之為「世民」。此種天縱英才的說法，暗示只有少數人命中注定可當領袖，其餘平庸之人均需接受統治 。換言之，領導者天生就具有優於被領導者的特質，並因之造就其領導的正當性，不管其是否真的具優秀的領導能力。偉人論的主張中，情境因素的影響力極小。

與偉人論相較，時勢論則力持時勢造英雄的說法。領導者之所以成為偉人，乃基於本身之特質適合時代的需要，因緣際會巧合而成。換言之，時勢乃是主動，英雄必須加以配合。特殊的時勢可造就平凡的人成為領袖。其或許只是因為風潮、制度、甚或血緣關係成為領導者。在此情況下，某些具有極端人格特質但卻符合時代風潮與民意者，即脫穎而出成為時代領袖。例如第二次世界大戰之希特勒的崛起即是顯著實例。其雖暴虐，但當時卻深獲德國民心。此外，英國邱吉爾、美國艾森豪在戰後之享盛名，時勢論也認為是拜第二次世界大戰所賜。其對情境因素極為重視，與偉人論皆對其後之特質論造成相當程度的影響。

一　特質論的基本假定與研究

偉人論與時勢論之主張雖曾風行一時，卻缺乏科學研究方法之嚴謹，在立論上常有事後諸葛之問題。此外，由於其過度注重「偉人」，對於常態領導者之行為較少著墨，推論性並不足夠。20 世紀初期管理學大興，重要理論如科學管理學派多開始採用科學實證之方法進行研究。此外，由於心理測驗的蓬勃發展，提供領導科學研究的重要工具，造成當時透過人格測驗瞭解領導者之特質蔚為風尚。科學方法透過信度

與效度的要求，所形成之理論較為嚴謹客觀，首先發展出的即是將特質
論發揚光大的相關理論。

特質論的基本假定是成功領導者必有其共通特質，且其會直接反應
或轉化成外在的行為。基於此，自表現出色之領導者身上找出特質，再
據此選用具有成功特質者為領導者，理論上得到超世之才之機率自然較
大。於是，學者利用各種科學研究方法，試圖歸納成功領導者的圖像，
並產生數量巨大之成功領導特質。例如研究領導特質論最著名之學者
Stogdill（1948, 1974），其鑑於先前領導特質研究結論之蕪雜與缺乏整
合，於是對各家研究結論進行交叉統計，希望形成對成功領導者特質的
共識。於是，Stogdill 先在 1948 年將 1904 至 1948 年之 124 個相關研究
加以綜合，歸結被 15 個以上研究所歸結的領導者特質為：(1) 智力；(2)
學識；(3) 責任感；(4) 社交活動的參與；(5) 社經地位。此外，被 10 個
以上研究所發現的領導者特質為：(1) 社會性；(2) 主動性；(3) 持久性；
(4) 知道如何完成任務；(5) 自信心；(6) 對於情境的瞭解；(7) 合作性；
(8) 受歡迎程度；(9) 適應性；與 (10) 語言能力。之後，Stogdill 再接再
厲分析自 1949 至 1970 年之 163 項相關領導特質的研究，並在其著作
《領導學手冊》（*Handbook of Leadership*）中，歸結與領導才能具有關
聯的個人因素於以下六大類：

1. 才能（capacity）：包括智力、機智程度、流暢語言、創造力、與
   判斷力。
2. 成就（achievement）：包括學識、知識、與運動方面的成就。
3. 責任（responsibility）：包括可信賴性、主動性、堅毅性、積極
   性、自信心、與超越他人的渴望。
4. 參與（participation）：包括活動、社交能力、合作、適應力、與
   幽默感。
5. 地位（status）：包括社會經濟地位、與受歡迎的程度。
6. 情境（situation）：包括心理層次、技能、追隨者的需求與興趣、
   所要達成的目標。

檢視 Stogdill 的領導研究發現，宛如觀賞一本百科全書。目不暇給之餘，卻令人懷疑世上是否有此才德兼備之人。事實上，Stogdill（1974）也強調其並未發現任何具有絕對優勢的領導特質。此種對於領導者所須具備特質數量之不斷擴增，要求領導人偉人化，往往在實際運用時失去價值。此也是領導特質論所產生的主要爭議焦點。

然而，學者對於歸納成功領導者特質的研究仍是前仆後繼，其中引人矚目者如 Katz（1955）。其將蕪雜且數量龐大的成功領導特質加以分類，認為主管行政人員應具備以下三項技能：

1. 技術能力（technical skills）：係指具有執行特定活動的方法、程序、過程、與技術等知識，並擁有使用相關工具與設備之能力。此對組織內中低階層的領導者較為重要。

2. 人際關係能力（interpersonal skills）：係指具有人際交往的知識，瞭解他人言語與行為背後意義之敏感性，具有適當的溝通說服力，與建立人際合作關係的能力。

3. 概念性能力（conceptual skills）：係指一般分析、邏輯思考、概念形成之能力。此外也包括構思、分析、預測、與解決問題的能力。此對組織高階領導者極為重要。

相較之下，Katz 的理論與發現與 Stogdill 略有不同。兩人雖力圖將成功領導者之特質與能力加以歸類，但 Katz 卻適度引入情境的變項，主張不同層級的領導者所須具備的能力與特質，在重要性上有所差異（例如概念性能力對組織高階領導者極為重要）。此外，Katz 之研究不再限於組織金字塔頂端之領導者，而擴及於各個層級的主管，在應用上較為普遍。

此外，西方領導研究的大師 Gary Yukl 在其重要著作《組織領導》（*Leadership in Organization*）一書中，歸納並列出八項人格特質乃為成功領導者所有。其中包括：(1)高活力與壓力容忍度（high energy level and stress tolerance）；(2)自信（self-confidence）；(3)內控

（internal locus of control）；(4) 穩定與成熟的情緒（emotional stability and maturity）；(5) 正直（personal integrity）；(6) 社會化之權力動機（socialized power motivation）；(7) 適度的高成就導向（moderately high achievement orientation）；與 (8) 低度依附感需求（low need for affiliation）。

至於在相關教育組織領導者特質的研究部分，歷年也有一定數量。其研究發現雖大致與企業組織有部分雷同，但仍有其獨特之處。此因教育組織如學校有其組織特性（如非營利、鬆散結合、基層官僚、勞力密集等），領導者指揮部屬多未能如私人企業般劍及履及。此外，相關法律之限制也使校長對部屬的職位升遷或是解職並無實質權力。加上學校成員流動並不明顯，因此相關人際關係與合作能力反而脫穎而出，成為成功校長必備之特質。此從以下之相關研究結果中可以看出。

學者 Griffiths, Hemphill, and Frederiksen（1967）曾調查分析 232 位小學校長的領導特質，發現最有效能的校長具有以下人格特質：友善、負責、精力旺盛、熱心、勇敢、富有同情心、自動自發、自信、接納他人、與具較低憂慮與焦躁的特質。

華人地區的相關研究多以成功或表現優異之校長特質為探討重點。例如蔡培村（1985）在其博士論文中，參酌相關文獻編定問卷，並以台灣中小學教職員及校長為樣本進行調查，歸結校長領導特質為下列六大項：

1. 身心品德：其中包括：(1) 品德高尚，操守廉潔；(2) 身心健康；(3) 為人和善而有愛心；(4) 個性樂觀開朗；(5) 態度端莊，風度高雅；(6) 談吐幽默；(7) 穩定且祥和的情緒；(8) 具有自信。

2. 專業學識：其中包括：(1) 具有豐富學術基礎；(2) 具有行政實務經驗；(3) 具有教學及研究的經驗；(4) 能時時進修，吸取新知；(5) 對教育問題有深入的瞭解；(6) 熟悉基本法規；(7) 對於教育工作很投入；(8) 能以專業知能處理教育問題。

3. 人際關係：其中包括：⑴能與同事和樂共處；⑵虛懷若谷，廣納雅言；⑶善解人意，關心同仁；⑷容易與人交感；⑸能耐心傾聽同仁內心想法與感受；⑹能與社區人士取得良好溝通；⑺善於察言觀色；⑻極佳的人緣。

4. 工作動機：其中包括：⑴做事積極進取；⑵具有辦學的理想；⑶做事非常專注；⑷做事貫徹始終；⑸具有創新的意願；⑹做事精神炯炯，孜孜不倦；⑺做事善於掌握時機；⑻做事預先設定目標，並全力以赴。

5. 決定能力：其中包括：⑴思考縝密；⑵敏銳的判斷力；⑶精於分析事理；⑷洞察問題癥結；⑸做事權宜變通，取決應行之道；⑹做事能蒐集資料，研判事實再做決定；⑺有獨到之見解；⑻能統觀全局掌握關鍵。

6. 督導能力：其中包括：⑴處事公正公平；⑵讓同仁參與重要措施與決定；⑶用人唯才；⑷促使同事各盡其才；⑸讚賞同仁的成就；⑹勇於擔當的魄力；⑺採納同仁建議且付諸實施；⑻對待同仁寬嚴並濟、賞罰分明。

　　黃政傑（1994）的發現則如同蔡培村研究的簡明版。其認為優秀校長的人格特質包括堅忍、機智、親和、熱誠、誠信、創意、主動、積極、肯學、肯幹、犧牲奉獻、能尊重他人、從事他人不願意做的事、能接受挑戰、注重平時服務表現、有擔當、有魄力、與肯負責。

　　在另一方面，與上述使用之量化調查法不同，溫子欣（2009）利用質化深度調查與訪談方法，探討成功校長（獲相關教育獎或有特殊事蹟者）之領導行為。其中並發現導致失敗的校長特質，影響最明顯的項目包括：

1. 迷信傳統權威與官僚作為，缺乏校園民主化與學校權力生態改變的認知與適性力。

2. 過度重視校長的面子問題，喜好擺架子。

3. 認為自己是學校團隊中才智能力最卓越者，喜歡以優勢姿態教導
   他人。

4. 三心二意，朝令夕改。

5. 專注於枝微末節的管理。

6. 操守有瑕疵。

7. 沒有擔當，閃躲責任。

8. 缺乏問題解決的能力。

9. 缺乏人際與溝通能力。

在香港部分，李子建、尹弘飆（2007）對於有效能的幼兒園校長與
教師特徵進行研究。其發現有效能的幼兒園校長有以下特徵：

1. 有遠見、有領導與管理才能。

2. 具有專業的知識與能力。

3. 知人善任、處事公正。

4. 富有愛心和同情心，對幼兒教育事業具有責任感與使命感。

5. 擅長人際溝通與交往。

二　隱涵領導

隱涵領導理論主要源自隱涵人格理論（implicit personality
theory），主張人類會根據對他人整體人格特質來進行認知與分類。
基本上，隱涵領導乃是對傳統特質論之修正。此因傳統特質論的研究
方法多為編製量表，往往忽略填答者內在的知覺建構系統（construct
systems）。Eden and Levitan（1975）發現即使針對同一個領導者，填答
者的反應卻大不相同。可見在評量時，個體之間必有一些先入為主的概
念存在，此與他們的以往經驗、認知結構、與人格特質有極大關係。所
以會如此，實因採用問卷調查法時，研究者多假定填答者能完全回憶領
導者的行為。然而事實證明，受試者在知覺領導者行為時，往往僅是部

分回應，其他片段則往往由其先入為主的理念加以詮釋補足而成。

　　基於以上理念，Eden and Levitan（1975）於是提出隱涵領導的概念，主張受試者的內在概念因素，對其評估領導者的行為有極大影響，絕對不可輕忽。例如一位秉持道德至上的組織成員，其在知覺領導者之行為時，必將道德之比重加大。基於此，之後相關隱涵領導的研究，多致力於探詢隱涵領導特質，目的乃在瞭解受試者心目中理想領導圖像，與其評估領導行為時的關聯性。例如 Offermann, Kennedy, and Wirtz（1994）研究美國人心目中的隱涵領導特質，發現其係由八個因素構成。其中包括：(1) 感受度（sensitivity）；(2) 獻身精神（dedication）；(3) 專制（tyranny）；(4) 魅力（charisma）；(5) 吸引力（attractiveness）；(6) 男性氣質（masculinity）；(7) 智力（intelligence）；與 (8) 力量（strength）。大陸學者凌文輇等人（1994）則在 133 人的樣本中，蒐集「中國的領導者應該是什麼樣」的特質，共獲 2,546 項，經因素分析後，得到以下四個因素。其中以「個人品德」排行最高，顯示華人社會中深受儒家之影響。四者依重要性排列，由高至低如下：

1. 個人品德：係指領導者必須廉政無私、守法誠實，並有雅量接受他人的批評。
2. 目標績效：係指領導者能有效的完成既定目標。要達此境界，其應具有精明果斷、深謀遠慮、觀察敏銳、與能力出眾的特質。
3. 人際能力：係指領導者在人際關係處理上的圓熟。相關特質包括成熟謹慎、舉止優雅、有說服力、善於交際等。
4. 多面性：係指領導者具有多才多藝、富想像與冒險精神、興趣廣泛之特質。

　　由於隱涵領導的私密性，應用於教育之相關中文研究並不多。其中如施妙旻（1995）以台北地區公立國小校長為對象，探討其隱涵領導理論的內涵。結果發現國小校長其可分為「特質論」、「行為論」與「權變論」三種。陳麗如（2000）探討國小校長、教師、與師範學生對國

小校長領導行為的知覺情形，發現三者的知覺確實有顯著差異。徐玉真（2008）研究幼稚園教師為樣本，結果發現幼稚園教師所持之隱涵領導理念與教師組織信任之間，呈現中度的正相關。

三　特質論綜合評析

　　由以上中外學者所提出的成功領導特質，洋洋灑灑幾乎囊括優質人類所有的特徵。學校環境與一般企業與行政場域有別，因此教育之成功領導者在特質上自然與其他領域會有部分差異。此外，由於時代變化，部分成功領導者特質也必須進行調整。前已述及，特質論者始終未能確立一組特定變項來描述成功領導者，使其研究成果難以應用於實務工作上。綜合特質論之歷年研究，有以下四種原因造成其侷限性：

(一)未能確立與簡化特定之成功領導者特質

　　在不同時代與社會中，領導新特質不斷出現，使得所產生之特質數量極為龐大，數量之多宛如一本百科全書。然而即使如此，未納入研究的特質變項仍有許多難以窮盡。此外，特質論研究中鮮少對各特質進行權重（loading）之估計（即何者較為重要），造成在應用上之困擾。即以校長為例，對於多種成功特質往往不能同時兼顧。理論上校長應有一定督導能力，但同時卻必須維持良好人際關係，在實務上很難面面俱到。屆時督導與人際關係應如何取捨，特質論之研究多未能加以釐清。再者，大多數產生之領導特質太過抽象，往往限制其在解釋領導效能上的實務價值。例如校長要「品德高尚」，但何謂高尚，卻是人云亦云。

(二)常產生自相矛盾的結論

　　由於研究所產生之數量蕪雜龐大，特質彼此之間或有互斥與產生矛盾之現象。例如要求領導者果斷但卻同時必須能與屬下合作（forceful but cooperative），常令校長難以拿捏個中三昧。溫子欣（2009）針對兩

位卓有成就的校長進行分析，也發現傳統的成功領導特質如「男子氣概」與「英雄主義」，在現今台灣學校場域並不適用。此因校園民主化風氣日起，學校權力生態有所改變，再加上性別意識抬頭，一味強調偏向男性氣質之領導方式，即可能招致道德上的質疑。此外，除少數使用質性訪談與觀察研究外，特質論多偏愛量化調查方法，而人格測驗常成為其測量主要工具。其所測出的人格特徵，往往不能正確預測領導者的行為與事後表現。有時因人格測驗的不夠完備或受試者之偽裝，造成測出的結果竟與事實相反，使得特質論的研究可信度大打折扣。

(三)對於行為與情境之忽視

　　除了後期少數相關研究外（如隱涵領導），大多數特質論多有先天決定論的色彩。主張優良特質決定一切，領導者的成就係由天賦特質決定。此種特質獨大之主張，儼然形成「後天教育無用論」的主張，缺乏領導者主動追求進步的可能性。因此讓特質論缺乏明確領導作法之闡述，在實用性上大打折扣。基本上，領導者的成功關鍵乃在如何善用自我特質，配合情境之需求，並適當的轉化為實際行動。因此，個人特質如何影響成功行動與決定應更加重要。所以出現如此問題，乃肇因於特質論對於行為與情境之忽視。其往往被譏為紙上談兵，淪為靜態的研究，而忽略了個人特質與組織其他成員之間的動態交互作用，與組織情境的影響力。特質論研究渴求尋找放諸四海皆準的成功領導特質組合，卻忽視組織情境的影響，造成研究發現因地而異的分歧現象。此外，Yukl（2009）發現大多數的特質論研究多從單一特質著手，未能考慮特質間彼此的關係，以致造成解釋力薄弱的後果。將個別變項僅做量化切割式的調查，往往產生瞎子摸象以偏概全之問題。實務之行政運作乃是領導人特質、行為、與情境交互作用之結果，而非僅止於領導人個別特質。

(四)主張之特質與成功領導之因果關係難被證明成立

特質論主張成功領導者具有某些特徵，但是否反之亦然呢？特質論並未對「失敗者」加以研究，以致造成所舉特質會導致成功的因果關係難以成立。特質論最大缺點乃在以偏概全，忽視組織不同情境的因素。例如不同團體（如宗教、商業、教育）中的成功領袖即可能在特質上大相逕庭。此外，即使在同一團體中，時代所造成之不同環境，也促使領導行為必須有所改變。特質論過度將焦點置於發現具有特定特質之個人上，卻忽視「失敗者」改進之可能性。此種畫地自限的作法，造成其理論之侷限性。

然而，即使特質論有以上問題與侷限，但並不代表其毫無價值。此因世人在論斷領導者之功過時，往往先檢視其特質，接著才牽涉到行為。從生理特徵（如胖瘦高矮、五官美醜）至心理特質（如熱情、害羞），皆是旁觀者首先觀察與描述的焦點，進而成為詮釋與解讀領導者行為不可或缺的根據。換言之，作為領導理論，特質論可被視為是入門理論，有其一定之價值。即使其後出現之行為論、權變論、與新興領導理論，皆多少可見特質論之身影。此因許多重要特質乃是人格之一部分，其會與產生之行為、組織之情境相互作用。實務上，領導者依據所處環境與成員特性加以權變，以選擇最適型態的領導行為。即使晚進之新興領導理論，也多少不脫特質論之色彩。魅力領導、道德領導所依憑的是領導者的強烈特質（如道德感），即連強調「建立願景」的轉型領導也與特質論有所關聯。建立願景必須由具有「智慧」、「魅力」、與「知識」的領導者決定，依舊不脫特質論的研究變項與範疇。因此，在相關研究中，特質論儼然成為研究人類基本領導行為的敲門磚，成為教育領導研究不可或缺之一部分。其與領導其他走向之結合，可使研究者更能完整且全面的解讀領導行為。

第二節　行為論教育領導走向

　　特質論雖引領風騷一時，但因其侷限與不足，另種觀點的領導研究於焉興起，學者開始另尋研究的新視角以求補救。特質論在乎的問題集中於「誰會是領導者」（who the leader is），將研究焦點置於積極尋訪具有「成功特質」之領導候選人身上。與之相較，領導行為論的研究重心即轉移至「領導者有何作為」（what the leader does）的議題，關注特定領導行為與結果之間的關係。基本上，研究領導的焦點層面從領導者的特質，轉而至領導者在組織中的外顯行為類型。其基本假定是為達成組織目標，領導者會運用特定領導類型，而組織效能乃取決於領導者的實際行為。在行為論研究中，領導行為常被歸併成不同的領導風格或領導類型。此因行為論之研究方法多數以問卷或人格測驗檢視領導外顯行為，資料經統計方法如因素分析（factor analysis）後，即可加以歸類。不管是單層面或是雙層面領導行為，基本上皆利用先設定層面後再加以分型之方法，將領導者行為加以歸類轉化為不同類型（如高關懷高倡導）。此種將領導行為簡化為層面與變項，加以分割及界定的實證論走向，實為行為論之一大特色。

　　行為論的相關領導研究依所設定的層面來分，大致可分為單層面領導理論與雙層面領導理論。以下即分別將其重要理論加以敘述分析之：

一　單層面領導行為理論

(一)領導的 X 理論與 Y 理論

　　此乃學者 McGregor（1960）觀察人性後，對於領導行為的分類。其主張領導者多憑藉其管理哲學（management philosophy）來制訂管理組織運作與決策的方針。管理哲學可分為兩種，一為 X 理論，一為 Y

理論。前者認為人類基本上厭惡工作，如非必要就會偷懶逃避。所以要使之就範，雇主就必須用強迫、控制、與懲罰的手段來對付之。此種 X 理論較接近科學管理學派對員工的看法，對於人性基本上持負面之態度。

相較之下，持 Y 理論的領導者則持相反意見。他們認為人類並非天生懶惰，如果能給予適當的機會與激勵，員工的潛力即可發揮，並在工作時能夠自我控制與引導。所以領導者的任務即在提供支持與適當的鼓勵，使員工能盡所能發揮。基本上 Y 理論對於人性較持正面之看法，與人際關係學派之管理理念頗為相近。

檢視 X 與 Y 理論，其最大缺點乃在過度僵化，忽略了人類的可塑性與多樣性。組織中因為各種因素之交互作用，造成有些人積極，有的人卻較消極。領導者若是先入為主的認同 X 或 Y 理論，多會產生以偏概全過度僵化的問題，難以滿足個別成員的需求。其實人類可塑性極高，在 A 組織中持一種心態，及至轉換至 B 組織則可能有所改變。堅持 X 與 Y 理論過於武斷，領導者必須視情境交互運用才能創造高的效能。

領導的 X 理論與 Y 理論雖有其限制，但其理念卻影響之後相關領導理論甚深。例如 LBDQ 的相關研究發現高倡導高關懷為領導最佳模式，實際上也是 X 與 Y 理論的結合例證。此外，如果依照驅動方式的不同，領導者可分為正向與負向兩種。前者係以獎勵方法（如加薪、升級、給予更多特權）來誘使員工努力向上；後者則多以負向懲罰來嚇阻員工使其就範。兩者與 X 理論與 Y 理論頗為相近。晚近學者雖多主張運用前者來激勵員工，但實際執行時，正向與負向的領導常被交互靈活運用。

(二)獨裁、參與、與放任式領導

從行使權力的方式與程度來分類，Davis and Newstrom（1985）發現其可有三種不同類型的領導方式：獨裁式（autocratic）、參與式

（participative）、與放任式（free-rein）。領導者依情境可能會同時混合應用三者，但多會傾向於其中一種類型，茲將三種類型之特色敘述如下：

1. 獨裁式領導：此種領導類型奉行中央集權的理念，重要組織之決策鮮與部屬溝通與商議，但對其後所產生之後果與得失卻願負所有責任。部屬所能做的只有完全服從，否則會招致懲罰或被排擠之威脅。這種領導類型在現今民主社會中必將遭致嚴重抗爭，但並非一無是處。例如在傳統講究紀律之團體如軍隊或警察組織，上位者本來依法即擁有較大權力，如其能實施「開明專制」，則在團體中應能發揮一定功能。此外，在積習已久面臨崩盤之組織中，前來整頓之領導者若本身能力高超，則能收快刀斬亂麻之效。獨裁式領導最怕的是淪為恐怖式獨裁，部屬會因之退卻甚或敷衍了事，最終造成形式主義。

2. 參與式領導：此種領導類型奉行分權之理念，重大決策多在與部屬溝通或討論後決定。若有任何組織結構與人事的重要變動，部屬會被充分告知。基本上，此種領導類型可以結合眾人之力，減少反對勢力之反撲，儼然成為目前民主社會之領導主流。雖然基於時間與其他相關因素之限制，目前教育組織如學校雖未能百分之百採行此種領導，但趨勢卻是鼓勵部屬的主動參與。晚進所推行之學校本位管理，對教師之增權賦能（empowerment），皆是推動參與式領導之例證。

3. 放任式領導：此種類型之領導者放棄被賦予之權力與責任，而任由部屬或其他成員決定團體的重要發展與走向。由於領導者很少領導與參與決策過程，使組織中形成彼此意見相左的小群體而形成混沌狀態。基本上此種領導類型並不適用於一般組織中，但某些特例如「作家工作坊」，講究充分自由創作，不妨嘗試放任式領導，也許會收點睛之效。

㈢Likert 的四領導系統

自 1974 年開始，Likert 即進行一連串大規模的研究，目的在探討領導歷程對於團體效能與運作之影響。開始所採用的樣本先為工商機構，後來才擴及教育機構。為進行研究，Likert（1961）建構發展出「學校描述問卷」（Profile of a School，簡稱 POS）。之後，Likert（1967）將其多年心血出版，並正式提出理論，以探討組織因素與團體成就（performance of the organization）之間的關係。前者測量工具係由組織員工填寫問卷，內容計有六個層面，包括：(1)領導過程（leadership processes）；(2)動機驅力（motivational forces）；(3)溝通過程（communication processes）；(4)決策過程（decision-making processes）；(5)目標設定（goal setting processes）；與 (6)控制過程（control processes）。

至於對於團體成就的評定，則採用量化且客觀的方法。每一個團體成就分由下列四種表現加以測量：(1)生產力（productivity），其中包括收益率、投資報酬率、與市場占有率等；(2)請假與離職的比例（rate of absence and turnover）；(3)物質浪費的程度（loss through scrap and waste）；與 (4)品管（quality control）。

根據發現，Likert 主張領導行為乃是連續不可截然劃分的，其僅有程度上的差異。領導形式是線上的特定一點，其間有無數的不同組合。資料分析後，Likert 提出四種以程度區分但具連續性的領導型態。其中包括：(1)懲罰權威式（punitive authoritative）；(2)開明權威式（paternalistic authoritative）；(3)諮詢式（consultative）；與 (4)參與式（participative）。Likert 並分別將四種方式冠以系統一、二、三、四之名。其領導特徵如下：

1.懲罰權威式：領導者具有權威之性格，將大權掌控一身，僅把部屬視為是聽命者，動輒施以懲罰之鐵腕。影響所及，領導者往往未經溝通即命令部屬執行。由於缺乏參與感與滿足感，組織成

員常形成各種非正式組織團體，經常與代表正式組織的領導者唱反調。

2. 開明權威式：領導者雖一樣具有權威性格，但懂得包裝以收民心。然而事實上，大權依然握於領導人手中。藉由表面之徵詢或溝通，宛如實施開明專制之君主，形式上民主，但卻恩威並施。長時間觀察後，部屬多知領導者才是老闆，事事小心謹慎而少有相左意見。非正式組織團體依舊存在，但不如懲罰權威式之反對激烈。此種類型之領導者若是英才，部屬基於對其之尊崇，多半對其權威性格加以寬容。

3. 諮詢式：在此領導型態中，領導者與部屬有一定程度之相互信任。基於權責劃分之原則，重要的決策由領導者擔綱，一般次要者則授權部屬，組織階層間維持暢通之雙向溝通。基本上部屬會支持領導者，但仍有少數產生抗拒的情況。

4. 參與式：在此類領導型態中，領導者與部屬之間產生合作關係。由於信任部屬之能力可以勝任工作，領導者充分授權部屬參與決策工作。除階層間之溝通外，部屬彼此之間也維持平行的溝通，因之使組織之衝突減至最低，部屬也有極大之組織承諾。

　　檢視 Likert 之四種領導型態，懲罰權威式趨近於 McGregor 的 X 理論，領導特點係採集權與不信任部屬的態度。目標設定、決策、與管理方式皆由上而下，部屬因此沒有任何自我實現感，而導致工作滿意感之低落。開明權威式的特徵乃在領導者與部屬保持一對一（one-to-one）的關係。就如同家庭中的父親一樣，領導者具有權威，雖然不如懲罰權威式領袖的跋扈，能給予部屬部分溝通機會，但部屬彼此之間卻缺少和諧而互相猜忌，在合作上成效不佳。諮詢式的領導者給予部屬更多參與機會，聽取其意見後再視情形做決策，但並非以部屬看法馬首是瞻，多半只是採取諮詢的行動而已。與之相較，參與式的領導者完全開放組織溝通的管道，藉由與部屬的交流中取得共識，一起為團體目標而努力。

此種作法與 McGregor 的 Y 理論極為相似。綜而言之，與 McGregor 之理論相比，Likert 之四種領導型態宛如一連續直線，大致係由 X 理論過渡到 Y 理論，只不過中間多了兩個系統而已。

二　雙層面領導行為理論

顧名思義，單層面領導行為理論僅以一個層面呈現連續的直線關係，並在直線兩端點之間依領導程度之差異加以分類。與之相較，雙層面領導理論則由直線提升為二維平面，藉由兩個層面之排列劃分而形成不同類型。茲將主要之雙層面領導理論敘述如下：

㈠俄亥俄州立大學領導雙因子理論

與單層面領導理論的部分學者（如 X 理論與 Y 理論之 McGregor）不同，大部分持行為論的學者多強調領導行為具有連續性的特質，很難一分為二。其如一條連續的直線，可依領導行為程度與性質的差異（如從極端放任至極端獨裁），與特定標準（如平均數），劃分為不同的類型。根據此種理念，俄亥俄州立大學（Ohio State University）的 John Hemphill 與 Alvin Coons 兩位學者於 1950 年開始發展「領導行為描述問卷」（Leader Behavior Description Questionnaire，簡稱 LBDQ），其中包括 150 個項目。之後，Halpin and Winer（1952）再針對這 150 個項目的相互關係進行因素分析，結果發現可歸納為倡導（initiating structure）與關懷（consideration）兩個因素，將單層面領導理論發展為雙層面多象限的領導理論。茲分述如下：

1. 倡導：係指領導者能釐清劃分與部屬之間的權責關係，確立組織目標、設定明確工作程序、建立溝通管道，以引導部屬創造高組織效能的領導行為。

2. 關懷：係指領導者對於部屬的感受能有所察覺，尊重部屬的想法，試圖創建相互信任與組織溫暖氣氛的領導行為。

　　相關 LBDQ 問卷之設計即根據以上兩個因素，其內容如在主動結構上，受試者會被問到其主管「對部屬表明態度或立場」的程度。在關懷部分則問其「對部屬進行個人或私下幫助」的次數。每個問題皆採五分量表，受試者可根據自己的感受予以作答。值得注意的，LBDQ 問卷為防範受試者胡亂圈選，部分問題採反向問答法，所以在最後計分上必須特別注意。LBDQ 的結果顯示領導者在倡導與關懷上的不同類別。如果把兩者以高低加以區分，基本上可將領導行為依不同象限建構成四種類型（參見圖 5.1）：(1)高倡導高關懷（第一象限）；(2)高倡導低關懷（第二象限）；(3)低倡導低關懷（第三象限）；(4)低倡導高關懷（第四象限）。此四種領導型態之領導者作為分述如下：

1. 高倡導高關懷：在此類領導類型中，領導者對於倡導與關懷兩層面皆希望顧及。除了強調工作表現外，也能關懷部屬之需求是否滿足。領導者希望創建相互尊重與充分溝通之組織氣候，兼顧組織目標之達成與滿足部屬之需求。實務上，領導者不但重視工

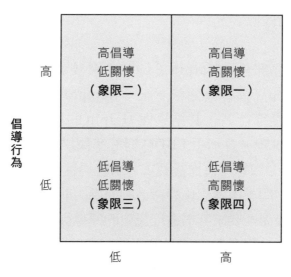

圖 5.1　LBDQ 領導行為象限圖

作的完成，也充分體會部屬的感受。兩者充分合作，希望在相互尊重中，為達成組織目標而努力。

2. 高倡導低關懷：在此類領導類型中，領導者不斷強調組織目標的達成，卻往往忽略部屬的需求，認為工作任務的達成重於部屬之需求。換言之，領導者把達成組織的高效能放在首位，常只是一味要求部屬努力達成目標創建績效，但卻少有關懷的行為。由於忽略部屬的心理與工作需求，往往造成其工作滿意度之低落。

3. 低倡導低關懷：在此類領導類型中，領導者對於組織目標之達成與部屬之需求，均加以忽略而不重視。領導者對工作的要求與部屬的感受均不在意。影響所及，不但組織的工作效能極低，部屬之間相處也不融洽而對組織極度冷漠，造成分崩離析的潛在危機。

4. 低倡導高關懷：在此類領導類型中，領導者雖重視部屬需求的滿足，卻忽略組織的目標是否達成，亦即秉持「重人卻不重事」的作法。換言之，領導者關心部屬勝於工作的要求。由於過度強調領導者與部屬之間的關係，部屬有時會僭越行事，使組織權責不分而績效低落。

在相關研究部分，Halpin（1957）發現有效率的空軍軍官多落於第一象限（即高倡導高關懷）上。Hemphill（1955）則調查文理學院行政者的領導行為，其結果與 Halpin 的發現非常相近。在此之後，Halpin（1959）曾利用 LBDQ 對於美國中西部教育局長（school superintendents）領導行為進行調查。研究過程採用兩種 LBDQ 問卷：實際領導行為的問卷與理想領導行為的問卷。前者請受試者回答領導者的實際行為，後者則要求其描述理想中的領導行為。Haplin 的調查除包括教育局長外，並擴及教育局長的部屬，與地方教育委員會（board of education）委員。每位受試者皆被要求對兩種問卷予以作答。其結果摘要如下：

1. 部屬對於教育局長領導行為，彼此之間所描述的大致相同。而委

員會與教育局長之間也有差不多的看法。然而若比較兩組間的回答，則發現其中差異極大。這證明教育局長在面對部屬與委員之間，常產生不同的領導行為，也就是所謂的「見機行事」的情況極為普遍。教育局長在面對委員與部屬時的態度有所不同。

2. 在不同的因素上，委員們希望教育局長能在倡導因素上多下功夫，而教育局長與部屬則希望能留些空間給行政者見機發揮。在關懷因素上，教育局長對自己的要求遠較委員們的希望要嚴。證明高高在上的委員會希望教育局長能產生好的教育成品與結果，在歷程中偏重效能的控制，而對於辦事人員的感受較為忽視。部屬們則對關懷層面較為重視。上級與下級人員因地位不同而要求有所差異，由此可明顯看出。

3. 實際與理想行為之間的相關度極低。說明理想是一回事，實際又是另一回事。不同的情境中，教育局長有時必須犧牲理想去遷就現實。

4. 根據調查，最有效率的局長大多落於高倡導高關懷的象限中。此種領導行為的結果不但使工作效能高，且可促成團體內氣氛的和諧與親密。

　　Halpin 研究的最大貢獻乃在指出領導行為的兩因素。雖然其發現高倡導高關懷的領導行為最能導致最佳成果，但未提出兩因素中何者影響較大。在現實的環境中很難兩全其美，如果只能選擇其一，則當選擇何者？為解答此問題，Kunz and Hoy（1976）即以美國新澤西州的樣本為對象，研究所謂的「接受區域」（zone of acceptance）問題。

　　接受區域係指下屬對於上級所做的決定，無條件接受而不會有所異議的範圍。接受區域的內容可能包括行政有關規定、私人問題、如何教學等項目。即以一個中學教師而言，當其接受教職時，即瞭解到校長對其授課時數與課程分配有權決定，並不會有所異議。此種對於時數或課程的安排即是屬於其接受區域之內。接受區域之大小隨著環境與文化的

不同而有所差異。例如對於教師私生活的干涉（如不得同居），在華人地區接受的程度，就要比在英美等國大得多。此外，由於校長的領導行為差異，學校老師之間接受區域也有所不同。

原則上，一個領導者當力求擴大下屬的接受區域。因為就行政觀點而言，Simon（1957）即指出好的領導乃是不強迫下屬做其不願做之事。所以在某些團體中，即使上司迫使部屬就範，就長遠的效能而言，多會因部屬產生的暗中抵制而大打折扣。所以好的領導者必須擴大下屬的接受區域，以使其推動業務時，能夠得到部屬的認同與合作。

至於 Kunz and Hoy（1976）的研究則是以 30 個題目的問卷為主。受試者必須回答所處學校校長的領導方式與自己的接受區域。結果發現在高倡導高關懷的第一象限中，老師的接受區域最為寬廣（平均為80.80）。此外，如果校長的領導為低倡導低關懷或低倡導高關懷（第三、四象限），教師接受區域兩者相差不多而較低（分別為 70.13 與 69.43）。而研究中最令人驚奇的乃是高倡導低關懷（第二象限）的學校分數最低。Kunz and Hoy 利用統計淨相關來處理資料，也發現關懷因素才是決定老師接受區域大小的變數。推其原因，也許是學校中教師自我創造的機會不多，凡事需受到法令的約束，因此校長的倡導行為之影響力即有所降低。

除了 Kunz and Hoy 的研究外，Croghan（1971）也使用 LBDQ 問卷，發現高倡導高關懷的校長，常成為教師非正式團體的領袖。McGhee（1971）的研究顯示在紐約市，高關懷學校的教師在向上級抱怨申訴的次數上，有明顯的下降趨勢。Lambert（1968）則發現校長的領導行為（以倡導與關懷因素高低來區分），與學校氣候或教師士氣有顯著相關。

為了使 LBDQ 更加完備，Stogdill（1963）將之修訂而成 LBDQ 第十二式（Form XII），其中包括 12 個領導層面：

1. 代表性（representation）：領導者能代表組織發言與行動的程度。
2. 和解力（demand reconciliation）：領導者能化解衝突而促成和解

的能力。

3. 對不穩定的容忍度（tolerance of uncertainty）：領導者對所處團體前途或方向不明確的事實，能夠具體接受而不致沮喪之程度。

4. 說服力（persuasiveness）：領導者能適時利用說服或辯論的方法，來化解問題或提出主張的能力。

5. 倡導（initiation of structure）：領導者能清楚界定其角色與訴求，並讓部屬瞭解其期待。

6. 自由容許度（tolerance of freedom）：領導者容許下屬自我決策與行動的範圍與程度。

7. 角色扮演（role assumption）：領導者發揮領導的地位，而不失勢於他人。

8. 關懷（consideration）：領導者給予部屬關照，並為其謀取福利的程度。

9. 注重生產（productive emphasis）：領導者對部屬產出品質所施加的壓力與需求。

10. 前瞻性（predictive accuracy）：領導者對於預估未來發展的正確性。

11. 整合性（integration）：領導者與團體保持密切關係並適時解決部屬糾紛的能力。

12. 上級導向（superior orientation）：領導者與上級保持良好關係，甚而對其產生影響，使團體推動更加有力。

　　運用 Stogdill 的 LBDQ 第十二式問卷，Jacobs（1965）發現有創見的校長在：(1)倡導；(2)前瞻性；(3)代表性；(4)整合性；(5)說服力；與 (6)關懷因素上有顯著較高的分數。Anderson and Brown（1971）則發現個人變數（如年紀、性別、經驗）、環境變數（如學校大小、學校類別、所處社區）、與校長之領導行為類別（如高倡導、低主動）並無任何顯著相關。換句話說，世上並無絕對的領導標準，即使在同一性質

的學校中，同樣的領導卻會有不同的結果。此發現已與權變理論極為相近，其將在後面討論到。

在 LBDQ 相關的中文研究部分，多指出「高倡導高關懷」的校長領導型態所產生之組織效能最高。其中如鄭進丁（1976）之研究，發現國小行政人員（主任及組長）與教師均認為校長領導以「高倡導高關懷」的方式最佳。此外，劉麗慧（1986）發現高倡導高關懷學校之教師工作績效較高，而「低倡導低關懷」領導的學校績效最差。其中關懷行為與教師的工作滿意、士氣有顯著的關係，而倡導行為則與工作績效、生產力等有密切的關係。相似之結論也可在陳淑嬌（1989）、林金福（1992）、與吳培源（1995）的研究中出現，顯示校長如果採行高倡導高關懷領導，則會產生最佳的學校效能。

綜合上述論文分析結果，「高倡導高關懷」無疑是學校領導最佳形式，但實務上如何分辨高低，則成一大問題。此因即使同樣使用 LBDQ 問卷，由於並未建立常模，因此受試樣本之差異，即很難將原始分數標準化。形成同一得分在此樣本為「高」，在另一樣本卻被歸類為「低」的矛盾現象。此外，同時維持高倡導高關懷的領導行為確有實務上的困難。學校運作千變萬化，高倡導高關懷是否適用於每時每刻，常令校長產生困惑。

（二）管理方格理論模式

俄亥俄州立大學 LBDQ 相關研究結果，將領導者行為依倡導與關懷兩因素的高低而分為四類，與之極為相似的是 Blake and Mouton（1985）的領導方格（grid concepts of leadership）理論模式。基本上，方格由兩個軸組成，橫軸（x 軸）為生產導向因素（concern of production），縱軸（y 軸）為員工導向因素（concern of people）。每一因素依其程度各分為九個等級，構成 81 個方格，再依座標高低的程度，分為五種不同的領導型態。如果以 LBDQ 的分類來看，生產導向近似倡導因素，員工導向則傾向關懷因素。領導者因對兩因素取捨程度

的不同，計可分為五種類型（參見圖 5.2）：

1. 無為型（1, 1 組合）：此類領導者的特徵是過一日算一日，對於團體的績效與員工的關懷皆不在意。只要不出事，絕不會採取任何行動。領導者放任部屬，對組織目標之達成績效只有最低限度的要求。

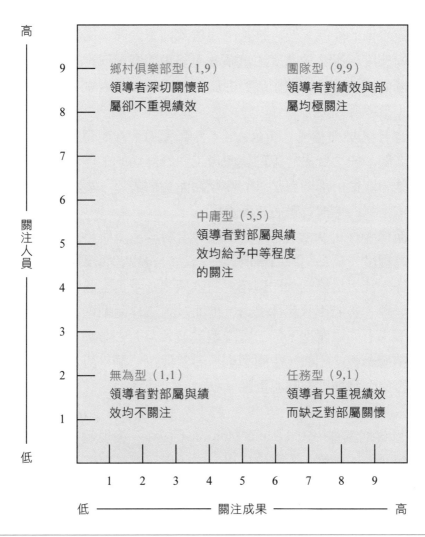

圖 5.2　管理方格圖

資料來源：Blake & Mouton（1985: 12）。

2. 任務型（9, 1 組合）：此類領導者重視組織績效，但對部屬的感覺鮮少注意。其只關心目標是否達成，對於成員之犧牲並不在意。此與軍隊組織之「一將功成萬骨枯」情況類似。領導者只關注工作成果，對部屬的需求很少給予滿足。

3. 中庸型（5, 5 組合）：此類領導者給予工作成果與部屬需求中等程度的關注，希望兩者能因之取得平衡。他的希望是團體保持一定水準的成就，至於是否出類拔萃則不勉強。領導者採取中庸平衡態度，不希望過度注重績效而荼毒部屬，但也不願過度遷就部屬而使績效降低。領導者對於生產與員工兩因素一視同仁，但僅止於中等程度。

4. 鄉村俱樂部型（1, 9 組合）：此類領導者就如開設鄉村俱樂部的老闆一般，費盡心思創建使員工快樂舒適的工作環境。認為只要強力關懷，部屬自然會心存感謝而鞠躬盡瘁。事實是否如此，則依組織的結構背景而有所差異。

5. 團隊型（9, 9 組合）：此類領導者對於生產與員工兩導向皆達最高程度。認為組織目標的達成乃基於領導者與部屬互信互賴之關係，及對目標的共同體認。主張只要給予員工適當關懷，並導之以理，必能使其發揮潛力，進而投入工作而創造理想績效。此類領導者與中庸型不同，團隊型盡最大努力去激勵員工，態度極為積極。與之相較，中庸型則只希望保持一個平衡，部屬的潛力是否完全發揮則非關心重點。

經過實地調查，Blake and Mouton（1985）發現領導者採取團隊型（9, 9 組合）的團體，除會達成既定之組織目標外，部屬之間也能保持高昂的團隊士氣，是最理想的領導方式。然而實務上，其難以一蹴而就。中庸型（5, 5 組合）類型之領導可先作為初步之努力目標，然後再向團隊型的領導類型挺進。Blake and Mouton 的發現，基本上與 LBDQ 相關研究主張高倡導高關懷為最佳領導類型之看法一致。

📚 三　行為論綜合評析

　　檢視領導學的發展，行為論有其一定之貢獻。前已述及，無論是單層面或雙層面之領導行為理論，焦點皆在對領導者外顯行為進行描述與歸類。藉著與組織效能相關變項的統計分析，試圖發展出最適當的領導方法（力主高倡導高關懷的領導型態即是一例）。此種走向當時頗為符合業界之需求。相較於特質論以尋找天下英才為重心，行為論希望發展出一套四海皆準的領導最佳模式，有志之士皆可按圖索驥，成為成功的領導者。基本上，行為論確立了領導的基本層面，進而將領導者行為具體化與實務化。其提供組織領導人（如校長）在實務經營時的理論參照架構，而非只是因人設事漫無目標。此外，領導基本層面的設定，也意味著一般有志於領導者只要努力，皆可有機會進步而獲得成功，無形中改變了以往只有少數特定秀異份子才能勝任領導的觀念。就此而論，行為論有其一定之貢獻。

　　綜合行為論之歷年相關研究，可發現有以下五種問題造成其推論的侷限性。茲分述如下：

(一) 對於情境因素的忽視

　　就理論內容分析，行為論仍保有特質論英雄造時勢的主張。雖然不再強調領導者的特質，但焦點卻轉移至「最佳的」領導行為類型。換言之，重點仍在「英雄」身上。理論上，具有最佳領導類型者可以改變組織環境，進而創建高組織效能。行為論所追求的是最佳領導類型的發展，主張其在任何情境中皆能適用，此與實務上之發現有所扞格。情境因素在行為論中顯然屈居配角，最多僅止於背景變項之討論（如學校大小）。此種希望發展放諸四海皆準的領導類型主張，常失之於缺乏彈性與調整性，原因即在於過度忽視情境因素。事實上，目前領導相關研究並未發現任何一種「絕對有效」的領導類型。在特殊情境下，任何領導形式均可能有其發展之空間與效果。

㈡領導類型分類之標準不一

由於要發展與確立領導類型，行為論相關研究多半採取量化之調查方法，再依所測得之分數加以切割分類。然而囿於常模之缺乏與樣本之不同，各研究彼此之間即有矛盾歧異之情況出現。即以 LBDQ 相關研究為例，其具有倡導與關懷兩個層面分數。研究者多半再以所測樣本之平均數或中位數為切分點，進而分為 2×2 之四個高低群體（如低關懷高倡導）。但由於抽樣、施測、與統計之諸般因素，同樣 LBDQ 之得分，在不同研究中卻分屬相異之群體，造成詮釋與推論上之矛盾。此種領導類型分類標準不一的現象，造成在判讀研究發現上的困擾。

㈢因果關係難以確立

行為論相關研究目的多在確立領導者行為對組織產出之影響，換言之，即是希望建立兩者之因果關係。此與只做變項之間「相關」程度的研究大異其趣，難度之提高也造成行為論之限制。即以領導者與被領導者兩者關係分析，到底是前者影響後者，還是後者影響前者，甚或是兩者皆有，行為論對此盤根錯節的因果關係釐清顯然力有未逮。針對此點，Yukl（2009）也發現行為論研究，多半假設領導者會影響被領導者之因果關係，例如領導者關懷行為與部屬表現如成正相關，即被解釋成領導者關懷行為提升了部屬的工作表現。然而實務上卻很難排除反向因果關係存在的可能性，例如或許是表現較佳的部屬才會獲得領導者的青睞與關心。此外，兩者高度相關也許是由研究外之第三個變項（即所謂之共變數）所引起的。針對此種可能，行為論相關研究多未加以正視。

㈣理論與實務之差距

行為論主張領導者並非是天縱英才，只要找出最適當的領導風格或類型，一般常人也可經由後天訓練成為成功領導者。此種一個口令一個動作的主張，實與心理學行為學派之「刺激 — 反應連結」（S-R）主張

極為類似。換言之，只要測知領導者的領導類型，即能大致推斷組織的反應與結果。然而實務上，此種過於簡化之推論卻忽視了組織與成員互動的複雜性。即使採用一樣的領導風格，卻並不保證能達成相同效果。即以行為論所倡行之「高關懷高倡導」領導，實施後卻發現組織成員多會產生彼此差異的反應。此因一來定義「高」關懷行為就見仁見智，個人感受有時竟有雲泥之別，執行時有其一定之難度；二來要求高關懷高倡導是一種理想，實際執行卻容易顧此失彼。任何組織之倡導改革，多會引起既得利益份子之反撲。關懷（注重個人需求）與倡導（注重團體績效）之間分寸的拿捏，實非絕對標準所能涵蓋。因此，行為論雖力圖發展理想的領導類型，但在實務執行上，除了推出眾多領導能力培訓課程外，仍須有更強之論述加以配合。

(五)最佳領導類型之爭議

　　堅持特定領導形式的絕對效用，在社會科學研究中極易產生方法論上之爭議。事實上，行為論相關理論所主張之最佳領導類型，在實務運作後，並未被證明有絕對功效。領導行為錯綜複雜，絕非如數學般之單一答案所能盡述。行為論之研究者集中全力於領導者個人行為與組織產出，卻很少檢驗其間之歷程。其牽涉到領導者、被領導者、情境、與其他相關因素之交互作用。若放棄以整體觀點來進行領導行為之分析，多半會淪入以偏概全的窘境。

第三節　權變論教育領導走向

　　特質論、行為論既退，皆下來便是權變論登場。此也是領導理論發展的必經之路。特質論與行為論皆被批評為忽略情境因素，之後出現之權變論，即順理成章的以情境因素為理論重心。此因特質論與行為論的學者即使殫精竭慮，卻仍對成功領導的研究結果爭議不休。無論是特

質論針對成功領導者特質的分析，或是行為論力圖對最佳領導行為類型的探索，都無法周延解釋領導者之所以成功的原因。領導者之特質與行為皆已被詳細檢視，研究者於是將關注焦點移至領導情境的分析，而造成領導權變論的出現。權變論主張沒有領導類型是絕對而放諸四海皆準的，最適當的領導類型必須依不同的情境而定。影響所及，領導研究學者放棄找尋唯一最佳領導類型的野心，而將情境因素列為是檢視的重點。

基本上，領導權變理論所追求的，乃是希望根據組織情境的差異，進以選擇最佳領導行為與類型。基於此，權變理論在領導研究中即占有重要地位。此種視不同情境而產生適當領導行為類型的理論，Tannenbaum and Schmidt（1958）在一篇文章中即就此初試啼聲。兩人認為領導者可依其面對之問題而改變領導方式，因而提出初步權變領導的模型。在圖 5.3 中，以領導者中心（boss-centered）與部屬中心（subordinate-centered）為兩極點的連續直線中，領導者可遊走其間，選擇其中最適切的領導方式。在連續直線最左端的領導行為乃是完全以領導者為主之專制型領導，最右端則為將決策權授予部屬的民主型（參與型）領導。理論上，領導者的權威與部屬所擁有的決策空間互為消長，呈現競合之關係。在兩極端點之間（專制與民主），Tannenbaum and Schmidt（1958）主張可有 7 種領導類型：

1. 領導者做出決策後宣布實施：在此種領導類型中，領導者先確立待解之問題，並自行考慮利弊得失後做出決策。接著直接向部屬宣布執行，絲毫不給部屬參與決策的機會。

2. 領導者試圖推銷其決策：在此種領導類型中，領導者同樣承擔確立問題與做出決策的責任。但其在直接宣布實施時，為消弭部屬可能之反彈與意見，同時進行推銷與闡明之動作。強調此會對部屬帶來利益，儘量減少其反對聲浪。

3. 領導者提出決策但徵詢部屬的意見：在此種領導類型中，領導者先提出自我之決策，並詳細說明相關之理由與內容，並允許部

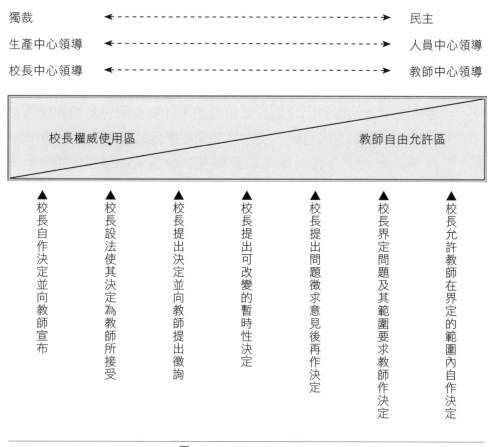

獨裁　◄---► 民主

生產中心領導　◄---► 人員中心領導

校長中心領導　◄---► 教師中心領導

校長權威使用區　　　　　　　　　　　　　　教師自由允許區

▲校長自作決定並向教師宣布

▲校長設法使其決定為教師所接受

▲校長提出決定並向教師提出徵詢

▲校長提出可改變的暫時性決定

▲校長提出問題徵求意見後再作決定

▲校長界定問題及其範圍要求教師作決定

▲校長允許教師在界定的範圍內自作決定

圖 5.3　連續領導型態圖

資料來源：Tannebaum & Schimidt（1958: 170）。

屬提出問題。希望部屬充分理解後，能夠消除疑惑，進而與領導
者通力合作。

4. 領導者說明其決策但聲明可改變：在此種領導類型中，領導者
先對問題進行思考，提出一個聲明可以修改的暫時決策，並進一
步針對其內容尋求正反意見。部屬雖可提出修正意見對決策有所
影響，但最後是否採納的主動權仍在領導者手中。

5. 領導者提出待決策之問題，並徵詢意見：在此種領導類型中，

部屬有機會在領導者做出決策前提供建言。領導者先確立問題，部屬接著提出意見與解決方案。基本上，領導者已非事先獨斷獨行自我裁決，而會與部屬共同選擇雙方認為最好的解決方案。

6. 領導者說明問題之範圍與限制，要求集體做出決策：在此種領導類型中，領導者已將部分決策權授予部屬。領導者的責任乃在說明問題之範圍與限制，並允許部屬在既定的範圍內進行決策。

7. 領導者允許下屬在一定的範圍內自作決策：此種領導類型允許部屬的自我決策權。即使領導者參與決策的過程，其與組織中其他成員乃是平起平坐，並未有特殊裁決權力。

基本上，領導風格與領導者運用權威的程度與下屬在作決策時享有的自由度有關。在上述各種領導類型中，Tannenbaum and Schmidt（1958）主張並無任何一種類型為最好或極差的。成功的領導者必須檢視組織特性，並考慮各種因素之影響後，選擇適合的領導類型。情況之不同，造成有時需要果斷決策，有時卻需適當放權。例如部屬如能充分理解工作目標與任務，並有獨立能力承擔，領導者就應賦予其較大的決策權力；反之，如果缺乏這些條件，領導者就應秉持較為保守之態度。此種概念極為類似 Hersey and Blanchard（1977）所發展理論中之「成熟度」（maturity）概念。理論上部屬成熟度愈高，可授與之決策空間就愈大。領導者應根據相關因素如領導者的特質、部屬能力、與各種情境與環境因素，彈性選擇適合的領導類型，如此才能達成最大的績效。Tannenbaum and Schmidt（1958）認為領導者在選擇領導類型時必須考慮以下因素：

1. 領導者的特質：其中包括領導者的生理心理特質、教育程度、工作經驗、價值觀、工作目標、與期望等。

2. 部屬的特質：其中包括部屬的生理心理特質、教育程度、工作經驗、價值觀、工作目標、與期望等。

3. 環境的因素：其中包括內在情境與外在環境因素。例如環境的

複雜程度、組織目標、組織結構、組織氣候、時間壓力、與工作本質等。

檢視 Tannenbaum and Schmidt 的理論模式，其貢獻在於不再堅持將成功領導行為視為固定類型（如民主型領導一定最好），而是主張領導者必須先評估各種影響環境因素後，再彈性選取適當的領導類型。理論上，兩人之模式仍有其不足之處，例如將影響之相關因素如領導者、下屬、與環境特質視為是既定不變的，而事實上這些因素乃是相互影響的。此外，兩人的理論缺乏實證的研究，語詞也過份哲學化。但不管如何，Tannenbaum and Schmidt 的理論模式卻已具有權變理論的雛型。例如兩人主張：

「成功的領導者絕非可以強勢或妥協等字眼加以定義。反之，
他應是一位能夠根據情境，決定最適當行動，並進而身體力行
的人。他有遠見且具有彈性，不會視領導為難解之事……」
（Tannenbaum & Schmidt, 1958: 101）

由以上這段話中，可以瞭解領導權變理論所追求的，乃是根據不同情境而決定最佳領導類型的歷程。權變理論認為世上並無絕對的成功領導模式，而必須視情境而定。以學校組織為例，晚近所產生的權變理論，莫不殫精竭慮的尋找以下三個問題的答案：

1. 在校長領導行為與學校組織產出之間，有哪些情境變數（situational variables）足以影響其間的關係？
2. 何種評量工具與方式可以測量領導行為、情境因素、與學校組織產出之間的關係？
3. 在不同的學校情境組織中，是否存有準則來選擇決定最佳領導策略？

權變領導理論於 1970 年代起，逐漸成為領導理論的主流。綜觀權

變論的主張，可看出其認為領導的行為極為複雜，絕非單一之答案就能含括。基本上，權變論已意識到領導行為必須考慮領導者、被領導者、與情境三方面因素。如從鉅觀角度而論，實已包含了特質論與行為論之理念。權變論承襲行為論的基礎，研究焦點從領導者特質、領導行為型態，轉而注意與情境的互動，但其部分論點仍有特質論與行為論的色彩。含括前人理念並採取權變的領導走向，乃成為權變論的特色。

以下即以權變論的主要理論加以分析敘述，其中包括 Fiedler 的「權變理論」（theory of contingency）、House 的「路徑 — 目標理論」（path-goal theory）、Reddin 的「三層面理論」（three-dimension theory）、Hersey and Blandchard 的「生命週期領導理論」（life cycle theory of leadership）。四者主張雖在切入角度上略有差異，但大抵均秉持權變之觀點。

一　Fiedler 的權變理論

權變論的主要理論中又以 Fiedler（1967）的 LPC 相關權變理論最為人知。繼行為論之 LBDQ 相關研究後，其主張風行於 1970 年代而成顯學。基本上，Fiedler 的理論乃特質論與情境論的結合，認為人類行為係個人人格（如需求、動機）與所處情境的交互產品。就此而言，組織是否達成目標與產生效能，乃取決於領導者所選擇之行為類型是否與情境有適當之配合程度。由此而知，領導者、情境、與組織效能即成為 Fiedler 之 LPC 權變理論的三大要素。

簡而言之，Fiedler 的理論主張成功領導者應依情境之相異而採取不同的領導類型。一位在鄉村地區頗有政聲的校長，卻可能在大城市學校中鎩羽而歸。理由無他，即在天下沒有成功的萬靈藥。領導者必須視情境之變化而彈性操作，如此才能因地制宜。Fiedler and Chemers（1974）進行與探討了 300 種有關權變理論的實驗與研究，結果發現情境因素乃是決定領導行為成功與否的重要變數。Fiedler 的理論主張

要探討領導行為，必須要研究人與情境兩組變數，前者指領導者的動機結構（motivational structure），後者則指情境對完成目標的有利程度（situational favorableness）。基本上，組織的產出效能乃是領導者動機結構與情境有利程度的交互作用結果。茲將兩者分述如下：

（一）領導者的動機結構

　　與行為論主張任何領導者只要執行最佳領導類型皆可成功的論述不同，Fiedler 的權變理論認為領導者必須依不同情境彈性調整。其主張不同領導者在多變之情境中所表現的差異行為，乃受到領導者的動機結構所影響。動機結構基本上乃屬於領導者人格特質的展現，有其一定之穩定性。基本上，有兩種動機結構可以激發領導者的行為，一是與他人維持良好關係的取向，稱為「關係取向」（relationship motivated）；二是強調奮力達成工作任務的取向，稱為「工作取向」（task motivated）。

　　理論上，Fiedler 假定一位領導者不是傾向於「關係取向」，就是傾向於「工作取向」。前者以改進與部屬的關係為第一要務。當其處於不明確或陌生的環境中，會先試圖得到僚屬的支持，然後才論及任務的達成。與之相反，工作取向的領導者會先強調制度與法紀，以達成目標為第一優先，頗有訴諸權威的趨向。此類領導者並非不注重人際關係，但強調對於部屬的體貼與關照絕不能影響到工作效率。以 Fiedler and Chemers（1974）的觀點來說，即是主張先談公事，工作做完了，要怎麼玩都可以。

　　為了測量領導者的動機取向，Fiedler 編製了「最不喜歡的同事量表」（Least Preferred Co-worker Scale，簡稱 LPC）。受試者被要求根據他們的經驗，勾出績效較差的同事特徵。量表為八分量表（見表 5.1），每題皆有兩個語意相反的形容詞組成。在量表上得分較高的領導者被認為是關係取向，而較低者則為工作取向。換言之，若一個領導者對工作績效極為注重，其對績效差的部屬（廣義之同事）必偏向否定之語辭（如不合作的、不友善的），因而造成 LPC 分數的偏低。反之，關係取

表 5.1　最不喜歡同事量表（LPC）

想想你最困難的工作伙伴型態（現在或過去）。他並非你最喜歡的人，而是每次與他工作，你都會感到無比的困難。請勾出其特徵。								
歡愉的	8	7	6	5	4	3	2	1	不歡愉的
友善的	8	7	6	5	4	3	2	1	不友善的
拒人的	1	2	3	4	5	6	7	8	接納人的
肯幫助人的	8	7	6	5	4	3	2	1	不肯助人的
不熱心的	1	2	3	4	5	6	7	8	熱心的
緊張的	1	2	3	4	5	6	7	8	輕鬆的
冷漠的	1	2	3	4	5	6	7	8	溫暖的
合作的	1	2	3	4	5	6	7	8	不合作的
支持的	8	7	6	5	4	3	2	1	有敵意的
無味的	8	7	6	5	4	3	2	1	有趣的
爭鬧的	1	2	3	4	5	6	7	8	和諧的
自信的	1	2	3	4	5	6	7	8	自卑的
效率的	8	7	6	5	4	3	2	1	沒有效率的
愁眉苦臉的	8	7	6	5	4	3	2	1	高興的
開放的	1	2	3	4	5	6	7	8	防衛性的

資料來源：Fiedler（1967: 120）。

向者較注重得到僚屬的支持，故對績效差者較為寬容，其 LPC 分數自然偏高。

(二)情境有利性

檢視相關研究與實驗後，Fiedler 發現有三個情境因素足以影響領導者的行為。其中包括：

1. 領導者與成員的關係（leader-member relations）

係指組織成員對領導者所之信任、接納、支持、與忠誠等態度。如果領導者被團體成員所信任與愛戴，領導者就較易對其指揮與影響；反

之，則會淪為政令不行難以發揮的窘境。Fiedler 認為領導者與成員的關係，乃是最重要與最足以影響情境有利性的因素。

2. 工作結構（task structure）

係指對於團體目標與工作的界定是否明確恰當。其中包括成果是否可以客觀測量、問題解決方法是否正確可行、與達成任務方法的利弊等。如果工作的目標確定，有一定執行的流程，則工作結構度就高。在此情形下，領導者只要具備專門知識，按圖索驥完成工作即可。反之，若工作之目標模糊，沒有一定的執行原則，則其結構度就較低。領導者要依情況隨時調整步伐，甚而有時必須嘗試錯誤。例如在學校中因應災變（如突發之地震、火警），即與如何提高教師士氣有所不同。前者有一定之程序，後者則在目標與執行上都引人爭辯，甚而對「士氣」兩字的定義也有所不同，領導者必須視當時情況決定行動方針。工作結構為情境中第二重要的因素。

3. 領導者職權（power of the leader's position）

係指領導者依其職位所具有之權力大小，或是領導者對組織成員所能產生的影響力。如果領導者對下屬的聘僱、加薪、獎懲、去職有絕對之影響力，則其職權就大。否則，即可能淪為虛位元首，只有領導之名但卻無領導之實，影響力就極為有限。此一因素在情境中的重要性最低。

根據三種情境因素的排列組合，可將領導情境分為八類。從圖 5.4 中的下半部分，可以看到前三者為非常有利情境，再下三者為中度有利，至於情境七、八則為非常不利情境。為了配合不同情境有利度，Fiedler（1967）強調必須選擇適當的領導類型。而其標準乃取決於領導後所產生的效能，此乃團體成員完成其主要工作的程度，往往以生產力或績效作為領導效能的指標。Fiedler 根據其在 1951 至 1964 年研究結果提出權變模式，利用領導形式（工作導向或關係導向）與領導能間的

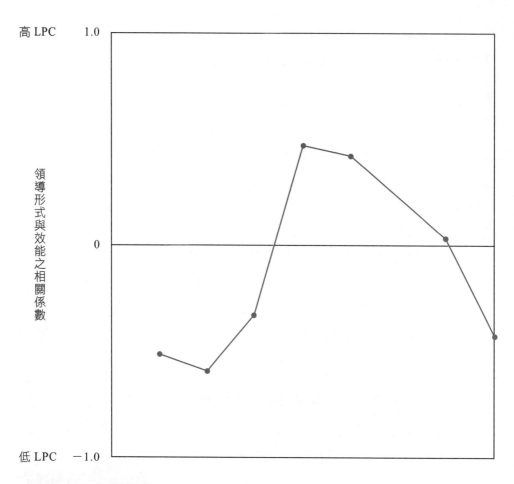

	情境類型	一	二	三	四	五	六	七	八
情境因素	領導者部屬關係	好				壞			
	工作結構	高		低		高		低	
	職權	強	弱	強	弱	強	弱	強	弱
情境有利度		非常有利				中度有利		非常不利	
相關（中位數）		−.52	−.58	−.33	.47	.42	-	.05	−.43
N		8	3	12	10	6	0	12	12

圖 5.4　Fiedler 權變理論基本模式圖

資料來源：Fiedler（1967: 146）。

相關係數做出結論。在圖 5.4 的最下部分，則列出各情境的研究發現。例如情境一（非常有利）的相關中位數為 -0.52，即代表關係取向的領導形式並不適合。此因上述相關數字乃分析領導形式（以 LPC 分數為代表）與領導效能兩者所得。負相關代表 LPC 分數愈高（即關係導向），其領導效能就愈低，因此宜採用工作取向的方式。同樣道理，情境四、五之結果為正相關，應採取關係取向。Fiedler 即根據以上發現，主張在非常有利與非常不利情況下，工作取向的領導形式較好；但在中度有利情況下，則宜選擇關係取向。推其原因，可能是在中度有利的情境中，領導者最需要的是發展出外交手腕，以改善與員工的關係來補足情境的不利（大家可看到三個中度有利情境中有兩個具有上下關係不睦的特性），因之關係取向的領導者自然較為適合。反之，如果領導者在有利的情境中，因為工作的結構性高，人際關係對於成功與否並不具有決定性之力量，所以關係取向者較無用武之地（參見表 5.2）。

　　在另一方面，工作取向的領導者對於效能最為重視，所以在有利的情境中表現極佳。此因上下之間的關係和睦，工作也有一定的實施程序，再加上工作取向領導者的堅持效能主張，組織成就多半趨高。此外，出乎意料之外的，工作取向的領導者在最不利情境中（上下關係惡劣、工作結構鬆散、領導人缺乏職權）反而表現較佳。此因在混沌狀態

表 5.2　Fiedler 權變理論依不同情境所選擇之領導型態整理表

領導者部屬關係	好	好	好	好	差	差	差	差
工作結構	高	高	低	低	高	高	低	低
領導者職權	強	弱	強	弱	強	弱	強	弱
情境類型	一	二	三	四	五	六	七	八
情境有利度	非常有利			中度有利				非常不利
領導型態	工作取向			關係取向				工作取向

中，必須有一強人快刀斬亂麻，將秩序建立起來。我國歷史上合久必分，分久必合，其中完成統一大業者非有膽識者不能勝任，開國皇帝之劉邦、朱元璋即為最好的例證。基本上，工作取向的領導人遠較關係取向適合擔任此種角色，也許在執行過程中，會因之得罪成員。但做總比不做要好，所以工作取向的領導者在情境的兩極端表現較佳。

綜合以上論述，Fiedler 主張在高度有利的情境中，由於工作目標明確、領導者與成員關係較好、與領導者擁有較高職權（第一、二、三種情境），導致「工作取向」的領導者較能產生組織效能。在中度有利的情境中（第四至第七種情境），則「關係取向」領導者因情境不利所受到的壓力，會較「工作取向」領導者為小。換言之，在中度有利情境中，領導者容易遭受部屬抵制，關係取向之作法應較一味壓制有效。至於在不利情境中（第八種情境），由於領導者的職權極小、部屬鮮少支持、任務亦不明確，因此只有延用照章辦事的「工作取向」領導行為，方能維持基本之組織效能。

基本上，Fiedler 一再強調，天下沒有常勝的領導者。只能說在某個情境中，某種動機結構的領導者較為適合。百戰沙場的名將，也許會在轉業為大學校長後弄得天怒人怨。所以李白所言之「天生我才必有用」主張就頗能配合 Fiedler 的權變理論。一個領導者多半只在特種情境中最能如魚得水盡情發揮，如何去尋找此一情境即是成功的要件之一。

實務上，Fiedler 的理論改變以往培養領導者的方式，其強調與其試圖改變「本性難移」的個人人格特質，不如盡力改變情境，使其對領導者自我有利。換言之，領導者不僅要適應與配合情境，有時更應改造情境，以使情境有利於領導作為。Fiedler 認為訓練內容應包括：(1) 如何與部屬相處；(2) 如何執行工作業務使之更有效能；(3) 如何加強專業知識；與 (4) 如何測知情境的有利性。換言之，Fiedler 把經驗的培養視為改進領導行為的重要方法與途徑。舉例來說，一個 LPC 分數低的領導者（即工作取向），如果處在一個工作結構低、領導者擁有較弱職權

的情境中，其成就極可能不彰。改進之道在以往可能要求領導者改變其工作取向而成關係取向，但 Fiedler 的理論卻強調「英雄造時勢」之重要性。在以上情況中，其認為領導者應增強自己的權力，或是重組工作的型態，使其產生有利於工作之結構性。Fiedler 的理論使業界對於領導行為的增進，有了另種看法。Fiedler 強調與其試圖改變部屬之人格，不如幫助領導者改進情境，實有獨到之創見與影響。

(三) Fiedler 理論之評述

Fiedler 的權變理論提出後，給研究領導的領域投下一塊巨石，各種研究紛紛出籠；得到結果卻是分歧而無定論，基本上，一種行為科學的理論，常難以圓滿。以下就批評 Fiedler 理論的重點簡述如下：

1. Korman（1974）認為其最大缺點乃在 LPC 量表的信度太差。在不同時段中，受試者常有不同的看法，使對其動機取向判定之正確性大打折扣。

2. Chemers and Rice（1974）批評 Fiedler 的理論只重內在環境（其所提之三變數皆是團體內部的特性），而忽略外在環境變數對情境的影響。Fiedler 自己也承認在決定情境有利度上，未能概括所有的變數。除了其所提的三項因素以外，其他如團體的異質性、員工專業水準、組織氣候等皆為影響情境要素，但並未納入 Fiedler 之權變模式中。

3. Robbins（1983）認為權變理論中的情境變數測量困難，在日常生活中，有時候很難認定領導者與員工的關係，且工作結構高低的判斷也有困難，因之在決定情境有利度上的正確性不夠。

4. Yule（2002）指出 Fiedler 之相關研究，基本上過度重視高 LPC 與低 LPC 分數者，卻忽略了得分中等的領導者。事實上其數量在組織中應是最多。相較之下，中等 LPC 領導者，由於其力求在工作與關係兩方面取得平衡，組織績效未必比高 LPC 與低 LPC 領導者差。

　　至於 Fiedler 理論在教育上的應用並不多，且完整的甚少，多數研究趨向於探討校長 LPC 分數與其所處團體工作效能之間的相關。例如 Williams and Hoy（1973）發現在不利情境中為 −0.49，而在中度有利情境中為 0.27。其中 LPC 分數較低者為工作取向者，所以在不利情境中證明較好。而在中度有利情境中，LPC 分數愈高，效能分數愈高，代表關係取向的領導者較為適合。研究結果大致與 Fiedler 理論相合。此外，Garland and O'Reilly（1976）發現美國中小學校長職權高，但工作結構鬆散，所以關係取向的校長應較有成就。然而在 Hopfe（1970）的研究中，卻發現大學商學院系主任的 LPC 分數與大學教授的生產力無顯著相關。到底在教育情境中，哪種領導者較為適合，至今仍無定論。

二　House 的路徑目標領導理論

　　與行為論相關領導研究不同，House 的路徑目標模式重在領導行為的歷程，認為領導者的工作乃在創造工作環境，並藉著規劃、支持、與酬賞的方法來幫助部屬達到團體目標。理論上，其乃源自於動機的期待理論（expectancy model），係由 House（1971）首先加以發展。基本上，其主張組織效能乃受到領導者行為與情境因素的雙重影響。理論內容分為兩大部分，一為確定目標，二為改進通往目標的路徑，以使部屬順利達成任務。過程中，領導者與部屬之個人特質皆同時納入考量範圍。圖 5.5 中所顯示的即是其基本歷程。其中可分為：(1) 確立目標；(2) 領導者行為；(3) 情境之權變因素；與 (4) 所產生之組織效能（部屬態度與行為）四大部分。茲分述如下：

　　確立目標為成功領導的第一步。不論是長程或短程的計畫皆需有確定的目標作為指引。路徑目標模式假設人類行為必須是目標導向的（goal-directed），沒有目標，行為就會雜亂無章。House 指出確定目標的四個步驟包括：(1) 定義目標（goal definition）；(2) 確定目標（set specific goals）；(3) 製造挑戰性（make them challenging）；與 (4) 回饋

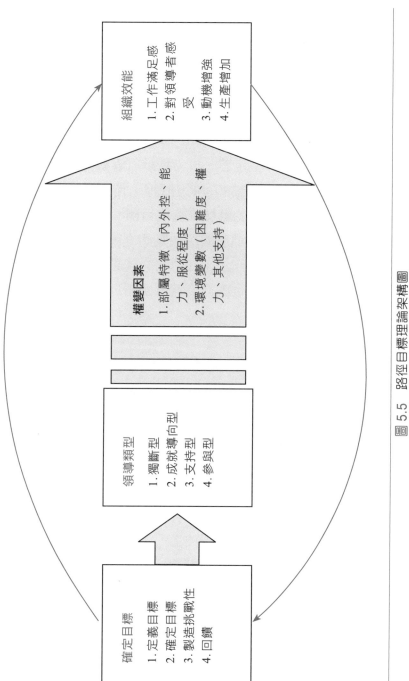

圖 5.5　路徑目標理論架構圖

（feedback），茲分述如下：

1. 定義目標：為使部屬產生強烈動機，領導者必須解釋達成組織目標之原因為何？所需要的配套條件又為何？

2. 確定目標：目標並非空泛的哲學字句如「積極改進教學」、「促進師生和諧」，而必須有詳細的界定如「今年學生升學率達到90%」、「英文學科成績超越全市平均分數」。換言之。應將所定義的目標轉化成操作型定義，以方便進行客觀之測量與評鑑。

3. 製造挑戰性：邀請部屬加入決策歷程，使之明瞭目標的內涵與挑戰，進而引發其更強的動機來完成目標。

4. 回饋：部屬達成目標的進度與優缺點應立即給予回饋，否則其會認為是在黑暗中工作，無法確知努力之成果。如同球隊必須要隨時知道比賽分數，部屬也應得到適當回饋以便修正步伐，順利達成組織所定目標。

　　確立目標之後，接下來牽涉到的即是領導者行為。其類型包括：(1) 獨斷型（directive）：在目標之完成上，領導者對部屬給予直接指示，與達成目標的手段與方法，要求部屬確實遵照執行；(2) 成就導向型（achievement-oriented）：此型領導者為部屬設定深具挑戰的目標，並強調希望部屬表現優異以達成目標；(3) 支持型（supportive）：此型領導者與部屬之間採取平等對待之態度，並願意適時支援部屬達成目標；(4) 參與型（participative）：領導者允許部屬參與決策，或徵詢其意見以作為決策之參考。以 LBDQ 之層面來論，House and Mitchell（1974）指出獨斷型與成就導向型偏向「倡導行為」層面，而支持型與參與型則偏向「關懷行為」層面。基本上，House（1971）主張成功領導者必須先協助部屬瞭解達成目標的途徑，並減少其間的障礙與危險，使部屬能順利達成目標。在此前提下，獨斷型、成就導向型、支持型、與參與型四種領導行為各有其適用的時機，可依情境變數彈性運用。

　　路徑目標理論的第二部分，是領導者必須對通達目標的路徑加以改

善（path improvement）。一般而言，制定目標容易，但要完成則需一定努力。領導者必須與部屬同行，並提供工作與心理上的支持。前者包括爭取資源、預算，掃除外在阻力等；後者則會幫助部屬建立信心，使其在努力過程中不致氣餒。House 指出兩者的重要性並無差異，一個領導者若只能爭取財源而不能適時鼓勵員工，其成果必然大打折扣。此外，一個領導者的行為，常成為部屬仿效的對象。一個終日將過錯推給上級長官的領導者，其下屬在碰到問題時，也極可能採用同等策略。因之領導者必須要以身作則，樹立良好榜樣，如此才能有良好的成果。

路徑目標理論中的情境因素可分為兩類：一為部屬特質（subordinate characteristics），二為環境變數（environmental factors）。在改善路徑的過程中，領導者應依照部屬特質與環境變數來選擇行動之走向。部屬的特質包括：(1) 內外控（locus of control）：部屬認為自己能決定周圍的事務或由命運來決定的程度。例如絕對外控者在遭遇失敗時常歸因於運氣太差，絕對內控者則總是歸咎為自己努力不夠；(2) 能力（ability）：部屬認為自我的工作能力有多少；(3) 服從程度（authoritarianism）：部屬對於上級命令的服從度（特指心甘情願的服從）。環境變數則包括：(1) 工作的困難度；(2) 團體的權力結構（鬆散或嚴謹）；與 (3) 其他相關單位的支持。領導者必須審視以上各項變數，來決定行動的走向。例如一個領導者在具有活力的團體中，即不應完全去除所有障礙，而應留下一些給部屬，保留一些挑戰性。

在組織效能部分，House 力圖加以明確定義，主要變項包括：(1) 部屬的工作滿足感；(2) 對領導者的接受程度；(3) 部屬動機之增強；與 (4) 組織生產之增加。所以選擇以上變項，係因 House 認為領導者若能激發部屬的工作滿足感、被部屬接納、增強部屬工作動機，則組織之產出必定增加而達成工作目標。如此領導，即是路徑目標理論所主張之有效能之領導。

綜而言之，路徑目標理論主張不同領導行為加上權變因素，即可能產生歧異的部屬行為。前者包括獨斷型、成就導向型、支持型、參與

型四種，需視不同之環境而靈活運用。例如在壓力強大、工作難度高的情況下，支持型的領導行為就較有機會產生較高的部屬工作滿足感。此外，根據路徑目標理論所標舉之領導者行為、情境因素、與組織效能三者之交互關係，Sherman, Bohlander, and Chruden（1988）之研究產生以下之發現：

1. 當工作或情境混沌不明時，獨斷型的領導較為有利；反之若工作或情境相當明確，則獨斷型的領導將成效有限。
2. 當部屬感到強大工作壓力、挫折、與不滿時，支持型的領導對提升部屬滿意度可有顯著的正面影響。
3. 當部屬為外控取向時，其對獨斷型的領導會產生較正面之反應。反之，當部屬為內控取向時，其對參與型的領導較有積極之反應。
4. 在部屬對自己能力知覺之變項上，若其認為自我工作能力愈高，則愈難接受獨斷型的領導。反之，若部屬感到能力不足或工作難度較高，則較會傾向接受領導者的指示。

路徑目標模式與 LBDQ 的雙層面領導理論不同，基本上是探討領導歷程的模式。其有關的研究結果不一，模式的正確性也是眾說紛紜。Schriesheim and Kerr（1977）曾指出路徑目標模式的最大缺點，在於一個員工可能面臨數個領導者的指揮，因之所受的影響不易看出。例如一個教師可能受到組長、主任、校長、甚至校內利益團體團體領袖的多方影響。欲加以研究，路徑目標模式就顯得有些不足。Yukl（2009）則指出路徑目標模式過份墨守期望理論的主張，認為只有促動部屬的動機後才能有好的成果，其實其他方法如增進員工知覺與技術等也可達到同樣的目的。此外，路徑目標模式認為領導者可藉著各種酬賞方法以促進員工動機。然而事實上在很多行業中，酬賞的給予與數量並不操在領導者手中。以華人地區之公立學校為例，薪資之高低依法幾乎完全決定於學歷與年資，校長所握有的酬賞能力不過每年的考績或推薦優良老師的有

限權力。影響所及，老師無論教學好壞，所得報酬差別不大，所引起之動機自然不強。領導者即使確定了目標，改善了路徑，卻因為缺乏強烈誘因，路徑目標模式之主張即產生不適用之疑慮。

綜而言之，路徑目標理論從領導者與部屬的關係著眼，試圖建構出成功領導的歷程。就內容而言，其是一個結構宏偉且多層面考量的理論，相關變項繁多而綿密。此種希望面面俱到的理論，在實務之應用上即往往產生困難。路徑目標理論主張領導者應依情境與部屬特質來彈性調整領導行為，但因牽涉過廣，造成必須是過人之才方能符合模式之要求，在應用上有所折扣。不過，House 對建構路徑目標理論之努力仍值得肯定，其對於部屬與環境變數的重視，也對相關權變理論做出貢獻。

三　Reddin 的三層面理論

另一個在權變理論中頗富盛名的是 Reddin（1967）的三層面領導理論（three dimension theory of leadership）。在其之前的領導研究多侷限於兩個層面（如工作與關係層面），Reddin 則認為領導層面必須加上「領導效能」（leadership effectiveness）層面才能完備，因之其理論又被稱為三層面理論。根據 Reddin 的看法，工作導向（task orientation，簡稱 TO）是領導者為達成目標，對於員工指揮的程度；關係導向（relationship orientation，簡稱 RO）是其為改進與員工關係（如取得其信任）的程度；領導效能則是根據所定目標，經由領導行為過程後所產生之成果。三種層面皆是連續而非二分的，例如實務上很難將其二分為「沒效能」或「有效能」，而必須描述其在特定情境中，達成既定目標的程度有多少。

Reddin 區分基本的領導形式為四種：(1) 關注的（related，低工作高關係）；(2) 整合的（integrated，高工作高關係）；(3) 盡職的（dedicated，高工作低關係）；與 (4) 疏離的（separated，低工作低關係）。由圖 5.6 中可以看出，Reddin 的分法與 Blake and Mouton 的分法

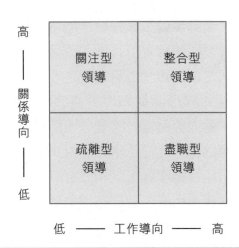

圖 5.6　三層面領導理論四種基本領導型態圖

很相近，其中關注的為（1, 9）組合，整合的為（9, 9）組合，盡職的為
（9, 1）組合，而疏離的則為（1, 1）組合。

　　這四種領導類型無所謂絕對的好壞，完全取決於情境之不同。如果
領導類型配合情境需求就算成功，反之則為失敗。領導效能無法單從領
導者的行為加以判斷，而必須根據目標達成度加以衡量。換言之，也就
是需視領導者角色扮演的成功程度而定。Reddin（1970）將四種領導類
型依據產生效能之高低，將八種領導者分別命名。茲分述如下：

（一）關注型領導（低工作高關係）

　1. 如果產生之效能高則被稱為發展者（developer）：此種人被認為
　　　是對於員工極為信任，不願訴諸權威，而尊重其權利。

　2. 如果產生之效能低則被稱為傳教士（missionary）：此種人常被
　　　認為是「老好人」，凡事只是一味以和為貴。就如傳教士為招攬
　　　信徒而逆來順受，有時不惜犧牲工作效能以換取良好的關係。

（二）整合型領導（高工作高關係）

　1. 如果產生之效能高則被稱為執行者（executive）：此種人被認為

是目標堅定，會刺激員工並根據其專長差異分配工作，人際關係良好。

2. 如果產生之效能低則被稱為妥協者（compromiser）：此種人被認為是過度盡力。在某些情境中，領導者其實只要注重工作或關係中之一即可。但是此類人卻刻意在兩方面求好，常給自己與員工帶來壓力。

(三) 盡職型領導（高工作低關係）

1. 效能高者被稱為開明專制者（benevolent autocrat）：此類人知道團體的目標為何，但在執行過程中卻巧妙避過人情或與員工之間的衝突。在下級人員眼中，其雖專制，但卻是有魄力且開明的。

2. 效能低者被稱為獨裁者（autocrat）：此類人完全忽視員工的需求，只是一味以自我看法為依歸。員工完全不被信任，只如牛馬般的被驅使，組織氣候極為低迷。

(四) 疏離型領導（低工作低關係）

1. 效能高者被稱為官僚（bureaucrat）：在英文中的官僚一字，多指只是遵行法規而不願多加干涉的官員。此類人被視為是不喜人情拖累，辦事公正，堅持依法行政執行業務而不踰矩。

2. 效能低者被稱為拋棄者（deserter）：此類人顧名思義完全與團體脫離，凡事不聞不問，置員工之生死於不顧，對於所負之責任毫不關心。

由以上之定義可知，Reddin 主張即使疏離的領導者有時也能發揮其效。此與中國儒道兩家之治世哲學大抵相近。儒家之「任重道遠」與道家的「無為而治」看法完全不同，但卻各有所用。此因決定效能的最大因素，乃在情境之不同。Reddin（1970）發現特定領導類型之所以具有效能，乃因其適合所處之情境。其主張決定情境的因素有五：(1)

組織氣候；(2) 工作的專業水準（如在研究機構中，其所需之專業水準自比工廠要高）；(3) 與上級之關係；(4) 與同僚之關係；(5) 與下屬之關係。五因素大致與 Fiedler 的看法相同，只是 Reddin 除了強調工作之結構外，還重視其所需之專業水準，比 Fiedler 的考慮更為周詳。

情境之不同，各種領導方式所產生的效能也不同。例如 Reddin 認為疏離的領導方式適合於團體目標只在維持現狀、工作性質簡單、員工靠直覺工作的情境。例如設計公司的經理，其手下員工多靠自我創造來完成工作，並不須太多外力的干預。所以保持適當「不聞不問」態度，也許對組織工作成果會更好。此外如執法的法官，必須要擺脫人情的糾纏，採用盡職的領導也許更為適合。綜而言之，Reddin 把四種領導方式給予同等重要性，不像以往只認為其中一種特定的領導方式為最好的。主張領導方式之好壞完全視情境之不同而定。

較之 Fiedler 的 LPC 研究，Reddin 的三層面領導理論更加強調權變。其主張最引人矚目者，乃在宣稱領導者大量的努力投注不再是成功的保證；反之，低工作與低關係導向之領導類型也並非意味低效能之結果。此為實務上採取高倡導高關懷類型，最後卻是領導效能不彰之案例提出可能之解釋。換言之，採取高工作或高關係導向，仍有機會產生反效果。例如在極度專業與部屬能力卓越之情境中，領導者一味強調工作導向且對細瑣之技術問題嚴加控管，則可能造成對部屬掣肘而減低組織效能。因此所謂的最佳領導類型，應憑藉對於情境的掌控性來決定。

綜而言之，三層面領導理論雖有推陳出新之見解，且對情境變數的界定也著力頗深，但理論上仍有其值得商榷之處。例如學校組織所需考慮的情境因素極為複雜，領導者所應採取的領導型態，並非僅限於 Reddin 所提的四種類型，而可能是兩種以上的整合。此外，相關三層面領導理論之實證研究不多，尤其在教育方面更少。為獲得系統性的實證支持，未來在檢驗理論正確性上仍有待加強。

四　生命週期領導理論

相近於三層面領導理論的加入領導效能因素，Hersey and Blanchard（1977）的生命週期領導理論則在模式中增添了「成熟度」（maturity）變數。其係指組織或個人能夠達成目標、承擔責任、與完成工作之意願與能力，與中文所謂之「火候」含意類似。生命週期領導理論主張領導採取「工作導向」或「關係導向」之比重，必須視部屬成熟度之高低加以調整。強調在領導者行為類型與組織效能的關係中，組織與部屬的成熟度乃是最具關鍵性的。高成熟者不僅具有與工作相關之動機、能力、與知識，且也充滿自信心。反之，低成熟度者不僅缺乏能力與動機，也常常淪於自怨自艾。一個領導者不但要知道其所處團體的平均成熟度，也應留意個別成員的不同差異。Hersey and Blanchard（1977）曾以教學為例，說明一個班級雖然在平均程度之上，但其成員卻可能良莠不齊。對於較差的學生，教師應給予較多的指導與特別的追蹤觀察（較為工作取向）。反之，成績不錯但卻沒有信心的學生，教師即應以關係取向的領導方式，使其恢復信心而發揮既有潛力。

基本上，Hersey and Blanchard 將領導行為分為四種（見圖 5.7）：高工作低關係（Q1）、高工作高關係（Q2）、低工作高關係（Q3）、與低工作低關係（Q4）。主張若領導類型與部屬成熟度能作有效的配合，任何一種領導類型皆可能是有效的。此外，兩人並舉出決定團體或員工成熟度的因素有二：(1) 對於追求更高目標的意願：成熟度高的人在此方面意願較高，成熟度低的人則喜歡安於現狀；(2) 對於追求目標所需具有之能力與技能：成熟度高者因具有專業與人際關係的技能，常能順利達成應負之責任，而成熟度低者則因能力不足而半途而廢。以上兩者決定組織或個人的成熟度，也因之可分為三部分（見圖 5.7 下方）：低（M1）、中等（M2、M3）、與高（M4）。

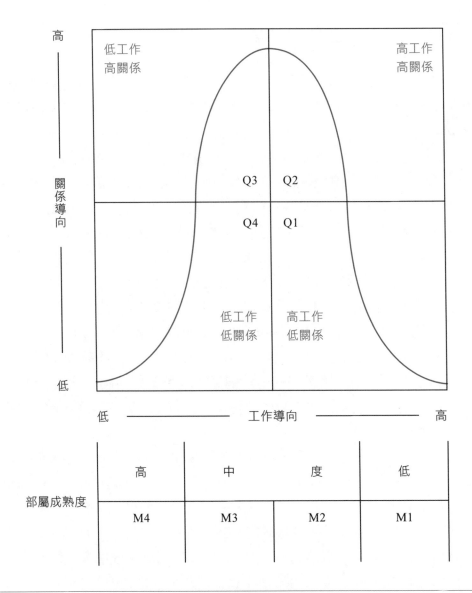

圖 5.7　生命週期領導理論象限圖
資料來源：Hersey & Blanchard（2007: 167）。

　　理論上，最佳領導類型之選擇，乃取決於其與情境變數（主要為成熟度）所形成之鐘型連續曲線（詳見圖 5.7），不同領導類型會沿著曲線移動。Hersey and Blanchard（1977）認為隨著成熟度的提高，關係取向的領導會逐漸成為理想類型。例如在圖中之右下角 Q1 處，成熟度達到最低，團體成員幾乎沒有能力或意願達成目標，此時訴諸權威之工作取向實為上策。當部屬經由完成工作而持續提高成熟度後，領導者宜減少工作取向之行為而轉為關係取向，直到組織或部屬的成熟度達到中等程度（鐘型弧線乃顯示為一連續過程）。而當組織或部屬的成熟度達到高級程度時（即走到 Q4 點），領導者不僅要減少其工作取向，也要降低其關係取向。此因組織或部屬成熟度已達頂點，任何工作或關係取向的領導實為多餘。此時低工作低關係的領導類型被認為是最佳選擇。至此理想中的組織即已形成，部屬具有自發性之動機與勝任工作的才能，領導者無須過度介入。甚至無需特意展現工作或關係取向之領導行為，成熟的部屬自會圓滿達成任務。

　　綜合以上論述，生命週期領導理論將情境因素（成熟度）與領導類型之組合主張如下：

1. 當組織或部屬極端不成熟時（M1），工作取向為最佳之領導類型。
2. 當組織或部屬具中度成熟度時（M2），高工作高關係取向為最佳之領導類型。
3. 當組織或部屬具中度成熟時（M3），關係取向為最佳之領導類型。
4. 當組織或部屬非常成熟時（M4），低工作低關係取向為最佳之領導類型。

　　生命週期領導理論在教育上的最大應用，乃在指出領導者必須要提升組織或部屬的成熟度，否則其領導必定失敗。例如一位校長初接一個績效不彰學校，發現行政職員們一無所長，而教師團體也不知如何設定目標與達成目標。以圖來表示其即在 Q1 的位置。對此，這位校長即必

須立施鐵腕，對於學校之大小事務緊迫盯人，並對不盡職之職員或教師予以指正。換言之，此時宜使用高工作低關係的領導方式。等到學校成員經過校長之指導後，對於目標較為確定，並漸漸具有能力達成。此時其成熟度已提高，分別經由 Q2、Q3、乃至 Q4 的境界。在此情況下，即使校長不採取任何行動，學校依舊向前正常運作。基於此，生命週期領導理論主張學校領導者必須培養其成員的成熟度，以備現時與未來之需。一個身在混亂無主的學校，卻要使用無為而治（低工作低關係）領導類型的校長，其組織效能必是令人慘不忍睹。

　　綜觀生命週期領導理論，其最大弱點乃在情境變數的不周延。雖然 Hersey 和 Blanchard 極其努力搜尋影響領導行為的情境變數，但終究難以周延。此因人類行為複雜多變，希望窮盡所有情境變數，卻同時維持簡單的理論模式，實在難如登天。因此如何尋找其中犖犖大者的指標變數，則成為維持理論強度之必要之舉。此外，Hersey and Blanchard 未將成熟度之意義加以具體化，犯了理論過度化約之弊病。此與生命週期領導理論之評量工具發展並不完整有極大關係。未來如何改進評量工具，使其更客觀與具有效度，乃是刻不容緩之事。

五　四種權變領導理論的比較

　　權變理論之相關模式繁多，以上僅舉四種加以說明。雖不能一窺全貌，但仍可清楚顯示權變論之訴求。綜合分析四種權變理論（詳見表 5.3），可發現以下特點：(1) 皆重視情境因素之影響，並認為戲法人人會變，只要領導行為配合情境需求，不同領導類型皆有創造佳績之可能。換言之，有效能的領導類型並無一定之特質與行為，應依情境之不同來彈性決定領導類型。(2) 四種權變理論皆重視領導者與被領導者之間的關係，並強調宜將被領導者的特質（如成熟度），視為是權變調整領導類型的重要變項，一掃過往將被領導者視為被動角色之主張。權變論提升被領導者之地位，認為充分瞭解被領導者的相關變項，乃是成功

表 5.3 四種權變領導理論的比較

提出學者	理論名稱	主要情境變項	領導方式
Fiedler	權變理論	領導者與成員關係 工作結構 領導者職權	1. 工作取向 2. 關係取向
House	路徑目標理論	部屬特徵 環境變數	1. 獨斷型 2. 成就導向型 3. 支持型 4. 參與型
Reddin	三層面領導理論	領導效能 與上級關係 與同僚關係 與下屬關係	1. 關注型 2. 整合型 3. 盡職型 4. 疏離型
Hersey & Blanchard	生命週期 領導理論	成熟度	1. 高工作低關係 2. 高工作高關係 3. 低工作高關係 4. 低工作低關係

領導的關鍵之一。此種觀念上之突破，開啟之後新興理論如轉型領導之發展。(3) 四種權變理論皆提出改變組織環境，以配合領導者最擅長領導類型之重要性。以學校為例，有效能的校長擅長檢視學校情境的相關變項，並利用適當的領導行為將組織轉變為對自我有利之情境，具有主動出擊之正面性。

六 權變論綜合評析

綜觀以上敘述之各種領導權變理論，其優點乃在將情境因素列為主要中介變項，並不追求最佳領導型態。但嚴格而論，仍有不足之處。舉其犖犖大者，可包括以下四項：

(一)情境變項的整合未有共識

權變論以情境為決定領導行為之重點，但在如何確立與選擇相關情境變項時，卻發生各家學者標準不一難成共識之困境。此因受限於研究背景之差異，權變理論雖將情境因素納入，各學者所主張之情境變項卻多寡不同。即使集合眾家之言，也無法窮盡所有情境因素。此外，即使全盤涵蓋，也會重蹈特質論形成百科全書的弊病。換言之，盡可能加入情境變項，雖可使研究的建構效度增加，但考慮變項愈多，其實用性卻會大打折扣。試想，如果隨時要考慮十項以上的情境變項，校長在決策時定是忙碌異常事倍功半。權變論對於情境變項的整合，未來仍有努力之空間。

(二)理論發展仍侷限於封閉系統

分析權變論之各家理論，除極少數外，所選擇的情境因素仍多限於組織內部之封閉系統。此在組織外在環境日益複雜且影響日深的情況下，權變論之主張與內容並不完備。權變論大家 Fiedler 也承認在決定情境有利度上，未能概括所有的變數。除其所提的三項因素外，其他如團體的異質性、員工專業水準、組織氣候等皆為影響情境的要素，卻未被納入理論中考慮。所以 Chemers and Rice（1974）進而批評 Fiedler 的理論只重內在環境（Fiedler 所提之三變數皆是團體內部的特性），而忽略外在環境變數對情境的影響。由於所設定的情境因素，並未涉及開放系統之組織外部環境，難以反映組織現況，在實務上之運用效果即有所折扣。以學校為例，校長之領導除需考慮內部成員、任務等因素外，外部環境的變遷與潮流，也有舉足輕重的影響力。一位忽視外部變項（如社區意見）之校長，其領導過程必遭抨擊。權變論理論發展侷限於封閉系統的情境因素，未來實有擴充的必要。

(三) 理論驗證性不足

與特質論、行為論相比，權變理論受學者青睞者較少，導致相關驗證研究未達一定數量的問題（詳見表 5.4）。Robbins（1983）的研究即發現針對權變論的情境變數，在測量上確有實質上的困難。例如在不同組織場域中，有時很難認定領導者與員工之間的關係。此外，工作結構高低的判斷也無一定標準，且在決定情境有利度上的正確性方面也待加強。Yukl（2009）認為權變論論點之建構，係基於數個相關理論之發現，然因多數權變理論內容較為模糊，因此較難衍生出可以一再被驗證的論點，各變數的因果關係無法確立，也造成理論驗證性之不足。此外，如以 Fiedler 的主張來論，領導者宜審度情境因素選擇適當的領導型態，此種全面以情境為本的作法，頗為被動且無開創性。領導者若只

表 5.4　權變理論被探討與引介之情形

理論名稱	英文期刊		中文期刊			
			台灣		中國大陸	
	1970 1990	1990 2009	1970 1990	1990 2009	1970 1990	1990 2009
Path-Goal theory（House）	17	10	0	3	0	1
Situational Leadership（Hersey & Blanchard）	17	27	0	9	2	28
Tri-Dimension Leadership（Reddin）	7	20	0	7	1	1
Least Preferred Co-worker Scale（Fiedler）	5	3	0	14	0	3

註：1. 英文以「ERIC（EBSCOhost）」或「Social Sciences Citation Index（Web of Science）」資料庫搜尋 Title，篇數較少者以 Keyword 或 Topic 搜尋。

　　2. 中文（台灣）以「國家圖書館期刊文獻資訊網」搜尋關鍵字。

　　3. 中文（中國大陸）以「中國期刊全文數據庫」搜尋關鍵字。

是遷就情境因素（特別是不利的情境因素），即很難創建具有大格局的領導行為。究竟應以情境掛帥選擇領導型態，或是反之由領導者努力改造情境，以配合其領導理念？實是令人玩味之課題。

(四)實際執行效果有所爭議

權變論雖未若行為論之堅持「最適領導型態」主張，但仍希望領導者在不同情境中選出最適當之領導類型，仍隱含追求最佳答案的色彩。權變理論之相關主張簡明易懂，理論上領導者均可照表操課，但實際執行上卻仍有其限制。權變論主張領導型態之選擇必須依據情境而定，然而實務上卻因為相關因素之錯綜複雜，並非如權變論主張之絕對。隨情境改變所決定之特定領導類型在實際執行後的效果，目前在文獻研究上仍舊有所爭議。

5 個案研究　這裡我作主

前曲

田木國小位於台灣北部，已有近 30 年歷史。由於位處市郊，雖然在全盛時期有 20 幾班學生，但近年鄉村沒落人口外移，再加上少子化，最後僅能成為勉強維持 9 班的小型學校。

在甄錦麗校長就任之前，該校歷任校長均為男性。領導方式則多依照分層負責原則，校長、主任、組長、與老師各司其職而鮮少衝突。前任校長做到 65 歲才屆齡退休，面對學校近年班級數日漸減少的窘況，仍秉持以不變應萬變的原則，並未積極籌謀對策。因此校務經營雖然尚稱平順，但學校卻無突出表現。

序幕

新任校長甄錦麗為 40 多歲之女性，擁有課程研究所之碩士學位。其生長於傳統農村家庭，勤苦好學且頗富才華。先生也是校長，夫妻同時奉獻杏壇，鄉里讚譽有加。甄校長律己甚嚴，凡事要求完美，兼有女性細心的特質，對於自我有極高的期許。

在此之前，甄校長曾任職於一所僅有 50 多位學生的小型學校。擔任校長期間，由於積極發揮領導，在學校本位課程之經營頗具特色，深獲上級長官肯定。調入這所田木國小後，其除積極承辦上級交付之各項活動外，也承續在前所學校的課程領導經驗，成立課程發展委員會，希望藉此發展學校特色與帶動教師專業發展。

甄校長深具女性細心與堅持的特質，經營校務非常注意細節，希望一切均依其要求進行。實務上，其主張校務運作必須要制度化、法治化、與效率化。例如在行政會議與校務會議中，要求各處室做簡報，且報告時間要精準。教導處則必須詳細規劃每週三課程發展委員會之討論流程，報告人應事先將書面資料印給大家，會後之紀錄也需留存建檔。由於過往相關活動多為形式化並未照章執行，校方多讓教師自行排定研習活動，甄校長之新作風逐漸引起校內行政人員與教師的反感，大多消極以對。

努力三年後，校本課程在甄校長強力運作下雖有部分成績，然而行政人員與教師卻也對其敬而遠之，各處主任表面唯唯諾諾，私底下卻與教師同聲一氣的抱怨。教導主任在一場重病後，不僅請辭主任一職並留職停薪在家休養。無奈之下，甄校長於是積極尋覓徵才，最後是賈威延主任雀屏中選。

中場

賈威延年齡約 30 多歲之男性，當時也擁有課程研究所碩士學位。小時候家境富裕，父親傾力培植。中學時期家道中落，因此報考師專以享受公費待遇。由於盡職熱心，畢業後在任職學校被網羅擔任組長，帶領球隊樂團均積極投入而屢創佳績。

賈主任在前所學校擔任總務主任。由於該校校長高升他校，自己考慮原校離家太遠，且當時正在攻讀課程研究所博士班，剛好田木國小離家很近，又是教導主任一職，正可發揮所學。甄校長也是看上賈主任在課程發展之專才，因此特別邀約其至學校擔任教導主任一職。

賈主任來到田木國小後，甄校長更覺如虎添翼。不僅辦理多起上級交辦的活動，也想深耕校本課程，以過去三年的基礎，帶

出成績並以此團隊參加教學卓越獎。為積極達成任務，甄校長提出一個校本課程的行動研究方案，交代賈主任此乃學校亟欲實施的重點。

壓軸

於是，賈主任來到田木國小，開始教導主任的職場生涯。雖然在原學擔任總務主任，教導主任乃是新的嘗試，但其自信以其在課程研究所博士班的專業，應該可以一展長才。然而就職不到一個月，他就發現事情不如想像順利。學校死氣沉沉，在晨會中除了行政人員必要的報告外，大多是校長在說話。有時談理念，有時談他校之作法，更多的是在校務細節上的要求。相對之下，教師多是面無表情，很少有所反應。

令他訝異的是底下兩位組長的消極。教學組長是有吩咐才做，訓導組長卻神經大條，不是這個忘了就是那個不會做。開學不久，就看到校長在未告知他的情況下，直接質問這位組長為何沒有巡視校園或處理垃圾。諸如此類事情平均一星期總有一、兩件。他曾經不只一次與組長溝通，但顯然沒有效果。他懷疑過去教導主任難道沒有想過更換組長，或者校長也沒有想過？後來才知道教師對行政工作敬而遠之，根本無法尋覓人選擔任組長一職。

他也發覺在上陳公文與計畫時，校長批閱鉅細靡遺，每次都會將計畫退回並加註意見。此外，諸如行政會議紀錄、課發會紀錄等也是被一退再退。他曾經就此請示是否需要如此要求完美。甄校長一方面表示她會思索改進，一方面卻回應這樣可以訓練大家更專業與更有效能。賈主任雖然不加辯駁，但面對校長的堅持與行政人員的不以為意，漸感在校務處理上很不得心應手。

更糟的是，每次為了行動研究案所進行的課發會討論，教師們私底下都很反感，認為是校長加諸的額外工作，使其非常為難。也曾經就將此問題與校長討論，但是校長表示過去此校故步自封，但三年來她已打下基礎，希望藉此方案深耕校本課程。其認為改革一定會有陣痛期，希望他配合努力下去。之後，在校長的堅持下，該年度他好不容易遊說幾位老師組成一個團隊，競逐全縣教學卓越獎，但成績並不理想。

終曲

又是一個新學年的開始，甄校長始終堅持其想法經營校務，雖然賈主任多次反應教師想法與行政之難為，但甄校長只是口頭安慰，但實際上並無顯著改變。在此同時，他雖然不只一次建議減少外包教育局計畫，好專心完成校內工作，但校長仍執意對外承接活動，讓行政人員人仰馬翻。在辦公室裡，另一位主任常奚落他：「這麼認真有用嗎？你看校長有聽你的意見嗎？」同時，老師們也常常竊竊私語對校長多所不滿。

就在新學年度 11 月的某一天，賈主任接到教育局電話，希望他們學校能夠幫忙辦理某活動。在毫無考慮的情況下，賈主任直接回絕了。此事稍後被甄校長知道，馬上把賈主任叫到校長室去。沒多久，只見賈主任不發一言而怒氣沖沖的離去。自此之後，兩人關係降到冰點。賈主任顯然豁出去不配合，甄校長所接的對外活動，賈主任即刻意不全力配合，僵持到最後，都要校長出馬收拾爛攤子。

餘韻

經此風暴，賈主任心灰意冷，即在第二年的暑假改調他校。

原主任雖然病假期滿，卻拒絕回鍋擔任主任，只好由訓導組長代理。學校風氣則依舊死氣沉沉。愈來愈多的行政人員與教師，公然拒絕參加校內規劃的研習活動與縣級的比賽活動，校長莫可奈何。更糟的是，該校學生人數仍逐年減少，只能勉強維持 9 班的局面。

註：本個案承蒙政治大學苗栗縣校長培育班學員提供主要內容，併此致謝。

研究問題

1. 試就特質論、行為論、與權變論之角度，評述甄校長領導行為之利弊得失。並剖析其治校不順利之主因何在？

2. 本案中甄校長自視甚高，又有前所學校課程領導的成功經驗，為何來到這所學校無法複製成功經驗？部分人士認為甄校長身為女性，但並無展現其女性領導之優勢，反而因為太注重細節，而引起學校成員的反感。你是同意此種論點？假如你是校長，會如何作為？

3. 假如你是甄校長，作為一位教育領導者，你會如何要求賈主任提供協助？

第六章

整合型教育領導理論

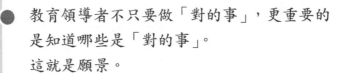

教育領導者不只要做「對的事」，更重要的
是知道哪些是「對的事」。
這就是願景。

　　教育領導理論之發展自 1980 年代之後，出現極大轉變。此時權變
論之相關理論雖仍活躍於檯面，但新興領導理論卻如雨後春筍般冒出，
形成百花齊放之景象。究其原因，乃在對傳統特質論、行為論、與權變
論之不足之處做出修正。發展至今，新興領導理論雖是汗牛充棟，但基
本上卻多具有以下之特徵，茲分述如下：

一　採取整合之走向

　　傳統領導理論皆習慣採取單一重點走向之模式，特意標舉領導者
的特質、能力、行為模式、領導類型、乃至領導者所處之情境脈絡特
性。由於焦點過於集中，遂有瞎子摸象難觀全局之弊。基於此，新興教
育領導理論多半整合各不同焦點，試圖形成更大之視野。即以轉型領導
為例，其內涵明顯具有特質論與行為論之色彩，一方面強調領導者之魅
力，一方面也有知識啟發等倡導行為，具有整合之形式。此外如分布
式領導之兼顧行為與情境變數，道德領導、服務領導之強調領導者特質
（如真誠、正直）與特定行為之主張，皆是整合不同領導觀點的明證。
基本上，傳統專注特定變項（如領導者特質）之走向已有所改變。採取
整合與多元模式對領導進行研究，已成為當今顯學。

二　重視被領導者之領導角色與功能

　　傳統特質論、行為論、與權變論之論述重點皆奠基於「領導者」如何進行領導（部分權變理論雖將被領導者之特質列入考慮，但仍以領導者為主）。相較之下，被領導者即成被動之角色，除了聽命外，完全與領導之歷程無關。新興領導理論多強調被領導者之重要性與角色，認為領導者與被領導者間的角色區分，不應成為領導者獨占之理由。反之，領導者需要導引組織成員自我發展，以成為領導歷程之重要角色。顯著例子如轉型領導之「與成員激勵共成願景」，分布式領導之「對部屬增權賦能」等。透過激勵與成員參與之手段，進而使成員之工作動機由交易式的利益交換，提升至內在自我實現之精神層次。至此，被領導者已成為成功領導歷程不可或缺之一部分，而自願全力為組織付出。至於領導理論如僕人領導、服務領導，則乾脆主張抹去領導者與被領導者之間的角色差別。領導者反而需要虛心就教，以誠意與部屬合作。

三　強調領導者創新與變革之積極角色

　　傳統領導理論主張制度萬能，領導者之權力來源為科層體制與特定法令。基於此，領導者進行「維持」與「守成」之任務最為重要，往往忽略（或不積極）關注組織創新與變革的重要性。與之相較，新興領導理論多主張領導權力之主要來源乃在領導者積極主動創新與變革，如此才真正具有統御全局之權力。因此，新興理論如轉型領導、道德領導、分布式領導、僕人領導等，分從不同角度切入，強調組織願景、激發鼓舞部屬、賦予成員自主能力、重視組織創新與變革等。皆在強調面對詭譎多變的環境，領導者必須扮演積極創新與變革的角色。

　　如前所述，整合型領導理論數量極多，將之分類有其必要。以下即依其內涵分為七群組（請參見表 6.1）。在此要強調的是，沒有一種分類

表 6.1　相關整合型領導之群組摘要表

群組名稱	主要內涵	相關教育領導理論
轉型領導群	強調利用魅力與建立願景，協助成員知識啟發，以將其工作動機提升至自我實現的層次。	魅力領導、願景領導、催化領導、促進領導等。
交易領導群	透過利益交換、給予特權的方式，刺激成員工作動機而令其就範，達到領導者所希望之目標。	領導成員互動理論（LMX 模式）。
道德領導群	領導者利用自我道德修為與特質，將學校轉型為具有服務價值觀之共同團體，進而激勵成員共塑正向價值觀。	倫理領導、真誠領導、靈性領導等。
服務領導群	領導者身體力行，藉由服務成員而建立良好互動關係。進而促使成員甘願犧牲小我，為組織全力拼戰。	僕人領導、默默領導、真誠領導等。
分布式領導群	領導者與成員利用協同之行動共同治理組織，並透過彼此之間的互動與啟迪，形成一個有效能的領導群。	參與式領導、共享領導、合作領導、團隊領導、同儕領導、授權領導、融合領導、柔性領導等。
家長式領導群	領導者在組織中行使絕對權力，但也試圖成為楷模與良師，如家長般關愛部屬。	主管領導、管理領導等。
文化領導群	領導者透過影響成員的基本信念與價值觀，進而形塑正面融合之組織文化。	象徵領導、價值領導等。

方式能號稱完全周延，本書之分類可供參考，讀者也請參酌其他學者之分類主張加以綜合應用。

1. 轉型領導群：在中文相關文獻中，轉型領導亦被稱為轉換型領導、轉化型領導。其中除轉型領導外，與之相關類似的尚有魅力領導、願景領導、催化領導、促進領導等。其中魅力領導雖具強烈特質論之色彩，但因其最後發展與轉型領導合流，甚至成為轉型領導主張之一部分，故加以合併敘述。轉型領導理論群之特點為強調協助或催化成員進行本質之轉變，將其工作目標提升至自我實現的層次，與領導者彼此激勵共同實現組織願景。

2. 交易領導群：與之類似的包括「領導成員互動理論」（leader-member exchange model，簡稱 LMX 模式）。基本上，交易領導群服膺社會利益交換之理念，深信透過交易互惠、給予特權的方式，即可刺激成員工作動機而令其就範，達到領導者所希望之目標。因此，實務上，此類領導者多以胡蘿蔔與棍子交互使用，以創造領導者之絕對權威。此外，LMX 模式之領導者會建立「自己人」團體，並施以額外資源，換取圈內成員之忠心與奉獻，也是利益交換之明顯作法。交易領導雖服膺交換論之主張，但卻為 Bass 等學者同時所提出之領導理論，主張即使身為轉型領導者，有時也具有交易領導之部分作為。為使讀者有更全面之瞭解，故將在同一節合併加以敘述。

3. 道德領導群：與之類似的包括倫理領導。道德領導理論群強調領導者利用自我道德修為與特質，將學校轉化為具有承諾、奉獻、與服務價值觀之共同體，進而激勵成員共塑組織價值觀，甘心全力投入工作而非僅是唯命是從。

4. 服務領導群：與之類似的包括僕人領導、默默領導、真誠領導等。服務領導理論群之特點為主張領導者應以僕人自居服務他人，與提升組織成員服務他人的能力。領導者不能高高在上，而應身體力行。藉由服務組織成員所建立之良好互動關係，使成員也甘願成為僕人而犧牲小我，為他人與組織全力服務。

5. 分布式領導群：與之類似的包括參與式領導、共享領導、合作領導、團隊領導、授權領導、融合領導、柔性領導等。分布式領導理論群主張將領導者與其他成員之間的權力關係模糊化，利用協同式之行動以產生累積性動力。強調透過彼此之間的互動與啟迪，即能使領導群成為一個創造的整體，產生遠大於領導者唱獨腳戲所能產生的成果。

6. 家長式領導群：與之類似的如主管領導。家長式領導群具有父權主義與人治主義之傾向，領導者在組織中權力獨大，但也具有

教誨式領導之特色。領導者試圖成為楷模與良師，會像父親般憐愛與體諒部屬，因此常產生例外照顧與徇私現象。由於家長式領導為華人社會相當普遍之領導類型，故特別以專節加以討論。

7. 文化領導群：與之類似的包括象徵領導、價值領導等。文化領導理論群主張領導者應該透過影響成員的基本信念與價值觀，進而形塑正面融合之組織文化，以適時進行組織改革。換言之，其牽涉到組織與個人價值觀之調和，領導者藉著各種儀式、符號、言詞、行動彰顯組織文化之訴求。此外，領導者也必須創建各種溝通管道與機會，促使成員瞭解組織文化中之主要理念與價值觀，進而融入其中。理論上，象徵領導與價值領導均可視為是文化領導之一部分。

以上七群整合型教育領導群，實未能含括所有相關理論。此因1980年代之後，新興領導理論如過江之鯽，種類繁多且難以聚焦。有的僅就一個領導層面加以擴大，並冠上極為新穎之名，但最後卻如流星般一閃即逝。以下僅就主要領導群加以敘述，其中除文化領導已介紹於第3章第三節，其餘六群均呈現於本章。讀者可以在各理論之敘述中，分析其彼此間主張之異同。

第一節　轉型與交易領導相關領導理論

回顧歷史，發軔於20世紀初的行政管理理論，多以科學實證為基礎，而較忽略員工之深層心理需求與想法。這時期之管理理論最具代表者如Taylor（1911）的科學管理理論（theory of scientific management）、Fayol（1949）的行政理論（administrative theory）、與Weber（1946）的科層理論（theory of bureaucracy）。Taylor主張人類工作的主要動機在獲得經濟利益，故須實施按件計酬制。即依部屬個人

的工作績效支薪，才能提高部屬的工作士氣與效率。Fayol 則強調應給予組織成員公平合理的報酬，才能使組織與員工雙方皆產生滿意感。Weber 的理論主要在強調領導者與部屬之間的階層關係，力主實施公正嚴明與賞罰分明的領導方式。三者之領導主張均強調如何有高效率的組織產出，而忽略了部屬高層次之心理需求如認同感、成就感、自我實現感等。

　　此種現象在之後的管理理論行為科學時期，也未有顯著改變。此時期之研究焦點如霍桑研究，開始思考如何滿足部屬的心理需求，但其最終所使用之手段與酬賞形式仍停留在物質層次，其中包括給予部屬調高薪資、創建良好工作環境、暢通升遷管道等。再以傳統之領導研究之特質論、行為論、與權變論主張加以分析，其中如特質論之積極尋找領導者的英雄特質；行為論之俄亥俄州立大學的 LBDQ 相關研究；權變論之 Fiedler 的權變理論與 House 的路徑目標理論，其主軸皆深具交易領導的色彩。推其原因，乃在其建構領導理論之假設，多認為領導者與部屬雙方雖各擁有籌碼（但並非一定勢均力敵），但其中主動出招者多是領導者，部屬乃處於被動之地位。基本上，此些理論主張組織必須透過資源互換的方式使得部屬有所斬獲（不管是金錢或是特權），如此才能賓主盡歡達成組織目標。

　　綜上所述，早期領導理論多屬上對下關係之探討，型態多屬於交易領導的範疇。「胡蘿蔔與棍子」乃是傳統領導者之兩項利器，依據部屬聽話與否，分別以獎勵與懲罰的手段來逼其就範。此種主張在 Blau（1974）所提出的社會交換理論（exchange theory）中集其大成。其理論主軸為假設事物背後必有其代價，而所有人類行為，乃是一種給予與接收的平衡關係模式。在決定進一步的行動前，人們會理性衡量交換的代價與後果，而朝向對自我最有利的方向進行選擇。此種主張實為典型交易領導的核心概念。

　　基本上，交易領導係領導者以利益交換的手段，誘使部屬就範以達成既定目標，領導者乃居於主動優勢地位。為使交易領導順利實行，

領導者必須以各種獎懲手段以滿足部屬的需求。此種理念在各種反實證論（antipositivist）典範（如人文主義、批判理論）興起後，即遭到巨大挑戰。學者紛紛提出有別於傳統以獎懲與利益交換的領導方式，開始倡導領導者與成員之間共同建立組織目標，並以激勵鼓舞與個別關懷的方式，激發成員為組織奉獻心力。其中如心理學家 Maslow（1955）提出之需求層次論（hierarchical theory of needs），主張人類之需求相互關聯，在較低層次之需求（生理需求、安全需求、社會需求）滿足後，較高層次之需求（尊重需求、自我實現需求）滿足才會出現。接著，Herzberg（1966）也提出激勵保健理論（motivator-hygiene theory）。其主張真正影響組織成員工作滿意度之因素並非只有薪資、工作環境、與升遷等保健因素（hygiene factor），員工所感受之成就感、滿足感等激勵因素（motivator factor）更為重要。在此之後，Downton（1973）出書提到「叛逆領導」（rebel leadership）之理念，強烈質疑商業組織中，以資源交換為手段之領導效能。其看法深刻影響之後的轉型領導理念。

一　轉型領導與交易領導之理論基礎

最早具體揭櫫轉型領導理念的學者為 J. M. Burns。其認為唯有透過轉型（transformation）之方式，才能將領導者與成員相互提升至較高的道德與動機層次（Burns, 1978）。其不但就此開啟轉型領導理論之發展，也對日後相關學者（如 Bass、Leithwood 等）有極大影響。轉型領導主張重視成員之信念價值與共塑願景，超越了傳統重視領導者單方面利用獎懲以約制部屬之交易領導。轉型領導為使成員具有共同之組織願景，主張領導者必須積極發展理想與影響力，激發成員才智，關懷部屬需求，以藉此引出工作意義，促使部屬在工作觀念與價值上有所轉型。其結果即是希望成員超越自利的獲得酬賞心態，進而與領導者共同建立願景，積極參與組織改革。轉型領導強調領導者應促使成員改變工作理念，幫助部屬實現願景，進而超越自我利益，願意為

組織多盡一分心力。

實務上，轉型領導的理念對於教育行政與管理的影響頗深。進入 21 世紀後，隨著學校本位管理、教學領導、與知識管理等教育改革觀念的興起，校長的角色必須重新定位，其領導的形式與內涵也產生巨大變化。Sergiovanni（1992: 4）即曾主張「真正的領導者全力做對的事，而非僅止於把事情做對」（real leaders concentrate on doing the right thing, not on doing things right）。其中即凸顯作為「領導者」與「管理者」不同之處，也點出新時代對於領導者具有願景之期盼。

轉型領導之出現，適可以補此不足。以往交易領導注重成本效益的分析與權力的交換。下屬必須服從命令，才能如願獲得酬賞或避免懲罰。此外，領導者也必須擁有資源，才能換取下屬的合作。轉型領導則不同，其不但顧及下屬的基本需求，更進一步試圖激發並鼓舞員工的動機，使其能自我實現，而超越原先預期的表現。就此而言，轉型領導的積極性遠超過於交易領導。

然而值得注意的是，轉型領導與交易領導看似光譜之二極端，但並非互斥之理論，實務上兼採兩者極為常見。Burns（1978）提出轉型領導的概念，並將領導直接劃分成轉型領導與交易領導兩種。針對於此，Yukl（2009）即批評將轉型與交易領導嚴格區分，雖有助於瞭解兩者側重之領導精髓，但也令實務界形成涇渭分明之領導二因理論，將複雜的領導行為過度簡化。另一位轉型領導的主要學者 Bass（1985），則主張轉型領導可說是交易領導的擴大與延伸。其認為轉型領導與交易領導雖在理念上有別，但並非絕對互不相容與對立。領導者可視個別之情境與時機交錯運用。基本上，交易領導或可使用於維持較低層次之管理目標（例如確保上班不遲到），轉型領導者則可實施於組織願景之發展，與提升成員之自我實現需求上。

簡言之，轉型領導者兼具交易領導的特徵，但交易領導者卻未必具有轉型領導的內涵（Bass & Avolio, 1989）。Bass（1990）發現轉型領導有助於在高壓力下的積極性領導。由於轉型領導強調協助成員轉變，

使其工作目標提升至自我實現的層次，因而更能使組織進行改革，以應付紛至沓來的四方壓力。相較之下，交易領導或可提供成員所要的立即需求與滿足，但多屬救火性質而缺乏實質改變，長期之功效令人質疑。基本上，轉型領導並未取代交易領導，而是擴大交易領導的效果。其可解釋部屬之主動積極與領導效能增加的結果（Waldman, Bass & Yammarino, 1989）。

轉型領導與交易領導的交疊現象在中文研究中也得到證明。例如張慶勳（1996）的研究發現學校校長轉型領導（其稱為轉化領導）與交易領導可區分為：(1) 偏向轉化領導；(2) 偏向交易領導；(3) 轉化與交易領導平衡運用的三種領導型態。其中第三種即是兼採兩者之類型，顯示學校領導者並不排斥兼採轉型領導與交易領導之形式，此外，秦夢群、吳勁甫（2006）利用後設分析的方法，分析台灣 1995-2005 年相關探討校長轉型領導、交易領導、與教師工作滿意關係之博碩士論文。其中發現從行為表現分析，校長多半具有轉型領導之事實與行為，但卻有程度上之差異。整體轉型領導與工作滿意的平均效應量約為 .68，整體交易領導與工作滿意的平均效應量則大約是 .59。顯示校長在治校時，會同時採用轉型領導與交易領導，以提升教師之工作滿意度。兩者相較，無論在整體與各分層面與工作滿意的相關上，轉型領導皆高於交易領導。

從理論的發展來分析，轉型領導之相關理論基礎相當龐雜，並不具有完整具體的大型理論作為基礎。1970 年代末，許多新興領導理論傾巢而出，其中包括魅力領導（charismatic leadership）、促進領導（facilitative leadership）、願景領導（visionary leadership）等，皆引領風騷一時，並對轉型領導理論之奠基有顯著影響。當時各種領導理論並起，互有交疊與雷同之處，例如 Avolio and Gibbons（1988）即認為魅力領導與轉型領導有混淆重疊之處，遂直接乾脆將之命名為「魅力／轉型領導」（charismatic/transformational leadership）。Bass（1985）的研究也指出魅力與願景皆為構成轉型領導的要素。魅力領導、促進領導、願景領導之相關理論與概念，最後多被轉型領導所吸收，但其聲名與影響

力日後卻反而落居轉型領導之下，演變過程相當令人玩味。

以下即先就魅力領導、促進領導、與願景領導之基本主張加以敘述，以瞭解形塑轉型領導的相關領導概念。

(一)魅力領導

魅力領導之理念可溯源於 Weber（1947）的理論。其提出魅力式權威（charismatic authority）的概念，以有別於傳統式權威（traditional authority）與法定式權威（legal authority）。魅力權威係指部屬因知覺領導者超凡之特質，進而心甘情願追隨奉獻之影響力。之後，House（1977）首先提出魅力領導的理論架構，包括之面向主要為領導者行為、情境變數、與追隨者反應。Conger and Kanungo（1987, 1988, 1998）則主張魅力之產生是領導者與追隨者互動之產物，乃是一種歸因現象，即成員認為領導者之特質或行為具有使其產生自我認同（personal identification）的魅力，進而不計代價而為組織效命。魅力領導強調具有強烈的獲勝心，並對於完成組織目標深具自信。其希望能因之吸引部屬而使之產生信賴感而加以追隨。此種訴求在轉型領導之相關層面中多有所呈現（參見以下之轉型領導的層面敘述），兩者概念有相當重疊之處。有關魅力領導之相關理念，將在本節最後一部分再加詳述。

(二)促進領導

促進領導的觀念係由 Dunlap and Goldman（1991）提出，又被翻譯為「催化領導」，主張領導者應扮演化學過程中催化劑的角色，適度引導成員共同完成組織任務。換言之，領導者之功能不在命令與指揮，而應集中全力發展有效策略，以催化成員齊心協力為組織效力。如以舞台表演為比喻，領導者扮演之角色並非台前主角，反而類似穿梭其間的總管。在舞台上，成員掌控表演，領導者宜避免扮演一夫當關的角色，但卻必須瞭解問題如何被解決。

要實施促進領導，組織必須先蛻變成為一種動態而容易被引導改

變的環境。欲達此境界，領導者催化之功能極為重要。其可藉著塑造遠景、團隊經營、成立溝通網絡、提供回饋等策略激發部屬，進而以授權的領導方式來提升成員共同合作的能力，最終達成提升組織效能的目的。

以學校為例，Lashway（1995）即指出當今學校本位管理的思潮，已改變校長高高在上指揮的傳統角色，而要求其營造成員共同參與決定的組織文化。促進領導主張領導權力係「透過」（power through）成員展現，而非對成員「行使」（power on）權力。校長不應直接主導學校課程與教學的重大決策，而應該提供支持的環境，讓教師能獲得支援而心無旁鶩的完成專業任務與活動。

由以上敘述可知，促進領導與轉型領導之「激勵共成願景」、「知識啟發」等層面極為相近。其強調成員共同參與決定的主張，頗為符合近年來學校本位管理的思潮。然而催化過程需要時間和耐性，對於需要有短期明顯成果的組織，則顯得遠水救不了近火。促進領導之精髓多被轉型領導所吸收，因此被單獨提出研究之次數相對較少。但其強調領導者催化之功能仍不應被忽視。

(三) 願景領導

自 1980 年代以降，願景（vision）一詞已成為行政與管理領域耳熟能詳的流行語。按照字面，其可被詮釋為視野、遠見、或洞察力（Edward, 1992）。實務上，願景可被定義為是「符合組織與環境特性、反映高度理想、形成組織共識、明確論述、且深具開展性的組織發展遠景」。此定義有以下特點：(1) 由於願景乃針對組織未來發展所形塑，自然必須符合時代之思潮與內外環境的脈絡需求，以適時回應組織之演化；(2) 願景之形塑乃是未來導向，必須具有理想與企圖心，以提升組織的發展高度；(3) 願景導引組織未來之努力方向與目標，必須取得成員間之共識，如此才能集眾人之努力加以實現；(4) 為了能確實執行，願景之內涵必須清楚論述，以方便成員在認知後，進一步激發其努力動

機。願景之設定，必須在組織成員深信可達成或願意接受挑戰之範疇之內。此外，既為願景，應有一定之開展性與高度，才夠反映未來組織改革的崇高理想性與獨特性，進而融為組織文化之一部分。

　　基於願景之特殊性質，願景領導極為重視領導者與部屬共同建構明確的願景，並希望雙方為實現願景而共同努力。組織願景牽涉到共同的價值、信念、與目標，能夠讓組織超越目前的情境，描繪未來的發展藍圖。願景領導促使組織運作的焦點由現況的維持，轉移至未來的改革與成長。具有願景，組織成員之間方能建立「平台」（platform），確立未來發展之圖像。因此，願景領導者強調發展共同的價值與目標，鼓舞成員接受挑戰，凝聚團體共識，以共同促進組織永續發展。基於此，Lashway（1997）指出願景領導者的必要條件為：(1) 領導者心中具有一定之願景；(2) 領導者對願景有高度的承諾；(3) 領導者必須兼具指引者與促進者的角色；(4) 領導者能夠將願景加以制度化；與 (5) 領導者必須以思維、言語、與行動來實現願景。

　　綜上所述，願景領導希望達到以下功能：(1) 描繪組織未來發展藍圖，以確立組織運作之目標與任務；(2) 與組織核心價值結合，激勵組織成員實現組織改革目標；(3) 發展具體策略，結合理想與實務，以幫助組織成員朝著願景方向邁進；(4) 側重不同時空及環境之配合，藉由確立組織願景與核心價值，發展組織特色與建構正面積極之組織文化。

　　應用於學校組織中，願景領導對於開創未來助益極大。如同航海之指南針，願景反映學校各種成員（校長、行政人員、教師、學生、家長、社區人士）對於未來的集體意識與渴望，進而導引出共同的價值觀與信念。願景所勾勒出的理想圖像，提供學校向前改革的方向感，促使成員依其心智建構出對未來發展的特定期待與景象。Chance（1992）即針對學校發展願景，主張有四個階段，其中包括：(1) 個人願景的自我評鑑；(2) 學校的願景宣言；(3) 溝通願景；(4) 維持願景。基於此，身為領導者之校長，必須隨時學習新知，積極與成員溝通形成共識建立願景。更重要的是，學校的願景必須反映其特定價值與脈絡，方能凝聚成

員集體認同的價值信念。此可對未來學校發展形成溝通共識，而不至囿於傳統束縛而裹足不前。

由以上論述可知，魅力領導、促進領導、願景領導等新興領導主張，皆已跳脫社會交換理論以利益交換成員付出的作法，而強調以激勵鼓舞、知識啟發、建立願景、與關懷成員的方式，引導成員對組織無私奉獻，進而發展高層次的自我實現。此類概念皆被轉型領導所吸收，而宛如成為集大成者。此也是轉型領導在新興領導理論中，最被研究者青睞之主因。

歸納轉型領導的主要訴求，乃在希望領導者藉由建構願景與激勵鼓舞的策略，使部屬主動與甘心為組織奉獻心力。要達此目的，相關作為如提升成員工作動機、確立組織價值觀、革新組織結構、給予部屬個別關懷等，均是踐履轉型領導的必要之舉。轉型領導強調經由組織願景的塑造與高層價值的傳遞，促使成員對工作產生正向承諾，進而使組織有效轉型而脫胎換骨。基本上，轉型領導之主要訴求可歸納如下（秦夢群，2010）：

1. 領導者應具有願景，而不僅限於短期利益的獲得。
2. 鼓勵部屬提升其目標與動機至較高層次，而不僅限於立即交換所得的報酬，以希望其達到自我實現的境界。
3. 運用各種方法激發部屬的知識，使其在思考問題上更具創造力，以獲得高層次的分析能力與遠見。
4. 領導者試圖改變現有的組織環境，跳脫以往的窠臼，重新檢視組織與成員的興革能力。
5. 引導部屬成長，給予適當的個別關懷，使其有遠見與信心承受更多的責任。進而促使部屬在自我成長中漸漸養成領導者的架式與能力，在組織的更新推動上產生助力而達成組織目標。

二　轉型領導與交易領導之意涵

轉型（transformation）一詞，意味著蛻變、轉換、重構、與再建之意。實務上，其代表組織由舊的狀態系統，轉變至新的狀態系統，而展現不同的風貌。轉型概念應用於領導理論，即可引申為領導者帶領組織產生顯著質變，進而推升至更高之境界。例如最早提出轉型領導概念的Burns（1978），即認為轉型領導是領導者訴諸較高層次的願景與意念，藉由激發部屬內在之自我實現，使其由「一般自我」提升到「更佳自我」的領導形式。換言之，轉型領導之目的在超越現實的契約關係，而將組織提升至更高精神境界。領導學大師 Yukl（2009）也主張轉型領導的重點在影響成員工作態度之實質改變，進而對組織目標建立奉獻之承諾。其看法也顯示轉型領導乃是一種提升工作思想層次的過程。

另一位主要學者 Bass（1985, 1990）則認為轉型領導係領導者藉由增加成員信心與工作價值，逐漸將其需求提升至成長與成就需求，進而為組織付出額外的努力。交易領導則側重在增進成員完成工作之動機，並接受其基本需求與慾望。交易歷程包括運用誘因與獎勵，亦包括對獲致獎懲結果之強化。長遠而言，轉型領導對於組織的任務、結構、與成員努力表現等，較有顯著之助益。

同時代的其他學者也有類似之看法。例如 Hater and Bass（1988）主張轉型領導之焦點乃在部屬對領導者具強烈的認同感，並共同建構發展願景。部屬在領導者的影響下，超越過往以順服來獲取報償之原始自利心態，而形成根本性的轉變。Roueche, Baker, and Rose（1989）則將轉型領導定義為是一種藉由願景塑造成員價值、態度、信念、與行為，使其對組織使命更具承諾的過程。領導者對未來提出構想並與成員共享，鼓勵成員追求成就，並在互動的歷程中賦予成員更多之自主，以促使其自我實現。

華文學者對於轉型領導加以定義者不在少數，但卻大同小異。例如林合懋（1995）認為轉型領導是指追求卓越、促進創新、並讓組織與成

員轉變成功的領導行為。張慶勳（1996）將轉型領導定義為領導者以前
瞻遠景、個人魅力，運用各種激勵策略，激發部屬提升工作動機，並提
升部屬工作滿足的一種領導。濮世緯（1997）則將之定義為領導者以前
瞻的願景與魅力，訴諸道德理想與授權部屬，同時運用各種激勵策略，
以提升部屬工作動機及高層次的心理滿足，並帶動成員追求卓越、創
新、突破現狀的領導行為。詹益鉅（2001）認為轉型領導係指領導者擁
有良好的人格特質，善用各種統御方法，具有前瞻的視野，塑造優質文
化，激勵部屬關懷部屬，讓部屬願意不斷學習與付出心力，追求組織共
同願景而努力，以達精緻與卓越組織之理想。

綜上所述，可將轉型領導定義如下：「領導者以其魅力與前瞻的願
景，運用各種激勵策略，提升成員知識與工作動機，進而有效達成組織
目標的領導形式」。

在以上之定義中，明確指出轉型領導之發展願景與激勵部屬共同成
長之特質。Bennis and Nanus（1985）的研究中發現具革新精神的領導
者多使用發展願景、傳遞意義、信任部屬、與發展自我之策略。轉型領
導者將成員的集體能量集中於組織共同願景之追求。經由組織內外、正
式與非正式之溝通網絡，整合互異之想法，並運用修辭與儀式傳達給成
員。由於領導者言行一致，其行動與願景之價值相符，成員因之對新願
景產生信任感與承諾，加上領導者賦予成員較大之自主空間，其自我發
展之機會自然較高，組織也因而受惠。

另一位學者 Sergiovanni（1990）則指出轉型領導者與部屬相互激勵
的形式，可使部屬轉變為領導者，領導者則轉變為道德的促進者。轉型
領導啟發領導者可以提升部屬道德價值與高層次需求，其中如自主、
自尊、正直、責任、與自我實現等。Leithwood, Tomlinson, and Genge
（1996）指出轉型領導所欲改變的，並非止於提升彼此的動機，而在於
「追求更好改革」的價值信念。Leithwood, Jantzi, and Steinbach（1999）
則認為轉型領導之核心在於激勵成員之承諾與能力，並重視組織生產
力、效率、與持續改善之能力。Malone and Caddell（2000）以學校為

例，主張轉型領導之主要目標，乃在塑造教師轉化為一位轉型領導者。教師對學生之願景乃在希望其不斷進步，教師應當轉化有意義的知識給學生，當班級發生真實的改變，教育改革才算成功。

三　轉型與交易領導之層面與因素

(一)交易領導之相關層面

　　轉型領導與交易領導在概念上有極大之差異。綜而言之，轉型領導側重提升部屬的期望與需求，領導者與部屬之間的關係乃建立在共享之願景上。轉型領導者藉由改變組織文化，使得全體成員轉變為具有願景的改革者。與之相較，交易領導則強調領導者與部屬間的關係，乃基於資源互換的過程，彼此之間只有爾虞我詐的利害關係。交易領導以利益為導向的領導型態，忽略部屬組織認同度與組織原創力，並不利於組織之永續經營。其主要層面由 Bass and Avolio（1990）編製之量表資料因素分析結果，可以一窺究竟。其中包括兩個主要層面，茲分述如下：

1. 後效酬賞（contingent reward）：係指部屬在完成既定目標後，領導者所給予的正增強歷程。按其性質，又可分為承諾的後效酬賞（promises）與實質的後效酬賞（rewards）兩類。前者係指領導者對部屬的保證，答應其在達到一定表現後給予獎賞；後者則在部屬完成行為後，視其表現論功行賞。後效酬賞在一般追求業績的商業公司中最常被採用，紅利制度的建立即是明證。

2. 例外管理（management-by-exception）：此係對部屬的不當行為給予負增強的對待，其手段不外處罰或剝奪獎勵。依其性質，例外管理可分為主動（active）與被動（passive）兩種。前者為在部屬行為歷程中，預見或察覺其錯誤，隨時伺機加以處理；後者則是在部屬行為已完成後，對其未達目標之事實予以處罰。

　　在教育組織中，傳統領導者往往喜用後效酬賞或例外管理為手段，以達成使部屬就範的目標。其中如考績制度的實施、校內資源的分配（聽話的教師就能得到較多的行政支援）等，皆為交易領導的實施。基本上，此種方式雖可暫時維持組織的運行無礙，但僅限於守成的狀態。面對學校內外環境的變遷，成員實難產生遠見與創造力。此因領導者與部屬之間的關係僅限於資源的交換。此種「利字擺中間」的心態，對於學校成員的向心力與原創力，實是最大的殺手。

㈡領導成員互動理論（LMX）

　　與交易領導理念頗為相似的是「領導成員互動理論」（leader-member exchange model，簡稱 LMX 模式）。其係由 Graen, Cashman, and Haga（1975）所提出，主張領導者對待部屬乃是有差別待遇的。LMX 模式假設領導者與成員之間乃是上下一對一之垂直二元對應（vertical dyad）關係。組織中，領導者與員工自然形成內部互動（in-group exchange）與外部互動（out-group exchange）兩大集團（參見圖6.1）。領導者與內部互動團體成員之間緊密結合，彼此互信而組成生命共同體，對於外部互動團體成員，則是若即若離缺乏親信關係。就此而論，LMX 模式與家長式領導在華人組織中即相互呼應，形成差序格局的特性。內部互動團體成員視為自己人（in-group），可以委託重責並給予額外資源；外部互動團體成員則為外人（out-group），公事公辦外，相關重要之事務（尤其是主管切身權力之相關運作），則往往將之排除圈外（Kreitner & Kinicki, 2004）。

　　換言之，LMX 理論主張在組織中，領導者會根據各種因素，刻意將部屬歸類。對於自己人，領導者會給予較多的機會、資源、關心、信任、授權，並給予較高的評價。基於投桃報李之心理，成員也會給予具體的回報，其中包括較高的組織認同感、投入、與工作表現。相較之下，領導者對外人部屬，多僅限於形式上的互動與公事公辦的原則，領導者與部屬之間較缺乏實質的人際信賴與情感。此類部屬只獲得工作所

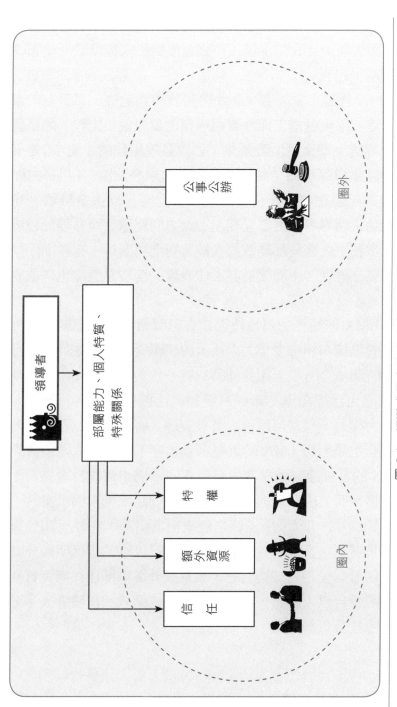

圖 6.1　領導成員交換理論之圈內圈外圖

需之基本資源、因此多半止於達成工作之基本要求，不會產生額外的付
出與貢獻。影響所及，此類部屬工作滿意度與投入程度較低，領導者對
其評價也較差。

根據 LMX 理論，領導者並非始終居於主動地位。事實上，當領導
者交付工作時，部屬會依工作性質與所獲之資源做一比較。如果感到兩
者之間是對等的，即產生激勵效果（如校長重用我的才能）。如果不對
等，即可能產生負面情緒（如校長令我做無米之炊）。在另一方面，領
導者也會觀察部屬在交付任務後的表現與反應，以決定接續之關係模
式。就此而論，領導者與部屬互相左右對方的反應，而非限於領導者單
方面決定。實務上，有些部屬較擅長經營對上的關係，有些則較差。領
導者對於部屬之態度，不僅限於其工作表現，部屬之態度也是重要影響
因素。

此外，LMX 理論也認為情境因素會影響領導者與部屬之關係。其
中包括組織的結構、領導者權力大小、與組織文化等。先就結構而論，
由於領導者時間精力有限，因此同時只有一定人數的部屬能夠成為自己
人。倘若自己人已經額滿，新成員要加入之機會就不高。此外，領導
者若具有較大權力，通常可以獲得較多資源，有利於發展自己人團體。
至於組織文化也是影響 LMX 的重要因素。在不同文化或價值觀的組織
中，對 LMX 的各種面向重視度會有所不同。例如傳統日本公司比較重
視員工忠誠度，而美國公司則比較強調員工的組織投入與承諾。

在學校組織中，LMX 所主張之現象相當明顯，在缺乏額外資源與
絕對權力的情況下，公立學校校長依賴「自己人」的程度明顯升高。部
分教師也是衝著對校長之知遇之恩，願意額外從事卻往往無實質利益之
付出。如何經營自己人團體，使之發揮一定之績效，並使外人不至於起
而抵制，常令校長費盡思量。

(三) 轉型領導之相關層面

轉型領導與交易領導不同，強調提升部屬的目標至自我實現的境

界，而不僅受限於酬賞的取得。其主要因素經 Bass and Avolio（1990）所編製的「多因素領導問卷」（Multifactor Leadership Questionnaire，簡稱 MLQ）分析，發現包括以下四個以英文字母 I 起頭的因素：

1. 魅力（idealized influence）：係指領導者具有遠見與活力，因而成為被部屬崇拜學習的理想對象，甘心遵照其指令完成業務。
2. 激發動機（inspirational motivation）：係指領導者運用其魅力，有效傳達組織的利基優點。使員工在樂觀與希望中，瞻望未來的發展，並因之產生強烈的工作動機與向心力。
3. 知識啟發（intellectual stimulation）：係指領導者鼓勵部屬在知識上的追求增進，培養更大的創造力，並對過往任務績效的再思考，以在工作行為上更加圓熟。
4. 個別關懷（individualized consideration）：係指領導者針對部屬需求給予個別關懷，使其覺得深受重視而更加努力。領導者並因而與部屬建立特別關係，而不僅限於資源之交換，促使成員感到自我與組織融為一體。

根據 Bass and Avolio 所歸納之因素，Avolio（1999）的研究試圖以 1,000 多位參與者，描述理想領袖所採用之領導內涵，其發現結果即涵蓋轉型領導的四個主要層面。其中包括：(1) 魅力源於領導者果斷、冒險之特殊性格；(2) 激發鼓舞源於提供意義與挑戰、勾勒有前瞻性的願景、形塑期待感、創造自我實現之應驗、與更高瞻遠矚之思維；(3) 智識啟發來自於鼓勵成員運用直覺創造願景、且運用不同方式解決問題；(4) 個別關懷來自主管每天對於成員有所回應、對其福祉之關懷、依據成員之需求與能力安排職務、意見之雙向交流、給予即時支援、與鼓勵成員發展自我等。

在其他學者之研究部分，Bennis and Nanus（1985）指出轉型領導具有以下四個層面：(1) 發展願景：領導者能與部屬建立共同願景，激發鼓舞部屬的信心、決心、與動力；(2) 傳達意義：領導者透過溝通傳

達訊息，使部屬凝聚共識，同心協力達成願景；(3)信任：領導者言行如一，作為部屬的榜樣，雙方互相信任並為實現願景而共同努力；(4)自我發展：領導者與部屬分從組織工作與活動中發展專業，進而創造發展，促進自我實現。

在其領導相關之專著中，Yukl（2009）指出轉型領導的層面可分為發展願景、承諾與信賴、與促進組織學習三個層面：

1. 發展願景：領導者透過經驗分析與組織需求，將各成員的意見加以整合，以建立有理想性與可執行的願景。

2. 承諾與信賴：領導者透過說服與激勵的方式傳達願景，調整組織結構，以身作則而取得成員信任，加強成員對組織的承諾。

3. 促進組織學習：領導者不斷學習並帶動組織學習，以開展個人及組織的創新能力。組織成員從學習中獲得經驗，獲得創造發展的機會，終而能與領導者共同在組織中創新發展。

上述研究之對象多為一般行政機構。針對教育組織，Leithwood（1992）則主張在學校情境中，轉型領導應包含六個實務層面。其中包括：(1)釐清與闡明願景：領導者把握並釐清學校發展契機，並激發願景；(2)增強對群體目標之接受性：領導者促進成員合作，並協助他們朝向共同的目標一起工作；(3)提供個別化的支持：尊重成員、並關心其個人情感與需求；(4)智識啟發：激發成員重新檢視其工作價值，重新思考其行事方式；(5)提供適當楷模：設定範例或準則，以提供成員追隨領導者所信奉之價值；(6)高度的表現期望：領導者期待成員具有卓越品質與高成就之表現。

之後，Leithwood, Tomlinson, and Genge（1996）更進一步探討轉型領導之架構，其中包括轉型領導之前置變項、實施歷程、與效果變項。其中前置變項包括內部過程（影響領導者行為之個人特質、人口變項特徵、能力、與思考過程），與外在影響力（包括正式訓練、非正式社會化經驗、教育政策、組織成員組成、與社會輿論）。實施歷程為領導者

實際表現出符合轉型領導之特質，而效果變項則為領導者對整體學校組織與學生學習成果所產生之影響。

　　在中文相關研究部分，林合懋（1995）利用 MLQ 量表，以企業界357 人與學校 472 人為樣本，發現轉型領導可分為七個因素，其中包括親近融合、遠景與吸引力、承諾與正義、激勵共成願景、尊重信任、知識啟發、與個別關懷（前三者與 MLQ 的魅力因素相仿，四、五兩因素則可被視為是激發鼓舞）。就整體而論企業與學校主管的差異部分，前者的轉型領導行為較後者為多。相關部分問卷內容請參見表 6.2。

　　在交易領導方面，則可區分為五個因素，分別是：(1) 被動例外管理；(2) 承諾的後效酬賞；(3) 主動例外管理；(4) 實質的後效酬賞（互惠）；(5) 實質的後效酬賞（表揚禮遇），基本上和 Bass and Avoio 的分析結果類似。在所有因素中，最常見的是主動例外管理。在企業與學校主管的差異方面，前者在承諾的後效酬賞與實質的後效酬賞（互惠）兩因素上較多，後者則在被動的例外管理與實質的後效酬賞（表揚禮遇）兩因素上較多。整體而言，無論是企業或學校，愈是有轉型領導表現的主管，愈會同時使用交易領導的方式來管理部屬，足見兩者之間關係的密切。此種現象也經張慶勳（1996）的研究所證實。其以國小教師為研究對象，發現校長多以兼採轉型與交易領導之權變方式，但轉型領導比交易領導更具有領導效能。

　　除此之外，蔡進雄（2000）也針對學校研究，指出校長轉型領導有以下五個重要層面：

表 6.2　轉型領導問卷部分內容（知識啟發層面）

他對問題能深思熟慮，並以行動克服解決，我從他那裡學到東西。 他不墨守成規，能營造有創意的環境，讓我們發揮想像力。 他會主動爭取或發掘人才，並樂於傳授經驗。 他本身不斷進修，擷取新知，很有上進心，影響成員，帶動風氣。 他會激發成員靈感，使我們相互觀摩，分享成功經驗，刺激學習。

資料來源：林合懋（1995: 307）。

1. 建立願景：校長能預見學校未來的發展，提出前瞻性的遠景，並將願景傳遞給老師。
2. 魅力影響：校長具有親和力及自信心，言談之間會散發出影響力，做事有擔當且有魄力。
3. 激勵鼓舞：校長表現出激勵鼓舞的行為，對教師深具信心，並勉勵教師見賢思齊，發揮所長。
4. 啟發才智：校長會營造開放的環境，鼓勵教師以創新的方式思考問題。主動發掘人才，樂於傳授經驗，本身也不斷進修，帶動學習風氣。
5. 個別關懷：校長能體恤教師的辛勞，主動聆聽教師的心聲，表達適度關心，並提供個別協助。

綜上所述，可知轉型領導乃是以前瞻的願景與魅力，藉由授權部屬與運用各種激勵策略，以提升教師知識與工作動機，並帶動成員追求創新的領導行為。以學校為例，整合各方說法（如林合懋，1995；張慶勳，1996；蔡進雄，2000；濮世緯，2003；Bass, 1985, 1990; Leithwood, 1992），可將轉型領導歸納成四個大層面：

1. 魅力：係指校長能運用其特殊性格與氣質，令人尊敬與且獲得部屬認同，最後達成使命之遠見。其可再細分為兩因素：(1) 親近融合：校長具有幽默風趣與友善親和之吸引力特質；(2) 願景與承諾：校長以自信與前瞻之遠見，展現做事的投入與承諾。
2. 激發鼓舞：校長經由鼓舞及分享共同目標，喚起與提升教師追求成功之動機，進而產生領導的影響力。激發鼓舞也可細分為兩因素：(1) 激勵共成願景：校長常提出構想創見，激發團隊精神並與教師分享勉勵；(2) 尊重信任：校長能充分授權，尊重成員專業自主，並由討論中化解歧見，進而達成共識。
3. 智識啟發：藉由喚起並改變教師對問題的認知及解決方法，使其在思想、想像力、信念、與價值觀上獲得啟發，並在面對問題的

解決上，具有更高的能力。

4. 個別關懷：係指校長關心成員的獨特發展需求與個別差異，除了體認與滿足其當前需求外，並積極幫助成員發揮個人潛能與專長。

四　校長轉型與交易領導之相關研究

轉型領導的最初研究大多集中於企業界。此因美國在 1980 年代受到外國廠商激烈競爭，促使其必須研究如何在困境中質變重生。當時研究發現交易式的酬賞與例外管理，對於績效的提升乃是暫時且有限。反而是強調建立願景、提升高層精神價值、與塑造正向組織文化的轉型領導，更能激發成員之信任感與對組織之承諾。此種發現遂使轉型領導研究一時在商業組織運作上成為顯學。

相較之下，教育相關轉型領導之研究雖起步較晚，但成果也屬斐然。針對相關中文論文資料庫、外文 ProQuest 論文查詢系統、與 ERIC 資料庫之搜尋結果，皆可發現以校長轉型與交易領導為研究主題之論文數量極為豐碩，可說是教育新興領導理論的超級巨星。由分析可知，在 1990 年代之前，相關校長領導行為之研究，仍多以 LBDQ 雙層面領導理論（即關懷取向與倡導取向）為主要研究架構。然而轉型領導自 1980 年代興起後，教育相關研究則如雨後春筍般紛紛出爐。由於篇數繁不勝舉，以下僅列出國內外近年主要的校長轉型與交易領導研究成果加以敘述。

參酌國內外學者的研究結果，可以發現校長多半採取轉型領導與交易領導互用之形式。實證研究發現，校長轉型領導與學校組織氣候、學校文化、教育革新、教師工作動機、家長參與、與學校創新經營之間皆有顯著的相關，並能有效促進教師工作投入。基本上，校長轉型領導與多項組織結果變項有所關聯。限於篇幅，以下僅就轉型領導者特質、校長是否同時採用轉型與交易領導、轉型領導與組織結果變項（職業倦怠、工作滿意度、學校組織氣候、與學校效能）等部分加以簡述。欲進

一步研究之讀者，還請參酌相關論文以獲取更為詳盡之資料。

(一) 轉型領導者特質

經由觀察研究，Tichy and Devanna（1986）指出轉型領導者具有以下特質：(1) 視自我為組織改變的媒介；(2) 為審慎的冒險家；(3) 相信部屬且深刻覺知其需求；(4) 能闡明自我行為之核心價值；(5) 有彈性且敞開心胸，能從經驗中學到教訓；(6) 擁有認知技能且具備思考能力；與 (7) 充滿理想與遠景並相信直覺。此外，Bryman（1992）發現轉型領導者的個人屬性如下：(1) 英俊的外表；(2) 動人的眼神；(3) 吸引人的聲音；(4) 不凡的口才；(5) 充沛的精力；(6) 高度的自信；(7) 過人的耐力；與 (8) 敏銳的直覺。

此外，依據學者 Jantzi and Leithwood（1996）、Yukl（2009）的觀點，轉型領導者所具備的人格特質包括正直、誠實、果斷、迅速執行、不屈不撓、勇於冒險革新、自信積極展現、以身作則、與具有公義與道德之行動。Liontos（1992）則發現轉型領導者具有主動傾聽成員聲音而表現真誠關心的特質。當成員達成工作目標時，其不會吝於稱讚及表達感激之情。張慶勳（1996）指出轉型領導者具有吸引人的魅力、自信、幽默等特質，可以激發成員對組織忠誠及參與的能力。其身體力行之態度也會贏得尊敬與信賴，而成為組織表率。Ogle（2000）則在個案研究中，發現轉型領導校長具有理想願景、主動與教師溝通、與激勵教師在職進修之特質。相對的，教師也會因之持續提升自我，營造出良好的學校氣氛。

(二) 校長同時採用轉型與交易領導之研究

成功校長是否同時採用轉型與交易領導？經研究應是肯定的。例如 Chadwick（1999）研究公立學校校長轉型與交易領導對於學校文化之影響。其以五個公立學校成員為樣本並施予兩種測驗，其中包括：(1) 多因素領導問卷：共測量九個層面（魅力、理想化影響力、智識啟發、個

別關懷、激發鼓舞、權變獎勵、主動例外管理、被動例外管理、放任管理），與三組結果變項（工作投入、效能、滿意度）；(2)組織描述問卷，測量組織中交易與轉型領導的成分。結果顯示發現轉型與交易領導與學校文化之間具有顯著相關。其中魅力、權變獎勵最能預測成員滿意度、工作投入、與組織效能；領導魅力則最能預測組織文化。

　　此外，Dickerson（2003）研究則是以公立小學校長轉型領導、交易領導、與教師班級經營風格的關係為主題。有趣的是，其結果發現校長之領導方式並不會影響教師之班級經營風格。Layton（2003）研究美國中等學校校長之轉型領導行為、學生學習成就表現、與教師工作滿意度之關係。結果發現中學校長轉型領導與學生學習表現之間並無顯著關係，但轉型領導卻使教師願意為學校付出更多心力，甚而對無報酬之加班也心甘情願。

　　學校轉型領導相關之中文研究開始於 1990 年代初期，且多半與交易領導合併探討。例如林合懋（1995）比較學校與企業主管之轉型領導差異，結果發現除了「激勵共成願景」層面在二者均為少見外，企業主管的其他轉型領導層面分數，多高於學校主管的表現。在交易領導部分，除了「主動例外管理」層面二者均為多見外，企業主管在「承諾的後效酬賞」與「實質的後效酬賞（互惠）」上均比學校主管為多。學校主管則在「被動例外管理」與「實質的後效酬賞（表揚禮遇）」的使用上，較企業主管為多。研究亦發現無論是在學校或企業界，愈是具有轉型領導行為表現之主管，愈會同時運用交易領導來管理部屬，也會同時利用親信行為來對待部屬。

　　彭雅珍（1998）探討台北市國小校長領導風格、教師工作價值觀、與教師組織承諾之關係，結果發現校長轉型領導行為與教師組織承諾呈現正相關。校長交易領導除「被動例外管理」與教師組織承諾為負相關外，其他向度與教師組織承諾亦呈正相關。此外，校長可同時兼具轉型領導與交易領導行為。在同一年，白麗美（1998）的研究發現校長運用轉型領導，能有效激發教師工作動機。此外，國小校長領導風格呈現兩

極化之現象。採行「高轉型高交易」領導風格的最多，採行「低轉型低交易」領導風格次之。校長領導風格對教師工作動機有顯著影響。與之相仿，劉雅菁（1998）研究國民小學校長運用轉型領導之情形。結果發現國小校長運用轉型領導可以促進領導效能。國小校長運用轉型領導應循發展遠景、關懷成員、激勵士氣、營造民主、鼓勵學習、與激發才智等原則，且應採取齊頭並進同時實施之方式。

黃傳永（1999）研究台灣台北縣市校長轉型領導與家長參與學校教育之關係。結果發現教師知覺校長之轉型領導偏向中高程度，而校長轉型領導對家長參與學校教育有正面影響力。蔡進雄（2000）則調查國民中學校長轉型領導、交易領導、學校文化、與學校效能關係之關係。發現國民中學校長轉型領導、交易領導、學校文化，對學校效能具有顯著之預測作用。其他類似研究如張宏毅（2001），其探討台北縣市國民小學校長轉型領導與學校效能之間的關係。結果發現校長轉型領導對整體學校效能具有高度解釋力，其中以「激發潛能」最具有預測作用。張昭仁（2001）則以國小校長轉型領導、交易領導、與學校組織學習能力之關係為研究主題。結果發現國小教師知覺校長轉型領導之層面，以激勵鼓舞最高，依序是形塑願景、智能啟發、個別關懷、魅力影響。性別、職務則對知覺校長轉型領導有顯著相關。郭逸瑄（2003）研究高中校長領導行為與教師賦權增能之間的關係，結果發現大部分高中校長皆偏向採用轉型領導，其中以「激勵鼓舞」最常用。不管是轉型領導或交易領導，皆有利於提升教師之賦權增能。

(三) 職業倦怠

在校長轉型領導與職業倦怠之相關研究方面，Seltzer, Numerof, and Bass（1989）要求 271 位受試者於「個人壓力症狀評估」中陳述其所經歷之頭痛、疲勞、失去胃口、無法鬆弛等症狀，並同時填答「職業倦怠問卷」與「多因素領導問卷」。結果發現受試者壓力感受與倦怠感之間達 0.58 相關。此外，歸結在所陳述的壓力症狀中，計有 14% 及 34% 對

倦怠的覺知係可歸因為缺乏轉型領導，與過於頻繁實施交易領導中之例外管理。

此外，Bass（1990）則發現轉型領導有助於在壓力下產生有效能的領導，並同時主張轉型領導擴大了交易領導。轉型領導在協助個人、團體、與組織處理衝突上頗有建樹。此因轉型領導者協助成員超越當前之自我利益，提升其目標至自我實現層次，其職業倦怠程度自會降低。此外，轉型領導者會以個別關懷的方式將危機轉化成一種發展性的挑戰，運用智識啟發來提供成員之思想創意與對壓力情境的適應之道，以避免其產生防衛或負面的態度。

濮世緯（1997）研究國小校長轉型領導、教師制握信念、與教師職業倦怠之間的關係。發現在轉型領導各層面上，校長的高轉型領導行為能提升教師的個人成就感，進而降低教師職業倦怠感受。此外，校長的高個別關懷行為除了能提升教師個人成就感外，還能降低教師職業倦怠之情緒耗竭感受。在另一方面，校長之高交易領導行為則會增加教師職業倦怠之非人性化感受層面。

㈣工作滿意度

根據分析，相關的研究成果顯示轉型領導與工作滿意度之間呈現正相關，其對於工作滿意度亦具有預測力。King（1989）以幼稚園到高中教師（K-12）與高等教育教師為研究對象，探討轉型領導與交易領導對組織效能、滿足、與組織氣氛之間關係。結果證實 MLQ 量表在教育上有其適用性，且高等教育的領導者較 K-12 的領導者運用更多的轉型及交易領導。此外，轉型領導能預測 K-12 與高等教育之教師工作滿足感與組織效能。

在校長轉型領導、交易領導、與教師滿意度之研究方面，Greenlee（1993）以準實驗法對 Oklahoma 州立大學學生事務相關單位施測，結果發現不同之領導方式（轉型領導或交易領導），對相關單位之人員工作滿意度之提升並無顯著差異。與之相反，Hatchett（1995）則探討 22

所美國小學校長之轉型領導與教師工作滿意度之關係，結果發現轉型領導的確有助於提高教師之工作滿意度。Barnett, McCormick, and Conners（2001）的研究則進一步發現轉型領導中之「個別關懷」層面，與教師工作滿意度有極大關聯。之後的數個研究皆同時發現校長轉型領導與教師工作滿意度之間有顯著正相關，轉型領導行為確實有助於提升教師工作滿意度（Algaier, 2003; Amoroso, 2002; Dono- Koulouris, 2003; Felton, 1995; Martino, 2003）。

　　近年中文相關校長轉型領導、交易領導、與教師工作滿意度之研究亦紛紛出現。例如陳秋容（2001）探討國民小學校長轉型領導、交易領導、與教師工作滿意之關係，發現校長轉型領導、交易領導、與教師工作滿意之間具有相關。其中轉型領導之「個別關懷」、「啟發」、「魅力」三個向度，可以有效預測教師工作滿意度；交易領導之「權變獎賞」向度，可以有效預測教師工作滿意度。周佳慧（2001）的研究發現國小體育教師知覺校長領導風格與其工作滿意度有顯著相關存在。朱淑子（2002）的研究指出國小校長轉型領導、交易領導、與教師工作滿意度之間有顯著的典型相關，且具有聯合預測力。梁丁財（2002）指出國民小學校長轉型領導與教師工作滿意度具有正相關，當校長轉型領導行為愈多，則教師之工作滿意度愈高。其中校長轉型領導的「願景激勵」層面對教師工作滿意度最具預測力。

(五)學校組織氣候（氛）

　　相較於交易領導注重成本效益與權力交換，轉型領導更關心員工道德與內在需求之高層次滿足，以激發其承諾與潛力。組織氣候乃是一種組織內部成員互動後所呈現之態勢，而領導者之行為對其影響甚大。就此而言，國內外研究多指出轉型領導與組織氣候之間具有顯著之關係。例如 Jensen（1996）研究小學校長轉型領導行為與學校氣氛之關係，發現校長轉型領導與學校氣氛呈顯著正相關，且其與教師的開放性相關。Chirichello（1997）探究紐澤西州 1993-1996 年辦學成功小學之校長轉

型領導與教師知覺之組織氣氛之間的關係，結果發現具有轉型領導校長之學校，其組織氣氛乃是開放的、支持的、融洽的，與合作的。Lucas（2001）的研究則側重在檢定校長轉型領導、學校領導團隊轉型領導、與學校文化之關係。資料來自 12 個中等學校之 475 位教師與 47 個學校領導團隊成員。研究發現校長與學校領導團隊在運用轉型領導，以形塑正向學校文化上扮演關鍵角色。校長在確認與表達願景、提供適當的模式上最為重要；領導團隊在提供智性刺激、保有高度期待上最為重要。校長與領導團隊在強化組織群體目標，與提供個別化支持上，具有共同之影響力。

之後，Madison（2002）探討紐澤西州小學校長之領導風格、學校氣候、與教師工作滿意度之關係。其運用「多因素領導問卷」來測量領導風格，以「小學組織健康量表」（Organizational Health Inventory for Elementary School, OHI-E）來測量組織氣候。結果發現當組織健康量表之「機構自主性」愈高，教師愈傾向努力營造健康的組織氣候。Mooney（2003）則利用問卷調查法，探討美國賓州小學在轉型領導與組織氣候之間的關係。結果發現轉型領導與開放性的學校組織氣候具有相關性。此外，研究也顯示轉型領導的各層面，尤其是個別關懷、知識啟發，與正向的學校組織氣候具有高度相關性。

在中文研究部分，何淑妃（1996）以台灣桃竹苗地區國小校長轉型領導與學校組織氣氛關係為主題，結果發現：（1）教師知覺之轉型領導各層面與交易領導各層面之間呈現正相關；（2）教師所知覺的轉型領導各層面，分別與疏離性、干擾性、與監督性的組織氣氛呈負相關，而與革新性、同事性、與親和性的組織氣氛呈正相關；（3）教師在革新型的學校組織氣氛中，比在投入型、隔閡型、與封閉型的學校組織氣氛中，較常知覺到校長的轉型領導行為。張毓芳（2002）則以台北縣國小為對象，探討校長轉型領導與學校組織氣候的關係。發現校長轉型領導與學校組織氣氛各層面具有密切的相關，且台北縣市國民小學屬於「高度」轉型領導的學校，其組織氣氛較「中度」與「低度」轉型領導的學校開放。

(六) 學校效能

根據 Bass（1990）的假設，轉型領導者可藉由增強成員信心，提升其對工作結果的重視與價值感，進而為組織付出額外的努力。其結果乃是組織會產生更高的效能。此種看法在日後之相關研究結果中得以證實。例如 Rodgers（1993）以美國 1991-1992 年獲選為藍帶學校（Blue Ribbon School，代表辦學績優者）的小學為對象，探討轉型領導與有效能學校之間的關係。研究發現轉型領導乃是有效能學校校長的重要特質，為推行轉型領導提供了強力支持。Leithwood（1994）回顧轉型領導的研究後指出，轉型領導與成員對領導者的知覺（包括領導者效能、對領導者的滿意度），以及成員的額外努力行為之間具有顯著的正相關。此外，轉型領導與成員之心理狀態（包括承諾、心理壓力、控制壓力）、組織整體效果（包括組織學習、組織改善、組織氣候與文化）、以及教師知覺學生表現之間也有顯著正相關。Gepford（1996）則以美國南卡羅萊納州之低社經背景學校為樣本，探討校長領導風格與辦學成功之間的關係，結果發現不管是在高效能或低效能的學校，採行轉型領導者，會比採用交易或放任領導者，具有較高的學校效能與辦學成功的機率。Hendersh（1996）探討美國校長轉型領導與教師專業成長之間的關係。結果發現轉型領導的校長，會視教師的專業成長為學校組織發展的重要關鍵。

相似之研究如 Yu（2000）以轉型領導與香港教師對變革承諾之關係為研究焦點，結果發現轉型領導之校長在變革的執行過程獲得較多教師之支持。Lester（2000）則發現轉型領導是帶領小學走向變革之關鍵，其重要向度包括分享願景、分享決策、分享領導、分享知識。

之後，Layton（2003）以美國印第安那州的中間學校（middle school）為研究對象。發現校長轉型領導能夠提升教師滿意度，提高教師知覺校長效能的程度，與促進教師更加努力的意願。此外，在校長運用轉型領導的中間學校中，大多具有良好的組織文化。Marks and Printy

（2003）則將轉型領導與教學領導的觀點加以整合，藉以探討校長領導與學校效能之關係。其發現校長轉型領導是教學領導的必要但非充分條件。當校長領導能夠將轉型領導與分享式教學領導加以整合運用時，更能促進學校的效能。Griffith（2004）以小學教師與學生為對象，探討校長轉型領導與學校教職員工作滿意度、教職員流動率、與學校效能之間的關係。結果發現以教職員工作滿意度為中介變項，校長轉型領導與學校教職員流動率有間接負相關，同時卻與學生測驗成就有間接正相關。此外，學校教職員工作滿意度愈高，少數族群學生與非少數族群學生之學業成就差距則愈小。

在跨國研究部分，Chin（2007）利用事後分析（meta-analysis）的方法，探討學校轉型領導與教師工作滿意度、學校效能、與學生成就之間的關係。在分析 28 篇台灣與美國的相關期刊與學位論文後，檢視平均效果量（mean effect sizes）之大小，發現學校轉型領導確實對於教師工作滿意度、學校效能、與學生成就，具有顯著的正向效果。

轉型領導對於學校運作效能之影響，中文相關研究也多指出具有正面效應。例如張慶勳（1996）發現運用轉型領導可以直接影響學校組織效能，或是透過學校組織文化影響學校效能。其乃是國小校長進行改革的主要領導策略。此外，採用高轉型領導的校長並未完全放棄交易領導之採用。兩者之間的關係，呈現互補現象。

濮世緯（2003）探討國民小學校長轉型領導、學校文化取向對學校創新經營成效之影響。結果發現校長轉型領導有助於學校創新經營之實踐。其中轉型領導之「智識啟發」、「激勵共成願景」、「願景與承諾」對整體學校創新經營最具預測效果。研究亦發現轉型領導與學校文化取向同為學校創新經營所需要。若校長轉型領導能同時促成團隊式與權變式的文化風格，將更有助於學校之實務發展。詹幼儀（2004）則以九年一貫課程變革為例，研究國民小學校長轉型領導與教師變革接受度。其研究發現教師對校長轉型領導的知覺屬於中高程度，以「承諾與正義」層面最高，且小學教師所知覺校長轉型領導與九年一貫課程變革接受度

之間，具有顯著正相關。

　　吳育綺（2006）以高雄市公立國中教師為研究母群，探討校長轉型領導、組織創新、與學校效能之關係。結果發現校長轉型領導愈高，則組織創新程度愈高，也同時形成較高的學校效能。此外，校長轉型領導與組織創新之程度，可以預測學校效能。秦夢群、吳勁甫（2009）的研究則發現具有高校長轉型領導及高學校組織健康特性的學校群，其學校組織效能較佳。此外，利用中介效果模式分析，顯示校長轉型領導可以間接透過學校組織健康的中介作用，對學校組織效能形成正向的顯著影響。

五　魅力領導

　　魅力領導（charismatic leadership）由於具有傳統英雄特質論的色彩，在歷代文獻中多有所記載。可說是出現極早且深具影響力的領導類型。追根溯源，魅力（charisma）一詞乃源自於希臘文，係指諸神所賜與人類的天賦異稟。社會學家 Weber（1947）即指出領導者之魅力可產生權威，而使成員心甘情願的加以追隨。魅力式權威與傳統式權威、法定式權威不同，乃是一種領導者所具有的超自然與不尋常力量，透過精神的感召，而吸引眾多的追隨者，進而產生特殊的權力關係。宗教領袖與門徒之間的關係多以魅力的權威為基礎。（秦夢群，2010；Bryman，1992）。換言之，由於魅力被視為是一種與眾不同的氣質，往往因其超凡神聖與常人難以企及的事實，進而轉換成對他人之影響力。其並非來自傳統或法定的權力，而係源於追隨者因對領導者特殊稟賦氣質的認同，受到感召進而支持領導者的作為。實務上，具有特殊魅力的領導人會提出自我看法與願景，追隨者因認同其超凡性而受到感召，並心甘情願加入團隊助其實現。

(一)魅力領導的基本概念

　　在 Weber 之後，學者對魅力領導之爭辯有增無減。此因 Weber 所

定義之魅力領導，多限於宗教與政治表面現象而有過於窄化的現象。此外，其對魅力領導之過程與內涵也缺乏深入闡釋（Conger & Kanungo, 1998）。經過多年之研究與論爭，學者於 1980 年代後逐漸意識到魅力領導乃是領導特質論、歸因理論、與自我概念理論的混合體（Bass, 1985; Conger & Kanungo, 1987; Shamir, House, & Arthur, 1993）。換言之，領導魅力來自互動的過程，必須要追隨者將領導者之特定行為歸因為超凡而具特殊氣質時，魅力領導才會產生。傳統特質論認為只要領導者單方面具有英雄特質，即能成功領導創建新局。與之相較，魅力領導則主張部屬對領導特質的歸因與認同，才能建構整個領導過程。領導者之「天賦異稟」未經追隨者之認同，其領導效用則僅止於自吹自擂的地步。

由以上敘述可知，魅力領導之實現，乃是領導者與追隨者之間對於領導行為之歸因現象。所謂領導魅力，乃是一種可藉追隨者反應，而被觀察的行為與過程。其基本上是一種歸因現象，決定於追隨者對領導者行為的知覺。具有魅力特質的領導者，多半具有高度的領導效能與員工工作滿足感。除此之外，領導行為發生之情境也居重要地位。追隨者是否將領導行為認定為魅力，常取決於特定之情境。魅力領導之形成，需要領導者、追隨者、與情境三方面達成一致性後方能成局。如果領導者秉持的願景具有開創性，且基本上能為追隨者所肯定，則其被歸因為魅力領導者的可能性就較高。反之，維持現狀或僅做些微改變之領導者魅力多半較低（Conger & Kanungo, 1998）。

基本上，魅力領導探討之重心乃偏向領導行為的情感與象徵層面。實務上即在希望瞭解為何成員能夠超越物質報酬的需索，而義無反顧的追隨領導者達成組織目標。在過程中，成員的付出早已超越所獲得的物質報酬，其額外奉獻之原因耐人尋味。如非領導者之特質與作為有其魅力，成員在「情感」上將很難被激發。

「魅力」一詞的概念可散見於社會與政治學的文獻，用來描述領導者以其超凡的能力來獲得追隨者的忠誠，與無條件獻身於領導者的效應。為研究其個中三昧，House（1977）首先以專書篇章提出魅力領導

的理論架構，其中包括之面向主要為領導者行為、情境變數、與追隨者反應。其認為魅力領導者具有的領導特質如下：(1)強烈的權力慾望；(2)高度的自信心；(3)堅持自我的信仰與理想。在另一方面，魅力領導者的追隨者會產生如下的反應：(1)認同領導者的信仰；(2)毫無保留接納領導者；(3)甘心服從領導者並對之產生感情；(4)熱情投入工作任務中；(5)相信自我對工作之成功有所貢獻；與 (6)能設定高績效目標。

　　基本上，House 所提出之理論架構雖缺乏對影響過程之探討，但卻開啟了 1980 年代後魅力領導理論之發展與實證研究（Yukl, 2009）。魅力領導與其理念相近之轉型領導、願景領導同時成為學者研究之焦點。例如 Bass（1985）經實證分析後，即主張「魅力」乃是轉型領導的主要因素之一，Bennis and Nanus（1985）則將其相關理念稱為願景領導。之後，魅力領導之相關理論模式不斷發展，其中令人矚目的有 Conger and Kanungo（1987）的魅力領導歸因理論（attribution theory），與 Shamir, House, and Author（1993）所提出之魅力領導自我概念理論（self-concept theory）。由於其與 Weber 所提出之魅力理念有所差異，故 House and Aditya（1997）將之稱為「新魅力領導理論」（neo-charismatic theory）。相關學者如 Conger（1989）、Conger, Kanungo, and Menon（2000）、與 Shamir 等人（1992, 1998）陸續發展魅力領導行為量表（部分問卷參見表 6.3），並進行實證研究來印證所提出之理論模式與增強適用性。茲將兩者分述如下：

表 6.3　魅力領導相關問卷部分題目

校長行事充滿自信，勇於負責。
校長在面對困境時，能有正面思考，不會逃避畏縮。
校長對自己能力有信心，足以克服學校困難與障礙。
校長待人親切，具親和力。
校長能信賴老師，也對老師的表現具有信心。
校長的形象良好，能得到老師的認同和肯定。
校長是值得我效法的對象。
校長具有良好的品德和修為。

資料來源：丁鳳珠（2008: 192）。

1. 歸因理論

其為 Conger and Kanungo（1987）首先提出，並在 1988、1998 年的著作中再加以擴充詮釋。兩人主張魅力之產生是領導者與追隨者互動之產物，其是追隨者接受領導者非凡能力之感受，而非對任務成功的理性判斷。魅力是一種歸因現象，即成員認為領導者之特質具有使其產生自我認同（personal identification）的魅力，進而不計代價而為其效命。此種吸引力的產生必須根基於領導者的特質、行為、與情境三者間的配合。領導魅力係決定於部屬觀察領導者表現後的認同程度。領導者的魅力可由以下四個變數決定：(1) 領導者所建立的未來願景與現況差距的程度；(2) 使用革新（非傳統）手段而可完成變革的程度；(3) 實際評估環境資源與限制的程度；與 (4) 運用領導手段激勵部屬共成願景的程度（Conger & Kanungo, 1998）。

實務上，因魅力而產生吸引力的行為包括：(1) 領導者依組織發展提出與眾不同，但仍能被成員接受之願景。其與現狀有明顯之差異，但卻不致過於激進。(2) 領導者常出奇制勝，使用非傳統之作法解決問題。(3) 領導者在達成目標的前提下，願意自我犧牲與甘冒風險，以身作則而取得成員的肯定，並將積極正向之情緒帶入整個組織。(4) 領導者對提出之願景達成方案展現高度自信與熱心，使成員相信其有能力實現願景。(5) 領導者放棄威權式的命令模式，而採用溝通與訴求之方式說服成員，以使其心悅誠服為組織效力。魅力領導之基本主張請參見表6.4。

2. 自我概念理論

自我概念理論為 Shamir, House, and Author（1993）所提出，內容乃修改增補 House（1977）所提出魅力領導的理論架構，並補充說明歸因理論中領導行為與部屬效應之間的互動影響機制，特重追隨者的動機及其與領導者之間的影響過程。Yukl（2009）分析自我概念理論對於人類動機（human motivation）有以下四項假設：(1) 行為是個人感覺、價

表 6.4　魅力領導之基本主張

管理階段	魅力領導行為構面	追隨者效應
環境評估階段	對環境脈絡之覺知	聚焦於領導者： 1. 對領導者之尊敬。 2. 對領導者之信任。 3. 對領導者之滿足。
	對部屬的需求之覺知	
願景形塑階段	建構結合部屬需求之共享願景	聚焦於追隨者： 1. 組織認同感。 2. 組織績效認知。 3. 感受被賦與權力。
實現階段	甘冒風險與自我犧牲之行為 採取非傳統的革命手段	

資料來源：改寫自 Conger, Kanungo, & Menon（2000: 760）。

值觀、自我概念的表達，其是務實與目標導向的；(2) 個人自我概念係由社會認同與價值觀所組成；(3) 人類行為乃藉由提升個人自尊及價值觀而造成本質上的驅動；(4) 人類行為也因維持自我概念與其行為之間的一致性，而產生本質上的驅動。

　　相較於歸因理論，自我概念理論雖承認自我認同乃是追隨者受到魅力領導者影響的途徑之一，但更強調激發動機與心理交互影響的過程。歸因理論所主張的自我認同，認為追隨者透過模仿所認同的領導者行為，進而努力以期待達到領導者的超凡氣質與作為。就此而論，其間之影響乃是由個人擴散至全體。自我概念理論則將影響過程擴大，主張可利用社會認同（social identification）、內化（internalization）與自我效能感（self-efficacy）等方法途徑來實現領導者的影響力。

　　先以社會認同為例，領導者行為若對追隨者產生影響力，即能創造成員之社會認同。其一旦被建立，成員會以加入組織為榮，將個人的努力與群體的成敗加以連結。如有必要，成員會把組織的需求置於個人之上，犧牲在所不惜。個別成員具有強烈社會認同，即會點線成面，形成整體組織的正向共享價值、信念、與規範。基於此，魅力領導者常藉由各種符號、儀式、典禮、與過往英雄事蹟，以增強成員的社會認同，並

因之創造改革的組織文化。

　　在內化部分，當組織目標與成員之個人價值觀能夠互相唱和，即產生內化過程。由於成員對領導者具有高度認同度，組織目標與任務，在其眼中即更具意義性。換言之，此時成員已將其工作與組織榮辱融為一體，組織之功業即為成員之自我實現。此種個人與團體界線的消失，乃是內化過程的極致。成員不再是散漫的個體，藉由眾志成城之力，再創組織績效高峰。

　　相較之下，自我效能感則是指個體自覺能夠達成任務目標的信念，可分為個人與群體兩種。個人自我效能感高，自然其付出之意願愈強。相對之下，群體自我效能則指成員經由共同努力之後，能夠達成超凡表現的信念，信念愈高，則成員間彼此合作完成目標之意願就更強。實務上，魅力領導者可以藉著宣揚與標舉組織之成就，以增強集體自我效能。綜上所述，自我概念理論主張魅力領導絕非只是領導者散播魅力的單向行為，其是領導者與成員之間的雙向交流過程。剛開始領導者主掌大局，然而隨著追隨者逐漸內化之過程，之後成員也能創造組織新文化，而為隨後之變革提供所需動力。

　　魅力領導模式與理論的相關研究大興於 1980 年代。主要探討課題集中於魅力領導的構面為何？魅力領導產生之過程為何？領導者具有之特質為何？研究發現魅力領導者以其與眾不同的特質與能力，尤其是在組織的危機時刻，能夠解除危機而創建新局。茲將魅力領導的內涵與特質分述如下：

(二)魅力領導的內涵與特質

　　以理論發展的過程加以分析，新魅力領導理論之範疇可含括轉型領導理論、魅力領導的歸因理論、與願景領導理論。三者之研究學者多有所重疊，主要內涵也互有涵蓋。舉例來說，魅力領導的主要理念與轉型領導異曲同工，皆希望以崇高的理念與願景為權力來源以影響部屬，進

而使其心甘情願的為組織付出。有別於傳統科層理論以獎懲為迫使部屬就範的手段，魅力領導與轉型領導皆採用創造願景與激發部屬的策略。事實上，轉型領導的主要學者如 Bass and Avolio（1990）即認為魅力乃是轉型領導四個構面中的一項，其與激發動機、知識啟發、與個別關懷三個構面，共同組成轉型領導的核心。由此可見兩者關係之密切。

對於魅力領導者的特質，學者各有所論述。House（1977）即用了四項特徵來描述具有魅力之領導者。其中包括：(1) 支配性的；(2) 具有強烈感染的；(3) 充滿自信的；與 (4) 具有強烈的個人道德觀。研究魅力領導最力的 Conger and Kanungo（1998）則描述魅力領導者乃是對達成目標給予承諾，具有非傳統行為、果斷且有自信的人。其應是積極改革之領導人而非現狀之維持者。為探討魅力領導的內涵，Conger and Kanungo（1998）編定相關問卷，並數次利用因素分析統計，最終提列出魅力領導的五種構面如下：

1. 願景與清楚表達（vision & articulation）：魅力領導者有理想的目標與願景，深信只要實現願景，未來即會比現在更好。此外，其能以深入淺出之方式來闡述組織願景的重要性。
2. 對環境的敏感度（sensitivity to the environment）：魅力領導者能對環境的限制和改革所需要之資源加以評估，並分析其利弊得失。
3. 對成員需求之敏感度（sensitivity to member needs）：魅力領導者擁有知覺部屬個人需求的能力，並會適度回應部屬的需求與情感。
4. 承擔個人高風險（personal risk）：魅力領導者願意承擔較高的個人風險，不惜付出高昂代價與犧牲，自我奉獻以成就願景。
5. 非傳統行為（unconventional behavior）：魅力領導者擁有領袖氣質，會從事被眾人認為是嶄新、不落俗套、打破框架的行動。

在研究魅力領導者的生理特質上，Bryman（1992）發現其多具有磁性動人的聲音、豐富的表情、發光的眼神、與強烈肢體動作。這些特

徵再搭配流利的說話技巧，瞬時即能激發他人的情感與認同。具有超凡魅力的領導者往往有化繁為簡與畫龍點睛的能力。類似案例如美國黑人民權領袖 Martin Luther King（金恩博士）在演說時，只以「我有一個夢想」（I have a dream）的簡單口號，即清楚表達希望種族融合之無窮深意。2009 年當選美國總統的 Barack Obama（歐巴馬）也以「我們可以」（yes, we can）一語席捲政壇，成為入主白宮的首位有色人種。魅力領導者善於利用符號、比擬、以及故事與眾人進行溝通和交流，往往具有強烈的反理性與反傳統色彩，常被當道視為標新立異。

綜合相關文獻之發現（如 Conger & Kanungo, 1998），魅力領導者有以下之關鍵特徵：

1. 強烈自信：魅力領導者對其執行能力與建立願景，有充分的信心，深信自我能完全達成目標。

2. 願景建立：魅力領導者會依據理想的目標建立願景，以宣示未來比現在好的理念。此讓追隨者產生美麗之夢想，並願意為實現願景與領導者共同打拼努力。

3. 溝通能力：魅力領導者具有語言與行動之溝通能力，能夠以淺近易懂之方式傳達其所希望建立之願景。此外，其多能利用各種管道對部屬需求有所暸解，並進而加以激勵。

4. 執行意志：魅力領導者對其所建立之願景具有強烈的執行意志，願意不計代價承擔高風險，甚而做出重大犧牲以求願景的實現。

5. 顛覆傳統：魅力領導者之外顯行為多半會顛覆傳統而不按牌理出牌。此種新奇作風，會讓部屬眼睛一亮，進而加以追隨。

6. 環境敏感：魅力領導者對組織內部與環境外部之的限制極為敏感，會機動調整步調，針對實現願景所需之資源與作為精密評估，並適時見招拆招。

如上所述，魅力領導者具有高度自信心、堅持理想、勇於改革、與對環境變化之高敏感度等特質。此些特質，造成部屬感到其魅力而甘願

付出。參酌相關文獻（如 Conger, 1989），實務上魅力領導者影響部屬實現願景之過程，計有四個步驟如下：

1. 形成願景：魅力領導者會先對環境作評估，進而形成願景。願景內涵不落俗套，讓組織成員可在心理上與美好的未來有所連接。

2. 溝通願景：魅力領導者利用具說服性的語言與成員進行溝通，以提高其對願景的美好期望。領導者並宣稱對部屬達成願景深具信心，以增加部屬自信與參與。

3. 支持願景：魅力領導者透過語言與行動，傳達與願景相關的新觀念，並藉由其確實行動，以形成榜樣讓部屬追隨仿效。如此作法，乃使部屬基於自願實現願景，並建立其對願景的支持與信心。此外，領導者的冒險精神、非傳統的經驗作為、與自我犧牲，皆會使部屬感受魅力而熱力支持。

4. 實現願景：魅力領導者運用角色指引、增權授能、與非傳統的作法，與成員共同實現願景。過程中領導者與部屬之關係相依相成，沒有絕對之從屬關係，共同為實現願景而努力。

(三)魅力領導的黑暗面

魅力領導雖有一定之成效，但有時卻因為領導人之特質過於極端，而產生未如預料之負面結果，此即牽涉到魅力領導的黑暗面（dark side of charisma）。Yukl（2009）即指出具有強烈魅力的領導者也可能引發負面效應。他以第二次世界大戰之美國羅斯福總統與德國納粹元首希特勒為例，說明兩人所帶來的巨大正面與負面影響。比較分析之後，Yukl 發現正向魅力領導者多奉獻於理想，並將此一理想內化於組織中，其終極目的乃在造福組織與追隨者。反之，負向魅力領導者則展現極端熱愛自我之利己主義，往往強調個人認同而忽視黎民蒼生之福祉。相似之看法尚有 Howell（1988）與 House and Howell（1992）。其發現正向魅力領導者偏於社會權力導向，負向魅力領導者則以個人權力導向為主。雖然對於魅力領導者的作為成效有見仁見智之爭議，但原先虛懷若谷的領

導者，如果過度陶醉於盛名之光環與群眾之吹捧，則很可能轉變成負向的魅力領導者。

在經過研究觀察後，Conger and Kanungo（1998）指出負向的魅力領導者往往表現出以下幾項特質與作為：

1. 不良的人際關係：負面魅力領導者無法由衷關懷組織成員的身心需求與福利，以致無法建立上下或平行之人際關係網絡。

2. 過度自我中心：由於過度自我，負面魅力領導者會將他人之努力或功勞歸於己身。基於形象之維護，其往往不肯認錯且從錯誤中學習。

3. 過於空泛：負面魅力領導者往往宣稱從大處著眼，而輕視細節，對於相關實施之建議嗤之以鼻。認為只要有理想就一切搞定，權力集於一身而不願授權。

4. 過於自信：負面魅力領導者過於自信，喜歡沉迷於部屬的奉承中而失去客觀之理性。此舉將使組織之發展陷於僵化。

5. 較難培養繼承者：負面魅力領導者由於自我中心，常刻意排擠有志之士，也不願努力塑造新的組織文化，極力凸顯自我之重要性。導致其一旦身故或去職時，一時間後繼無人而使組織陷於危機。

從歷年相關的研究中分析，魅力因素之影響力乃居轉型領導各構面之首，其比其他構面（如知識激發）有較大影響力（Yammarino, 1994；Yammarino & Bass, 1990）。此外，魅力領導者的願景創建、對部屬需求之敏感度、與對環境之敏感度等特質，皆被發現能獲得追隨者的正面回應。然而，並非所有魅力領導之特質均能產生希望之領導效應。特質如承擔高風險、反傳統行為即無法得到部屬的全面正向回應（Conger, Kanungo, & Menon, 2000）。此外，強調集體願景之認同能獲得較高之組織效應，但強調意識型態與表現模範行為的效應則不顯著（Shamir et al., 1998）。丁鳳珠（2008）則以台灣小學教師為研究對象，

發現校長展現自信、行為典範、發展願景、形象管理等魅力領導構面，有助於提高教師的專業承諾。其中又以展現自信具有最大的解釋力。

理論上，領導者如果要讓部屬感覺其魅力，必有其一定之特質。以下即以校長為例，敘述魅力領導者之特質與行為如下：

1. 發展學校願景並激勵成員參與：身為學校行政與教學的領導人，對於組織的願景與目標，均應根據相關條件加以發展。其方向不宜限於現實框架，應有創新的突破。對於校務未來的方向提出積極的看法，並引導部屬朝向願景努力。魅力領導型校長應利用各種機會或方式，清楚說明學校願景建立之脈絡，並創造部屬參與的機會，藉由合作與溝通，與組織成員共同實現學校願景。魅力領導型校長會充分運用專業知能啟發部屬，與部屬分享經驗，增加其參與感。

2. 擁有活動力與創新性：為使學校具有高度競爭力，魅力領導型校長具有高度活動力，並檢視學校之資源條件，承辦相關教育活動。此外，魅力領導型校長具有強烈的冒險精神，在多元變動的教育環境中，勇於嘗試獨創風格。其常利用溝通與說服等領導技巧，激勵部屬的創造力，使其產生不落俗套的想法與創新點子，以提高學校整體競爭力。

3. 具有對內外環境的高敏感度：魅力領導型校長具有高度敏感度，能預測未來之趨勢與潛在的變化危機。並進一步未雨綢繆，規劃因應對策。魅力領導型校長有敏銳的洞察力，能在混沌多元的環境中，覺察關鍵變化，並運用制握機先的原則，正確評估情境之諸種變數，以提出對應之解決策略。

4. 展現自信心贏得信賴：魅力領導型校長對自我生理與心理特質，多持正面的看法，並對自我有所肯定。其具有高度的成就取向，擁有高度的果斷力，能明確提高行政的績效，進而發揮個人的魅力。面對各種教育問題，魅力領導型校長會展現強烈之自信心，讓部屬信任其足以帶領全校克服障礙與創造新局。

5. 建立形象創造魅力：魅力領導型校長能運用卓越的口才，說服組織成員依照其所創建之願景努力工作。由於其具有生理與心理之魅力特質，因而能影響成員願意配合與奉獻。實務上，魅力領導型校長平日即會力圖建立形象。此牽涉到外表服飾、行為舉止、與品德才能之得宜兼備，進而創造魅力，形塑特有之風格。

　　綜合上述分析，可知在目前複雜之社會組織中，成功者往往具有魅力領導的色彩。但如就學術研究之分析調查上，相關衡量魅力領導過程與影響的論文則數量較少。推其原因可能有二：(1) 魅力領導人之風采形之於外極為燦爛，但其特質卻相對捉摸不定，有時天外飛來一筆，較難以嚴謹之學術研究方法加以衡量；(2) 魅力領導的概念日後為轉型領導所吸收，成為其重要構面之一。由於轉型領導在發展明確衡量指標方面略勝一籌，魅力領導之風采遂逐漸被取代（Bass, 1999）。當前相關魅力領導之影響評估以歸因理論為主，焦點乃在驗證魅力領導與追隨者效應之間的關係。日後對於其他走向（如自我概念理論）之理論模型建構，仍有進一步發展之空間。

第二節　道德領導與相關領導理論

　　雖然道德議題在中西文化中占有一定之地位，曾被歷代聖哲如孔子、柏拉圖積一生之力加以探究，但其受到近代領導學的重視並非太早。推其原因，乃在道德議題牽涉價值判斷，與 20 世紀上半盛行之邏輯實證論主張大異其趣。即以奉行實證觀點之 Herbert Simon（賽蒙）主張為例，其指出一種命題是否正確，必須將其與經驗或事實加以連結。由於道德命題具有倫理特質，很難進行客觀描述，故不是一般科學所能處理之層面（Simon, 1976）。影響所及，傳統領導理論除少數特質論主張外，主流之領導派別對於道德議題均鮮少觸及。其間雖然有教育行政

學者如 T. B. Greenfield 的大力批判，但在邏輯實證論的強勢下，將道德納入教育領導理論者仍是鳳毛麟角（秦夢群、黃貞裕，2001）。

此種情況隨著後實證論、後現代理論興起後漸有轉圜。學者（如 Hodgkinson, 1991; Maxcy, 1994）強力批判邏輯實證論之領導與經營理念，其中如忽視人性的尊嚴而過度強調行政效能、領導過程中缺乏多元開放的對話等。並開始針對「道德」、「倫理」、「價值」在組織運作中之角色進行關注。例如反對邏輯實證論最力之 Greenfield（1993），即認為學校具有教化之功能，實際上即是一道德機構（moral institution）。理論上，學校行政人員與教師乃是道德代理人（moral agents），具有引導學生擁有道德價值之責任。此外，雖然學校有其必須遵行之既定架構與法規，但在政策執行上卻時時面對多種的道德價值衝突。在此情況下，將道德議題排除於教育領導之外，實為難以想像之事。Starratt（1991, 1994）則更進一步主張只有建立倫理的學校（ethical school），才能掙脫科層體制所形塑之霸權控制。藉由實施道德領導，才能使組織成員心甘情願踐履責任而創新發展。

一　道德領導的興起

學者 Sergiovanni（1992）乃是在教育行政領域中，最早以「道德領導」為主題出版專書之研究者。其主張領導並非只是技術層級操弄，與僅止於傳統對於決策模式與組織效能的研究。如能加入道德、價值、倫理之層面，或可彌補技術層次立論之不足之處。Sergiovanni 認為學校領導牽涉到價值之判斷與選擇，具有強烈的道德色彩與意義。即以學校所關注的產出績效為例，其衡量指標之訂定與權重取捨，往往即是價值判斷的產物。是否學生考試得高分就代表高績效？價值觀不同，看法就產生極大歧異。此外，Sergiovanni 更從權力分配的觀點來論述道德領導之不可缺性。其認為古典科層體制由上而下，學校領導者大權在握，使得其他組織成員（如教師、學生、家長與社區人士）因權力的不對

等而喪失自我裁量權（discretion）。影響所及，獨裁與宰制現象竟成常態，進而影響學校創新能力而形成一片死寂。基於此，Sergiovanni 強烈主張領導者實施道德領導，重新定義教育之主體性與本質。藉由領導者與成員對倫理道德之思考，重新形塑共享價值觀，以平等的態度共創願景與進行改革。

　　為闡述道德在領導過程中的重要性，Sergiovanni（1992）列舉三種層面加以說明，分別是：(1) 領導之手（hand of leadership）：主掌實務的行為與技術；(2) 領導之心（heart of leadership）：主掌思想、價值觀、與信念；(3) 領導之腦（head of leadership）：主掌對所在內外情境脈絡之詮釋與反思。完整的領導必須涵蓋三個層次，而三者之間環環相承彼此影響（詳見圖 6.2）。例如領導之腦會受到領導之心的影響，並適時指揮領導之手行動。反之，如果領導之手缺乏領導之心與領導之腦的帶領，領導者之決策與作為，極可能喪失意義而形同機械之僵化。Sergiovanni 指出傳統領導理論，大多著重於領導者的特質與行為，對於領導行為背後所依憑之價值層面鮮少觸及。事實上，價值層面影響領導行為甚大。其會影響領導者對事件的看法，進而採取不同的行動。換言之，過去的領導研究，只重視領導之手的探討，而忽略領導之心與領導之腦的重要性。道德領導之出現，適足以補其不足。

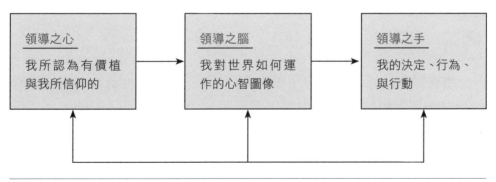

圖 6.2　道德領導之三層次圖

資料來源：修改自 Sergiovanni（1992: 8）。

　　實務上，Sergiovanni（1992）將道德權威（moral authority）列為是五種領導權威之一（其他四種為科層權威、心理權威、技術理性權威、與專業權威）。主張領導者以身作則，可以喚起部屬之責任心與正義感，進而培養成員樂於付出之犧牲奉獻精神，形塑正向之組織文化。

　　將道德納入領導行為，也在 1980 年代新興之領導理論中有所呈現。即以轉型領導為例，其最早之倡導者 Burns（1978）率先提出領導者必須提升其道德層次，並藉由強調倫理道德，使部屬在謀求個人價值與需求時獲得調和，而非只是一意追求己利。Burns 將此種領導者與部屬道德層次之提升，視為是組織領導轉型（transforming）過程之重要面向。此後，由於研究魅力領導之學者如 Howell（1988）、House and Howell（1992）、與 Yukl（2009），對於組織領袖過度個人化而產生黑暗面行為之反省，再次使道德與倫理議題在組織領導領域中受到重視。最明顯之例證乃是 Kanungo and Mendonica（1996）即以《領導的倫理層面》（*Ethical Dimension of Leadership*）為名出版專書，並揭櫫倫理領導（ethical leadership）之概念。此外，較早之轉型領導雖採取道德中立（morally neutral）的立場，但其後之學者如 Bass（1999）、Bass and Steidlmeier（1999）皆主張將道德層面列入考量，而提出「真誠轉型領導」（authentic transformational leadership）的新理念。凡此種種，皆顯示道德議題已漸成為領導之主要研究方向。

二　道德領導的意涵

　　道德領導的意涵，許多學者皆有所表述。例如 Quick and Normore（2004）認為道德領導係指領導者能基於道德典範以身作則，利用正義倫理、批判倫理、與系統思考三項原則，積極關照與維護成員最大權益，進而創造組織共享價值觀的領導形式。Sergiovanni（1992）則針對教育組織，認為道德領導是一種利用道德權威（moral authority）的領導方式。目的在將學校轉化為具有承諾、奉獻、與服務價值觀之共同

體。道德領導可激勵成員形成專業團隊精神而投入工作，其身分由只是唯命是從的部屬，轉變成為與領導者共塑組織價值觀的伙伴。中文相關研究中，謝文全（1998）主張道德領導，乃是領導者出於為正義與善的責任感與義務感而行動，進而獲得成員為正義與善而做事的回應。林純雯（2002）歸結道德領導的要點包括：(1) 道德領導是由品德高尚的領導者所帶動；(2) 道德領導乃以領導者的修養與魅力引領組織成員；(3) 道德領導的重點在使成員自然而然的成為追隨者；(4) 道德領導係要建立成員的義務感與正確的價值觀。吳清山、林天祐（2005）定義道德領導為以道德權威為基礎的領導。領導者基於正義與善的責任感與義務心來領導部屬，部屬亦因領導者的正義與善而勇於任事，進而發揮領導的效能。

　　參酌上述道德領導之文獻，茲將其定義如下：道德領導為「領導者以高尚之道德修為與倫理價值帶領組織成員，激發其正義感，使其能在品格操守與道德上有所堅持，進而重塑組織價值觀而達成改革目的。」

　　道德領導近年來所以日益受到重視，乃在其強調必須提升組織成員的道德層次，方能形塑與內化正向的組織道德價值觀。組織個體唯有接受組織道德價值觀，其行為方能不逾矩，不致因為追求個人私利而產生非道德行為，以致傷害整體組織。就此而言，領導者在道德或倫理上之倡導即極為重要。其必須利用各種途徑，傳遞組織所欲倡導之價值觀，以讓部屬有所體會與遵循，而非只是一味不擇手段的追求實質產出（Price, 2003）。作為學校領導者，必須提升成員對於道德價值的關注，使其依照理性與專業承諾，為組織提供有意義的服務，而非僅是科層體制下的應聲蟲。一旦成員之正義感被喚起，即能在品格操守與責任感上有所堅持。而其先決條件乃在領導者本身必須達到一定的道德層次，方能進行道德領導。就此而論，無論是道德領導或是倫理領導，皆已脫離以往哲學或宗教之範疇，而成為行政上組織經營不可或缺之一環。

三 道德領導的要素與作法

在探討道德領導的相關研究部分。學者首先關注何種特質乃是道德領導的要素（部分問卷請參見表 6.5）。結果發現領導者之「正直」（integrity）行為乃是最重要之因素。其不但是領導者魅力的重要來源之一（Bass, 1985），也是最能引發有效領導效應的跨文化領導因素（Den Hartog et al., 1999）。在華人道德領導的研究中，也發現道德領導行為之正直特質具有舉足輕重之地位（鄭伯壎、謝佩鴛、周麗芳，2002；Silin, 1976；Westwood, 1997）。此外，凌文輇、方俐洛、Khanna（1991）則指出個人品德乃是中國式領導之重要因素，主張具備以儒家仁愛倫理為主的道德，乃是成功領導過程中不可或缺之因素。此外，在經過一連串研究後，鄭伯壎、周麗芳、樊景立（2000）發現德行領導乃是華人家長式領導三個主要構面之一（其餘兩個是威權領導、仁慈領導）。有關家長式領導之主張，請參見以下之家長式領導一節。

針對實務上道德領導的作法，Sergiovanni（1992）主張可有以下五種。茲分述如下：

1. 具備批判倫理：批判倫理（ethic of critique）係指對不符合正義與理性之處，進行確實的反省與檢討改善。此種具有反省的批判精神，乃為實施道德領導之領導者所必備。基本上，批判倫理計有四個層次，其中包括：(1)質疑：針對教育政策、措施、過程

表 6.5 道德領導相關問卷部分題目

校長重視人與人之間的關懷，理解並尊重對方的價值。
校長強調領導者的柔性特質，以寬恕代替懲罰。
校長具有仁民愛物之胸襟，引導學校之善德文化。
校長發揮個人的道德魅力，並借助才德服人。
校長思量其具有促進學校倫理環境的責任。
校長能面對現今學校革新的呼籲，不盲從傳統權威，具有冒險精神。
校長強調道德權威培養，以專業理想代替領導。

資料來源：顏童文（2002: 295）。

等現象，進行相關精確性、周延性、一致性之質疑；(2) 反省：從各方面深思反省利弊得失之所在；(3) 解放：顛覆自我以往之理念或價值觀，以開放的態度接受新觀念；(4) 重建：依據內外環境之脈絡，對自我價值觀與認知結構進行重建。

2. 關注正義倫理：領導者在實施道德領導時，必須秉持正義與理性原則。在公平正義的原則下，進行領導之決策與議決。其態度應是對事不對人，一切以道德價值為依歸。

3. 實踐關懷倫理：關懷倫理（ethics of care）係指對他人需求與福祉之關注，並給予適當之尊重與支持。在進行道德領導時，領導者必須隨時儆醒自我是否有主觀之偏見，避免對成員不同觀點進行撻伐。此外，領導者積極關懷成員的基本需求與價值觀，使其感到受到重視。

4. 確立道德判斷：領導過程中經常有各方觀點互異甚而產生衝突之處。進行道德領導者必須秉持公平正義的原則進行理性判斷，避免人情之干擾。道德判斷必須與相關成員進行積極互動，以專業知識為基礎進行判斷。

5. 發揮替代領導：真正的領導者是引進各種領導替代品（substitutes for leadership），以使成員變為自我激勵者並發揮團隊精神。其形式包括以社區規範替代領導、以專業理想替代領導、與培養成員之使命感而自我要求等。換言之，道德領導之最高境界乃是領導者隱身幕後，不需在台前強力監督。在另一方面，成員卻在領導替代品（如專業理想）之道德價值觀中自我要求與督促，進而創建更正面之組織文化。

　　林純雯（2002）以台灣公立國民中學學校教育人員、教育行政機關人員、與學者專家為調查對象，藉以瞭解其對於國中校長實施道德領導之看法。結果發現校長實施道德領導應該掌握的重要原則，依序為：「以身作則」、「尊重人權及尊嚴」、「視學校成員為生命共同體」、「堅

持道德理想」、「有高尚的道德修養」、「發揮道德關懷」、「以人性本善為基本信念」等。其並發現校長領導大致能把握上述道德領導之原則，但以「堅持道德理想，抗拒外力的不當干涉」一項的符合程度最低。其原因是否與華人社會之特殊民情（如人情導向）有關，值得進一步研究。

在實務面上，林純雯（2002）認為實施道德領導，校長的作為可有以下 15 項。依次為：(1) 以學校整體利益為優先考量；(2) 勇於反省、批判及改善不合理的作為；(3) 遴聘學校成員時考量其操守與才能；(4) 不接受不當的招待與賄賂，堅持教育理想；(5) 信守正當的承諾與正確的行事標準；(6) 處理校務時秉持正義原則；(7) 在成員有困難時表達誠摯的關懷；(8) 遵守道德規約，不為達目的不擇手段；(9) 隨時誠懇傾聽學校成員的心聲；(10) 確保學校成員的言論自由；(11) 與學校成員共同討論兩難問題；(12) 與成員共同建構學校專業倫理準則；(13) 建立道德困境的解決模式；(14) 和學校成員分享處理道德問題的心得；與 (15) 為成員安排道德相關議題的進修。

此外，在研究校長的倫理傾向部分，基本上可依西方傳統分為兩種：(1) 形式傾向：即依照普遍之原則、正義、法律行事，不應受結果與偏好所影響；(2) 利益傾向：主張道德倫理行動應該創造最大之善，因此行動應依多數利益為考量依據。張鈿富、馮丰儀（2010）之研究發現台灣中小學校長較偏向利益主義，也就是以行為後果之可能利弊為最大考量因素。此種情況顯示校長領導與行政之難為，排除眾議堅持理想之作法，在教育組織中顯然有一定之難度，尤其是在校長權力日益式微之學校中。

嚴格分析，道德領導之理念與作法，實與其他領導模式如轉型領導、文化領導、家長式領導、甚或服務領導有所重疊。此外，道德領導之實際運作，也因其模糊性而令教育行政者難以瞭解。分析道德領導的內涵，其主張之共塑組織價值觀、秉持道德公義原則、與領導者以身作則等，皆散見於其他領導模式之概念中。然而校長必須意識到空有「道

德」只是嘴上功夫，唯有起而行動方有實質之「領導」。如何將兩者確實結合，端賴領導者之智慧。

四　真誠領導

　　與道德領導理念極為相近的尚有真誠領導。其興起雖遲至 21 世紀，但相關概念在哲學領域中早已被觸及。事實上，「真誠」（authenticity）一詞在古希臘文化中即被簡單定義為「忠於自己」（be true to oneself），與中國成語之「言行一致」相當接近。換言之，真誠行為應包括兩方面，一為個人之價值觀、想法、與信念，二為與個人信念相互一致的外顯行動。唯有自我真實的價值觀與展現之行動相符時，才達到真誠之境界。基本上，Goffee and Jones（1998）指出真誠與否應由他人認定，尤其是成為組織之領導者時。

　　真誠領導的相關理念仍在發展階段，但基本上必須包括自我覺察與自我調節的過程（Gardner et al., 2005）。換言之，真誠領導者透過正直公平的作為進行領導，培養部屬的信任感與幸福感，進而使部屬產生同樣之特質。Shamir and Eilam（2005）即主張真誠領導必須具有領導效果才算完整。如果無法產出真誠部屬，就不能稱之真誠領導。真誠領導者與真誠部屬之存在，方能創建包容的、重倫理的、與正向的組織文化。

　　基於此，真誠領導可被定義為「領導者覺察自我信念，表現出與內在想法一致的外顯行為，並透過他人的回饋進行自我調節，培養部屬的信任感，進而使其產生同樣特質的領導模式。」換言之，領導者具有真誠之特質並不足夠，其仍須產生言行相符之行為，並因之化育部屬後，才是完整的真誠領導。

　　在相關層面部分，Walumbwa 等人（2008）參考 Avolio and Gardner（2005）的觀點後提出真誠領導的四個層面。其中包括自我覺察、關係透明度、內化道德觀、公平的訊息處理，茲分述如下：

1. 自我覺察：領導者對於影響自我信念與價值觀之哲學意義，具有本質上的體認，並藉由他人之回饋，針對自我缺點與優點進行調節。

2. 關係透明度：對他人表現真誠的自我。可以透過公開分享資訊，表達個人真正想法、感受，與減少不當情緒表達等方式，增進與部屬之間的相互信任感。

3. 公平的訊息處理：在做決策前，領導者客觀分析相關資料，並秉持公正之態度，對於訊息之詮釋不致有偏袒之情事發生。

4. 內化道德觀：將自我信念與他人回饋進行調節、整合、與內化。自我調節的過程係根據內在的道德價值，而非來自組織與社會壓力。整合過程則力求外顯行為與內在價值觀之一致。

　　相關真誠領導的研究至今仍未累積一定數量。以中文為例，徐宗盛（2010）修訂 Walumbwa 等人（2008）之真誠領導問卷，探討校長真誠領導、教師組織承諾、教師組織公民行為之間的關係。其以台灣北部地區 110 所高中職 800 位教師為受試者，主要研究結果發現：(1) 高中職教師對校長真誠領導之知覺現況為中等程度，其中以「內化道德觀」層面最高；(2) 真誠領導與組織承諾，對組織公民行為具顯著正相關與預測力；與 (3) 組織承諾在真誠領導與組織公民行為之間具有部分中介效果。

第三節　服務領導與相關領導理論

一　服務領導之定義與主張

　　服務領導（servant leadership），又常被譯為僕人領導、服務式領導、僕性領導、僕人式領導。其主要精神與定義為「以僕人之姿，積

極服務組織成員，以使其心悅誠服的接受領導。」此種人性化的領導風格，華人地區相關論文中，多以服務領導或僕人領導交互稱之。

　　服務領導係由 Greenleaf（1977）所提出之領導理論，主張領導者應以僕人自居，其主要角色即在服務他人，與提升組織成員服務他人的能力。相較於傳統的領導學說，服務領導的基本價值信念即在「服務而非領導」。此種謙卑的服務態度與犧牲，乃為世界各大宗教的核心精神。Greenleaf（1998）經分析後發現服務領導的實踐者，必須具備僕人的精神與奉獻服務的實際行動。其不能以高高在上的領導者自居，而應該身體力行，傾聽成員之聲音與滿足其需求。換言之，組織成員不論其背景，其價值均應被肯定。服務領導者做出重大決策前，應主動廣徵民意，瞭解成員的意向後加以參考。

　　服務型領導者藉由關心與服務組織成員，與成員建立良好的互動關係，並改變其既定價值觀，願意犧牲小我而為他人與組織謀福利。換言之，服務領導之最終目的，乃在培養具有服務型精神之部屬。其基本歷程請參見圖 6.3。Patterson（2003）認為服務型領導是領導者受到個人內在精神與信念的指引，主動為他人奉獻，並將注意力聚焦在追隨者身上，強調追隨者才是領導者必須關心的重點。Reinke（2004）把服務領導定義為：領導者在領導時能把他人與組織的需求擺在第一位，兼具開放、願景、與服侍等特質，並因之在組織中建立社群。Blanchard（1998）也認為，服務型的領導者應從傳統上的指揮者、控制者、與監督者，轉變成鼓舞者、傾聽者、與促進者的角色。吳清山、林天祐（2005）則指出，服務型領導係指一個具有僕人風格與心理特質的領導者，能夠服侍、扶持、激勵、與授權他人，而不將自己視為高高在上，處處需要他人服侍的權威者。

　　綜合相關文獻之分析，服務領導之定義與內涵包括三項，茲分述如下：

　　1. 謙卑的僕人精神：打破傳統領導者高高在上，以權威迫使部屬服事的主張，而轉化自我為積極奉獻的僕人。透過內心的召喚，

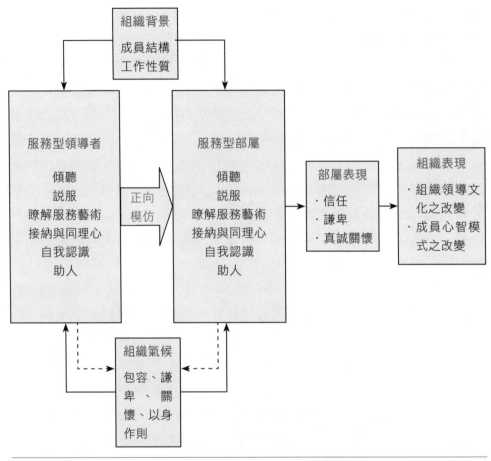

圖 6.3　服務領導基本歷程簡圖

　　領導者將部屬的需求置於自身利益之上，並對組織成員付出不求回報的愛與犧牲。具備僕人風格之領導者多半具備正直、謙和、與奉獻的人格特質，願意如忠誠僕人般無私的為他人服務，將部屬需要視為第一要務。

2. 先服務後領導之態度：此種藉服務行為進行領導的態度，乃希望透過服務的歷程去領導他人。強調以服務代替領導並能以德服人。領導者以服務人群自許，秉持以部屬需求優先與服務部屬之原則，創造一個彼此信任的工作環境。領導者以服事、扶持、激

勵、與授權部屬之方法，水到渠成而使部屬心甘情願的為組織效命。此類領導者以身作則、傾聽心聲、真誠關懷、凡事自我要求，且具有發自內心的主動服務精神。其希望透過自己的用心奉獻，進而暸解部屬、關懷部屬、服務部屬，並最後成就部屬。

3. 幫助組織成員共同成長：強調藉由領導者之行為改變與轉換，使部屬因之感動而形成領導威信。過程中透過傾聽、說服、承諾、激勵、與關愛行為，幫助部屬發揮潛能而成長，使之共同承擔責任，最後成為服務領導者。換言之，服務領導強調領導者透過服務來改變部屬的心智模式，重視個人的整體性和發展自我，進而改變組織的領導文化。此種試圖共同創造組織績效的領導方式，乃透過分享目標、賦權增能、激發潛能之作法，使部屬有所成長。最終目標即在建立社群，凝聚成員共識，共同為達成組織改革的願景而努力。

二　服務領導之作為

為實現服務領導，領導者必須具備一定之特質與作為。Greenleaf（1977）經過觀察後，指出僕人（服務）領導者之特質如下：

1. 傾聽：服務型領導者會拋開個人成見傾聽成員需求，在問題發生時發揮同理心，讓部屬說明事情經過與所遭遇的困難。避免利用權力壓迫而獨斷獨行。

2. 說服：服務型領導者利用和緩理性的方式說服成員，藉由適當的引導與溝通來說明始末，而非只是獨斷的下達命令。

3. 暸解服務的藝術：由於所能運用的時間相當有限，因此服務型領導者在處理問題時，會有輕重緩急的順序。儘量避免將時間浪費在不必要的瑣事，應以專注的服務能力去解決重要問題，與幫助真正需要幫助的成員。

4. 接納與同理心：服務型領導者處理問題時，不因個人成見而影

響所做決策。強調無條件接納與體諒成員，領導者不會排斥表現
欠佳或處事不夠圓熟的成員，而會以同理心協助其度過難關，並
誘導其自我成長。

5. 自我認識：服務型領導者清楚掌控自我價值與信念，且具有高度
自我整合的能力。其瞭解自我的步調，隨時保持心靈平靜，以提
升對周遭環境與成員需求的敏感度。

6. 助人：服務型領導者具有強烈服務他人的意願，願意與每一位成
員保持良好互動關係，以幫助其不斷學習與自我成長。受到關懷
與幫助的員工，漸漸也會養成犧牲與服務的精神，最後成為具有
服務領導精神之員工。

在扮演角色部分，Covey（2002）指出服務型領導者在組織中應扮
演四種角色，其中包括：(1) 楷模與榜樣；(2) 先導者；(3) 調整者；與
(4) 彰權益能者。四個角色中以楷模與榜樣最為重要，其係指服務型領
導者具有正直、努力、人文、與服務之特質，進而成為部屬之模範而加
以學習。

在相關服務（僕人）領導者行為特徵的中文研究上，蔡進雄
（2003）列舉樂於傾聽、具同理心、願為部屬謀福利、與幫助部屬成長
四項。林思伶（2004）則在分析服務領導的概念發展後，發現服務領導
者之特徵如下：(1) 傾聽；(2) 同理；(3) 治癒；(4) 覺察／意識；(5) 說服；
(6) 概念化；(7) 遠見；(8) 服侍／管理；(9) 對人的成長和發展有所承諾；
與 (10) 建立社群。黃登木（2004）的發現則為：(1) 愛與奉獻；(2) 服侍
的精神；(3) 傾聽；(4) 治癒；(5) 熱情工作；(6) 回應力；與 (7) 品格。與
之相較，何怡欣（2007）的研究則歸納為四大項，分別為心理支持、無
私奉獻、誠寬謙卑、與前瞻楷模。

服務領導在教育領域的研究數量不多，且幾乎均集中在校長之角
色。例如湯發安（2008）發現國小校長服務領導與學校效能具有顯著正
相關。黃國柱（2008）分析國小校長服務領導行為、行政團隊利他行

為、與行政效能三者關係時，發現對校長服務領導行為的知覺程度，兼任行政職務教師高於未兼任教師，資深教師也高於資淺教師。此外，校長服務領導對行政團隊利他行為、學校行政效能均具有顯著預測力。與之相近之研究如胡雅棠（2008），其探討國中教師知覺校長服務領導與教師組織公民行為之間的關係。結果發現校長服務領導行為愈高，其教師組織公民行為就愈高。

陳亭孜（2005）之研究則集中於校長與其麾下之主任關係，其中顯示主任性別在知覺校長整體服務領導上有顯著差異（男性高於女性）。同時，校長服務領導與主任整體行為表現具有顯著正相關。徐進文（2007）則發現兼任主任之國小教師對校長服務領導的知覺優於兼任其他職務的教師。同時，國小校長服務領導對教師教學效能具有顯著解釋力。此外，黃怡真（2008）之研究試圖探討國小校長僕人（服務）領導行為與學校創新經營之關係。結果顯示校長僕人領導行為對學校創新經營整體與各分層面，皆具有中高度預測力。張添唐（2010）的研究則發現高中校長之服務領導行為，與教師之組織公民行為及工作滿意度有顯著相關。

相較以上研究，張素雲（2007）為少數探討教師服務領導行為者。其發現國小教師之服務領導行為與班級氣氛具有顯著的正相關，且對學生合作學習成效呈現正向效果。

三　默默領導

與服務領導與僕人領導在理念上相當類似的是默默領導（silent leadership），強調領導過程中保持沉默的謹慎與節制。此因在變化劇烈與動盪的環境中，唯有加強情緒管理，以水波不興的沉思態度，方能面對衝突，創造反省之思考空間。默默領導乃由學者 Badaracco（2002）所倡立，其描述默默領導者並無強烈魅力與權力慾，甚或不強調自我之身分。他們低調行事，以耐心與謹慎之態度，按部就班解決問題。主張

世間之重要議題，多由默默奉獻且深思熟慮的領導人加以解決。此種謙遜與自持之特質，使默默領導者表面看來步履緩慢，但卻聚沙成塔，逐漸帶領組織漸趨佳境。

默默領導之精神簡而言之即是非英雄式的領導，強調拋棄英雄式巨人與浪漫的幻想，默默在團體中付出而踐履領導之責任。其批評傳統領導常將領導者誇大為曠世英雄，導致其目中無人一意孤行，最後做出獨裁與瘋狂的行為。與之相較，默默領導者多半謙遜、低調、與自持，表面上看來似乎沉靜緩慢，但卻默默中腳踏實地的產生巨大力量，進而推動組織改變體質而營造和諧文化。默默領導並不意味弱勢，其所強調的乃是藉由自律與自持，產生組織之心靈力量與自我規範，以解決迎面而來的諸般橫逆。

張明輝（2003）綜合默默領導之內涵與作法，發現其有以下五項特質：(1)默默與嚴謹的為組織、周遭的人、與自己做正確的事；(2)謙遜而自持，行事低調不喜出風頭；(3)耐心付出努力，讓組織更好；(4)必須處理許多瑣事，以小努力解決大問題；(5)三思而後行，小心謹慎。

綜上所述，默默領導特重低調、自律、謹慎之特質，希望在鎮定中靜觀全局，再做出理性之決策（部分問卷請參見表6.6）。近年來學校之內外環境漸趨複雜，以往強勢之英雄式領導常引起組織利益團體之抗爭，甚而產生極大後遺症。默默領導之出現，適足以補其缺點。默默領

表 6.6　默默領導相關問卷部分題目

我覺得校長的所作所為都是為了服務學生。
我覺得校長具有為學生、老師服務的熱誠。
我覺得校長願意為貧困弱勢的學生多爭取一些資源。
我常被校長為全校師生爭取資源的服務熱誠所感動
我覺得校長真心誠意地為學生及老師們解決問題。
我覺得校長為了學校，常常公而忘私。
我覺得校長凡事以身作則。
我覺得校長做事認真負責。

資料來源：徐進文（2007: 210）。

導與服務領導、僕人領導之立論近似，皆希望領導者改變以往獨霸與不可一世之心態，放下身段服務組織成員，並在瞬息萬變的情勢中靜默觀局，最後產生洞見完成目標。秉持默默哲學的領導者謙和如水，行事低調。雖隱身其間，但注重傾聽以瞭解所處之局勢。看似無形，冥冥中卻累積巨大力量，終能完成組織再造之功。

第四節　分布式領導與相關領導理論

　　分布式領導（distributed leadership）亦有學者翻譯為「分散式領導」，其概念出現甚早。Gibb（1951）在所著之《參與式團體的動力》（*Dynamic of Participative Groups*）一書中，首次提出分布式領導一詞。然而直到 1990 年代，伴隨著學校權力分享、學習型組織、與校本管理之新浪潮，分布式領導之理念，方在英美與澳洲等國的教育領導研究中再次崛起，並在理論發展和實務應用上蓬勃發展。此因 1990 年代後，包括學校在內的組織面臨較以往更複雜與多元之挑戰，成員必須不斷學習，以增強自身應變能力。影響所及，即使校長身懷縈縈大才，也難免神勞形瘁。為迎接挑戰，學校每個成員皆應主動學習，協同校長共理校政。分布式領導即在此種背景下興起，其主要訴求乃在主張組織運作過程中，領導角色與行為，可隨情境之變化而分享與轉換。基本上，分布式領導開啟了組織中民主與集體領導的可能性。

　　分布式領導的概念常與 Sergiovanni（1995）所提出之分享式領導（shared leadership）相提並稱，即使兩者概念並不完全相同，但皆反映對傳統以領導者為中心之集權式領導的反動。1990 年代，英美之教育改革開始將以往上級教育行政機關之權力，釋出給學校成員、家長、與社區人士共同分享與參與決策。與之類似的，尚有 Barth（2001）所提出之教師領導（teacher leadership），力主教師在學校中也應擁有領導之適當權力。

此種分享與參與領導之主張，除反應社會民主與分權的趨勢外，資訊網絡的普及發達也有所影響。傳統組織之領導者所以能大權在握，資訊之掌控乃是其重要利器。然而，隨著資訊網絡的發展，組織成員較易取得以往只有高層管理階層才能獲取的資訊。現代四通八達的資訊網絡減縮了決策者與部屬之間的差異，領導者不再獨占資訊，組織成員因此可以獲得相關知識而加強其參與領導的能力。在此情況下，依據工作的性質與個人的專業，成員適時加入領導團隊共同完成決策之正當性即大為增強。Harris（2004）即認為分布式領導可以將組織之人力資本極大化，提高學校自我解決問題之能力。

分布式領導的出現，一掃傳統教育領導過度重視領導者個人能耐之看法。以往迷信英雄式領導，把學校成敗視為校長的單獨領導實踐，而缺乏關注領導歷程中的追隨者與情境因素。此種拘泥於個人主義窠臼的理念，忽視現代複雜組織中成員集體合作的可能性，進而侷限了領導研究的場域。分布式領導之主張，適足以補其缺失。

一　定義與基本概念

相關分布式領導的研究文獻於 2000 年後傾巢而出，對於相關定義與概念多有所澄清。雖然分布式領導在意義上有所混淆與模糊（Mayrowetz, 2008），但仍有部分共識。以下即綜合主要學者之研究文獻（Gronn, 2000, 2002; Harris, 2003a, 2003b; Spillance, 2003, 2005, 2006），將分布式領導的主要概念敘述如下：

㈠由多人擔任領導者的角色

簡而言之，分布式領導係由多個群體成員擔任領導角色，傾向集體領導、分享領導、與分權領導的形式。Harris（2003a）也指出分布式領導對於領導較注重其行為，而非偏執於既定角色。換言之，即使並不具有領導之「職位」，也可能因其專業與能力，產生實質之領導行為。領

導不再只限於具有名分之領導者，而擴及整個組織成員。領導的實踐也隨著組織發展需要進行更替與轉變。

　　如以學校為例，分布式領導即主張校園中除校長外，尚有教師、家長、社區代表人士等成員可以共同扮演領導角色（Gronn, 2002）。在權力分享的概念下，分布式領導的領導者，多半包括組織中具有相關技術或專長的成員（如教師），透過其專業而與其他成員動態互動，以共同達成組織目標。此過程除包括同層級成員之間的橫向交流，也牽涉到向上或向下層級間的縱向溝通。此在學校之教學工作最為明顯。教師基於其學科專長，必須創建與執行各種教學方案。過程中除需得到同事之支持外，也需與校長進行溝通。教師雖不具有領導者之名分，實際上卻執行領導之行為。基於此，身為名義上之領導者，校長必須重視實質上之領導者如專業教師，進而在相互交流與合作中產生累積性的能量。

（二）領導形式為集體互動與合作

　　分布式領導之領導者不限於一人，多人之間會在領導過程中產生彼此依賴的互動。Gronn（2002）發現分布式領導的組織中，領導行為可呈現兩種形式：一為多個個體彼此獨立的領導行為，二為多個個體整體一致的領導行為。前者可稱為數量式行動（numerical action），即擁有實質領導行為的多個個體承擔獨立的領導角色，但彼此之間並無互動與關聯。後者則被稱為協同式行動（concertive action），即擁有領導行為的多個個體之間既具領導角色之分工，且具有相互協同之合作與互動。

　　基於此，Gronn（2002）即主張分布式領導最重要的理念即在「協同式行動」與其所產生之累積性動力。此因透過彼此間的互動與啟迪，即能使領導群成為一個創造的整體，激發組織潛在的創造精神，而產生遠大於個人所產生的成果。分布式領導應用於學校中，代表校長與其他成員間的權力界線漸趨模糊。校長信賴組織成員的能力，而非只是考量科層體制中僵固的職位權力。其對成員皆能一視同仁，只要時機成熟，堅信個體皆有能力來擔任領導者。尤其當學校組織分工日趨複雜時，實

務上需求具有多種專業之成員共同完成任務。在此情況下，成員如教師即必須在適當之時機擔任領導者之角色。此即 Gronn 所稱之協同式行動，具有一致行動與集體合作之特性。組織成員間則具有共同承諾、自發性參與、及緊密互動的工作關係。

(三)強調領導者、追隨者、與情境三者間的互動關係

前已述及，分布式領導極為重視實踐之層面，主張每位成員在適當時機皆能展現領導行為，但此並不意味個別成員隨時皆能取代校長之功能。換言之，情境因素在分布式領導中即扮演重要的角色。例如 Spillance（2006）就把分布式領導視為是領導者、下屬成員、與情境三者間的互動行為。此雖與傳統之權變論有所類似，但卻主張隨著時間與情境之更迭，領導者與下屬成員的角色可以互相轉換，且在某一特定時空，領導者之人數可以不限於一人。為敘述其論點，Spillance 以多個三角形來說明，三個角分別代表構成分布式領導不可或缺的三個因素。單一三角形為領導者、追隨者、與情境在特定時刻形成互動的網絡，多個三角形則代表時空之更迭與遞嬗。各三角形之間的邊線代表前後相聯的交互活動之互相連結與影響。在多個交互活動中所形成的共同結果，即是領導之實踐。其間領導者與追隨者角色之界線，隨時空更迭而日趨模糊，其關係隨時可轉換而非固定的（詳見圖 6.4）。

分布式領導認為領導實踐乃是領導者、追隨者、與情境三因素共同作用的結果，與傳統過度重視領導者個人行為大異其趣。組織成員個體基於情境之不同與專業，可即時擔任流動的領導者角色。然而，要達到此種形式，Hatcher（2005）認為組織內部成員之相互信任感、支持合作、與相互尊重的態度，乃是實踐分布式領導所不可或缺的。

理論上，分布式領導主張領導邊界的轉換與開放。雖然其並未明確提出開放領導邊界的詳細作法，但卻認為配合領導者、追隨者、與情境之交互作用，領導權力應在不只一個領導者之間進行動態的分享。基於學校之文化、願景、結構、與人員背景之差異，領導的邊界應具開放性

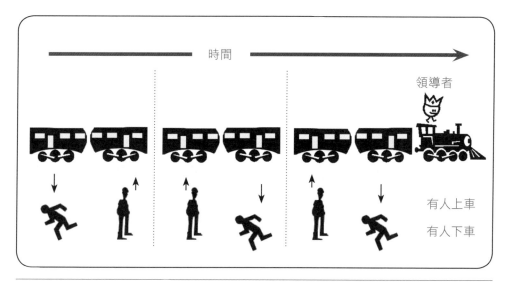

時間

領導者

有人上車

有人下車

圖 6.4　分散式領導部屬依時間隨機進出領導團隊圖

而適時變動。換言之，領導者與追隨者的從屬關係並非一成不變，有時會依情境進行轉換，並重新界定領導者與成員部屬之間的界線。

　　分布式領導應用於學校中，明顯將校長角色重新定位。以教學為例，校長雖為職務上之領導者，卻因無暇與缺乏學科專業，難以直接影響課堂教學與學生成就。反之，其卻可藉著發展學習共同體的形式，透過與各科教師團隊之協調合作與領導實踐，改進課程教學與學生表現。此種作法顛覆了傳統領導者權責必須集於一身的看法，強調教學領導者應為具有專業之教師。改革過程中，校長與教師共同擔負領導者之角色，並審度學校內外情境，激發學校團隊力量再創新局。針對於此，Crawford（2005）指出分布式領導強調成員的結盟與自發的組織氣候，而非僅是要求校長對組織產出責任一肩挑起。此外，Spillane, Halverson, and Diamond（2004）也強調校長在分布式領導中仍居主要角色與位置。此因部屬之共同領導只有被校長認可後，才會由個人想法轉換成實際的領導行動。換言之，學校共同領導者仍須透過校長之認可後，才有一定之權威來進行分布式領導。身為一個領導群中的領導者，

校長必須與他人創建組織共同的目標、價值感、文化、與合作關係，以全體之力帶領組織更上層樓。

二　分布式領導的類型

根據權力的分配與領導群彼此之間的關係，各領導者在領導實踐過程中的形式有所不同。Spillane（2003）即提出了三種分布式領導的類型，其中包括合作式分布（collaborated distribution）、集體式分布（collective distribution）、與協同式分布（coordinated distribution）。茲分述如下：

1. 合作式分布：係指多個領導者共同合作，為達成組織目標執行特定任務。過程中個別領導者的實踐成果會成為其他領導者實踐的基礎，反之亦然。在此種合作式分布類型中，領導群彼此間存在互惠與相互依賴之關係，共享且共負領導實踐之結果。此宛如籃球比賽，必須環環相扣，一位球員之傳球好壞，即可能影響下位球員之投籃得分。個別之明星球員並不保證一定贏球，而需要所有成員心靈契合共同努力。特殊個體之失常或輕忽，皆會造成不可彌補之挫敗。

2. 集體式分布：係指多個領導者形式上彼此獨立，但實質上卻又相互依賴的類型。在此種集體式分布類型中，領導者雖獨立工作，但其目標仍在完成集體組織的領導實踐工作。此種說法看似模糊，但在學校鬆散結合的組織特質中卻屢見不鮮。例如平日各科教師各依其專業與上級要求，獨立承擔特定學科的教學任務。然而其後所進行之教學評鑑結果與學生之學業表現，卻取決於所有教師共同之努力而難以分割。鮮少家長會以單獨科目之成就來臧否學校，多半會以整體表現檢驗之。

3. 協同式分布：係指多個領導者為完成特定任務與執行領導功能，按照特定的順序，以實現不同的領導實踐。換言之，領導者所擔

負的責任乃是具有先後順序的相互依賴性。此種集體式分布類型可在學校各個年級的教學中看到。低年級教師疏於對某部分教材之教授，即可能導致高年級教師因學生缺乏先備知識而挫折不斷。此外，醫院外科開刀房中，執刀醫師必須先等麻醉醫師進行必要程序後，方能進行手術。其領導實踐方式也屬一種協同式分布。

　　基本上，以上三種分布式領導各有其特點與側重。合作式分布強調領導群彼此之間的領導實踐，具有互為基礎且相互依賴的特性。集體式分布則著重領導群彼此獨立，但卻共同擔負各別活動後所產生的全體領導結果。與之相較，協同式分布則強調各個領導者進行交互活動的順序性，必須配合情境與需求先後循序為之（部分中文問卷請參見表 6.7）。

📚 三　分布式領導的層面

　　分布式領導乃是一種重視實踐性的領導模式，極為關心如何擴展與分配領導權力於學校其他成員。其所關注的議題包括領導實踐如何完成、領導權力之分配原則、與領導分配與情境之關係等。實務研究雖然數量不多，採用量化走向之學者仍試圖將分布式領導之主要理念，

表 6.7　分布式領導相關問卷部分題目

本校校長會積極參與校內的教師專業發展活動以改善學校效能。
本校校長會關心教師提升課程與教學的品質。
本校校長會積極鼓勵教師共同參與決策。
本校校長會鼓勵教師參與學校的專業發展活動。
本校校長能接納成員改善學生學習課程與教學的意見。
本校校長和教師能共同承擔提升學生學習表現的責任。
本校同仁在其專業的領域上能參與決策。
本校會提供時間讓教師在教育議題上共同討論。
本校校長與成員在專業領域上能相互尊重與信任。

資料來源：何建霖（2008: 210）。

分成個別層面以利調查。例如 Leithwood and Jantzi（1999）首在分布式領導的相關研究中，以學校目標、學校文化、學校核心任務、學校結構與組織、學校資訊蒐集與決策等層面，來測量學校實施分布式領導之程度。之後，美國康乃迪克州也以 Leithwood and Jantzi（1999）的研究為藍本，發展出「分布式領導準備度量表」（Distributed Leadership Readiness Scale，簡稱 DLRS）。其中將分布式領導濃縮為四個層面，包括願景與目標、學校文化、分享責任、與領導實踐（Gordon, 2005）。茲分述如下：

1. 願景與目標：實施分布式領導之首要條件為學校成員具有共享的價值觀、願景、與教育目標。此因若無一致之願景與目標，學校成員就會各行其是，而難以凝聚向心力共創盛景。測試學校成員對願景與目標的瞭解程度，可以一探學校實施分布式領導之可能性與準備程度。具有共同之願景與目標，實施分布式領導才不致產生多頭馬車的窘境。

2. 學校文化：為配合實施分布式領導，學校必須建立明確且可達成之願景。而其必須與構成學校規範、價值、與基本信念的學校文化相連結。學校領導者以誠懇開放的態度與成員共塑願景，並使之內化促使成員產生承諾而奉獻。基於此，成員才有意願以自我專業與才華，適時扮演共同領導者的角色。

3. 分享責任：分布式領導主張成員在共享學校領導權之時，即需共同承擔校務責任，否則會形成有權無責之怪現象。此舉除可減輕校長之責任重擔外，也可強化領導群彼此之間對組織之向心力與凝聚力（Muijs & Harris, 2003）。共同承擔領導與決策的責任，也是分布式領導不可或缺之層面。

4. 領導實踐：分布式領導最重領導實踐，其是領導者、被領導者、與情境三者在領導過程中的交互作用。領導實踐可存在於學校正式或非正式組織的領導角色中。實務上，一個學校領導實踐的內容與深度，即大致決定了其實施分布式領導的程度。

四　分布式領導理念之爭議

分布式領導的出現，對於傳統「領導者決定組織成敗」之主張有所顛覆，然其擴張領導來源引入多人領導之概念，卻引起部分爭議。爭議焦點多在實施分布式領導的時機與形式、誰是最後決策者、多人領導是否會導致多頭馬車、與是否會形成無政府狀態等議題。以下分別加以釐清與敘述之：

(一) 實施分布式領導的時機與形式

基本上，分布式領導肯定每個組織成員皆有成為領導者的潛能，然而其時機與形式卻需有特定時空之配合。換言之，分布式領導雖主張給予每個成員擔任領導角色的機會，但其是否實現，則端賴當時成員專業能力與任務內容是否相配。實務上，組織成員之能力與的性格迥異，並非皆有專長與意願加入領導群。前已述及，組織個別成員必須與構成學校價值觀與基本信念的學校文化相連結，再經與領導者共塑願景之內化過程後，方能產生承諾而伺機加入領導群。此因通過長期共事之彼此瞭解，產生信任與實現組織目標的共識，成員才會願意在特定時空，一方面審度工作特質，一方面憑藉自我判斷力來決定其對整體領導的貢獻程度。就此而論，分布式領導深具權變論領導模式的色彩，講究組織成員並非時時刻刻加入領導群，而是等待時機成熟後分別加入與循序進出。

(二) 誰是最後決策者

分布式領導允許在特定時機採用多人領導，可有利於組織結構的扁平化，提高組織運作效能。但是領導群中仍必須有最後之領導者，以在眾人意見發生歧異時進行仲裁。理想上，分布式領導的團隊應是一個自我管理的群體，但依規定仍有名義上之領導者（如校長）。有關組織運作之基本決定（如何種時機有何人加入領導群），仍應由正式層級之領導者做出。然而，相對於傳統之領導者，在分布式領導的過程中，名義

上之領導者不宜時時強加介入，而應扮演傾聽者之角色，幫助其他領導者獲得即時之資訊與協助。其作用類似催化劑，在達成組織目標之前提下，鼓勵與增加其他成員參與領導的意願，並做出積極的貢獻。

(三) 多人領導是否會導致多頭馬車

分布式領導雖主張多人領導，但並不認為因此會導致多頭領導。此因領導群之成員僅在特定時空，依據任務之性質與個人之專業，機動輪流擔任領導角色。此外，組織之工作有時極為複雜，需要加以分割並由不同專業之領導者擔綱，因而產生特定時段多人領導的現象。由於各任務分工係由具有相關專長的成員領導負責，而非由多人一起領導，基本上與所謂之多頭領導仍有所差距。例如學校中需要有意見領袖規劃未來發展願景，也要有學有專精之學科教師進行教學創新。不同成員分別在行政與教學擔任領導者角色，彼此合作才不會產生多頭馬車的利益衝突，所產生之效益則具有加成效果。

(四) 是否會形成無政府狀態

實施分布式領導的另一爭議為其可能造成領導的無政府狀態。此因成員的多樣性與異質性雖蘊含創新之潛力，但學有專精之各類專家，卻極難輕易放棄自我主張而服從他人之指導。影響所及，多頭馬車下的無政府狀態即應運而生。針對於此，分布式領導的主要倡導學者（如 Gronn, 2000, 2003; Harris, 2004; Spillance, 2005, 2006）皆強調即使特定時段中有領導群之存在，但依制度所產生之領導者依舊存在，其應具有調和鼎鼐之功能，因此基本上不會出現領導的無政府狀態。

綜上所述，可知分布式領導係組織之領導者、追隨者、與情境三者交互作用後的一種領導實踐理論。其採取多人領導的理念於教育組織中，進而產生別於以往之新思維。其中包括：

1.打破校長的英雄神話：華人地區之學校校長職權多在「綜理校

務」，業務包山包海，權力也集於一身。影響所及，似乎一校之成敗完全繫乎校長之表現。此種「有什麼樣的校長，就有什麼樣學校」的迷思，大大增加了校長的英雄神話色彩。分布式領導的出現，除顛覆獨尊領導者的主張外，更進而關注學校其他成員加入領導團隊之可能性與實踐性。就領導理論之發展中，不啻拓展了新的視野。

2. 強調分權與合作：分布式領導強調多人領導的重要性，為達成目的，其先決條件即是分權與合作。除依法保留之決策權外，校長應積極與學校成員共創願景，適時授權給教師、家長、甚或社區人士，並尊重其專業能力以激發彼此之潛能。換言之，分布式領導創建了合作性的關係，其形式不拘，除在特定時空邀請成員加入領導群外，也可透過組織非正式團體間的合作，分別在學校不同層面與領域中，機動產生領導實踐，建立合作性的學校文化。

3. 注重理論與實踐的結合：分布式領導不僅關注領導是「什麼」（what），更強調「如何」（how）領導。此種重視領導實踐之特質，將教育領導相關研究帶出象牙塔，而更關注理論與實踐之間的關係。研究者除發展理論外，也必須進入學校現場，進行實地之觀察與現象分析。如此除對診斷學校現存之問題大有助益外，也可確實建構實務上可行的教育領導理論。

檢閱相關文獻，相關中文的分布式領導研究至今方興未艾，初步則多集中於介紹性與描述性的探討（如方學禮，2005；陳珍容，2006；蔣圓圓，2008）。賴志峰（2008，2010）則指出分布式領導將領導的權責與成員（尤其是教師）分享，乃是學校注重提升學生學習表現的具體作為。何建霖（2008）之研究則是少數結合分布式領導與其他組織變項之論文。其分析台灣國小分布式領導、教師同僚專業互享、與學生學習表現之關係，發現三者之各層面之間具有顯著正相關。此外，國小教育人員所知覺的學校分布式領導層面中，以「學校組織文化」層面最高，而

「領導實踐」層面則最低,顯見要求校長適時分享權力,未來仍有一定努力之空間。

五 參與式領導

與分布式領導有異曲同工主張的乃是參與式領導(participative leadership),其往往在企業界又被稱為是「參與式管理」(management by participation)。基本上,參與式領導的主要精神乃希望藉著共同參與領導的方式,使組織成員在執行任務的決策與處理上,產生同舟共濟的感受。進而強化對組織的認同感而毫無保留的奉獻己力,以有效的達成組織目標。參與式領導對領導行為之主張與分布式領導頗為相似,包括以下之主張:

1. 領導本身牽涉到成員間密切的互動過程,並非領導者唱獨腳戲即可完成。因此,領導必須強調領導者與成員的雙向溝通,領導者過度強勢與獨霸,很難產生眾志成城之提升組織績效的結果。
2. 為使員工能產生歸宿感,必須要肯定其對組織的貢獻。基於此,領導者必須改變領導風格,絕不可輕視成員只是領薪水唯命是從的奴才。應積極鼓勵其參與管理,發揮一定之影響力。

參與式領導(管理)的理論基礎主要可來自人際關係、人力資源、與民主主義三方面。其中人際關係理論主張藉著成員之積極參與及互動,個體間之人際關係會趨向正面發展,並進而提升組織績效與工作滿足感。人力資源理論則認為具有不同專業成員之參與領導,可因之開發其工作潛能,並產生強烈認同感。至於在民主主義部分,其宣稱現代社會難以認同領導者獨裁之形式,而不同形式的參與領導,根本就是成員的基本權利。此種權力並非是上位者的施捨,而是社會發展之必要結果。

在實行方面,參與式領導之形式與內涵依組織之特性而有深淺之別。例如 Sashkin(1984)即認為參與之內容主要在成員對工作環境中

的特定活動，具有規劃、指導、與控制的權力。其中包括四個主要項目：(1) 參與設定目標；(2) 參與制定決策；(3) 參與解決問題；(4) 參與組織變革。如此定義極為廣泛，幾乎涵蓋了組織所有的活動。

　　實務上，參與式領導（管理）之程度雖有所區別，但仍堅持成員有真正積極參與及領導組織活動之機會。即以大學為例，其具體作為諸如賦予成員參與組織重要決策之權利（如允許教授加入校務會議議決重要事項）、允許成員訴諸法律保護自身權利（如經由學校申訴委員會對抗學校不當措施）、共享組織的管理資訊（如要求校方經由網站將決策過程公開）、與共同領導分擔責任（如教授輪流擔任行政工作）等。換言之，在「大學自主」的前提下，中外知名大學之運作實施參與式領導其來有自，也成為最佳典範。

　　綜而言之，參與式領導（管理）的主要精神即在透過共同參與之民主式領導，借重成員能力共商大事，以期待所做之決策具有一定之共識。或許在過程中時間耗費較多，但其結果則較少受到質疑與抗爭。此因擁有不同專長的組織成員藉由參與的管道，可從個人的專業角度提供創新觀點與建言，幫助領導者找到更佳的解決方案。不論是採用群體決策，或是允許成員提供意見，皆能使成員感受自我在組織中之份量，進而產生一定的向心力。雖然影響人員之參與因素牽涉到個人、組織、與環境之變項，但相關研究（如 Bower, 2007）則指出，參與行為與成員工作滿意度、組織績效、與專業成長等皆具正相關，值得組織一試。此外，成員因參與決策制定過程，對其前因後果有所瞭解，自然較能接受最後的定案，此會使決策的執行更為順利。

　　實務上，參與式領導（管理）並非萬靈藥，有其內外存在的限制。實施時需有一定的配合條件，才能顯示其功效。茲分述如下：

1. 需對參與員工提供專業協助：管理者宜提供相關訓練計畫，加強參與成員的專業知識與管理理念，避免淪為漫談與爭辯之形式。

2. 慎選參與之時機與議題：參與領導的主題應集中於員工工作切身利益相關議題，以維持其參與的動機與關心程度。若發現員工

過度花費時間參與，卻荒廢其本分工作時，即應彈性調整其參與
程度，以免造成本末倒置之現象。

3. 給予充分時間：一旦採取參與式領導，即應給予員工充分時間
進行決策的討論與制定，應避免臨時要求其立即背書之情況。因
此，在組織發生緊急事件或時間緊迫時，行使參與式領導最好有
所保留。

4. 管理者仍須主導過程之進行：雖然參與式領導允許成員加入對
組織決策與議題的討論，但其並非是直接式民主，重大決定不應
皆採取由成員硬性投票多數占先的方式（尤其是與法令又所抵觸
時）。基於權責相符的原則，由於領導者最後仍須對結果負責，
因此對整個過程之進行仍應有所指導。一方面使組織業務順利進
行，一方面充當調停仲裁角色，使參與式領導不致產生眾聲喧嘩
卻議而不決的結局。

六　柔性領導

近年來另一與分布式領導、參與式領導概念近似的是柔性領導
（flexible leadership）。其係指領導者透過本身的作為與人格魅力，逐步
與下屬建立超越利益交換的信任關係，進而醞釀雙方從屬關係的變化。
其由傳統的絕對上下權力，轉型為領導與部屬之間的平行互信關係。
Yukl and Lepsinger（2004）即指出，在領導實踐過程中，柔性領導將此
種信任關係，形塑為組織文化的一部分，再通過組織文化的影響，從而
提高領導效能。

柔性領導所指之信任關係，係指領導者與部屬在平等的基礎上承擔
責任以贏得對方的信賴。此因組織成員皆具有潛能，如果領導得宜，可
以在動態中不斷成長與進化。柔性領導認為領導者的作為彈性與柔度，
會深切影響組織成員潛能的發揮。通過建立開放、平等、互信之組織文
化，方能因應知識經濟時代的創新管理需求。因此，柔性領導強調靈活

與充分授權部屬，主張對組織成員的信任乃是領導成功的關鍵之一。

在知識經濟時代，具有「柔性」特質的組織，方能在瞬息萬變的局勢中，及時調整蛻變。柔性領導的理念主軸，並非在一意凸顯領導者自身的光芒與能力，而在培養領導者通過領導行為，使成員產生足以擔負組織使命的共同信任感。此時，領導者與部屬之間的角色漸趨模糊，進而成為地位平行之團隊合作者。

第五節　家長式領導與相關領導理論

根據相關研究文獻，在以儒家思想為主體之東亞文化圈中（包括華人社會、日本、與韓國），家長式領導乃是普遍且強勢的領導形式。此因中西方的價值觀迥異，歐美主要國家在啟蒙時代後，民主浪潮蜂擁而起。主張為促成社會與國家之進步，公共責任應優先於個人與家庭利益之考量。換言之，犧牲個體之部分權益，以維護公眾之福祉，乃是公民社會之基石。

此種看法實與儒家思想所形成之「家族主義」價值觀大異其趣。基本上，要瞭解華人的社會結構，必須先熟悉其家族體制。傳統上華人社會的單位是家庭，而非西方社會中的個人。家庭的束縛力量極大，所以個人努力的終極目標是「光宗耀祖」，最大的責任乃在「傳宗接代」，個人的價值往往淹沒於家庭的延續中。所謂「修身、齊家、治國、平天下」，個人要能齊家後，方有能力治國。家庭的擴大即是家族，包括與自己有各種關係的家庭。推廣於工作組織，即形成「泛家族取向」（楊國樞，1993）。其主要特徵乃是將家庭之人際關係與管理模式推行至其他社會團體，領導者也習以「大家長」自居，形成強烈家長式領導的風格（鄭彩鳳、吳慧君，2006）。

因此，在西方相關文獻中，家長式領導理論與模式之探討較少，且多半附屬於其他變項中。例如在相關教育行政之研究中，學者 Halpin and Croft（1962）為測量學校的組織氣候，設計了一份 64 題的「組織氣候描述問卷」（Organizational Climate Description Questionnaire，簡稱 OCDQ）。藉著調查團體中個人的感受，進而歸納出六種不同的組織氣候類型，其中之一即為父權型氣候（paternal climate）。如家庭中的父親一樣，此類組織的領導者對於大小工作事必躬親，具有權威且慈祥的特質。員工由於始終居於聽命的地位，工作滿足感不高且彼此之間較難合作，工作士氣低落，因此成果績效常未如理想。

以上父權型組織氣候的特徵，實與家長式領導如出一轍。組織中的領導者如同華人家族中的家長（多半為父親或家族中輩份最高者），展現慈愛卻權威的開明專制行為。華人社會普遍呈現人治色彩，領導者特質如諄諄教誨、照顧親信、集權控制、權勢維護、與仁慈關懷等皆相當明顯。此種慈愛中顯現權威的領導型態，在西方民主文化中看似弔詭，卻普遍存在於信守儒家道統的東亞文化圈中。事實上，家長式領導的近年研究，也多半起源於對華人社會企業組織的探討。有趣的是，最早的研究者多為外國學者，之後華人學者才加以接棒。以下即先針對相關家長式領導之近年發展趨勢加以簡述。

一　家長式領導之理論發展

環顧歷史，最早對家長式領導進行系統研究的首推 Silin（1976）。其利用類似田野調查之方式，針對一家台灣民營企業進行一年的觀察，並與企業領導人、各級經理、與員工進行訪談。經統整相關資料後，再對於企業領導人之主要領導理念與行為模式加以描述。其發現之特性包括：⑴ 教誨領導：領導者不斷指示與教導部屬達成工作目標的方法與策略，居於指揮者的角色；⑵ 德行領導：領導者試圖呈現自我在道德上的高度，除具有技術能力外，且能作為表率；⑶ 中央集權：組織權力集中於領導者，組織管理端視領導者的個人看法，並無嚴格之制度可遵循；⑷ 保持距離：為使領導者之權威加以彰顯，其會刻意與部屬保

持距離以維持其神秘性；(5) 模糊表達：為維護權威與保留隨時之異動權，領導者往往對其意向採用模糊表達的形式；(6) 嚴密控制：企業領導者事事管控，對於分權彈性管理並不重視。

　　同以華人企業為研究對象，Redding（1990）之研究則費時 20 年，研究對象遍及香港、台灣、與東南亞各國之 72 位華人企業領導人。其提出「中國式資本主義」（Chinese capitalism）一詞，以闡述華人企業家之獨特領導模式。其中父權主義（paternalism）與人治主義（personalism）之傾向極為明顯，相關現象如部屬依賴領導者指示、組織層級分明造成權力獨大、欠缺明確與嚴密的制度、與領導者試圖成為楷模與良師等。Redding 也發現企業領導者會試圖像父親般照顧或體諒部屬，具有仁慈領導的特質。

　　根據相關研究，楊國樞（1993）提出「泛家族主義」的概念，指出華人家族企業中，領導者多扮演類似父親之角色，以相對於部屬之類似兒子的角色。此種概念多根基於儒家三綱五常的思想，並與 Westwood（1997）針對華人企業管理所發現之「家長式首腦領導模式」（model of paternalistic headship）有異曲同工之妙，皆指出華人企業領導作風具有教誨式領導、例外照顧與徇私、疏離且社會距離大等現象。

　　以上學者雖提出類似概念，但正式確立家長式領導概念的則為鄭伯壎。其早在 1990 年初期，即著手探討華人家族主義與領導行為之間的關係。鄭伯壎（1991）發現華人家族的家長權威，形成企業領導人採行專權且教誨部屬之模式。此外，傳統家族所形成之關係差異，也使得企業組織人將部屬區分為自己人與外人之差別。之後，鄭伯壎（1995）之研究進一步指出台灣家族企業家長式領導，具有「施恩」與「立威」兩種概括行為。在施恩方面，領導行為可以分為「個別照顧」與「維護部屬面子」兩大類。換言之，企業領導人對待部屬並非一視同仁，而是將其分為自己人與外人兩類。領導者對自己人，呈現較少之立威與較多之施恩現象，對外人則反之。至於區分自己人與外人，主要依據下列三種指標：(1) 關係：係指領導者與部屬之間的社會連結（social tie），其

中如同族、同學、同鄉之親疏不等關係；(2)忠誠：係指部屬效忠服從與願意為領導者犧牲個人利益之程度；(3)部屬勝任工作之能力：以其對工作之完成績效而定。就此而論，當部屬與領導者具有親密關係、極力效忠、與具有高工作能力時，將會被領導者視為是核心的自己人。反之，若在三指標中有所缺失，則部屬極可能被視為是邊緣外人。

謝金青（2003）則以 Westwood and Chan（1992）所提出之家長式領導風格為研究與分析基礎，提出家長式領導風格領導策略之行為指標如下：

1. 中心領導：組織的強制權、獎賞權、與重大決策權集中於領導者身上，不需對部屬解釋決定之原委。

2. 目的模糊：領導者不會在公開會議中揭露意圖，喜用暗示的方式來傳遞想法。

3. 個人距離：領導者不會在部屬前輕易展露個人情緒。藉由保持神秘感來催化部屬對領導者之敬畏，以致不敢挑戰權威而服從命令。

4. 人際關係：往往為顧全雙方面子，處理事情時總會考量多方面向，以較為迂迴的方式處理。

5. 權勢維護：領導者會挑選服從性較高的部屬，採用績效評鑑為確保部屬服從的手段，慣於貶抑部屬的貢獻並將功勞獨攬。

6. 照顧親信：關係有內外之別，領導者會照顧親信幹部之自己人。

7. 社會距離：組織成員慣於將領導者視為家庭中之父兄，領導者亦以大家長自居，與部屬保持一定之距離以保持威嚴。

8. 政治運作：在組織中採用各種政治手段以牟取權力。

9. 塑造聲望：領導者企圖展現崇高的道德態度，表現謙遜、體恤、仁慈、與符合禮的行為，以贏得部屬的敬重。

綜合以上國內外研究對於家長式領導之看法，可將家長式領導定義為：「在人治的組織氛圍中，領導者透過威權領導、仁慈領導、與德行領導三者並行之形式，以使成員甘心順從且進而感恩圖報之領導方

式。」以下再就其相關層面分述如下：

🔖二　家長式領導之層面

　　為測量組織中家長式領導的程度與確立其相關層面（因素），發展家長式領導量表（paternalistic leadership scale）實有其必要性。鄭伯壎（1995）首先採用民族誌研究方法，對一位具家長式領導特色之台灣民營企業領導人進行個案研究，並以觀察與訪談紀錄為依據，抽離相關之領導行為描述句而產生初步問卷。之後再針對台灣民營企業主管、大陸國營企業廠級主管、與台灣高級中學兼主任之教師進行施測，分析後正式確立其所提出之「施恩」與「立威」兩大領導向度。其中施恩包括關懷照顧、維護面子、以身作則、工作示範、與公正無私。立威則有專權作風、強調服從、控制訊息、隱藏意圖、教誨斥責、要求卓越、形象整飾等。

　　之後，鄭伯壎、周麗芳、樊景立（2000）再針對量表進行修正。除將明顯不符合家長式領導內涵與定義之題項刪除外，並參考鄭伯壎、莊仲仁（1981）之研究、凌文輇（1991）之 CPM 量表、與 Farth and Cheng（2000）之研究，重新增編德行領導題項。經預試後，再以台灣企業主管級職員與公立國小教師為正式施測對象，結果產生「威權領導」、「仁慈領導」、與「德行領導」三個主要層面（因素），正式確立家長式領導三元模式的架構。其中威權領導包括「威服」、「專權」、「隱匿」、「嚴峻」、「教誨」五個向度；仁慈領導則有「個別照顧」、「體諒寬容」兩個向度；德行領導涵蓋「正直盡責」、「不占便宜」、「無私典範」三個向度。茲將威權領導、仁慈領導、與德行領導三者分述如下：

(一)威權領導

　　家長式領導內涵中，以威權領導最能顯示華人社會之特色。華人組織領導者威權領導的傳統作風，多半源自於傳統社會之家長權威體制。

華人家族係主要以代代相傳的父子關係為運作主軸。在溝通方面，家長不但是相關重要資訊的主要接收者，而且成為運用資訊的壟斷者，甚而採取愚民政策。在決策方面，傳統家長以其無上地位與權威，自然成為家族事務的最後決策者。至於在資源分配方面，亦以其喜好與決策馬首是瞻。楊國樞（1993）指出傳統中國家庭中，身為家長者利用經濟控管、思想專制、家政肅然、與尊卑等級之四項工具，逼使其家庭（家族）成員必須委身於其統治之下。表現在外之行為即是恪盡孝道與無條件甘心服從。此種家長權威，延伸推廣於其他社會關係的運作中，即形塑出組織中主管與部屬的關係，形成所謂的泛家族主義。

此種泛家族主義，由於根源於儒家文化，領導者與部屬之間即形成上尊下卑的正當性。實務上，威權領導具有四個層面：(1) 專權作風：領導者不願授權，只進行上對下的溝通，對訊息加以控制而不願公開，並對部屬進行嚴密的監控。此外，有時「號稱」為下位者好，上位者可以干涉下位者的行動自由，即使具有強制意味。(2) 貶抑部屬的能力：上位者認為在判斷組織走向與利益上，比下位者更為卓越。下位者缺乏判斷能力，因此應由上位者做最後決斷。而領導者會故意漠視部屬的建議與貢獻。(3) 形象整飾：領導者會展現維護自我尊嚴、表現信心、與操控相關消息之行為；(4) 教誨行為：領導者會要求部屬的績效成果，斥責不符理想的表現，並對部屬主動出擊加以指導（鄭伯壎等，2006）。

(二)仁慈領導

由於具有父兄之形象，家長式領導者會針對部屬之福祉，表現出慈愛之態度而予以個別關懷。其範圍不僅限於工作之內容，也擴及部屬之私人生活，其包括「個別照顧」、「體諒寬容」之施恩行為（Farh & Cheng, 2000）。既稱為施恩，自有上對下之強烈色彩，外在形式卻可能以寬容與保護行為加以呈現。仁慈領導係建立在儒家的倫常關係上，上位者藉慈愛之對待，換取下位者之誓死效忠回報。此種回報互惠的觀

念，深深影響華人社會人際關係之形塑。華人相信平日對特定人士之施予恩惠，乃是一種「社會投資」，隱含著未來能夠得到回報之期盼。此種根深蒂固的互惠觀念，使得領導者願意對屬下施恩而換取其忠誠之回報。然而要注意的是，家長式的仁慈領導並非一視同仁，多半親疏有別，領導者對自己人與外人自有不同程度之慈愛表現。

(三) 德行領導

家長式領導所根基之儒家思想最重視德行之培養，主張國家社會之治理運作，必須植基於道德倫常之上。所謂「君子之德，風；小人之德，草。草上之風，必偃。」（論語 ‧ 顏淵篇），上位者必須具有一定德行以成為部屬的楷模與表率，此種論點在儒家之主要經典中比比皆是。例如孔子主張「為政以德，譬如北辰。居其所，而眾星共之。」（論語 ‧ 為政篇）或是「道之以政，齊之以刑，民免而無恥；道之以德，齊之以禮，有恥且格。」（論語 ‧ 為政篇），皆顯示儒家思想將治國之原則置於道德層次上。在古代帝制時代，人民之命運完全操控於代表皇權的官吏手中，為防止其違法濫權，必須藉由品德之大帽子加以約制。此種以人治取代法治之的傾向，至今仍舊普遍存在。基於此，領導者被要求必須扮演以德服人的角色（至少表面上），並展現有禮之行事風格與操守。此外，根據鄭伯壎、樊景立、周麗芳（2006）之研究，發現家長式領導三元素對部屬反應與態度均具有正向的主要效果，其中尤以德行領導的效果最強。

▼ 三　家長式領導相關研究

家長式領導既為華人組織之特有類型，相關研究不在少數。在針對教育機構之研究部分則多在 1990 年代開始。以下即就近年來學校家長式領導之相關實證研究結果簡述如下：

吳慧君（2004）以一所私立醫學大學為對象，主要發現包括：

（1）大學主管呈現「均衡取向」、「仁德並濟」、「威權取向」三種領導型
態；（2）在「均衡取向」、「仁德並濟」的主管領導型態下，行政人員之
組織承諾高於「威權取向」領導型態；（3）在「仁德並濟」領導型態下
的行政人員工作滿意度最高。

　　在 2005 年初出版之三篇學位論文中，林龍和（2005）研究高雄
市國小校長，結果發現：（1）國民小學校長展現中度以上家長式領導，
其中並以「德行領導」為最高。（2）男性、資深、中型學校之校長展現
較高家長式領導行為。（3）校長展現「德行領導」、「仁慈領導」時，教
師士氣隨之提升；反之，展現「威權領導」則教師士氣會下降。（4）
校長展現德行領導時，最讓教師感到認同而有助士氣的提升。夏小琪
（2005）以台南縣市國小校長為對象，發現校長展現「德行領導」、「仁
慈領導」時，教師教學效能較高，而校長展現「威權領導」時，教師教
學效能隨之降低。此外，校長展現德行領導時，最能提升教師的教學效
能。周怡君（2005）則以國小校長為例，探討家長式領導與教師組織公
民行為之關係。主要結果發現：（1）校長展現中度以上家長式領導行為，
尤以「德行領導」為最高；（2）國民小學校長仁慈領導、德行領導、與
教師組織公民行為各層面及整體皆呈現顯著正相關，而威權領導則與教
師組織公民行為之尊重體制、敬業守法層面呈現顯著負相關；（3）德行
領導與仁慈領導對整體教師組織公民行為皆具有預測力，其中以德行領
導之預測力最佳。

　　鄭莉伶（2006）以高雄縣國小教師知覺校長家長式領導為主題進行
研究，結果發現：（1）國小校長具有良好的家長式領導特質，其中以「德
行領導」最為教師所知覺；（2）國小教師感受到校長家長式領導特質愈
明顯，尤其是仁慈領導，則學校組織效能愈高；（3）校長家長式領導中
之德行領導、仁慈領導、與學校組織溝通各層面受重視時，其組織效能
就愈高。在同一年，莫素雲（2006）以桃竹苗四縣市高中校長為對象，
主要發現校長自覺與教師知覺校長家長式領導之型態看法並不一致。此

外，教師對校長的信任程度，可在校長家長式領導與教師組織公民行為之間產生中介效果。

　　張能發（2007）則以台東縣國小校長為對象，發現家長式領導之「仁慈德行」層面較能預測學校效能。一般地區學校教師對校長「激勵關懷」、「仁慈德行」層面知覺度最高，而愈偏遠地區則對「威權領導」層面知覺度較高。同時，黃巧吟（2007）研究台北縣國小校長。結果發現：(1)校長家長式領導行為呈中上程度，其中以「德行領導」得分最高，「威權領導」得分最低。(2)校長家長式領導之「仁慈領導」與「德行領導」與教師的組織忠誠行為有顯著正相關，「威權領導」則與教師的組織忠誠行為無顯著相關。換言之，「仁慈領導」與「德行領導」對教師組織忠誠行為具有預測力。

　　許翰笙（2009）之研究發現，教育行政機關行政人員知覺主管不同之家長式領導程度，與其情緒勞動有顯著差異。此外，教育行政機關行政人員知覺主管家長式領導中之「威權領導」及其情緒勞動，皆可有效預測其職業倦怠。換言之，主管威權領導愈高，下屬之職業倦怠程度也愈高。薛承祐（2010）則發現國民中學教師感受較少校長的威權領導行為、中等程度仁慈領導行為、與較多德行領導行為。再次說明台灣公立國中校長之威權領導之式微。在另一方面，威權領導與仁慈領導、德行領導、學校組織健康、教師組織公民行為之間，則具有顯著負相關。

　　針對以上校長家長式領導之相關研究結果，可產生以下之未來探討議題：

1. 各級學校校長多展現中度以上之家長式領導行為，其中又以「德行領導」為最高。較之私人企業界，其「威權領導」層面得分較低。其是否為學校組織之特殊現象，值得進一步研究。晚近公立中小學校長在民主思潮，與多個教育利益團體興起之壓力下，早已失去傳統之威權。其是否代表家長式領導在公立學校之式微？相當值得玩味。

2. 校長展現「德行領導」、「仁慈領導」時,學校教師士氣隨之提升,教師教學效能較高,教師的組織忠誠行為較高,且組織效能愈高。反之,「威權領導」則有負面之結果。未來應如何加以調和,乃是希望採用家長式領導者必須加以思考之議題。

3. 如果淡化「威權領導」之層面,而只保留「德行領導」、「仁慈領導」層面,則家長式領導之主要精神是否存在?其與其他領導模式(如轉型領導)之間的訴求差異又何在?皆值得進一步研究。

6
個案研究　成也改革敗也改革

此個案之發生地點為澳門。自1999年回歸大陸後，澳門以往幾乎皆為私立學校之局面丕變，特區政府大幅投資教育並廣建官立學校。由於發生地點在澳門，文中所用之部分用語較為不同，還請讀者細讀上下文，以瞭解其意義。

　　興革小學坐落在澳門中心地區，係由當地政府出資興辦的第一所官立小學。原設有39個教學班，編制內教職員工83人，學生人數穩定在1,500人左右。該校雖為官校卻一直沿用校長負責制，由於歷史悠久，機構設施環境為同類學校之首，再加上校長包不同慣常的開明作風，校園氛圍相當和睦。自從創建以來，即是當地居民子女接受教育的首選學校。

　　然而近年來，內外環境卻產生巨變。由於政府實施開放政策，當地經濟發展速度明顯加快，人口密度也逐漸上升。然而相較之下，興革小學內部狀況卻是古井不生波，彷彿處在化外之境。看在精益求精的包校長眼中，卻是一種必須打破的死寂。

　　於是他在關注時局之餘，決心順應當地經濟的變化，擬定一系列教育改革計畫。首先，人口的增加必然會提高入學率，遂不惜投入大量資金，將教學班擴展到50個，並招入大批年輕教師。此外，包校長又果斷買下毗鄰一所瀕臨倒閉的私立幼兒園，將其內的房舍加蓋裝修成一座現代化綜合型教學樓。包校長心想，只要能把學校的辦學水平提升到新的層次，如此大手筆花費也是值得的。

　　新學年開始，新的教學樓正式竣工。包校長看著招生辦公室中絡繹不絕的人群，笑得合不攏嘴。招生截至日期剛過，就趕忙

詢問新生人數。得知結果後大失所望。原來此屆新生數目不但沒有大漲，反而比起過去幾年還下降不少。怎會如此呢？

包校長立即召開全體教職工大會集思廣益。聽完大家各抒己見後，其漸漸發覺問題的根源。原來近幾年除了經濟發展、人口增長外，當地政府也開始不斷投資辦學。除了興革小學等歷史悠久的幾所老小學以外，政府就興辦了五六間新小學。雖然規模條件各異，但其中也不乏出類拔萃者，尤其是部分小學的管理人員辦學相當創新，短時間內就把學校搞出了水平與特色，因此爭取到了不少的生源與口碑。

回看自己的小學，包校長心中愈發擔憂。雖說該校的良好口碑不曾有所降低，且作為官校也沒有招不到學生而倒閉的問題。然而已經投入大量財力物力，學校怎麼還是死氣沉沉？不過這也難怪，畢竟從創校以來就無任何大風大浪，一切非常安定。別說開除員工，連相關獎懲規章制度也沒有。老一批的教職工已習慣一成不變，把學校當家庭，彼此關係之和睦如同家人。尤其是九年制義務教育推行以後，就連以往競爭升學率所帶來的壓力也都消失無蹤，整個校園宛如放鬆身心的公園。什麼課程改革，什麼教學提升，都成了被遺忘了的概念。

就在此時，地方教育委員會召開關於教師評級制度的研討會。此會議讓包校長頓覺靈光乍現，深覺光是硬件上的突破還是不夠的。一個學校的好壞，根本上還是取決於教師和生源。本著有競爭才有動力的思想，包校長決定打破學校的穩定現狀，認為學校之間要競爭，教師之間也要競爭。基於此，針對「如何喚醒教師競爭意識」這一議題，包校長找到在任職行政極久的荀主任，一起制訂出一套教師考評制度。其主要採用「計分制」，其中對教師之各種評分細則訂定十分詳盡。為了徹底杜絕教師不思

進取的現象，細則中將「毫無作為」也劃分成「過失」的一種，會酌情扣分。此外，還把教師的工資、獎金、晉升等，與教師考評制度緊密結合。規定得分過低的教師，可能面臨被學校開除的命運。

考評制度推行之後，果然一掃之前的沉悶風氣。包校長看著教師工作愈來愈積極，對於教學改革愈來愈有見解，心中就充滿了成就感，慶幸自己的領導才能的發揮，終於帶來如此大的成效。

然而不久以後，副校長蔣分明開始提出意見，認為這套制度副作用極大。包校長素來輕視蔣副校長，因為基於學校結構，副校長不過只是個掛名的職位，幾乎沒有決策的實權。所以包校長表面上虛心接受，心中卻覺得不過是一個不瞭解內情的「閒人」杞人憂天。由於未獲正面回應，說了幾次後，蔣副校長也就沒再提起。

一個學年過去，該校的新生人數果然增加不少。包校長滿面春風，心想事實證明自己果然是對的。

然而，某日曾經共同制訂教師考評制度的荀主任突然來訪，極度不安的報告學校師資短缺嚴重。包校長很驚訝，學校每年都有招入新的教師，又怎會缺人呢？他趕緊著手調查，才發現學校出現的問題還不止於此。教師其實早就向上反映，卻被「報喜不報憂」的荀主任擅自攔截駁回。即使蔣副校長發覺異樣，卻也無能為力。

原來教師考評制度實施後，最初確實改善學校的部分教學氛圍。但沒過多久，種種問題卻開始萌生。因為採用計分制，分數高低直接影響到教師的利益，於是教師間原本和睦融洽的關係，慢慢轉成惡性競爭。打小報告、互相排擠現象層出不窮。新來的

年輕教師之間本來就沒有什麼交情，競爭之下更是貌合神離形同陌路，甚至出現冒名邀功與栽贓嫁禍的惡劣行徑。部分資深教師因為受不了勾心鬥角與爾虞我詐，有的轉去他校，有的則幹脆申請提前退休。此外，因為教師考評制度過於嚴苛，一經流傳，該校就被師範類高校的畢業生們戲稱為「學習的首選位，教書的後備位」，幾乎都不願意至這間學校工作。供應失調，再加上每年總有一兩個年輕教師因分數過低而被迫離職，終於形成了師資入不敷出的窘境。

本來學校財政因為過量投入已出現困難，如今師生比例嚴重失衡，學校情勢一片大壞。由於教師心力交瘁未能顧全每個學生，缺乏管理的班級成績愈見下滑，學生打架鬧事如同家常便飯。反之，基於成績壓力而被管理嚴苛的班級，則出現了學生負擔過重、教師輕德育重智育等怪異現象。有的教師為了加分，甚至開始肆意脅迫較差成績者自動轉班。學生疲憊不堪無心向學，甚至憎惡學校，家長更是怨聲載道，認為教師對孩子身心健康發展毫不關心。影響所及，學校保持多年的良好聲譽也大幅下滑。

瞭解詳情後，包校長非常自責，認為如今亂象都是自己沒事找事做的改革所造成的。現在教師都對校長敬而遠之，只有苟主任一直辯解此與教師考評制度並無關係，只是教師自身的心態與素質問題。然而亂局已成，包校長思來想去，情緒難以平復之外，更增添幾分對於改革的恐懼。手足無措之下，大家期盼的解決方案仍是遲遲不見蹤影。

註：本個案承蒙澳門大學教育學院碩士班同學提供主要內容，併此致謝。

研究問題

1. 試就本章所論述的各種整合型領導理論，分析包校長之領導與改革行為，較偏向於何種領導理論。其原因何在？

2. 該校在當時之環境脈絡中，提出教師考評計分制度之改革，是否有其正當性？最後產生極大副作用，其主要原因癥結為何？

3. 如今學校面臨財政赤字、師資匱乏、生源縮減、成員關係惡劣、教學水平劇降、與學校聲譽受損等問題，應如何擬定解決方案？教師考評計分制度是否應繼續執行或修正？其方向又為何？

功能型教育領導理論

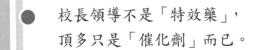

校長領導不是「特效藥」，
頂多只是「催化劑」而已。

在傳統的學校組織中，行政與課程教學多半涇渭分明。在學校組織鬆散結合的特性下，教室往往成為教師的獨立王國，校長鮮少能加以干預其間的運作。實務上，校長被認為應該專心於行政，教學部分自有教師擔綱。然而隨著社會對於績效之強烈要求，學校除日常運作外，更需要創新發展，以在運作與產出上再造新局。基於此，除了傳統行政角色外，校長對於課程、教學、科技等方面的業務即必須通盤瞭解，因而延伸出所謂的功能型教育領導。以下即以目前最受矚目之課程領導、教學領導、知識領導、與科技領導為例，說明並分析校長在非傳統角色領域中應有之領導理念與作為。

第一節 課程領導與教學領導

基於對教育專業之維護，教師多半排斥行政人員對於課程與教學活動之過度介入。此種情況在 1970 年代漸漸有所改變。肇因於社會對於教師教學績效之嚴格要求，以校長為首之行政團隊即必須設計相關課程與教學評鑑活動，方能對教師教學成果有所瞭解。之後，校長對於課程教學之角色逐漸擴張至規劃者、協調者、催化者、與帶動者。基本上，校長雖不應對特定課程教學活動進行干預，但對於相關課程教學政策、計畫、與實施原則卻必須強力投入，以確保學校目標之達成。就此而言，課程領導與教學領導已成為校長的重要任務，絕對不能加以輕忽（吳政達，2005；李新鄉，2003）。由於課程領導與教學領導之定義與內涵頗多重疊，以下雖分別加以敘述，但仍請注意兩者間之緊密關聯。

📚 一 課程領導之定義與內涵

顧名思義，課程領導與學校之相關課程政策與實施有極大關聯（高新建，2002；歐用生，2004）。吳清山、林天祐（2005）即認為課程領導係指在課程發展過程中，對於教學方法、課程設計、課程實施、與課程評鑑提供支持與引導，以幫助教師有效教學而提升學習效果的作為。游家政（2004）則主張課程領導係指在教育的團體情境中，藉影響力來引導教育工作者在課程實務（含教學）的努力方向，使其同心協力去達成教育目標的歷程。

黃旭鈞（2003）定義課程領導為對學校課程事務所進行的各種領導作為，其目的在改進學校課程品質、提升教學效能、與改善學生學習成果。在課程領導的作為中可分為狹義與廣義兩者，前者侷限於直接對課程的設計、發展、改進、實施、與評鑑的引導；後者則涵蓋達到上述目標的所有領導作為。

綜合上述之相關定義，可歸納課程領導定義為「針對學校之相關課程政策與實施，領導者提供必要資源與服務，協助教師進行課程規劃、發展、實施、與評鑑之作為。」其目的在增進教師表現績效，進而提升學生學習成就。

在課程領導的內涵部分，吳清山、林天祐（2005）認為課程領導內涵應包括：(1) 設定課程目標與計畫；(2) 管理與發展學校教育方案；(3) 視察與輔導教學改進；(4) 發展教師專業能力；(5) 評量學生學習結果；與 (6) 塑造課程發展文化。與之相似的有蔡進雄（2008），其認為課程領導內涵分為以下六部分：(1) 建構課程願景與目標；(2) 引導教師規劃及設計學習領域課程；(3) 推動學習領域課程實施；(4) 提升教師專業成長；(5) 評鑑學習領域課程；與 (6) 提供支持性的工作環境。

從以上之主張中，可歸結課程領導之內涵包括學校之課程目標設定、課程規劃、課程設計、課程實施、與課程評鑑等部分。領導者必須積極正視發展教師之專業能力，與創建高支持性教學環境的任務，如此

才能使課程領導水到渠成。

■ 二　教學領導的定義與相關層面

　　隨著教學領導重要性的提高，國內外相關研究如雨後春筍般出現。以下即先列舉主要國內外學者對教學領導的主張，再進而歸納對教學領導的定義。

　　檢視相關文獻，學者對教學領導的定義繁簡不一。例如 Tacconi-Moore（2005）即將其簡單定義為：「領導者對於促進高品質教與學相關活動，以提升學生表現的作為。」Denson（2006）則主張教學領導為：「直接與課程、教學相關的行政活動。行政人員對有效教學提供具有建設性的回饋，並擔負資源提供者的角色以支持教師。」

　　在中文學者部分，楊振昇（1997）之定義較為簡潔，其認為教學領導為：「所有協助教師教學，與影響學生學習，直接或間接的領導活動。」與之相較，吳清山、林天祐（2005）則較為詳細，其將教學領導定義為：「校長直接協助教師教學、促進教師專業成長與發展、進行學校本位課程發展以及帶動教師從事行動研究過程中，對於教學方法、課程設計、課程實施、和課程評鑑提供支持與引導，以幫助教師有效教學和提升學生學習效果。」

　　蔡進雄（2008）主張教學領導乃是為了促進學生學習成果，校長或相關人員從事有關教師教學與學生學習的作為。此定義值得注意的是，就教學領導者而言，校長或相關人員皆是可能人選。相關人員包括校外教育局長、督學、或教學輔導員等，也可是校內教務主任、學習領域召集教師等，並非僅限於校長。

　　張明輝（2005）則將教學領導分為狹義與廣義兩種，前者係指校長從事與教師教學或學生學習有直接關係的行為或活動。廣義的教學領導則包括所有協助教師教學與影響學生學習的領導活動。其認為學校領導者重視教學領導，將能有效提升學校效能、引導教師專業成長、與促進

學生學習成就。

　　綜合上述之相關定義，可歸納教學領導之定義為「校長扮演領導與協調的角色，引導與幫助教師之教學相關活動，以提升教師教學效能、學生學習表現，進而達成教育目標的領導行為。」

　　教學領導關注之焦點乃在提升教師教學效能、支援教與學之間的活動、提供所需之教學資源、與評鑑改進教學成果。基本上，學校領導之層面可分為：(1) 發展教學目標；(2) 確保教學品質；(3) 形塑師生學習氣氛；與 (4) 發展支持的教學環境等四個層面。簡言之，校長教學領導主要訴求即在積極提升教師教學效能，與增進學生學習成效。綜合文獻分析，教學領導的內涵可再分為「教學領導規劃」與「教學領導行動」兩大部分。茲分述如下：

(一) 教學領導規劃層面

　　在教學領導規劃層面部分，分析國內外學者相關研究，其向度大致以「發展學校教學目標」、「進行教學評鑑」、「提升教師專業」、與「形塑學習支持環境」等項目為主要內涵。例如 Moorthy（1992）即認為教學領導的規劃應包括三個層面，其中包括：

1. 確立教學任務：校長應明確瞭解學校所擔負之教學工作與任務，並領導全校達成學校教學目標，且致力教學之改善。
2. 監督教學計畫：校長應與教師共同參與教學的發展、施行、與評鑑。校長必須重視教學工作計畫的擬定，並確實進行教學視導。
3. 提升學校學習氣氛：校長的教學領導不僅應協助教師教學，也必須力求學生能接受適當的教學指導，以促進其學習的進步。

　　在規劃教學領導時，Dwyer, Lee, Rowan, and Bossert（1983）指出其可能會受到四類因素影響。其中包括：(1) 脈絡因素（contextual factors）：如內外環境（家長支持程度、種族的組成等）、個人（校長的經驗與信念）、組織（上級的政策與規定）；(2)校長領導因素（principal's leadership）：如擬定與溝通學校目標、觀察與評鑑教師教學、與分配教學資源與行政管理；(3)影響範圍因素（spheres of influence）：其中如學校氣氛（學校建築、環境與設施、師生關係、學校與社區關係）、教學組織（課程、教學活動、教師進修等）；(4)學習結果因素（learning outcomes）：其中如學校希望達成之目標（學生成就、學習態度、公民責任感等）。

之後，Hallinger and Murphy（1987）試圖發展出相關「教學領導架構」，以明確指出教學領導的具體層面與作為。兩人重視課程管理、教學評鑑、與師生的互動，所建立的教學領導架構相當完整。兩人認為成功的教學領導規劃，應包括三個主要層面與十項具體目標。其中包括：

1. 任務設定：相關具體目標為：(1)形成學校目標；(2)溝通學校目標。

2. 課程與教學的管理：相關具體目標為：(1)視導與評鑑教學；(2)協調課程；(3)督促學生進步；(4)瞭解教學計畫。

3. 學校學習風氣與文化的形塑：相關具體目標為：(1)設定期望；(2)確保教學時間；(3)提升與激勵學生進步；(4)設定標準

與之相似的尚有 Lashway（2002）的研究。其認為教學領導者在教學領導規劃時必須設定目標如下：(1)使學習成為師生優先目標；(2)教學法與教學內容合乎規章；(3)使用多元評量來評估學生的學習；(4)給予學生與教師較高的期許；(5)開創教師與學生間不斷學習的文化；與(6)增進社區與學校互動的支持。

綜上所述，可歸納出完整的教學領導規劃中，校長應發展讓師生感到支持的學習環境，進行充分授權、建立組織積極正面期望、發展成員凝聚力、與鞏固社區與學校之間的聯繫。此外，明確的具體分項目標也應確實建立，以方便之後的成果評估。

㈡教學領導行動層面

教學領導的行動層面係指領導者針對教師教學活動的內容與實施，加以支援與輔導，以提升教學效能，增進學生學習成效的實際作為。其牽涉到實際必須執行之行動，攸關教學領導之成敗。針對於此，Smith and Andrews（1989）提出詳盡的具體施行項目，強調除了良好的教學領導規劃外，校長更需有相應的作為，方能進一步增進教學效果。其主張校長所扮演角色與具體實施行動如下：

1. 校長扮演資源供應者（as resource provider）：校長必須依其職權與能力，盡量提供、運用、與分配資源給學校成員，以達成既定之教學目標。其具體實施行動可包括：
   ⑴ 配合教師專長安排教學任務。
   ⑵ 盡早確立行事曆，使教師能即時安排教學計畫。
   ⑶ 與社區相關人員共同合作，以發展符合學生需求的課程。
   ⑷ 有系統與有彈性的提供各種教學資源給教師。
   ⑸ 妥善保存教職員參與教學相關決策的會議紀錄。
   ⑹ 鼓勵學校成員積極參與討論教學事務。
   ⑺ 藉由舉辦專業研討與經驗分享，積極尋求校外資源與教學改進機會。

2. 校長扮演教學資源者（as instructional resource）：校長展現相關課程與教學的知識與專業技能，使教師願意與校長產生互動之意願，以增進具體的教學效果，而非只是虛應了事。其具體實施行動可包括：
   ⑴ 校長積極與教師討論教學相關問題。
   ⑵ 建立教室觀察的檢核表，以記錄時間與內容。目標是希望每天完成一個臨床視導計畫。
   ⑶ 建立每位老師的評鑑檔案，其中包括年度、目標、與指標，且可容易查閱評鑑結果。

(4) 在相關教室觀察活動後進行檢討會議，並適時將會議紀錄提供教師參考。

(5) 教師的年度評鑑結果能反應出其教學特色，與目標的達成與否。

(6) 教師能積極參與教學結果的分析。

(7) 校長規劃教師觀摩同儕的教學，並適時給予回饋。

(8) 確實訂定代課計畫、相關紀錄與經費報告皆有案可循。

(9) 對實習教師或教學能力不足之教師，能夠給予積極適當協助。若發現其無法進步，亦能依據聘約中止其教學。

(10) 教師能與校長合作設計，進行分析與評鑑自我之年度表現成效。

3. 校長扮演溝通者（as communicator）：校長必須運用溝通的技巧與管道，使師生和家長能瞭解學校的各項教學活動與措施。其具體實施行動可包括：

(1) 相關重大決策流程予以書面化，其中明載團體的討論過程與決議結果。

(2) 詳加規劃教職員會議。對於相關的教學目標、行為、時程、與決議必須加以確立。

(3) 以各種方式（如學校刊物）介紹學校目標與願景，使師生、家長、社區皆能對學校的目標與文化清楚認知。

(4) 學校的願景能以適當的口號、文字敘述等多元方式加以宣導。

(5) 相關教學成效的書面資料能印發給師生與家長。

(6) 推動透明公正的教學評鑑制度。

(7) 學校成員能知曉評鑑機制的運作與指標，並明瞭校長對教學成果的期待。

4. 校長扮演臨場者（as visible presence）：校長必須親臨各種教學現場，以讓師生明瞭其對教學之重視。其具體實施行動可包括：

(1) 校長親身巡視校園或教室。

(2) 校長能出席相關學生與教師的教學會議。

(3) 讓家長與督學知道校長願意與師生保持互動的立場。

(4) 當校長視導教學時，師生不會受到不當之干擾。

(5) 校長能運用各種視導技巧，使教師在不同階段中發展並完成新的教學目標。

　　針對 Smith and Andrews（1989）所提出之校長四種教學領導角色，Faulkenberry（1996）進一步深入探討何種角色對於教師教學效能最有影響。利用問卷調查法後，分析結果發現依照影響重要性排列如下：校長為資源供應者、臨場者、溝通者、與教學資源者。由此可知，教師就其專業觀點主張校長分配資源之功能最為重要。畢竟教師在教學時難為無米之炊，必須有適當的資源注入。與之類似的研究如 McGorray（1995），其主張校長在教學領導規劃時應扮演四種角色：(1) 提供專業知識者；(2) 促進教師專業發展者；(3) 課程規劃與創新支持者；與 (4) 視導與評鑑教學者。

　　在個案研究部分，Lashway（2002）以紐約市教育學區為對象，瞭解名為「排練計畫」（walk through）的教學領導計畫。發現其流程為：(1) 召開會議檢視教學目標；(2) 分析學生測驗學習分數，並討論教師的表現；(3) 訪問各間教室，並與老師及學生互動；與 (4) 與教師進行最後評鑑面談。此計畫除提供校長與教師對話之機會，也強調校長在教學領導中除應具備管理與支持的功能外，也需對教學績效有所負責。

　　與之相似，林明地（2003）的研究針對一位台灣國小校長的教學領導進行觀察。發現其教學領導的具體作為大致可以歸納為六大領域，其中包括：(1) 巡視教室與校園；(2) 協助教師在職進修與專業成長；(3) 表達較高的期望，與提高師生表現的標準；(4) 瞭解學生學習情形；(5) 實踐行政支持教學的理念；與 (6) 建立良好的教學環境、學校文化、與建立楷模等。

　　綜合以上文獻，可將校長教學領導行動層面大致分為：(1) 發展學

校之教學目標；(2) 確保課程品質與提升教師專業；(3) 評鑑學校教學現況；(4) 形塑良好學校文化；與 (5) 建立學校與社區間良好關係等層面。校長可依學校之特性與需求，自行加以設計增減。

▨ 三　課程領導與教學領導之比較

根據上述相關課程領導與教學領導之描述，可以明顯看出兩者之概念與內涵有相當之重疊性。尤其在目標部分皆以提升教師教學效能與學生學習表現為主要訴求，此在學校實際推展過程中，很難加以截然劃分。對此，蔡進雄（2008）甚至主張可將兩者整合為「課程教學領導」。然而，部分學者仍主張兩者仍有相異之處。以下即以對此議題敘述最為詳盡之徐超聖、李明芸（2005）看法為主，並參酌相關文獻加以說明兩者之關係。

在歸納與分析課程與教學領導的相關文獻後，兩人以定義、目的、內涵、研究主題、領導策略、領導行為、相關實證研究、與領導者實踐反思等面向，對課程領導與教學領導之關係進行分類，各家學者之主張計有五種關係如下：

1. 二元關係：主張以狹義的定義來看，課程領導係對教學內容與教材規劃的領導行為，而教學領導則僅是學習內容如何教授的規劃。從此觀點分析，課程領導與教學領導應被視為是兩個相互獨立的領域，其關係可表示如下：

2. 同一關係：主張課程領導與教學領導雖然在過程、作法、與資源投入等面向的偏重有所不同，但就兩者的目的分析，皆在促進學

生學習成就與提升教學品質。因此，課程領導與教學領導可被視
為是一同心圓。其關係圖可表示如下：

3. 交集關係：主張課程領導與教學領導就廣義之定義、目的、研究
　主題、領導內涵、領導策略、與領導行為等面向，皆有重疊交集
　之處。因此，課程領導與教學領導可謂同中有異、異中有同的交
　集關係。其關係可表示如下：

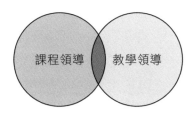

4. 階層關係：主張課程領導與教學領導彼此間為階層關係。學者有
　的認為課程領導係教學領導的子系統，有的則主張教學領導係課
　程領導的子系統。其關係可分別表示如下：

5. 互動關係：主張課程領導與教學領導在彼此獨立之餘，也會有持
　續性的循環互動關係。強調此種影響關係乃是持續且循環的。領

導者在實踐運作時，必須根據實施的結果進行調整，以達到課程
領導與教學領導之間的平衡。兩者相互調適的關係可表示如下：

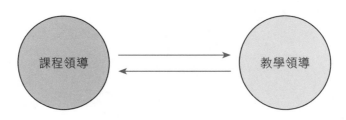

綜合各家對於課程領導與教學領導關係的分析，可明顯看出定義上
採用狹義與廣義之差別。如果採用廣義定義，則課程與教學之內涵幾乎
重疊，舉凡教師所從事之學校工作均可包含其中。然而如果採用狹義定
義，則兩者或有先後之別。基本上，沒有課程領導，教學是盲的；沒有
教學領導，課程則是虛的。兩者彼此影響互為因果。值得注意的是，在
實務場域中，並非課程一定領導教學。有時反而是教學發生問題後，進
而促成課程之改革，反之亦然。如果採用狹義定義並表示兩者之間的關
係，則課程領導與教學領導可被視為是一互相影響的同心圓，兩者同中
有異，異中有同，彼此相輔相成，本質上卻密不可分。此外，其也被包
含於教育領導中之學校領導之圓圈中。課程與教學是教育的核心，因此
課程領導、教學領導，在教育與學校領導領域中乃是重大中心議題。四
者關係可表示如下：

四　教學領導之相關研究

美國對於教學領導之研究時間甚早，其於 1970 年代即已出現相關研究，至今已累積相當研究數量。中文相關教學領導研究則肇始於 1990 年代初期，且有增加之趨勢。其研究內容多在探討教學領導與其他變項間之關係，對象多為中小學校長。以下即分就主要國內外相關研究加以列舉說明。

美國早期相關教學領導研究如 Bass（1989），其以問卷調查法研究 212 所高效能小學的校長。主要研究結果發現：(1) 高效能校長認為應在教學上有所作為，並將教學領導視為學校整體教學計畫的一部分；(2) 校長應對教學領導負最主要責任，尤其是在教學評鑑與視導活動；(3) 即使如此，校長在學校現場仍花費較多時間在人事管理方面，其次才是教學領導事務。

之後，Wells（1993）以「校長教學領導評估問卷」（Principal Instructional Management Rating Scale，簡稱 PIMRS）調查美國都會區小學校長教學管理之現況。根據資料分析後發現：(1) 校長之時間管理技巧與教學管理行為有顯著相關；(2) 在控制行政經驗、學校規範、與性別變項之後，時間管理對教學管理行為有顯著預測之作用；(3) 若欲訓練校長成為教學領導者，可將重點放在時間管理之技巧與實務上。其研究凸顯校長日理萬機，且忙於枝節瑣事不斷之窘況。如果缺乏時間管理技巧，被俗務綁住之校長，實難有餘力進行教學領導。

中文相關研究較早有張碧娟（1999），其以文獻分析、問卷調查、訪問調查等方法探討校長教學領導、學校教學氣氛、與教師教學效能三個變項間之關係。根據 672 位國中教師之問卷調查與 6 位國中校長訪談結果，其主要研究發現為：(1) 根據教師之知覺，教學領導工作尚未得到校長特別之重視。校長表現最好的教學領導向度為：「發展支持環境」，表現最差的則是「視導評鑑教學」。(2) 地區、學校規模、校長之性別、年資、與年齡對校長教學領導均有顯著的影響。(3) 國中校長對

「校長教學領導」之理解與認知仍然不足，多侷限在傳統狹義「教學視導」的層面。(4) 校長認為教學領導理念應該受到重視與推展，但在實際運作時，仍以扮演學校行政管理角色為主。

李新寶（2001）則分析校長教學領導與教師教學效能之間的關係。其採用問卷調查法，獲致主要研究結果為：(1) 校長對教學領導行為自我知覺之程度，較教師所知覺之程度為高；(2) 不同性別、年齡、服務年資、學校規模之教師，所知覺的校長教學領導行為有顯著差異；(3) 不同年齡校長所知覺的自我教學領導行為有顯著差異；(4) 校長教學領導行為與教師教學效能具有典型相關（canonical correlation）存在，就第一典型變項而言，以「確保課程品質」層面對教師教學效能關聯性較強。

李雲漳（2002）以國小校長教學領導與教師效能之間的關係進行研究。主要發現如下：(1) 國小校長對於教學領導行為的重視，高低依次為「發展支持的工作環境」、「協助教師專業成長」、「確保課程與教學品質」、「教師評鑑與輔導」，最低為「增進學生的成長與學習」；(2) 就性別而言，男女校長僅在教學領導之「協助教師專業成長」層面上有顯著差異，女校長優於男校長；(3) 校長教學領導與教師效能有顯著正相關存在，即教師所知覺校長的教學領導行為愈高，則教師效能愈高。

張維倩（2004）研究之主旨在探討幼托園所主管教學領導行為與教師教學效能之關係。其分析結果發現：(1) 幼托園所主管教學領導行為表現積極，其中以「發展支持的工作環境」表現最好；(2) 園所主管之年資對幼托園所主管教學領導行為達顯著影響；(3) 幼托園所主管教學領導行為對教師教學效能具有顯著預測力。

陳佳燕（2005）之研究以台北縣國小校長教學領導、教師自我效能感、與集體教師效能感之間的關係為焦點，主要發現為：(1) 校長整體教學領導現況係屬中上程度；(2) 男女校長在教學領導上並無明顯差異；(3) 校長教學領導對教師自我效能感有預測力，其中以「營造支持性教學環境」層面最具預測力；(4) 校長教學領導對集體教師效能感具有預

測力，其中以「激發學生學習與成就」層面最具預測力。

　　蔡美姿（2006）分析澎湖縣國小校長教學領導與教師教學效能之關係，採用問卷調查法，獲得下列結論：(1) 教師對校長教學領導與教師教學效能知覺程度皆屬中上程度；(2) 不同學校規模、學校所在地之教師所知覺到的校長教學領導有顯著差異；(3) 教師之背景變項與校長教學領導對教師教學效能具顯著之預測力，其中以校長教學領導對教師教學效能之預測力較強，教師之背景變項之預測力較弱。徐吉盛（2006）則探討國小校長教學領導與教師教學效能之關係，採用問卷調查法，主要研究發現為：(1) 國小整體校長教學領導在中上程度；(2) 國小校長教學領導與教師教學效能之間有顯著的正相關；(3) 國小教師因其不同年齡、服務年資、學校規模、與縣市所在，對其所知覺的校長教學領導有顯著差異。

　　林俊杰（2006）為探究台灣北部桃竹苗四縣市國中校長教學領導與教師知識管理之現況，以調查問卷進行研究，獲致結論為：(1) 不同性別、學校規模之教師兼任行政人員所知覺到的校長教學領導有所差異；不同年齡、學校規模、學校所在地之導師所知覺到的校長教學領導具有差異；不同性別、年齡之專任教師所知覺到的校長教學領導也有差異。(2) 校長教學領導與教師知識管理具有頗高之典型相關存在（0.480），顯示校長教學領導與教師知識管理具有高度相關。(3) 校長教學領導對教師知識管理具有顯著預測力。此外，林秀湖（2006）之研究主要探討國小校長教學領導行為與教師工作投入、教學效能間之關係。採用問卷調查法及半結構式訪談，其主要結論如下：(1) 不同性別、年齡、婚姻狀況、服務年資、職務之教師在覺知國小校長教學領導行為上有顯著差異；(2) 國小教師知覺校長教學領導程度，對其在教師工作投入的表現具有預測力；(3) 國小教師知覺校長教學領導程度，對其在教師教學效能的表現具有預測力。

　　葉佳文（2007）探討公立高中校長教學領導、教師組織承諾、與教師教學效能之關係，透過訪談及問卷調查，獲得其主要研究結果：(1)

不同程度之校長教學領導對教師組織承諾與教學效能有顯著差異；(2)
校長教學領導與教師組織承諾可以有效解釋教師教學效能；(3)校長教
學領導會影響教師教學效能，校長教學領導應特別重視提升教師專業。

綜合以上文獻分析，可知校長教學領導與相關變項之關係如下：
(1)教學領導尚未得到校長全方位之重視，相關理解與認知仍然不足。
雖然校長認為應重視教學領導之推展，但在實際運作時，仍以扮演人事
與視導之管理工作為主，對於其他相關層面（如形塑師生學習氣氛、
發展支持的教學環境等），多半力有未逮。(2)不同個人背景變項（如性
別、年齡、服務年資）之教師，所知覺的校長教學領導行為有顯著差
異。(3)不同程度之校長教學領導對相關組織變項（如教師組織承諾、
教師教學效能、教師知識管理、教師工作投入）多有顯著之預測力與正
面影響。代表校長如欲提升學校效能，應特別重視教學領導。

第二節　知識領導與知識管理

　　較之其他領導理論，知識領導概念成形較晚，大致在 1990 年
代末期。就理論內涵加以分析，論述知識領導就必須涉及知識管理
（knowledge management）之概念（謝傳崇、李安明，2004）。此因知
識領導之主要目的，乃在創建與引導組織成功進行知識管理的環境與文
化。簡言之，知識管理涉及知識的創造、儲存、傳遞、與應用的動態性
歷程。與之相較，知識領導則偏重於知識管理的能力與作為。然而，兩
者在實施面部分，卻宛如雙生兄弟極為近似。為便於瞭解，以下即先敘
述知識管理之相關理念，再就知識領導之定義與作法加以分析。由於兩
者重複之處甚多，還請讀者交互參閱。

📚 一　知識管理的定義與內涵

追溯歷史，知識領導與管理之理念實導源於知識經濟（knowledge economy）之興起。其所以受到重視，也因知識經濟時代來臨所影響。經濟合作暨開發組織（Organization for Economic Cooperation and Development，簡稱 OECD）於 1996 年發表「知識為本經濟」（The Knowledge-based Economy）宣言，其中定義知識經濟即是直接建立在知識與資訊的創造、流通、與利用的經濟活動之上。主張無形的知識已取代有形的土地、資金、勞動等傳統生產要素，轉化成為社會發展的核心要素。在此情況下，資訊、科技、與學習即成為學者探討的焦點。如何掌握知識具備競爭優勢，乃成為知識經濟時代的重要議題，並因此帶動知識領導與管理概念的興起。

基本上，OECD（2000）認為知識可分為四類型態：(1) 知道什麼（know-what）：意指知識的事實或內容；(2) 知道為什麼（know-why）：意指知識的律則；(3) 知道如何（know-how）：意指技術或能力；(4) 知道何人（know-who）：意指誰知道什麼與涉入資訊。此外，知識有幾項基本特性：(1) 知識具有無體性特質，沒有固定的形體；(2) 產生後可被無限使用，故具有無限利用性；(3) 知識的使用可及於他人，故具有共享性。

由於知識具無體性，因此需要藉助特定媒介才能表現與傳遞，其中資訊科技的發展便成為掌握知識的重要媒介。在知識管理的過程中，如何應用科技於知識管理上，即成為重要的議題。此外，由於知識的無體性，以顯現的角度區分，即有顯性與隱性知識之別。顯性知識可由文字、語言、資訊科技等媒介加以呈現或儲存。隱性知識則不同，其多半存留於個人或組織的經驗與記憶中，在管理程序上較難處理。其中如組織文化或氣候之描述，往往只能意會而難以言傳，個人的特殊經驗，也是難以用筆墨加以言傳。兩者之分別詳見表 7.1。

表 7.1　顯性與隱性知識之比較

顯性知識	隱性知識
客觀的	主觀的
能以文字語言加以呈現	難以文字語言加以呈現
屬心智的理性知識	屬實作的經驗知識
連續的知識（非僅是此時此地的）	同步的知識（強調此時此地的）

　　就學校而言，在知識經濟的需求中，教育必須產生自我學習與創新的能力，因此知識領導（管理）的理念即應被引入教育中，以對知識做有系統的運用並發揮最大的效用。在學校的知識管理上，必須思考如何應用科技與系統性的管理模式，將學校組織的顯性與隱性知識做最有效的管理。因此，以下先就學校知識管理的定義、內涵、目的、功能、模式、與研究工具等，分別加以敘述探討。

　　知識管理涉及知識管理的目的（why）、內容（what）、方式（how）、與主體（who）等議題。Allee（1997）認為知識管理即是把組織之隱性知識外顯化，並將知識分享、更新、與補充的過程。知識管理的目的就在研究知識如何形成、如何學習整合知識、分享知識、更新知識、與系統化應用知識。

　　此外，Wiig（1993）以系統化的觀點分析知識管理，認為知識管理是包括所有可促使組織在既有基礎上產生智慧行為的概念性架構。其由三個主要任務構成：(1)探索知識及其適切性；(2)發現知識的價值；與(3)靈活管理知識。其認為知識管理的歷程，即在利用對知識創造、使用、轉化的過程，透過三項主要任務，將知識有系統加以統合與應用，進而提升組織競爭力（請參酌圖 7.1）。

　　就知識的內容層次加以分析，可分為：(1)資料：為最簡單的形式，如初步文字或數據，乃是一種事實的呈現；(2)資訊：係將資料加以統整，以深化其中的訊息；(3)知識：對各種資訊加以分析比較與統整後的產物；(4)智慧：係以知識為基礎，運用個人能力創建更高層次的價

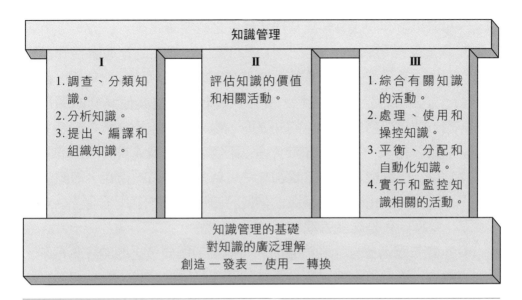

圖 7.1 知識管理支柱圖
資料來源：出自 Wiig（1993: 20）。

值。以上由資料、資訊、知識、乃至智慧，即代表知識內容的不同層次
（Wiig, 1993）。知識管理的目的即在將知識的層次加以提升，最終將其
統合成智慧，以創建改革的組織文化。

　　綜合上述各家論點，可將知識管理定義為「將組織顯性與隱性知
識，透過蒐集、儲存、整合、分享、應用、與創新的步驟，提升其知識
層次，進而創建更高層次價值以促進組織有效改革的歷程。」

　　根據上述定義，可進一步分別由知識管理的目的、主體、內涵、與
方法等層面加以分析說明：

1. 知識管理的目的：在於藉由組織知識的蒐集、儲存、整合、分享、應用、與創新，強化組織的生產力、競爭力、適應力、與創新力，以因應環境之變革與永續發展。

2. 知識管理的主體：在於組織的成員。由於知識無固定形體，需要適當的載具才得以顯現與傳遞。知識發於人，傳於人，也變於人，沒有人則沒有知識。因此如何發掘、整合、提升組織成員的

知識能力，即成為知識管理過程中之重要議題。

3. 知識管理的內涵：在於將組織的顯性知識系統化與隱性知識外顯化。知識如不加以系統性的整合歸納，則無法發揮效用。因此一方面需將組織中已經形諸文字、檔案、或其他媒介的顯性知識，加以建構成系統化的知識庫，以方便知識的分析、分享、與創新。在另一方面，知識管理也不應忽視組織成員與內部的隱性知識。組織成員擁有珍貴卻無法言傳的經驗需被留存，而組織內部之獨特文化也應被延續。如何將隱性知識外顯化，並予以系統化管理，也是知識管理不應忽略之內涵。

4. 知識管理的方法：在於資訊科技的輔助與成員之間的分享系統。前者可協助組織將知識有系統的儲存與快速擷取，對於初步之知識管理助益極大。知識分享系統則包含分享的管道與文化，在知識管理之歷程中，組織應鼓勵成員分享文化並且營造開放性氣氛，以促進知識的分享、傳遞、與創造。

二 知識管理的相關理論基礎

知識領導與知識管理的興起，除了時代潮流所趨外，也有其堅實之理論基礎。檢視當代顯學理論，其中又以組織創新理論最受矚目。此因身處高科技時代，組織必須不斷推陳出新以維持市場競爭力。除了有形之資產如土地、資本外，無形的知識創新更形重要。基於此，Nonaka and Takeuchi（1995）批判傳統的科學知識觀點，認為其刻意忽略價值、經驗等無法量化的隱性知識，將之排除於組織規劃與變革之外，卻不知其乃是組織生存的重要資產。為匡正時弊，兩人遂提出組織創新理論，主張組織在創新過程中，必須整合多方知識，並以此為基礎創造新的知識，以求成功的組織轉型。組織創新理論包括一系列相關概念，其中如顯性與隱性知識之轉換、知識螺旋、與學習型組織等，以下分別簡述之。本書並非知識領導與管理之專書，欲進一步瞭解詳情者，還請參閱

相關其他學者之大作。

(一)隱性與顯性知識之轉換

　　根據組織創新理論，Nonaka and Takeuchi（1995）主張知識可分為兩類：隱性知識與顯性知識。兩類知識乃是互為補充之實體，彼此互動且可以透過個人或群體的創意活動，從其中一類轉化為另一類。換言之，新的組織知識乃是由不同類型知識（隱性或顯性）在個體互動後所產生的。此種知識轉化的過程計有四種轉換方式，其中包括：(1)社會化：從個人的隱性知識至團體的隱性知識；(2)外部化：從隱性知識至顯性知識；(3)組合：從分離的顯性知識至統整的顯性知識；與 (4)內化：從顯性知識至隱性知識。其轉換形式可參見圖 7.2。

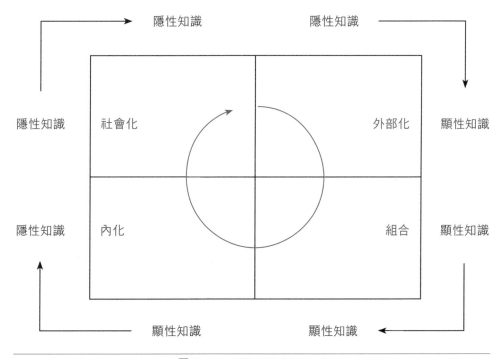

圖 7.2　四種知識轉換方式
資料來源：Nonaka & Takeuchi（1995: 62）。

　　基本上，Nonaka and Takeuchi（1995）認為知識創造乃是隱性知識與顯性知識持續互動的結果。此互動形式取決於不同知識轉換模式的輪替，而此種輪替又導因於四種不同機制：(1) 社會化的模式常由設立互動的機制開始，以促進成員經驗與心智模式分享；(2) 外部化通常由對話與集體思考開始，利用適當的隱喻或類比，協助成員說出難以溝通的隱性知識；(3) 組合的動力來自結合創新與組織既有知識基礎，使組織將隱性知識具體化，而能進一步創造；(4) 內化的原動力則多來自於邊做邊學，使知識轉換模式所創造出來的知識在個體心中各自表述，並就此開啟另一波轉換的循環。

　　知識轉換的結果即是組織創新，Nonaka and Takeuchi（1995）認為其乃是將隱性知識轉換為顯性知識的過程。依其主張，組織中最可貴的乃是藉由知識轉換，進一步創造出有助於組織發展的新知識。針對組織知識創新之過程，兩人認為可包含以下五個階段：

1. 分享隱性知識（sharing tacit knowledge）：隱性知識主要透過經驗獲得，較無法訴諸有形文字。因此，組織中具有不同背景、觀點、與動機之個體彼此分享隱性知識，即成為創造組織知識關鍵性的第一步。

2. 創造觀念（creating concepts）：隱性知識與顯性知識最密切的互動發生在此。一旦分享的心智模式在互動中形成，組織小組便可藉著進一步的持續交會，將其表達得更加明確。此種將隱性知識轉成顯性知識的過程可藉由多種方式加以催化，例如演繹法、歸納法等。

3. 驗證觀念的適切性（justifying concepts）：個人或小組所創造的新觀念必須隨後加以確認。在此階段中，個人或小組必須不斷過濾與確認資訊、觀念、與知識，以驗證新觀念的適切性。

4. 建立原型（building a prototype）：此階段係將已確認的觀念轉化為具體的原型。在新產品發展的個案中，產品模型即可視為是原型；在學校中，極可能是一種新的教學模式。此過程相當複雜，

　　因此組織內各部門機動性的合作不可或缺。多重方式的測試與結
　　果回饋，均有助於此階段的完成。

5. 形成跨層次的知識（cross-leveling knowledge）：組織知識創造
　　是一個不斷自我提升的過程。新的觀念經過創造、確認、與模型
　　化後繼續提升，並在更高之層次上發展出知識創造的新循環。在
　　跨層次知識擴展的互動與螺旋式前進過程中，知識即擴展到組織
　　內部，甚而組織之間。

　　依據上述四種知識轉換與創新模式，實務上可試舉一個教學案例
加以說明。某國小教師教導學生閱讀有成，並發展出具有特色之作法與
經驗（隱性知識）。其在教員辦公室中先與其他教師閒談箇中甘苦，無
形之間使同儕皆知悉其作法，完成第一步社會化（從個人的隱性知識至
團體的隱性知識）的過程。接著，由於同事之要求，此位教師將大致作
法與經驗形諸文字，而完成外部化（從隱性知識至顯性知識）的過程。
之後，校長獲悉此項資訊，即發動在正式教學研討會進行發表展示。經
過與會各科教師之折衝討論，最後完成修訂版本，以供外界參考。此即
牽涉到組合（從分離的顯性知識至統整的顯性知識）的過程。最後，正
式版本施行後，基於時空轉變，或有需要因地制宜改變之處，實際加以
採用於課堂中之他校教師，必須伺機做出不同程度之改動。相關變動與
經驗即存於特定個體之中，完成了內化（從顯性知識至隱性知識）的形
式。換言之，已經定本之教學模式因變動而再次成為其他教師之隱性知
識。自此，四種知識轉換方式已經完成，接下來即是另一循環之開始。

（二）知識螺旋

　　以學校組織創造的過程加以分析，隱性知識最初僅隱含於組織成
員心中。為使其具體化，組織必須使個人層次的知識累積後加以轉換。
隱性知識經由四種知識轉換模式在組織內部提升擴大，並轉換為更高層
次，此現象即稱為組織知識螺旋（見圖 7.3）。換言之，組織知識的創造

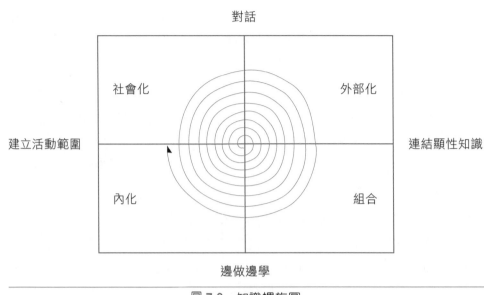

圖 7.3　知識螺旋圖

資料來源：Nonaka & Takeuchi（1995: 62）。

即類似螺旋的形式，由個人層次開始，逐漸上升並擴大互動範圍。知識的創造可由個人的層次，逐漸擴散至團體、組織、最後至組織外，宛如螺旋扶搖直上的架勢。過程中則不斷產生社會化、外部化、組合、與內化的知識整合活動。

　　簡言之，組織知識的創造係穿越四種知識轉換方式的知識螺旋。其可能始於任何一種轉換方式，但通常由社會化開始。以學校為例，組織中的隱性知識可透過社會化與外部化過程，而成為特定教學的顯性「概念性知識」（conceptual knowledge）。概念性知識進一步結合新發展的知識與現有的顯性知識，即形成所謂的「系統性知識」（systemic knowledge）。隱藏於新教學方式中的系統性知識，也會透過內化而轉為大多數教師所使用的「操作性知識」（operational knowledge）。最後，教師的隱性操作知識與學校所發展出的隱性知識被社會化，進而促動另一種教學型態的產生。

　　綜上所述，依據知識螺旋之概念，組織知識創造可跨越個人、團

體、組織、與集團之實體層次。個人的隱性知識係組織知識創新之基礎，組織會使個人層次創造與累積的隱性知識產生流通，並透過知識轉換的四種方式，擴展至上層的系統化層次。同時，在較低層次的組織知識則會被使用並產生內化現象（王如哲，2000；Nonaka, Umemoto, & Sasaki, 1998）。

　　近年來由高科技產業所帶動的知識經濟浪潮，使得企業組織危機意識加強，紛紛進行內部與外部的創新管理以因應變動的時代，教育組織自也不能免。以美國為例，由於受到新觀念（如高等教育市場化）的影響，要求學校改革之呼聲如影隨形此起彼落。特別是在知識創新的部分，學校必須力求外部環境知識的吸收，以增進本身動態的適應能力。學校組織雖有別於高科技公司，在知識創新之路不必過度躁進，然而在全球化的趨勢下，為提升國家競爭力，學校在知識創新工作上更需全力以赴。學校之知識創新，可實踐於行政上之科技使用、教師間之專業交流、學生學習態度的轉變、課程內容之更新與增減等。透過不同形式的知識創新，方能對瞬息萬變的時代趨勢有所順應。

（三）學習型組織

　　組織學習理論已成當今組織管理與行政上的顯學。面對外界快速變遷的環境，為了保持領先優勢，組織必須徹底改變傳統作法。不但要瞭解現況，更要有勇氣接受新的變革挑戰（林新發，1999；孟繁華，2002）。面對 21 世紀知識經濟社會的來臨，各國教育行政主管機關也力求學校角色的轉型，過去一板一眼的作法已無法滿足當前快速的知識流動。因此，如何在保有傳統知識教育的原則下，又能兼顧市場知識的學習，則需要學習型組織觀念之引進。此因知識經濟社會係以知識為核心，並結合科技、創新、網路、與全球化等因素之發展方向。身為其中一員的學校，未來也必須面對轉型問題。其必須從傳統封閉型組織轉換成學習型組織。

　　學習型組織的興起，乃是結合經濟與社會系統改變的產物。在經

濟系統方面係受到經濟全球化的挑戰，社會系統則是終身學習社會的來臨。學習型組織概念起源於 1970 年代，首先由 Argyris and Schon（1978）提出組織學習的單環路組織（single-loop organization）與雙環路組織（double-loop organization）的概念。單環路組織又稱適應性組織（adaptive organization），係指利用組織例行性的工作來達成組織目標，在組織基本假設上並無顯著改變。與之相較，雙環路組織又名生成性組織（generative organization），係指組織利用經驗系統重新評估組織目標、改變組織價值、與組織文化，進而達成創新之結果。

學習型組織的學習類型又可分為三大類：單環路學習（single loop learning）、雙環路學習（double loop learning）、與再學習（deutero learning）。所謂單環路學習係指組織內部所執行之單向診斷、監視錯誤、與矯正錯誤的機制。其針對組織的行動策略如達成規範、目標、與績效標準的組織作為進行偵測與矯正。此種單向學習機制的設計，容易產生行為學派「刺激—反應」的行為特徵，又被稱為是適應性的學習，較適用於穩定的組織。雖然多數組織現階段的學習機制多屬於單環路學習，但其明顯有所不足，主因乃在沒有一個組織現存的規範與標準，能永遠適度反應外在環境的劇烈變化。

雙環路學習則不同，除了進行單環路的學習形式外，更進一步檢視組織規範、目標、與可能存在錯誤，並進一步予以矯正。因此，雙環路學習是一種創新的學習，學習結果不只產生表面的改革，更造成組織深層結構的改變。至於再學習乃是上述兩種學習經驗的轉化與再應用，進而內化成為組織的能力。由於組織很可能面對相同或類似的情境，因此組織經過單環路或雙環路學習後所產生的經驗，可成為未來自我解決問題的基礎。之後可藉由再學習的發生，提高組織解決問題的能力。

學習型組織的主要意涵，乃在希望組織持續擴展創造能量，培養具前瞻性的思考方式，以不斷「學習如何學習」。Kochan and Useem（1992）認為學習型組織不單指個人的學習，其涵蓋個人、團體、與組織的學習，目的則在達成組織的願景。Robbins（2001）主張學習型組

織乃是能夠發展出對環境持續應變與改善能力的組織。Dale（1997）則認為學習型組織必須承認系統中現存的混沌狀態，並能夠從複雜的生態中發現其秩序。Redding（1997）將學習型組織視為是整個組織的學習，而非僅限於個人。組織學習的程度，乃依其對快速變遷環境的應變能力而定。綜而言之，學習型組織強調組織對於外在環境改變時的應變能力，並重視組織學習能隨時調整結構，因應未來之轉變與改革。

　　學習型組織不僅是理論上的闡述，國外也有部分學校於 1990 年代開始實踐學習型組織理論。例如 Bender（1997）發現美國亞利桑那大學花了四年時間對圖書館組織進行重組，從垂直組織改變成為水平組織。經此改變後，圖書館開始重視顧客需求、強調分散決定，與進行組織內部的評鑑與自我檢視，整體運作方式脫胎換骨。

　　綜而言之，學校面對知識經濟時代的來臨，必須懂得如何吸收新觀念。知識經濟時代競爭極為慘烈，不具競爭力的學校必然沒落而走向關閉之途。因此，隨時注意社會變動，進而讓學校順應潮流適度轉型即相當重要（彭新強，2005）。莫爾定律（Moore's Law）點出知識成長之半衰期只有 10 個月，現今學校教學模式、學生學習方式、教師自我充實方式都與傳統有所迥異。為建立學校經營願景與達成既定目標，知識管理所強調之創新經營、知識分享、外部環境經營、新科技的運用已成學校領導者的中心要務。在教師方面，除了教學方法必須改變外，更要廣泛吸收新知識，才能滿足學生的需求。未來，網際網路將愈形發達，學生之知識來源將更為多元。教師必須體認此乃不可擋的趨勢，宜配合新科技的發展，發揮引導者的角色。使每個學生成為學習主體，以選擇符合其需求的知識。

三　知識領導的定義與內涵

　　如上所述，知識領導與知識管理之內涵頗多重疊之處。簡而言之，其可被定義為「領導者建構適切的組織環境與文化，以達成有效進行知

識管理的領導行為。」由此可知，知識管理之實踐必須經由領導者之引導，方能整合眾力，產生既定之成果。此種看法也顯示於其他學者對於知識領導之定義中。例如吳清山、林天祐（2005）即認為知識領導係指「組織領導者能夠提供適切的環境、文化和組織結構，以利於知識的建立、分享、和創造。」吳清山、賴協志（2009）則更詳細定義其為「組織領導者能建立一個實施知識管理活動的組織環境，營造具向心力及創意的組織文化及氣氛，形塑組織未來的共同願景，並能傾聽、學習、教導及分享知識，以提升組織競爭力及效能。」

組織領導的內涵無可避免牽涉到相關知識管理的要素，其中如知識創新、學習型組織、與學習策略等。但不管如何，其最大不同即在凸顯「領導」之重要性。事實上，即使教師彼此之間再熱絡，缺乏校長之行政協助，其努力往往是事倍功半。基於此，吳清山、黃旭鈞、賴協志、高家斌（2007）之研究，即主張知識領導除包含知識的要素外，也應注意領導的影響，並歸納其主要內涵如下：

1. 發揮領導影響力：知識領導者必須掌握組織的集體智慧（collective wisdom），以透過其具體影響組織成員的作為，並以具有願景的遠見進行有效領導。

2. 形塑知識文化：組織推動知識管理最有效的作法，乃在改善組織的風氣及文化。領導者在轉型為知識型組織的過程中，需要藉由組織的認同、文化、策略、管理系統的影響，使新知識的效能得以在組織中落實。

3. 促進組織學習與創新：知識領導所著重的乃是透過知識的發展，達到知識創新，進而增進組織競爭優勢。因此，領導者必須針對個人與組織兩個不同面向，規劃教育與專業發展的知識本位方案。

4. 營造知識型組織環境：知識的分享與發展無法透過強制的手段逼使成員達成。因此領導者應該透過營造友善的知識環境，並與組織文化、策略、管理、運作系統相互連結，使知識環境與組織相融合。

5. 建置資訊基礎設施：資訊科技的使用並非代表擁有完整的知識管理，但其使用卻是不可或缺的因素。當建置資訊基礎設施時，應該將成員的需求、資料庫內容的充實、共同平台與標準的使用、知識管理工具的開發、成員訓練、與系統便利性等因素納入考慮，以使資訊科技設施發揮最大的促動效果。

6. 處理知識及其應用：知識的處理包括創造、確認、蒐集、組織、共享、調適、與使用。處理的內容，除了一般具體客觀的資訊外，也包含成員對知識主觀的調適與認知。領導者必須主動進行瞭解，並培養成員正確處理知識之態度。

7. 發展知識行動策略：知識領導者透過組織中各要素的統整，加以發展適切的知識行動策略，進而提升知識管理成效，促使成員為組織的願景而努力。

8. 測量與評估成效：知識領導者針對組織內外部的知識進行測量與評估，再根據結果過濾與更新組織的知識。此外，尚可經由與成員回饋機制的連結，給予表現良好之成員獎勵，以讓測量與評估機制產生具體效應。

此外，相關知識領導與知識管理測量工具之編定，也成為探討其內涵的另一途徑。然而，由於涵蓋層面極廣，學者間至今在向度部分，尚未取得一致性的共識。以下僅就目前較廣為使用之知識領導與知識管理量表加以簡述。

(一) 知識管理評量表（1995）

係由美國生產力與品質中心（American Productivity & Quality Center, 1995）發展之量表，可用以測量組織的知識分享與管理程度。其中最早將知識管理之衡量分為五個向度，包括：(1) 知識管理程序：係指組織對知識的分享、創造、指認、蒐集、調適、組織、與應用等管理程序；(2) 知識管理領導：包括組織的策略，與組織如何界定本身業

務，並運用知識資產以強化組織核心能力；(3)知識管理文化：即組織鼓勵、強調學習、分享革新程度、與開放性；(4)知識管理科技：指組織運用科技發展連結成員的網絡，與發展即時、統整、與智慧的資訊系統，始能有效掌握知識；(5)知識管理測量：包括組織所發展衡量其知識資本與知識管理成效的相關指標與內涵等。相關概念詳見圖7.4。

㈡知識管理診斷量表（1999）

係由 Bukowitz and Williams（1999）發展之知識管理診斷量表。其主張知識管理的流程架構，可分為兩個主要部分，一為戰術性過程（tactical process），一為策略性過程（strategic process）。前者牽涉組織因應市場的需求而做出適當的決策與行動，故多運用日常使用的知識。戰術性過程包含四個基本步驟：取得（get）、使用（use）、學習（learn）與貢獻（contribute）。係指組織成員蒐集工作所需的訊息，從本身的事務中獲得學習，並使用知識來創造價值，最後將新的知識價值回饋至組織系統中。基本上，戰術性過程的知識管理，較著重於當下的

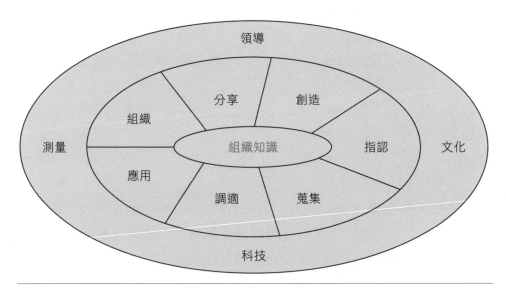

圖 7.4　知識管理架構圖

資料來源：American Productivity & Quality Center（1995: 7）。

需求與因應。

　　與之相較，策略性過程則指組織不斷評估自身的知識資本，以瞭解現存的知識資本是否合乎未來的需求。故策略性過程的知識管理，較著重未來的需求與因應。其包含三個層面：(1)評估（assess）：係指瞭解組織具有執行任務的重要知識，並對照未來的需求，以描繪現有知識為基礎的資產圖；(2)建立與維持（build and sustain）：係指確保設計出保持組織生存力與競爭力的未來知識為基礎的資產；(3)去除（divest）：即組織檢視本身發展出的知識資產，若其並未提供直接的競爭優勢，則應去蕪存菁，以使得組織運作更為順暢。如將以上三層面加以整合，知識管理診斷量表即產生七個向度，分別為取得、使用、學習、貢獻、評量、建立與維護、與去除。

(三)知識管理檢核表（2002）

　　針對教育領域，Sallis and Jones（2002）首先出版專書，深入探討組織知識管理的相關內涵與議題。其主張知識領導可激勵知識創造，領導者必須兼顧激勵者、支持者、與關懷者的角色，推動知識管理的觀念、策略、文化、設施、與建立資料庫，以利知識分享、傳播、與創造。此外，兩人也發展「知識管理檢核表」，以作為檢核知識管理的工具。該量表包含十個向度，分別為知識管理的願景及任務、策略、組織文化、智慧資本、學習型組織、領導與管理、團隊與學習社群、分享知識、知識創造、與數位精進。

(四)學校組織知識管理量表（2002）

　　此為賴文堅（2002）發展之中文版學校組織知識管理量表。其運用文獻探討與德懷術方法（Delphi technique），將知識管理分為顯性知識（學校中有形知識的管理與轉換）、隱性知識（學校中無形知識的管理與轉換）、知識中心（學校提供知識的個人及圖書館）、領導（學校主管人員領導推動知識管理）、文化（學校具備有利於知識管理的文化）、

程序（學校建立知識管理的機制與辦法）、人員（知識管理專責人員與
單位）、資訊科技（協助知識管理建立與推動的設施與科技設備）等八
個向度。其中「顯性知識」、「隱性知識」、「知識中心」可歸屬於知識
管理的內容要素；「程序」、「人員」、「資訊科技」可歸於知識轉換的相
關要素；「領導」、「文化」則歸屬於知識管理的社會環境因素。

(五)學校組織知識領導量表（2007）

此為吳清山、黃旭鈞、賴協志、高家斌（2007）以文獻探討、德懷
術、與焦點團體座談等研究方法後，歸納知識領導模式之內涵。其中包
括七個部分：

1. 情境分析：其中又分為內在環境（經營理念、組織結構、學校文
   化、管理系統、基礎設施、與成員知能），與外在環境（教育思
   潮、教育政策、科技發展、與社區資源）兩大部分。

2. 角色任務：其中分為知識服務者、知識分析者、知識整合者、知
   識轉化者、知識分享者、知識激勵者、與知識創新者七種角色。

3. 促動要素：其中又分為：(1)文化：建立尊重信任、樂於分享的
   組織文化；(2)人力：學校成員具備知識管理與資訊科技處理能
   力，以及足夠人力資源；(3)科技：建置支援學校知識管理的資
   訊設施及工具；與 (4)評估：衡量知識管理的系統與工具。

4. 行動策略：其中又分為：(1)領導策略：校長以身作則不斷吸收
   領導新知，宣導知識管理的理念、價值、與作法；(2)人力資源
   策略：指定專責人員推動學校知識管理、評估學校服務對象的需
   求與期望、運用社區資源協助推動知識管理；(3)資訊設施策略：
   建立學校知識管理的制度與平台、建置知識管理工具與資料庫；
   (4)知識分享策略：成立學校成員知識分享討論的社群、強化成
   員知識管理的專業發展；(5)評估獎勵策略：定期衡量知識管理
   實施成效、獎勵對知識管理推動的有功成員。

5. 轉化執行：其中分為展現校長持續發展知識領導的動力、啟發成

　　員從事知識學習的行動、與促進校長與學校成員的良性互動。

6. 效能：其中分為知識管理平台建置完善、成員願意從事知識分享、成員應用科技改進實務、成員持續努力追求新知、成員彰顯知識學習效果、與展現開放創新的學校文化。

7. 反思：其中分為校長進行知識領導過程的檢討、校長進行知識領導成效的檢討、與校長以檢討結果作為改進的依據。

四　知識領導與管理的相關研究

　　學者在探討知識領導與管理之定義、內涵、層面、與工具之後，即將研究重點置於其與相關變項（如學校效能、學生學習成果、教師創意教學等）之間的關係上。以下即針對相關研究成果加以分析整理，基本上，校長知識領導與管理，對於學校效能與教師專業表現之相關變項，多具有高度相關與相當之預測力。

　　首先，諸多研究均顯示教師知識管理與教師效能具高度之相關性。例如高義展（2002）進行國小教師知識管理、學習型態、專業成長與專業表現關係之研究，結果發現國小教師的知識管理程度愈高，則其專業表現的功效、從事學習的程度、參與專業成長活動的程度、投入學習工作的積極性均會提升，進而增加教師專業表現效能。李瑪莉（2002）之國小知識管理與教師專業成長關係研究，發現學校知識管理情形愈高，則教師專業成長情形則愈佳。相似之研究如俞國華（2002）也發現教師知識管理愈高，則教師專業成長愈佳。此外，教師知識管理各層面與教師專業成長各層面間均達高度相關。

　　王建智（2003）以國小教師為對象，發現其知識管理愈佳，則教學效能愈高。教師知識管理各層面中，則以知識創新對整體教師教學效能最具解釋力。邱志鑫（2004）以國中教師為對象，發現教師知識管理認知愈佳，教師效能也愈好。且教師知識管理認知對教師效能的預測作用中，以知識取得變項預測力最高。許瓊潔（2005）也針對國中教師進行

研究，發現國中教師之教師知識管理愈佳，其教師教學效能愈佳。且國中教師之高知識管理組，在教學效能表現上優於低知識管理組。教師知識管理各層面中，以知識的應用對整體教師教學效能最具解釋力。

之後，吳修瑋（2007）針對台北縣國小教師進行研究，也發現其知識管理愈佳，則教學效能愈高。同年，林靜怡（2007）以台北縣與台北市國小教師知識管理能力與創意教學效能關係進行研究。結果發現不同知識管理能力之教師，在整體創意教學效能及其各層面具有顯著差異。教師知識管理能力與創意教學效能各層面及整體，具有中高度正相關；教師知識管理能力對創意教學效能具有高度預測力。廖釧如（2007）則以國小特殊教育教師為對象，研究其知識管理與教學效能之間的相關。也發現國小特殊教育教師之教師知識管理愈佳，其教師教學效能愈高。

針對校長知識領導部分，吳清山、賴協志（2007）依據文獻編製「國民小學校長知識領導角色知覺與踐行之調查問卷」，並以調查法進行研究，希望瞭解國小校長扮演的知識領導角色。其主要研究結果如下：

1. 國小校長知識領導最應扮演角色為「知識分享者」，而實際扮演角色最多者卻是「知識激勵者」。
2. 國小校長知識領導應該扮演之角色，與實際扮演角色具有落差存在，而應該扮演角色之平均數低於實際扮演角色分數。
3. 國民小學校長知識領導之實踐，最主要的困境乃在校內缺乏合作分享氣氛。

五　校長在知識領導與管理所扮演之角色

秦夢群（2002a）在參酌當今世界知識經濟之發展趨勢後，認為未來學校在知識領導上所扮演的角色應有以下六者：

1. 知識提供者：當前社會中最新穎的知識應成為學校教材的一部分。人類無可避免須從他人的成功經驗中獲得成長，因此學校課

程必須適時修正與更新。在未來的知識經濟社會中，學校仍將繼續扮演知識傳遞的角色，並提供不同與多元的知識以滿足社會的需求。

2. 知識管理者：由各專業領域所生產的知識必須廣為傳播，學校除扮演保存知識的角色外，也具有傳播知識的功能。學校應將不同領域的知識分門別類進行知識管理，此外也應充當告知者的角色，特別聲明哪些知識具有專利權，不允許任意的技術轉移或抄襲，以減少專利權之法律訴訟與糾紛。

3. 知識整合者：由於人類知識發展相當快速，知識累積數量相當可觀。此些不同類別的知識內容需由專業工作者進行整理，特別是對不同研究結果進行後設分析與整合。學校之知識工作者可以發揮此一功能。

4. 知識創造者：學校成員處於同一情境中，彼此互為主體，必須以知識的再創造為主要任務。因此，學校（特別是高等教育）之相關專業成員必須扮演創造知識的角色，除了追求學術上的進步，最終目的乃在尋求人類最大的福祉，且不僅止於經濟目的。

5. 知識啟發者：學校的教育應重視學習者知識的啟發。從建構論的觀點分析，學校未來所要教的是如何讓學習者本身去建構知識，進而產生創造性的思維，以往填鴨式的教育應被廢棄。

6. 知識分享者：學校應成為開放的知識分享場所，讓知識達到其功能與發揚其功能。知識經濟時代特別重視知識社群的知識分享，經由分享與溝通的過程創造新知識。

吳清山、黃旭鈞、賴協志、高家斌（2007）之看法也極為相近。其認為知識領導者應扮演之角色任務有七個。分別為：(1)知識服務者：提供成員管理知識的資源與協助；(2)知識分析者：從事知識的蒐集、分類、與組織；(3)知識整合者：執行單位及人員在知識管理工作上的協調與統整；(4)知識轉化者：轉化外顯知識並應用於行政與教學工作；

(5)知識分享者：願意分享自身的內隱與外顯知識，並促進成員的對話與分享；(6)知識激勵者：激發成員專業知識的學習與發展；(7)知識創新者：從事知識的研發，並促進學校創新經營。除此之外，其主張促動知識領導的因素有四個，其中包括：(1)文化：建立尊重信任、樂於分享的組織文化；(2)人力：學校成員具備知識管理和資訊科技處理能力，以及足夠人力資源；(3)科技：建置支援學校知識管理的資訊設施與工具；(4)評估：衡量知識管理的系統與工具。

第三節 科技領導

科技領導（technology leadership）與知識領導同為 1990 年代後興起之領導理論，兩者之關係也極為密切。Arthur Andersen Business Consulting（勤業管理公司）（1999）曾針對知識管理提出一個公式：$M=(P+K)^S$。其中 P 代表人員（people），為知識的承載者；K 表示知識（knowledge），包含資料、資訊、知識、與智慧。+ 代表資訊科技（technology），即利用資訊科技協助管理系統的建構；S 次方表示分享（share），代表知識的分享歷程與程度。由此公式中，可知資訊科技的應用與知識分享的機制，乃是知識管理的兩大重要策略。沒有資訊科技的輔助，即無法建置有系統的知識系統；沒有分享的機制，則知識往往僅限於個人，而無法擴及整體組織。綜而言之，知識必須透過成員的分享，才能顯現與傳遞，再藉由資訊科技建構系統，知識才能有效整合與應用。就此而言，科技領導與知識領導實有唇齒相依之關係，甚而前者可說是後者的一部分。

環顧歷史，資訊科技應用於教學中已有多年時間，但其結果卻未顯示學生學習成效的顯著提升。理論上，適切融入資訊科技的教學環境，不但能改變教師與學生之間的教學互動關係，也可因知識來源的改變，產生新的組合與方式。然而事實證明，引進科技之同時尚須行政領導之

配合，方能產生預期功效。許多「非科技」的問題往往在學校一頭栽入的科技熱潮中浮上檯面。其中如：(1)在實際推動資訊科技融入教學時，融入教學的時機與方式並不得宜，教師甚而產生為融入而融入的迷思（吳沂木，2004）；(2)教師對於資訊科技融入教學的意願高，但學校行政資源支援卻不足（張瓊穗、翁婉慈，2006）；(3)缺乏校長支持，且學校經費、人力、與資訊科技設備有限，導致欠缺適當的教學資源（林秋先，2004）；(4)校內缺乏創新文化以促進教師應用資訊科技，且教師相關科技知能不足，降低其改善教學方式的意願（賴怡卉，2003）。凡此種種，皆顯示如果要成功將科技運用於教育，傳統之學校經營模式需作根本之變革，而校長即是此場變革大戲的要角。

　　研究顯示校長科技領導對於教師在教學中之科技使用，具有關鍵的影響（Anderson & Dexter, 2005; Bailey, 1997）。秦夢群、張奕華（2006）也指出校長資訊科技領導角色之受到重視，乃由於電腦、網路、與應用軟體等資訊科技廣泛引入學校，對學校行政、教學、課程等方面產生重大影響。Davis（1996）認為在現今資訊科技大量應用於教育領域的趨勢中，校長領導模式需作重新思考，而科技領導也應成為角色扮演之一部分。

　　基於科技對於學校教育之改變扮演關鍵角色，科技領導的理念遂應運而生。其主張校長不僅需具備科技素養，也應進行相關科技的領導，以能在校園中積極引入資訊科技融入教學，鼓舞教師整合資訊科技於教學課程，進而擴展學生學習方式。就此而論，校長科技領導已是教育領導中的另一種趨勢，其重要性不容小覷。

　　此外，Flanagan and Jacobsen（2003）也指出科技為學校帶來一定之功能，但若實施不當，卻可能產生副作用。其中如因數位落差而造成學生學習的不公平、教師專業發展的不足、與缺乏科技領導等。影響所及，學校缺乏明確的科技教育願景，即可能造成只重視設備添購與網路架設，而忽略醞釀學校文化之深層關鍵問題。凡此種種，皆是科技領導所關注的。

📚 一　科技領導之意涵

顧名思義，科技領導可被定義是「領導者發展、引導、管理、與運用科技於各種組織運作，以提升辦學品質的行為」。就此而論，學校科技領導即牽涉到科技融入課程、數位學習（e-learning）、行政數位化、與資訊教學等議題。

相關學者對於科技領導的定義多半大同小異。以學校為例，Murphy and Gunter（1997）指出科技領導係指領導者能夠示範與支持電腦科技，使得組織成員能夠有效的將科技融入課程中。Schultz（2000）則將科技領導定義為大部分的學校師生，在不同科目與學習中，能廣泛運用教學科技。校長所應扮演的角色，即是此教學科技的管理者。Ertmer（2002）主張科技領導係指鼓勵與支持教師使用科技。科技領導應該使用的策略包括建立願景、示範、與指導。Flanagan and Jacobsen（2003）指出，科技領導之重點乃在強調校長支持教師嘗試以多樣方式整合科技與資訊，並融合於課程教學中，以建構符應學生需求的課程模式。Anderson and Dexter（2005）認為科技領導是學校針對目標政策的作為，以更能有效率的使用資訊科技。

由以上之各家定義中，一言以蔽之，可看出科技領導者強調使用各種領導技巧，以適切促進組織使用科技的主軸。實務上，受到科技進步與新興教學趨勢的衝擊，學校與教師皆面臨巨大挑戰。作為領導者，校長如何扮演科技時代的新領航角色，以順應現代資訊社會的教育需求，即成為教育行政學者關注的重點。例如 Yee（2000）與 Schiller（2003）皆認為校長之科技領導角色對於學校發展具有顯著影響。此因知識經濟時代，由資訊科技所引發的學校系統巨幅改變，可藉由校長的科技領導加以呼應。其可以整合新興科技，促使科技應用於課程教學上，塑造師生共享與支持的教學環境，進而擴展學生之學習形式。此外，校長的科技領導可以激勵學校成員善用科技持續學習，帶動更多教師參與資訊科技之融入教學。希望以更多元、豐富、創新的教學型態，提供學生更精

緻的教育品質。

 ## 二　科技領導之內涵層面

科技領導的內涵與科技密切相關，但仍須搭配相關行政措施，方能使其功能得以彰顯。作為學校領導者，校長無需成為嫻熟科技的專家，但至少需有一定程度的瞭解，如此才能引導成員使用科技，以提升學校之辦學績效。以下即對各家學者所提出之科技領導內涵加以敘述，雖有繁簡之別，但皆以科技為核心進行發展。

首先，於 1990 年代，Aten（1996）即提出學校之科技領導應包括四個層面：(1) 共享式領導（shared leadership）：係指領導者與成員能夠形成合作式的決策模式；(2) 額外酬償（extra compensation）：除了應負的學校責任之外，對於運用科技表現優異的成員給予額外獎賞；(3) 科技整合（technology integration）：將科技整合於課程中，並依據未來趨勢，支持學校運作與教師教學使用科技；(4) 人際關係技巧（interpersonal skills）：學校能夠持續與其他團體合作聯繫，其中包括家長、社區組織、與支持學校科技發展的團體，以獲得更多資源進行科技領導。Aten之主張對科技領導之實施面著墨較少，但已提出基本原則。其中如共享式領導之倡議，即點出科技時代由於資訊普及與下放，領導者必須與成員分享權力之殘酷事實。

與之相較，Nunn, McPherson, and Rust（1998）則從實務面出發，認為科技領導應包括三大領域核心能力：(1) 科技計畫（technology planning）；(2) 教學領導（instructional leadership）；與 (3) 變革及方案評鑑（change and program evaluation）。此外，其主張科技領導之任務有：(1) 領導和願景：啟發全面科技整合願景與形成環境及文化；(2) 教學與學習：進行課程、教學、與學習之整合以適應科技；(3) 生產力與專業實務：促進專業實務與增進生產力；(4) 支持、管理、與運作：整合科技與支持有益學習之行政系統；(5) 評量和評鑑：運用科技於計畫

及評鑑系統；(6) 社會、法理、與倫理議題：瞭解科技相關之社會、法理、與倫理議題，形成一定之責任規範。此點之提出甚為重要，也是科技領導與其他領導模式較為不同之處。如未能加以重視（如使用盜版程式），學校必定面臨牴觸相關法律之危機。

此外，Yee（2000）以加拿大、紐西蘭、與美國共 7 所小學進行研究，針對校長的資訊與通訊科技（information and communication technology，簡稱 ICT）領導行為進行探討，發現有以下特徵：(1) 公平提供資源（support equitable resources）：係指校長提供學校成員相關 ICT 的軟硬體與輔助資源與設備；(2) 學習導向願景（learning-focused envisioning），係指校長建構以學習為中心願景，並堅持其達成；(3) 勇於學習（adventurous learning）：係指校長願意採用新穎科技與突破性之學習策略；(4) 耐心教學（patient teaching），係指校長盡心教導學校成員與家長，並努力嘗試創造彈性的學習環境；(5) 保護性的授權（protective enabling）：係指校長提供教職員與學生分享式領導（shared leadership）的機會與活動；(6) 持續追蹤（constant monitoring）：係指校長能確保學校成員根據學校之教育願景使用科技；(7) 企業網絡（entrepreneurial networking）：係指校長能與學區行政人員、ICT 設備商、與學術機構建立伙伴關係；(8) 追求挑戰（careful challenging），係指校長能成為 ICT 與學習的積極創新與持續學習者。

在另一個研究，透過焦點團體訪談結果，Bridges（2003）發現校長科技領導應牽涉到以下六大面向：

1. 支持冒險行動（to support risk-taking）：係指校長能突破窠臼，支持教師革新課程之想法，並使之具體化以改善教學。
2. 設立合作機制（to set the collaborative process）：係指學校設立含括各部門成員的科技委員會（technology committee）。其任務乃在使成員能夠共同決定科技領導的願景與目標，並能合作加以實施。

3. 角色楷模（as role model）：係指校長應該成為使用科技的榜樣。在日常性運作上，校長能適時使用最新科技產品，以引起成員之注意與提升其動機。

4. 提供必需資源（to provide the necessary recourses）：係指校長能提供教師相關科技設備，與在教學之餘專業發展的時間。

5. 良好的傾聽者（to be good listeners）：係指校長能傾聽與重視教師的意見，尤其是在使用新科技的試驗階段。。

6. 引導教師發展科技願景（to lead teachers in developing a vision for technology）：係指校長能領導教師發展長期的科技願景與計畫，並確保經費來源以使既定目標可以實現。

之後，Anderson and Dexter（2005）在學校科技領導的相關研究中，將成功的科技領導擴展為八個層面如下：

1. 成員發展政策（staff development policy）：支持成員學習科技，並利用科技，進行創新、教學、與高階思考，以協助學生的學習與教師的科技需求。

2. 設置科技委員會（technology committee）：其乃是學校積極承諾運用科技的指標組織，希望透過科技委員會的運作，整合成員之意見以順利推動政策。

3. 重視智慧財產權政策（intelligent property right policy）：係指學校能建立與宣導智慧財產權，並建立學校成員與學生使用網路與科技的相關法令。

4. 校長科技日（principal days on technology）：領導者於一年中至少選擇數日，以成為規劃推動學校科技領導的焦點日。

5. 編列科技預算（school technology budget）：建立基本與足夠的預算推動科技在學校之應用，並以最有效的方式配合學校需求。

6. 資金（grants）：係指社區與校外能提供資金，作為學校科技相關設施與推動之使用。

7. 學區對科技的支持（district support）：係指校長爭取所處學區對於學校發展與運用科技的支持，例如能提供經費或人力，以支應引進科技之高額成本。

8. 校長對電子郵件的使用（principal e-mail）：校長定期使用電子郵件與行政人員、教師、學生、與家長等學校利害關係人進行溝通，以使其支持學校科技領導政策之推動。

　　基於推動科技領導之必要性，Albright and Nworie（2008）進一步提出「資深學術科技專員」（senior academic technology officer，簡稱 SATO）的主張。建議各級學校都應設立相關名額，以積極推動科技領導之業務。其任務包括：(1) 為學術科技應用提供策略領導與方向；(2) 提供服務以支持教學科技之功能；(3) 在課程發展、數位學習（e-learning）、與其他教學科技的計畫與政策上給予指導，以加速組織策略目標的達成；(4) 建立各學術單位的合作關係，積極以教學科技達成組織目標。

　　在專業團體部分，國際教育科技學會（International Society for Technology in Education，簡稱 ISTE）依據時代發展，定時提出對行政人員之教育科技標準。其於 2009 年提出之標準包括：(1) 願景領導（visionary leadership）；(2) 數位時代學習文化（digital-age learning culture）；(3) 卓越的專業實踐（excellence in professional practice）；(4) 系統化的改進（systemic improvement）；與 (5) 數位公民（digital citizenship）（ISTE, 2009）。

　　在中文部分，秦夢群、張奕華（2006）抽取台灣台中市國小 700 名教師為調查樣本，檢測校長科技領導之層面。結果顯示校長科技領導之內涵層面有五個，茲分述如下：

(一)願景、計畫、與管理

　　成功的科技領導需要設立願景。科技領導其中的首要元素，即是發展與論述科技如何促使組織產生變革的潛力。願景乃是奠基科技領導的重要因素，如果缺乏願景，學校科技發展將會缺少方向與引導。如果學校成員（行政者、教師、學生、家長）與社區成員能夠共同參與學校科技願景的規劃，則各利害關係團體形成共識之機率愈大，科技的願景會愈容易實現。校長應該清楚說明學校使用科技願景、發展科技計畫、與利用資源予以積極推動。此外，除了願景引導發展方向外，相關科技計畫與管理技巧，也是科技領導的重要因素，其中如設備資源與管理、相關科技預算之籌措、電腦相關設備的採購、規劃科技設備之維護、使用行政資訊程式、與電腦安全管理系統等，均是科技領導所需涉及的資源管理重要項目。

(二)成員發展與訓練

　　成員發展的構念係由三種能力所組成：(1)描述與確定成員發展的資源；(2)計畫與設計成員發展的課程；與 (3)基於不同決策者（教師、行政人員、資訊協調者、或校長）之需求，制定出不同成員之科技發展計畫。換言之，科技必須由人來執行，因此確實執行相關成員的發展與訓練，也是科技領導不可或缺之層面。實務上，校長必須回應成員科技發展的最新議題與趨勢，學校也應建立資源中心幫助成員發展與訓練。至於時間部分則應採用彈性政策，可在課間空堂或學校研習時段進行。

(三)評鑑與研究

　　校長能建立科技標準，確實評鑑教師之個人成長，進而引導其專業發展。此外，校長也能針對應用科技進行相關研究，以引導成員對科技之使用。評鑑的過程與結果，可作為評鑑成員個人科技成長標準與引導科技發展計畫的重要參酌效標。校長必須針對學校整體發展進行評估，

其中如成本效益分析、學校可能遭受衝擊的預估與解決、實施過程之監督、與後續改進計畫等，均不可加以輕忽。

㈣科技與基礎設施之支持

當教師與成員有問題需要協助時，科技領導者即應提供技術支持與援助，此乃是科技整合成功的重要關鍵。此外，確保成員取得科技資源的公平機會，與適當維護科技設備，也是校長科技領導的重點之一。實務上，校長在此方面應公平分配科技資源給各成員、提供教師有利於教學的資訊科技設備、與確保科技周邊系統設備（如操作系統、電腦軟硬體、安裝與維護設備、電腦安全系統）的有效運作。

㈤人際關係與溝通技巧

相較之下，人際關係與溝通技巧比科技技術更為重要。校長應瞭解與確認教職員與學生在科技上的需求，公平對待所有學校成員，並與其溝通有關科技的議題。實務上，當成員最初開始學習使用新科技時，所產生之挫折感與反彈較為強烈，此時領導者必須利用良好的溝通技巧予以緩解。此外，除了瞭解學校成員在科技上的需求，校長也應與校外相關團體（如社區、教育專業團體）維持雙向溝通關係。成功的科技領導，乃建立在和諧的人際互動關係上。校長必須靈活運用溝通技巧，排除因使用新科技所引起之反彈，並整合校內外科技資源，以達成學校教育的最終目標。

類似研究尚有高上倫（2007）之論文。其抽取台灣台北縣 64 所學校共計 854 位教師，調查國小教師知覺校長科技領導實施效能與重要性，其研究發現科技領導應符合以下六個層面：(1) 願景計畫與管理；(2) 成員發展與訓練；(3) 人際溝通與法理議題；(4) 整合科技於課程與教學；(5) 評鑑與研究；與 (6) 實際操作與示範。

綜合上述相關學者之看法與發現，可歸納科技領導之意涵與層面具

有以下特點：

1. 科技領導的目的乃在引導學校成員有效的使用科技，以融合於課程與教學中，進而提供更高層次的教育品質。
2. 科技領導的過程需要所有成員之積極投入。校長必須調和鼎鼐，以「由下而上」的溝通模式，帶動學校成員全體教師共同參與。
3. 科技領導的發展必須植基於一個明確具體的願景。而願景之形成必須經由全校師生、家長、與社區共同參與發展。

三 校長科技領導角色

相關校長科技領導所應扮演角色之主張甚多，其中又以 Flanagan and Jacobsen（2003）敘之最詳。兩人認為身處科技急速變遷時代，校長除了扮演傳統行政執行角色外，更需擔負學校科技領導的新責任。如此才能支持教師多元整合科技資訊，將其融合於課程設計中，以建構符應學生需求與具有挑戰性的課程。Flanagan and Jacobsen（2003）以核心能力、個人態度、與學校本位三個面向為基準，認為校長在科技領導所應扮演角色有五個，分別為學習的領導者（leader of learning）、學生權利的領導者（leader of student entitlement）、能力建立的領導者（leader of capacity building）、社群的領導者（leader of community）、與資源管理的領導者（leader of resource management）。茲分別說明如下：

1. 學習的領導者：係指校長積極進行相關資訊與通訊科技（ICT）學習方案之規劃，持續關注成員之學習過程，與確實擬定問題解決之策略。在扮演學習的領導者時，校長應鼓勵教師提出與改善教學現場問題，支持其利用科技改進教學知識的傳遞，並規劃核心課程，增進學校成員對於 ICT 相關知識的吸收等。
2. 學生權利的領導者：係指校長能盡力保障學生權利，為其提供公平的學習機會，以增進學生資訊科技相關領域的技能。此種民主式的支持行動，能夠提升學生在資訊與通訊科技知識之精熟

度。此外，學校也可安排課後、午間等彈性時段，讓特殊需求學生使用電腦，以促進其個別學習的意願。

3. 能力建立的領導者：係指校長除了是科技教育的推動者外，更需掌控學校科技願景的實現。基於此，校長必須利用各種機會建構成員的科技能力，進而形成學校創新與合作的組織氣氛。當其趨向正面後，即可具體激發學校成員參與相關科技學習的意願，並因其能力之增加，進而分擔校長之責任與工作。

4. 社群的領導者：係指校長透過各種管道，積極營造一個由學校成員與社區人士所組成的社群，以謀求其在相關科技方面的支援。基於此，校長不僅可以邀請家長參與決策制定過程，更可利用科技（如 e-mail），改變學校與社區的溝通模式，藉此擴展成員學習至社群中。身為社群領導者，校長必須促使社群成員支持學校將科技融入教學，例如利用網頁即時傳遞資訊，或透過網絡之線上學習擴展相關教學之機會。

5. 資源管理的領導者：係指校長必須經營管理學校科技整合所需之資源，其中包括相關預算之編列與籌措、電腦軟硬體之添購順序、與引進社會資源等。其主要任務乃在引進適當科技設備、提供相關科技資源、發展電腦網路系統、與確定設備之正常運作，進而支持校內學習活動之有效進行，且滿足成員所需的科技資源。

四　科技領導之相關研究

科技領導興起於 1990 年代，其相關研究於 2000 年後在數量上急遽增加。例如 Seay（2004）依據「全美行政人員教育科技標準」（National Educational Technology Standards for Administrators）之內涵，發展出測量高中校長科技領導的問卷。該工具包含「領導與願景」、「學習與教導」、「生產力與專業實務」、「支持、管理、與操作」、「評量與評鑑」、與「社會、法律、與道德議題」等六項測量層面。之後，測量 150 位曾

經參加過德州科技領導學院（Technology Leadership Academy）受訓的高中校長與 150 位未參加之高中校長。研究發現受測校長在六項測量層面的平均數皆在 3.1 以上（問卷為五點量表），顯示其在科技領導的表現程度屬於中上程度。研究發現進一步指出，參加過科技領導學院的校長確實獲得科技上的技巧與概念，有利於校內科技領導之實施。因此，為使校長能有效進行科技領導，相關之進修計畫勢不可免。

此外，Anderson and Dexter（2005）針對 898 所學校進行研究，探討不同背景變項下，實施學校科技領導是否有所差異。結果發現在學校層級方面，小學在科技領導指標上顯著低於初中與高中。此因初中與高中比小學更有機會獲得補助金、擁有科技委員會、與較多來自學區的支持。在學校規模方面，大學校較期待科技支持與給予成員發展的政策，規模較小者則花費較多時間關注科技議題。推其原因，或許是大學校人力資源較為充足，因此其科技領導顯著高於小學校。在公私立學校的比較方面，私立學校顯著低於公立學校，此因私立學校獲得之補助金較少所致。在學校社經背景方面，低社經背景學校所得到的補助金雖較多，但高社經背景學校校長卻較常使用電子郵件勤作溝通，因此研究中並無顯示兩者因科技領導差異所造成的數位落差。此外，科技領導與科技成果具有顯著正向之相關。科技領導在學生學習上扮演關鍵性的角色。

在中文部分，張盈霏（2006）以國中校長科技領導、學校知識管理、與學校效能之間的關係進行研究。其以分層隨機抽樣方式，選取台灣地區 761 位國中教師為樣本進行調查。結果發現國中校長科技領導、學校知識管理、與學校效能三者間具有顯著之相關。此外，有效的校長科技領導，對於學校知識管理與學校效能皆具有正面影響。

吳春助（2008）進行實地訪談 10 位國小校長，並以問卷調查 750 位教師（台北市、台北縣、基隆市、桃園縣之兼行政教師與校長）。其研究發現，校長知識領導、科技領導、與創新經營之相關達到高度正相關程度。此外，三者關係經過結構方程模式之檢定亦獲得支持。主要變項間的關係為上游潛在變項一（校長知識領導）與上游潛在變項二（校

長科技領導），對下游潛在變項（校長創新經營）具有顯著的影響力。

　　張奕華、吳怡佳（2008）針對台灣七縣市國小校長科技領導與教師教學效能之現況進行研究。研究結果顯示目前國小教師所知覺的校長科技領導現況尚稱良好。此外，研究結果也指出校長科技領導與教師教學效能之間的關係。當校長具備科技領導的能力與塑造科技學習的氛圍，教師教學效能即會相對提升，進而正面影響學生學習成就的表現。

　　之後，張奕華、許正妹（2009）進一步探討台灣六個都會型城市（台北市、高雄市、基隆市、新竹市、台中市、台南市）國小校長科技領導與教師資訊科技素養之現況。其以隨機抽樣方式抽取 605 位國民小學教師施測，並檢視校長科技領導對教師資訊科技素養之影響。研究結果顯示，校長科技領導（包括願景計畫、成員發展、科技設施、評鑑研究、與人際溝通）對於教師的四項資訊科技素養（包括軟體操作、法律倫理、科技應用、與管理評鑑）具有直接且正向的影響。

五　校長在科技領導上應有之作為

　　科技發展日新月異，如何將其適時導入學校行政與教學中，乃是校長科技領導的焦點。基於此，校長必須扮演「科技社群領導者」的角色，鼓勵教師有效使用科技，並透過領導建構校園文化，方能促進教師借重科技進行教材研發、行動研究、網頁建置、與科技創新教學等研發工作。校長必須善用科技在學校創新經營之上，同時鼓勵教師結合科技於教學中，以提升學生的學業成就。基於此，以下即以科技領導之五個主要層面，分別敘述校長在科技領導上應有之作為。

(一)願景、計畫、與管理層面

　　如上所述，學校運用科技之成功與否，首在建立相關的願景。其應針對學校未來發展、教師教學角色、學生學習需求、學校資訊教育目標、與學校特色等因素進行整體性與系統性分析思考。由於時空與環境

之差異，各校引入科技之程度有別。因此在建構願景之前，需要明確分析學校內外部之優勢與劣勢，藉此發展與規劃適合學校特色之實施計畫。在願景發展的過程中，校長需創建多元參與的溝通管道，讓所有成員均可發抒己見進行交流，藉由共識以建立學校科技政策之願景、計畫、與管理原則。在過程中，共同參與之形式極為重要，其不僅可以多元溝通觀念，也可在溝通的歷程中增進成員參與感，之後其對於願景的認同自會增加。

(二)成員發展與訓練層面

巧婦難為無米之炊，缺乏具有科技素養之教師，校長之科技領導必是艱險重重。教師是資訊科技融入教學的執行者，其相關專業發展即成關鍵。實務上，校長推動科技領導成效未如理想，原因之一即在教師之相關知能不足，以致減低使用資訊科技融入教學的意願，而無法藉此提升課程教學的層次。基於此，校長應發揮科技領導中「能力建立領導者」之角色，結合學校之科技願景，鼓勵相關科技領域的在職訓練，利用課餘、寒暑假、或其他機動時段，提供適當專業研習，以提升教師之相關科技知能。此外，針對校長，教育當局也可有以下作為：(1)將校長科技領導能力，列為校長職前與在職培訓必備課程；(2)將校長實施科技領導之成果，納為學校校務評鑑之一部分；(3)設立校長科技領導網路公共論壇，建構相關知識平台以交換各校之經驗與作法。

(三)科技與基本設施支持層面

相關科技設備與資源的管理，乃是科技領導的重要內涵與責任。在學校中，校長在領導過程中必須確保科技資源的取得、使用、與維護。充足的資訊科技設備與資源，可讓教師在引進科技於教學時事半功倍，同時也因之提升教學效能。囿於經費，學校資訊科技設備多面臨人力不足、周邊設備缺乏、教室空間規劃不當、缺乏配套管理措施、與缺乏專人管理等問題。針對此，校長可積極整合學校內部科技資源，彈性調整

學校教室空間、制度、人員、與資源分配政策，以適時處理各項問題。此外，爭取家長與社區人力之外部支援，積極與科技專業團體發展合作伙伴關係等，同樣也可為學校爭取到更多的科技資源。

(四)人際溝通與技巧層面

將科技融入教學乃是對傳統教學模式的一大變革。如果使用得當，不僅會扭轉學習的歷程與型態，同時也會改變教師教學的角色。學習科技並非一朝一夕所能成就。面對科技之日新月異，部分教師可能會因相關知能不足，轉趨保守抗拒心態而不願積極參與。基於此，校長除需多方與教師溝通外，還可利用正式與非正式溝通管道，甚而以身作則利用科技建置 e 化的溝通平台。校長可以率先利用網頁、個人部落格、e-mail、MSN、或學校網站（如校內行政網路系統）等方式，與教師進行溝通交流。此不但具有示範作用，同時也可促進成員互動，使其逐漸願意資源分享、建立社群，進而強化學校成員間的合作伙伴關係。

(五)評鑑與研究層面

評鑑乃是領導成果之檢驗，為使科技領導之效能持續改進，建立完善評鑑回饋系統絕不可缺。基本上，相關之評鑑類型可分為以下三類：(1)學校運用科技之成果評鑑：係針對推動科技融入教學後所產生之效益進行評估。其中包括相關計畫執行的結果、成員科技專業發展之現況、與如何改進科技融入教學與行政之效能等；(2)學生學習成果的評鑑：其中包括學生資訊科技能力，與融入科技後之相關學習成果等；(3)教師科技融入教學效能的評鑑：主要針對教師科技專業素養，與科技融入教學後的成果進行評鑑。其目的除評鑑教師的績效外，尚可瞭解教師在科技領域的個人成長，進而發展其未來個人科技成長計畫。

第四節　學習領導

　　基於社會與民意壓力，各國政府在 1980 年代之後多對學校所應擔負之績效責任（accountability）有所要求。學生學習表現一向被視為是學校績效責任的核心，因此如何提升學生表現的領導模式即成為顯學。此外，受到 PISA、TIMSS、PIRLS 等國際性成就測驗的實施，學校教育對於學生學習表現的成效更為各界所關注，教育領導的訴求也逐漸轉移至強調學生學習的表現，進而形成學習領導之理論與理念。影響所及，學習領導即成為繼教學領導與課程領導之後，研究教育領導與學生學習關係的重要模式。整體而言，相較於教學領導及課程領導，學習領導的重點更直接指向學生，更強調以學生學習為主體的概念。同時將學校領導中其他的影響因素（如學校行政運作、教室經營等）納入其中，更加全面性涵蓋影響學生學習的主要元素。在強調學生學習表現的領導理論上，學習領導比之前所提出之教育領導理論更具全面性（Macbeath & Cheng, 2008; Mulford & Silins, 2003）。

　　基本上，學習領導牽涉到校長、教師、與學生之間的交互行為。其中包括校長對於學生學習之領導行為、教師專業學習社群之運作、與學生學習表現之提升。三者環環相扣缺一不可。以下即以校長學習領導為核心，分別說明其基本理念、構面、與實施策略。

一　學習領導之理念與定義

(一) 學習領導的理念

　　學習領導一詞，英文多以 learning-centered leadership 或是 leadership for learning 加以表述。雖然華人地區對於學習領導的翻譯名稱不盡相同，但主要精神多指出學校領導者應關注學生學習，藉由校

長之領導行為，提升學生學習表現。學習領導理念之出現，反應了知識經濟時代的社會變化，與當代社會對於教育績效之重視程度。學者Glickman（2002）在《學習領導：如何幫助教師成功》（*Leadership for learning: How to help teachers succeed*）一書中，即提到學校教師、校長、各級行政主管、乃至評鑑及視導人員，皆應針對學生學習進行研究與討論。同年，MacBeath（2002）也在「國際學校效能和改進研討會」（International Congress for School Effectiveness and Improvement）上，發表學習領導之相關論文。其中闡述校長領導、教師教學、與學生學習之間相互統整的關聯性。兩位學者的研究成為倡導學習領導的先鋒。

基本上，學習領導乃是「以學習為中心的領導」（Southworth, 2004）。其起源於 1960 年代針對學校效能議題的研究，主張學校經營必須以確保學生學習為依歸。校長應該成為教師、學生與職員的學習領導者，而教師也應努力提升學生的學習成就。基本上，校長進行之行政領導、課程領導、與教學領導等作為，最終目標皆在增進學生學習成果。學習領導之出現，乃有集大成之趨勢。Southworth（2004）認為學習領導的特點包括以改善教學為學校改革目標、拓展教師教學技能、透過教師對學生學習成就產生影響、確保各種想法能迅速傳達落實、加強溝通以提升學生學習為使命、激勵教師創新、與高效能表現等。Murphy, Elliott, Goldring, and Porter（2006）評閱相關研究整理後，提出學習領導的理論模型。其認為校長領導作為透過對教師課堂教學以及學校整體運作兩個層面，將有助於學生學習成果之提升。過程中係以高標準的學生學習目標為導向，打造嚴謹的課程體系，保證高品質的教學，並加強與校外組織的聯繫，促進系統的績效評估系統活化為手段，進而提升學生學業成績、課堂出勤率、畢業率等學習表現成就。

在具體實踐方面，Goldring, Huff, and Barnes（2009）指出學習領導極度關注學校教學、課程、評量、與成果。主張學校領導之各個層面如行政運作、組織結構、資訊流通、資源分配、財務規劃等，皆必須與教師教學與學生學習緊密結合，以有效提升學生的學習產出。其歸結學習

領導行為的六項核心要素，其中包括高標準學生學習目標、嚴謹的課程、高品質的教學、學習型與促進專業發展的學校文化、與外部社區的聯繫、以及系統化績效評估。

Southworth（2005）則提出學校各級領導者應該要實行以學生學習為導向的領導方式，相關學習領導的策略主要包括：(1)楷模：成功的領導者將本身視為一個典範，藉由自身的行動展現成為組織楷模，並藉此使成員產生合宜的行為。(2)觀察（訪視）：包含教室的訪視、觀察教學、與提供回饋。領導方式經由教學上的實踐、成就、教室互動、以及學生學習過程等回饋，使領導行為更為有效。(3)對話：學校領導人應創造機會給組織成員，和教師的對話包括對其教學的鼓勵、回饋、和關注。領導人基於教室觀察進而與教師對話，可以有效增進教師對於其教學之反思，以及提升學生學習行為之成果。

綜上所述，學習領導以學生學習理念為核心，強調教師專業發展必須以學生為中心，並以學生學習為主軸（Townsend & MacBeath, 2011）。相較於課程領導與教學領導，學習領導的發展與研究仍是新興領域，相關內涵與模式仍有進一步探討之空間。

(二)學習領導的定義

學習領導之定義各學者雖有不同詮釋，但多半以促進教師合作、改善課堂教學、與增進學生學習成效為主要目標。例如 Glickman（2002）認為學習領導係指學校領導者與教師合作，共同進行教學觀察與視導，改善教學的環境脈絡，以增進教師教學能力與學生學習成長的領導模式。Dempster（2009）則認為學習領導係指領導者發展合適的組織管理，並透過妥善分配資源滿足教師需求，以提升教師專業能力與有效學生學習之校長領導行為。

由以上定義可知，學習領導主要焦點乃在學校領導者聚焦於學生學習的需求，展現相關行動，以增進領導行為與學生學習之連結（Bogotch, 2011）。學校領導者必須加強與教師之間的聯繫，共同承擔學生學習

責任，提高學生學習表現，建立以學生學習為中心的學校願景（Fink, 2011; Hallinger & Heck, 2011; McCray & Beachum, 2011）。此外，就學習領導的策略而言，學校領導者應以專業知識，建立以學生為中心的信念，並與教師、學生、及家長建立良好關係。協助教師教學同時，也需瞭解家長與學生的需求，並且妥善進行資源分配，發展以學習為中心的校務策略，營造支持教師教學及學生學習的氛圍，以提高學生的學習表現（Schley & Schratz, 2011）。

綜合上述相關理念，可將學習領導定義為「以學生學習為中心，藉由共同塑造學習願景、提供適當資源、促進教師相互合作、以提升學生學習成果之領導方式」。

二　學習領導的構面

學校組織系統面對時代變遷，首當其衝的即是學校領導人之角色功能。校長被期待在學生成就與學校經營上展現成果，因此其角色扮演必須聚焦於學生學習表現是否更加卓越上。學習領導之實踐，乃在營造一個具有共同願景的專業學習社群，促使教師具有自我效能且願意共同承擔責任，以增進學生學習表現上的成長。表 7.2 係針對近年國外學者對於學習領導構面之彙整。

從表 7.2 之統計分析分析，學者認為學習領導所包含之概念依重要性排序，被選擇次數較多者，依次為「建立學校學習願景」、「增進教師專業成長」、「形塑學生學習文化」、「關注學生學習」、「承擔績效責任」。這些重要的構面概念，成為後續研究在量表發展之重點內容。值得注意的是，相關構面點出學習領導之核心理念乃在透過教師專業能力成長，以進一步正向促進學生學習。

在相關學習領導的量表之發展上，秦夢群（2015）以公立國民中學教師為研究對象，針對「校長學習領導問卷」進行編定修正。其中首先依照相關學者所提出之概念與構面，擬定問卷初稿並提供教育相關領

表 7.2 學習領導構面統計彙整

學者	建立學校學習願景	關注學生學習	增進教師專業成長	與家長建立伙伴關係	提供學習資源	形塑學生學習文化	承擔績效責任
Glickman (2002)	✓	✓	✓				✓
Southworth (2004)	✓	✓	✓				✓
Leithwood, et al. (2004)	✓	✓	✓			✓	
DuBrin (2007)	✓			✓		✓	
Robinson, et al. (2009)	✓		✓		✓	✓	✓
MacBeath & Dempster (2009)		✓			✓	✓	✓
Goldring, Huff, & Barnes (2009)	✓	✓	✓		✓	✓	
Dempster (2009)	✓		✓		✓	✓	✓
Timperley (2010)	✓		✓	✓			
Reardon (2011)	✓		✓	✓		✓	✓
Dempster, et al. (2011)	✓	✓	✓	✓			
Walker & Downey (2012)	✓	✓	✓				
Seong (2013)	✓		✓			✓	
統計次數	12	7	11	4	4	8	6

資料來源：研究者自行整理

域 8 位學者與實務工作者進行內容修訂，產生「校長學習領導問卷」初稿，接著進行第一次施測以建構問卷之構面。施測後有效問卷為 637 份，問卷共計 22 題，採用 Likert 五點量表計分型式，得分愈高，表示

符合程度愈高。之後，經探索性因素分析（exploratory factor analysis, EFA）之分析，共獲得 4 個因素。其中包括因素 1（共同塑造學習願景）、因素 2（增進教師專業成長）、因素 3（共創學生學習文化）、因素 4（重視學生學習績效），Cronbachα 係數分別為 .90、.88、.88、.92，總量表係數為 .942，信度可稱良好。

為確認量表題目的適切性，再進行第二次施測，計有 640 份正式問卷回收。將資料進行驗證性因素分析（confirmatory factor analysis, CFA），以建立量表的建構效度。就信度而言，α 係數分別為 .92、.90、.88、.93，總量表係數為 .97，量表內部一致性程度相當良好。在量表之效度部分，CFA 結果顯示資料與模型的適配度良好（χ^2/df = 1.28, CFI = .96, TLI = .95, RMSEA = .06, SRMR = .03）。表 7.3 即為正式「校長學習領導問卷」之內容與相關構面。其中包括：(1)因素 1：共同塑造學習願景（第 1 題至第 6 題）。(2)因素 2：增進教師專業成長（第 7 題至第 11 題）。(3)因素 3：共創學生學習文化（第 12 題至第 16 題）。(4)因素 4：重視學生學習績效（第 17 題至第 22 題）。

三　校長領導與學生學習表現的相關性研究

學習領導之主要焦點與訴求，乃在增進學生學習表現。學校領導者的學習領導作為對於學生將有直接與間接的影響。早在 1990 年代，Heck, Larsen, and Marcoulides（1990）即主張作為一個學校領導者，校長理論上應該對學生學習成就產生影響，因此學者應該探索相關模式，以估計校長如何透過其領導實踐，對學生學習產生直接或間接之影響。Witziers, Bosker, and Kruger（2003）在校長領導是否影響學生成就的研究中，探討相關之影響力。在直接影響方面，得到學校領導對學生的成就具有正向與顯著的影響，但影響力相對較小。其建議未來應從研究學校領導對學生學習之間接效果做進一步之探討。與之類似還有 Nettles and Herrington（2007）之研究。其在學校領導對學生成就的直接影響的

表 7.3「校長學習領導問卷」之內容與相關構面

因素分析構面	題號
因素 1： 共同塑造學習願景	1. 校長利用各種機會明確表達以「學生學習」為治校中心價值之願景。 2. 校長會向師生與家長說明希望達成學生學習之各階段目標。 3. 校長會與師生及家長共同參與學生學習所希望達成目標之建構。 4. 校長會利用各種管道向師生與家長進行對話，以使其支持學生學習之願景與目標。 5. 校長會將學生學習相關目標落實為具體之校務發展計畫與教學策略。 6. 校長會衡酌學校內外情勢，機動調整相關學生學習之策略與內容。
因素 2： 增進教師專業成長	7. 校長會積極提供各種資源協助教師成立專業學習社群。 8. 校長會向外界爭取各種資源，以提供教師教學專業知識之增長。 9. 校長會積極參與各領域教學研究會議，以確保教師教學方法之精進。 10. 校長會鼓勵教師進修與從事行動研究，以提升其專業知能。 11. 校長會利用各種活動（如同儕觀課、教學發表），以促進教師團體之專業成長。
因素 3： 共創學生學習文化	12. 校長會利用各種機會與活動，不斷提升學生學習之動機。 13. 校長會利用多元課程與競賽，給予學生展現學習成果之機會。 14. 校長會適時表揚表現優秀學生，以創建學生之間相互學習的情境。 15. 校長具有自我獨特的主張與策略，以形塑理想之學生學習文化。 16. 校長會提供適當的校園環境與軟硬體設備，以增進學生的學習。
因素 4： 重視學生學習績效	17. 校長會要求教師針對不同學生學習問題，擬定適當的教學改進計畫。 18. 校長會利用各種學習評鑑機制（如資料庫之建立），定期檢視學生學習之績效。 19. 校長會依據學生學習績效，進一步擬定相關改進之計畫。 20. 校長會利用各種管道向教師說明學生學習績效並引導教師進行教學之調整與改善。 21. 校長會利用各種管道向家長說明學生學習績效並激發家長協助提升學生學習績效之意願。 22. 校長會將學生學習績效列為學校發展之重點，並定期在各種會議中進行討論。

資料來源：秦夢群（2015）。國中校長學習領導、教師專業學習社群與學生學習表現關係之研究。行政院國家科學委員會專題研究計畫成果報告（NSC104-2410-H-004-033-SS2）。

分析研究中，發現學校領導和學生學習之間具有顯著的關係；並指出校長某些行為對學生成就會產生直接影響。雖然這個數據只占總學生成就變異的一個小比例，但主張此已具有足夠誘因進行進一步的調查。因為校長領導的改善可能影響數以千計的學生，所以校長領導可能產生之直接與間接影響有繼續研究的必要。

學者 Goldring, Huff, Spillane, and Barnes（2009）的研究以問卷調查法與訪談法探討 48 位校長（28 位小學、10 位中學、6 位高中、與 4 位特殊教育學校校長）對於學習領導之專業知識看法，主要發現包括：(1)校長學習領導之專業知識主要包括以標準為基礎的改革、有效教學和學習原則、以資料為基礎作決定、發展學校的學習環境、監控教學的改善、以及與社群發展良好的伙伴關係等。(2)以上專業知識與校長的年資與專業訓練有高度相關。(3)學校背景（公私立學校、學校規模、學校歷史）對於校長學習領導之專業知識有所差異。此外，Reardon（2011）以 42 位美國維吉尼亞州小學校長為樣本，以問卷調查法探討學習領導與教育成果之間的關係。主要發現包括：(1)校長知覺其學習領導中的核心要素（計畫、實施、支持、提倡、溝通、監控）之實踐，與學生選考維吉尼亞州成就測驗之分數有高度正相關。(2)在小學三、四、五年級中，校長學習領導核心要素中的「學生學習的高標準」、「嚴謹的課程」與學生選考維吉尼亞州成就測驗之分數，呈現高度的正相關。

綜合近年相關研究，可知學習領導在講求教育績效的時代，雖然逐漸受到重視，但是相關研究仍在起步階段。校長有關學生學習的領導行為，大多數研究指出確實產生影響力，但直接影響效果較為有限，大部分研究仍發現校長領導作為必須透過教師與學校組織運作等間接方式，才能有效對學生的學習表現產生正面顯著影響。

📚 四　學習領導的行政策略與實施

綜上所述，可知學習領導的焦點乃在學生的學習行為，乃是以學生學習為中心的領導方式。原則上，為使得學生能夠獲得一定之知識與成就，校長、學校行政人員、家長、與社區皆應積極參與學習領導的歷程。在擬定策略與實踐的過程中，應特別注意學習領導的基本訴求：

1. 重視學生學習成就：一言以蔽之，學習領導興起之主要原因，乃在各國對於近年學生學習成就不彰之隱憂。為使得社會覺得教育投資能夠適得其所，學校必須運用各種方法展現學生之學習成果。此外，學習成就之形式也極為多元，而不限於傳統的紙筆測驗。

2. 強調權力分享：學習領導主張以權力分享的作為，引領學校成員實踐學生、教師、與學校等不同層級的學習。學校透過各層級學習領導的實踐，得以成為一個不斷自我更新的永續發展組織。

3. 關注學校不同層級的學習：以分布式領導作為基調，強調互惠、協調、與合作的訴求，學校成員共享權力，並共同負起成就學生的責任。

4. 以「學習共同體」作為具體之操作形式：實務上，學習領導乃是學習共同體的上位概念。換言之，學習共同體可成為學習領導之主要具體操作形式。其強調以學習者為主體，透過學校組織學習及教師專業學習，以機動連結學校、教師、與學生不同層級之學習在學校，學習共同體依組成份子之不同，可有「學校學習共同體」、「教師學習共同體」、「學生學習共同體」、及「家長學習共同體」等組織。教師在教室中，亦可形成師生互動的「課堂學習共同體」之推動形式。如此環環相扣，方能全面實踐學習領導的訴求。

在瞭解學習領導之基本訴求後，以下即分從不同層面來探討與說明實踐學習領導的行政策略，其中可分為學校（校長）、教師、與課堂三個層級：

㈠學校（校長）層級之學習領導策略

校長為學校的領導者，對於推動學習領導責無旁貸。相關研究也指出校長為發動學習領導的關鍵人物。實務上，可有以下之實施策略：

1. 建構與形塑學習之共同願景：校長應激勵成員學習領導之知能，並進行相關人才之培育。積極宣達學校乃是一個學習共同體的理念，說明現今形塑學習領導文化的重要性與必要性。透過學校願景與目標之建立，進一步設計相關之配套策略，以確實幫助學生提升學習成就。在整體過程中，校長必須與學校成員持續溝通，依據所達成共識之學習領導願景與目標，確實設定實施之細目工作與人力分配。

2. 進行分布式領導：依據學習領導之強調權力分享的訴求，實踐過程中，校長應提出想法並與行政人員和教師深入討論，最後再由學校全體成員共同設計策略與參與執行。在此過程中，校長並非將權力完全下放，而必須時時扮演催化者的角色。其中如積極參與學習領導之觀課活動，以與教師檢討分享缺失，共同承擔實踐學習領導的責任。

3. 建構組織文化與發展學習專業社群：學校學習領導之成敗，其中主因之一即在是否能夠形塑學習之組織文化。其強調團體學習與分享。利用各種管道促進教師之教學知能與知識之增長，並鼓勵回饋與再學習之歷程，以提升學習思維之能量。身為學校領導人，校長必須善用行政力量，積極創建學校成員學習之機會與資源。其中策略如：(1) 安排教師學習時段、進行學習領導溝通會議。鼓勵教師參與各項學習共同體相關會議、研習、與社群。

(2)建立學習之 e 化平台與溝通網絡，幫助教師將其內隱知識加以外顯化，並檢視以學生學習為中心的課程與教學。藉由建立學習領導之知識資料庫、組織學習思維架構、與校內支持溝通體系之策略，最終而能激勵成員在相互溝通下達成實踐學習領導之目標。(3)善用團隊力量促使教師與教育行政團隊，擬定相關學習領導之執行計畫與策略，以協助教師解決學習領導之問題。

4. 提升教師教學領導能力：校長應積極爭取相關資源。其中如申請教育機構之相關計畫，以獲得額外經費，或是邀請專家學者或社區人士參與，透過各種活動與管道，以增加學校進行學習活動之機會與資源。此外，學校應定期召開學習領導增能研習與教學專業發展課程，以讓學校成員能瞭解學習領導的概念，以引導其更積極扮演支援者、協助者、與服務者的角色。

(二)教師層級之學習領導策略

教師是教學活動的設計與執行的關鍵人物，其在教學領導所扮演的角色極為重要。以往涉及「領導」概念，教師多認為事不關己，乃屬校長與行政團隊的事務。殊不知，失去教師的充分配合，學習領導的實踐，即會形成岌岌可危的態勢。身為教師，可以運用以下策略配合學習領導之實施：

1. 配合教學實務確實瞭解學習領導的訴求與目標：教師應以學科專家自許，融入自我教育理念，積極配合學習領導的訴求，進一步形塑教學專家的形象。不可諱言，多數教師對於學習領導往往一知半解。因此，相關教師專業成長的工作坊即非常重要。其內容包括專題演講、實務演練、回饋檢討等，幫助教師將學習領導相關概念融入教學計畫、策略、與評鑑。教學領導乃是以學生學習為中心的領導思維，教師唯有將其理念融入教學歷程，方能達到學習領導的最終目標。

2. 共同組成學習社群並積極交流：學習社群的形式極為多元，其中如專業學習社群、教師學習共同體皆為相關之組織。在相互尊重的前提下，教師應擺脫以往「關閉」教室的觀念，積極與同儕共同進行備課、觀課、與議課，透過各科之專業對話檢討教學的問題與評鑑成果。學習社群交流的形式繁多，其中如專業對話、專業研習、社群共學、合作授課、與共同觀課等，其目的即在擴大教師團體成員之參與及交流、分享教學經驗、建立教學觀察制度、與建構教學檔案等策略，以達成學習領導所設定之專業發展的目標。教師必須瞭解形成「學校本位學習共同體」的重要性，與社會建立資源互助的關係。也唯有教師團體能夠在專業與教學上日益進步，學習領導的實踐方能水到渠成。

3. 根據教學實務需求進行相關之行動研究：新興理念如學習領導的推動與實施，多半會產生執行之困難。基於學校本位之理念，解決之道必須依靠學校成員共同加以探討。身為教學之執行者，對於學習領導之疑問，教師應在教學實務現場中自我或是與同儕進行協同行動研究。各校與各班之教學情境各有不同，唯有透過科學化之探討，才能有系統瞭解問題之所在與因應之道。行動研究之個別化特質，可以幫助身處不同情境之教師進行特殊之教學設計，並進一步達成教學之專業成長。

(三)課堂層級之學習領導策略

學習領導之歷程，除有學校（校長）、教師層級外，也包括課堂層級。換言之，學生所扮演之角色也受到極大之關注。以往教師居於絕對主動之地位，往往忽略學生之個別需求。透過硬體與軟體方面的改變，可使學生成為學習的真正主體，獲得充分尊重與主動的機會。

1. 教學環境的彈性設計：課堂之學習策略千變萬化，但必須依據學生需求加以設計。硬體上，教師可適度改變座位安排，形成與

營造學生主動學習與討論的空間，以改進傳統單調灌輸的方式。建構充分溝通與討論的學習環境，可以幫助學生主動學習。也唯有在適當的氣氛中，學生主動學習的意願才會增強。

2. 建立學習者為中心的教學模式：校方與教師應確立每一位學生皆在學習，並搭建學習鷹架以處理個別差異之現象。教學活動以學習者為中心，重視學習的差異性與多樣性，避免一成不變的教學模式。值得注意的是，實踐學習領導必定在人力資源上更為需求。如何創建與調配人力，以應付班級全面性的學習需求，則是校方與教師必須細細思量之問題。實務上，個別學生也是協助教學的特殊人力資源，值得教師加以重視。

3. 學生學習共同體之建立：學生學習共同體之成立，可以營造協同學習（collaborative learning）模式之產生，藉以創建伙伴式的學習環境。其以互惠學習與溝通的方式，進行各種想法的分享與學習互助，以增進與培養學生的學習力。當學生能夠主動學習時，其所產生的學習成就，才能真正名符其實。

綜上所述，學習領導乃是重視學生學習成果的領導模式。其極度重視學校課程設計、發展、與評鑑之歷程。學習領導分從學校（校長）層級、教師層級、與課堂層級進行知識與學習管理希望藉由主動學習的模式，建立具有創新性的教學歷程。在此日新月異的時代，值得學校與教師加以重視與實踐。

7
個案研究　就是不坐教室裡

1999 年 9 月 9 日

　　台灣各大報紙皆以顯著版面，報導台中市萬和國中教師因不滿校方擅自取消導師室及專任教師室，並把老師的辦公桌移至各班教室後方。群情激憤下，老師集體把辦公桌搬到五樓走廊，形成極為奇特的景象，引起學生大批圍觀。老師反應此乃抗議校方的粗暴行徑，與校長不適任問題。

　　老師忿忿不平指控說，校方未事先溝通，學期開始即關閉各年級導師室與專任老師室，並把所有辦公桌搬到各班教室最後排。美其名是為實施「協同教學」，但作法強勢獨斷，讓老師與學生擠在一起，不僅剝奪學生的活動空間，更嚴重妨害教師上課自主權。

　　老師亦大肆抨擊校長藍武雄諸多不是，包括經常在公開場合點名批判老師、以考績修理唱反調老師、製造語言暴力、不能採納老師對學校興革意見等。屢次向教育局反映，也因校長是台中市長張溫鷹的姊夫而無下文。

　　藍武雄校長表示，他在美國參訪新式中學教育，認為其「協同教學」理念值得借鏡。在台灣因國情不同一直未能實施。該校今年一年級正好實施小班教學，上級補助每一班設置電腦及電腦桌，應是實施協同教學的契機。因此從本學期開始預作準備，讓一班同時有兩、三位老師一起從事跨科的協同教學活動。

　　藍武雄坦承自己做事比較強勢，但為了這項新式教學，上一

學期便開始與老師溝通協調，希望老師能待在教室內，可以充分利用電腦設備，亦可就近看管學生。但是老師不願接受，他也同意暫緩實施，讓老師把辦公桌搬回去。老師卻小題大做，故意要把事情鬧大，既然老師不肯配合，就只好算了。

市長張溫鷹也很關切萬和國中老師反彈事件，並發布新聞稿表示，藍校長服務教育界 30 多年，應明瞭溝通協調的重要性，同時特別請教育局長多做瞭解與溝通，相信大家都會以學生學業為重。

教育局長廖萬清表示，藍校長的理念並非不對。把老師辦公桌移到教室，可以就近輔導學生生活與課業，立意甚佳。可能與老師的溝通未臻成熟，才會引起反彈。現在暫緩實施，希望能和老師繼續溝通協調，教育局處理本案，一切以學生受教權為最優先。外傳校長是市長親戚，仍秉持公私分明原則；至於校長適不適任問題，不能因為老師批評就認為不適任。此需經全盤考量才能評斷，有一定處理程序。

9 月 10 日

教師集體移至走廊辦公風波，擴大成「推倒校長」事件。老師群情激憤，哭喊「爛校長，滾蛋」，市長張溫鷹親赴學校安撫老師情緒，要求維持教學正常，強調校長雖是自己姊夫，仍將秉公依法處理。

遭學校老師點名不適任的萬和國中校長藍武雄，因係市長親姊夫，身分特殊，市府處理態度格外慎重。一早即由主任秘書陳大鈞到學校「滅火」，參加導師會議。但校長藍武雄說明願意「收回成命」立場後即離席，老師無法接受而抗議聲不斷，認為缺乏誠意，陳大鈞無功而返。

　　教育局督學張世村在中午與老師們見面聽取意見，達成召開臨時校務會議結論。陳大鈞再度與會，他坦承校長擅自把老師辦公桌搬到教室「確實是錯誤的決定，市府會處分」，希望老師搬回原辦公室，但遭反對。老師立場堅決，認為「我們是被趕出來的，等換了校長再說」，執意不肯輕易妥協。

　　陳大鈞表示，教師在走廊辦公，外界看起來怪怪的，而且占據學生公共空間，萬一發生火災，勢將影響逃生。老師不搬，只好另找人搬。他隨即找來總務主任，要求派工友，學校主任覺得不妥，他轉而找區公所派人支援，態度堅定，校園對立氣氛轉趨緊張。

　　張溫鷹市長的先生陳文憲、教育局長廖萬清、主任督學許玉樹等人隨後也趕到學校，經與校長協調，臨時廣播下午2點第三度與老師協商，未料藍武雄身體突然不適緊急送醫，協調會流會。

　　下午近4點，張溫鷹親自與老師見面。老師痛訴校長的不是，情緒都相當激動。有老師說，校長在學生座位滿滿的教室，還要硬塞兩張辦公桌，讓老師與學生擠在一起，把老師當什麼看待？也有老師指控，校長長期在校園製造「藍色」恐怖，只要幾名老師聚在一起，就會被染黑，老師都快受不了了。

　　市長張溫鷹眼見老師情緒太過激動，不再堅持強制搬離老師的辦公桌，授權老師自己決定。在場老師一致舉手暫時不撤走留在走廊的辦公桌。一名老師頗有感慨的說，四年來，校長從沒有尊重過老師的意見，老師根本沒有舉手表決機會，連學生都不如。

　　回應老師要求校長下台的訴求，教育局表示校長任職有一定的任期，藍校長在萬和國中現為第二任的第二年，除非有違法或

本人有調動意願，否則仍可在原校繼續服務兩年至任期期滿。至於老師目前指控事項是違法抑或行政疏失，尚待進一步調查與瞭解。

藍武雄面對老師強烈質疑逼退，昨天身心俱疲，下午高血壓上升，加上車禍受傷未癒，呼吸急促險些昏倒。由市長張溫鷹陪同，緊急送醫急救，目前住院觀察中。

最近身體狀況欠佳的藍武雄，早上 8 點參加完學校導師會議後，提前離席，前往醫院醫治牙周病，10 點半回到學校，除了承受老師指責的強大壓力，還要應對市府官員及面對大批媒體的訪問。下午 2 點左右，忽然高血壓高到 130，並出現呼吸急促症狀，身體不支幾乎昏倒，學校保健室緊急呼叫消防局派來救護車。

據指出，藍武雄一個多月前，騎機車發生車禍，傷到胸腔，肋骨斷了兩根，迄今呼吸略有困難。加上連日承受外界指責壓力，造成血壓升高，引發不適。

9 月 12 日

台中市萬和國中風波愈演愈烈。校方召開臨時校務會議，結果場內有老師與里長嚴重衝突，一名女老師因此昏倒送醫，場外則是上百位在學學生高舉白布條呼口號，要求撤換校長。一度還勞駕警方巡邏車警戒，場內場外可說亂成一團。不過，混亂中還是達成老師桌椅搬回原辦公處所，與要求另派適任校長兩項決議。

校務會議因校長生病住院，由教務主任主持，包括教師、家長、與地方人士等近 200 人參加。開始時氣氛還算良好，發言者都能理性表達，各自陳述立場，並討論辦公室配置問題，顯示老

師願意回到辦公室辦公的意願。不過之後校門口聚集了上百名學生，高喊口號支持老師，抗議校長獨裁。學生各自形成多個小集團，遊走在校門口，一時間吸引大批來往人車的好奇。

學校的行政人員，眼見學生愈來愈大聲，趕緊出面勸阻，希望學生如果支持老師，就不要給老師製造困擾。但學生並不領情，繼續在校門口數落校長的不是，轄區警局還出動巡邏車警戒，以嚴防意外事端。此時，會場內也開始另一衝突，力挺校長藍武雄的里長情緒激動，指責教師不該讓家醜外揚，找來這麼多媒體報導此事，大罵老師不夠格。一名家長見狀，幾次要他住口。里長不理，老師們則按捺不住，群起拍桌抗議，場面相當失控。加上會場沒有冷氣，在沉悶的空氣中，一名教師因而昏倒送醫。

整個校務會議與教師說明會，在教師和家長們一片指責校長的聲浪中落幕。校務會議後，教師將歷年藍武雄之「特立獨行」言行集結成冊，並一一指陳。認為校長把「協同教學」的錯誤認知，實驗在學生身上，還說「我的政策雖然是錯的，也要錯到底，讓它變成一種特色。」開會時經常炫耀他以前如何整肅同仁，如何給予同仁考績丙等的輝煌成果等。至於藍武雄校長何去何從，將待教育局及校長遴選委員會做最後決策。

9 月 13 日

連日抗爭，風波不斷的台中市萬和國中，昨天在老師集體向學生鞠躬道歉，並把辦公桌由走廊搬回辦公室後，校園暫時恢復平靜。老師們表示，大部分的人都不希望校長回來，如果校長繼續留任，未來不排除會有更強烈的反彈動作。教育局則表示，將針對學校老師提出校長不適任理由進行蒐證訪查，預計寒假提交

校長遴選委員會評議。

萬和國中 60 餘位老師在朝會時，集體走上升旗台向全體同學三鞠躬道歉，獲得同學熱烈鼓掌回應。但仍有部分老師情緒尚未平復，在台上飲泣。帶領老師向學生致歉的教師會籌備會主任委員楊境淞表示，這起抗爭事件，引起部分家長有不同看法，認為影響學生受教權與教學品質，所以大家為此向家長、學生道歉。

楊境淞指出，在校務會議作成「校長不適任」決議後，將儘快把所有不適任資料移交給教育局處理，目前由教務主任代理校務，駐區督學駐校輔導，是最好的方式。而校長有任期，有遴選委員建議，校長暫時不要回來，等到寒假再換人，應是最完美的結局。

楊境淞被問到萬一校長繼續留任，老師們又將如何？他表示，無法代表大家的意見，但大部分老師不希望校長回來。他不能保證是否還有後續動作。不過，有老師說校長如果回來，一定會引起更強烈不滿，抗拒行動無法可免。

盤據五樓走廊整整一週的 60 餘名老師辦公桌，上午在師生合力下陸續搬回導師與專任老師辦公室，一場驚心動魄的師生抗爭風波，終暫告平息。

尚在住院的校長藍武雄，得知被老師以「不適任」為由移送教育局處置後，相當不以為然。他自認又沒做錯事，怎麼會不適任？他表示要趕快出院重返學校，即使校長遴選委員會判他不適合再做校長，也要做專任老師。藍武雄說他還有 5 年時間，要留在萬和國中退休。

藍武雄說：對於學校老師認定他不適任，心裡很痛，無法接受。說自己又不是花天酒地作姦犯科，只是不善於言詞，不會表

達而已。至於教育理念，也是見仁見智，到現在還是認為老師配合「協同教學」把辦公桌搬到教室的作法，並沒有錯。

對於老師做成要校長下台的決議，藍武雄說，這件事讓他對台灣的教育感到很灰心，為什麼老師可以罷免校長，校長就不能解聘不適任老師？藍武雄強調，校長遴選委員會評議結果，如果認為他不適任，他絕對無法接受，一定會提出異議，絕對不會提早辦理退休。

當時藍武雄 60 歲，距強迫退休年齡還有 5 年。主修教育、英語的他堅定表示，要盡快出院，回到自己一手創辦的萬和國中，如果老師容不下他，他一樣可以教書做到退休，繼續奉獻教育理想。

研究問題

1. 藍校長所推動的「協同教學」理念發源於美國，其牽涉到課程領導、教學領導、與知識領導之概念。試就行政運作之原則，分析校長推動協同教學，要求教師在教室辦公之作為是否得當？原因為何？

2. 此案高潮迭起，老師示威咆哮，校長就生病住院。如今燙手山芋丟給教育局。如果你是教育局長，你會有何思維與動作處理此事（別忘藍校長是市長姊夫的事實）？

3. 藍校長慨嘆教育理念見仁見智，但要改革現況，教師就起而反對。此種論調是否多少反應華人地區校長的工作特質？你認為該如何解決？

教育領導的實踐者：校長

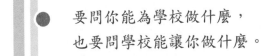

要問你能為學校做什麼，
也要問學校能讓你做什麼。

　　作為教育行政的主要領導者，校長之角色一向受人矚目。與一般商業經營者相較，校長雖然不需產生金錢盈餘，但仍需創建一定之績效。此種績效包括學生學習成就的進步、成員工作滿意度的增加、與社區認同程度的提升等。林林總總，帶給學校領導者一定程度的壓力。

　　對於校長之領導角色扮演，歷來最被關心之議題包括以下三項：

1. 與其他組織領導人相比，校長之角色特性為何？其行政流程與實際作為為何？
2. 社會對於校長之角色期待為何？經營學校時，校長認為何者是最重要之任務？校長執行任務之先後次序與所花時間之比例為何？
3. 有效能校長之特質為何？其在角色扮演與任務執行上有何特殊之處？

　　根據上述三個問題，以下即分別就校長工作之特性、扮演之角色、與有效能校長的特徵加以敘述。

第一節　校長工作之特性

　　年復一年，宛如不斷轉動之陀螺，校長每每陷入繁雜校務之漩渦中。作為學校的引水人與支柱，校長通常必須生活在永無止盡的壓力下。旁人眼見校長忙進忙出，但其確實之作為，卻鮮少被人加以探究。他們的工作流程與奮戰，可以在其學校日誌中一窺端倪。表 8.1 與表 8.2 即分別以大陸與台灣的兩個鄉村校長每日工作加以觀察記錄。雖然區域與環境之差異，造成校長之重視議題稍有差異，但就行政之本質上，卻有著驚人之相同特點。茲將校長工作特性摘述如下：

表 8.1 大陸小學校長之工作實錄

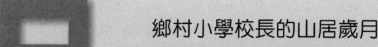

鄉村小學校長的山居歲月

（2006 年 10 月 26 日 星期四 陰轉晴）
四川省巴中市巴州區斯連小學校長 張君

06：50 起床的鐘聲敲響，我的一天生活開始了，匆匆來到操場上，和各班寄宿生一道晨練起來。

07：30 來到自己任教的三年級一班，輔導他們作業，與他們共同完成昨天學過的《秋天的雨》的課後練習。

08：50 翻開辦公桌上的值週記錄本，只見學生情況報告中這樣寫道：一些學生不講究衛生，亂倒剩飯，亂扔垃圾，遇有客人來校時會圍觀並尾隨其後；一些學生經常遲到，課本、作業本總是髒兮兮的。我校留守學生較多，約占全校總人數的 86%，由於這些學生大多由爺爺、奶奶或其他親戚代管，養成了孤僻、任性、不服從管理等不良行為習慣，成為學校管理的一大難題。如何才能使學生們養成良好行為習慣？為此，我馬上找來有關人員進行研究。

09：20 第一節課開始了，前 10 分鐘是安全教育，我逐班進行檢查，看到各班班主任都在認真組織學生學習《小學生守則》和《小學生日常行為規範》，有的老師依照剛才的會議精神，正在結合學生的生活實際講解安全與行為習慣。

11：20 語文教研組組織了一年級語文教研活動，我得去檢查教學品質。這些年來老師們的進步真不小，原來「滿堂灌」、「一言堂」的現狀得到了根本的轉變，課堂上有

了笑聲，學生敢舉手回答問題了。為了提高教育教學品質，我要求教師人人登台獻課，每週三晚統一進行業務學習。並通過老師說課、集體備課以及觀看遠端教育優秀課例個案等多種形式，進行教學研究。努力做到教研興教、科研興校。

13：00　現在農村學校食品安全問題十分突出，每天這時候我都會到食堂轉轉。今天我來到食堂，要求工人為學生煮菜湯時注意清潔衛生，預防食物中毒事件的發生。並重申每一頓飯菜都要實行試膳制和留樣制。

14：30　我和安保處的王主任一起到三村小學，檢查學校安全及村小常規工作。三村小學離中心校很遠，要翻越幾座海拔近千米的大山。由於前幾天剛剛下過大雨，使我們行走起來更加艱難。河水很急，又沒有橋，河中只有幾個墩子，且已被水淹沒。由於過往的人少，上面已經長滿青苔，我們「連摸帶爬」險些掉進深水裡。最後，就像武林高手走「梅花椿」一般，總算過了河。

16：00　我們才到三村小學，顧不上休息就開始了工作。在檢查教師教學「六認真」工作時，我和教師們就當前村校「複式教學」中出現的新問題，進行了廣泛的交流，並共同商量出幾個切實可行的解決辦法。在和教師的親切交談中我發現，村校亟待解決的問題真多：教室、廁所一下雨就漏；學生上學、放學路上經常被狗咬傷；下雨天學生難以過河等。這些都是學校安全的隱患。為了早日清除校園安全隱患，我們找來了當地的村社幹部和部分家長座談。對於治漏的問題要求村校主任與村社幹部進行協調，利用雙休日翻蓋校舍，村上出人力，中心校

出錢買瓦。學生每天放學實行路隊制，各分路選一位路
長管理路員，上學、放學均由家長輪流接送，每一分路
至少要有一名家長同行。如遇學生被狗咬傷，要及時到
衛生院注射狂犬疫苗。遇到下雨，學校要堅持來一個家
長放回一個學生，確保學生絕對安全。

21：30　趕回學校，已經是晚上了，學生已入睡。查看門衛室、
班主任查寢情況一切正常，又在校園裡巡邏了一圈後才
回家。

資料來源：中國教育報，2007 年 2 月 6 日。

表 8.2　台灣小學校長之工作實錄

邱校長的浮生記實

　　邱校長服務之小學位於台灣東部之花蓮縣。在教學資源和學
生人數上均不及西部各縣市。花蓮縣在當時（1998）共有 106 所
國民小學，其中六班以下的學校卻占三分之二，多半只有 10 名
教職員工。校長在如此貧乏資源中，更需戮力從公經營學校。以
下即以「邱校長一天生活」的摘記，凸顯其工作奔波的實況。內
容是一位身為邱校長同事七年的教育大學碩士班學生，以生命史
敘述方式綜合觀察資料而成。

6：30-7：00　到校

　　早上6點30分，一如平常邱校長騎著機車，駛向離家5分鐘車程的國小。進入辦公室一面打開電腦，同時詢問值夜人員是否有特別事情發生。值夜人員說：「昨天深夜有好幾個青少年徘徊並大聲喧嘩，地上有啤酒罐和散亂的垃圾。」邱校長回答：「我會處理。」接著就拿起記事簿把這件事情記錄起來。

7：00-7：30　往返分校南平幼稚園

　　牆上的掛鐘指向7時正，邱校長急忙騎上機車往五公里外的南平分校進行每日巡視。南平分校於1997年改為「南平大區域幼稚園」，招收附近五個村莊的幼童。為了奠定基礎，邱校長每日會花一段時間到幼稚園，希望能夠穩定初創的局面。

　　進入南平社區後，看到一群婦人在小水溝邊洗衣，邱校長親切打招呼。他認為如此更容易拉近和家長間的距離。7點10分到幼稚園，會先特別到廁所檢查是否有外人躲在裡面，以確保幼童的安全。確定一切無事後，7點30分匆匆趕回學校主持晨會。

7：50-8：00　晨會

　　學校晨會自7點50分開始，全校所有老師皆會出席，是小學日常重要的溝通會議。因為大部分小學老師是「包班制」的導師，要負責該班學生的課業和生活事務，所以小學老師在學校大部分的時間，會留在班級處理班級事務。因此校長把握晨會大家都在之時間，說明他的要求和理念。

　　一般國小的晨會時間大約是10分鐘，邱校長主持的晨會，一如往常到8點15分仍未結束，學生在作息規定中自動的完成升旗典禮及操作健身操的模式。晨會中，教師輪流報告兼辦業務需要讓大家知道或協助的事項，校長則利用這個時間，再次進行理念的宣揚。當天他強調老師執行曾重複交代過的事項：(1)要

求學生對來賓客人有禮貌外，更希望學生的行為舉止和服裝，能夠透過老師的要求，時時提醒其注意；(2)注重社區經營的理念，希望老師能夠到每位學生家裡訪談，更加瞭解學生的情況；(3)期望老師能夠全力以赴投注在工作上；(4)提醒老師帶學生到校外進行教學活動，一定要注意學生的安全而不可大意。

8：00-8：15 大家來升旗

一般而言，全校師生在此時段會集合在操場上舉行15分鐘的升旗典禮，除了唱國歌並將國旗升上旗竿外，通常還進行學生健身操運動，邱校長會在例行活動結束後上台講話。經常提到要孝順父母、聽從師長教導，並且要能按時作功課，不可以到電動玩具店等叮嚀。

8：15-8：40 認識一年級新生

升旗典禮結束後，邱校長走向一年級教室。這是他的習慣，在新學期新生入學後會利用各種機會認識並且記住小朋友的名字。在和小朋友談話前，他拿起點名簿一個個唱名。全校約有250位小朋友，邱校長能夠叫出每一位小朋友的姓名。

8：40-9：30 主持社區家長告別式

某家庭將為學生的祖父舉行告別式，這位學生的父親目前擔任學校家長委員，邱校長受該家長之託主持告別式。在前幾天邱校長已利用下班時間，陸續到喪家幫忙。8點40分，他騎著機車到喪家預備主持事宜。

9：30-11：30 乘計程車趕赴縣政府

邱校長在9點30分從社區回到學校，拿起呈報縣府辦理結案核銷經費的工程資料。為了能隨時掌握案子進度，他一如往常乘坐計程車，親自到縣府處理。雖然大部分業務承辦人，會配合他的親自到場，加快案件的辦理，但也有碰到過不喜歡這種緊迫

盯人方式的承辦人，以非常不友善的態度，甚至躲藏起來的方式
加以對待。邱校長認為到縣政府追公文的目的，在於如果臨時發
現需要補足文件，可以馬上補足。如果有需要的話，下午可以再
去一趟。

11：30 - 12：00　返回本校

　　自縣府趕回學校不久，邱校長拿著抹布及掃把準備清潔環
境。原來上級環境考評小組今天可能會來學校。他發現校門口及
川堂有一些泥沙灰塵，因此親自清掃乾淨，並熱切期盼考評小組
的蒞臨。

12：00 - 13：30　和幼稚園小朋友共進午餐

　　中午12點，邱校長趕到南平幼稚園和小朋友共進午餐。他
認為：「為什麼我會經常到南平幼稚園？是因南平分校學生併班
到本校上課，將分校分設幼稚園，家長的反彈聲浪很大。所以剛
開辦的幼稚園是只許成功，不許失敗。家長有時候在中午會到學
校看看，可以和家長做良好的互動溝通。」

13：30 - 14：00　校園巡禮看小朋友學習

　　下午上班時間1點30分邱校長趕回本校，接著到各班級巡
看老師教學和學生上課情形。他認為自己精熟教學，不必進入教
室即可知道教學的成效。

14：00 - 14：20　忙批公文並處理公務

　　邱校長到各教室巡視小朋友的學習和老師的教學狀況後，回
到辦公室，立即批閱放置在桌上的公文，並處理下學期學校開辦
學生午餐，必須購置飯桌的採購事宜。

14：20 - 15：00　與家長有約

　　下午2點20分，一位六年級女學生的家長，到校詢問邱校
長是否處理上週反映女兒受同學排擠的問題。邱校長請家長到校

長室說明處理情形。「當時接到家長反映後，就安排該班學生作問卷調查，以瞭解學生最喜歡和最討厭的朋友與相關理由。我請家長到二樓校長室時，拿出問卷但遮住填寫問卷的名字，只讓她看班上同學所寫的內容。她看了之後，才瞭解沒有一個同學寫她的女兒好。當場她就向我道歉。」

15：00 - 15：40　電腦鍵入給家長的一封信

邱校長和家長的談話結束後，立刻回到教職員工辦公室，希望趕緊完成另一件事情。他每學期都親自利用電腦，鍵入並印出「給家長的一封信」，這份資料會發給全校的學生，並請學生帶回家給家長看，瞭解學校的行事曆和他的教育理想。在信中除了告訴家長本學期各項重要事項的時間外，更在信中強調教育子女的方式，要求父母多督促孩子讀書完成作業，和學校相互配合。

15：40 - 16：10　工程包商發工錢

下午3點40分，本校參與羽球館興建工程的工人，和承包廠商約定到學校，承包廠商答應發放積欠已久的工資。下午3點50分，承包廠商代表王先生照約定時間到達學校，隨即依照工作天數發放工錢。工人都拿到該得到的工資，因廠商積欠工資可能造成的糾紛，就此畫下句點。

16：10 - 16：40　社區家庭訪問

下午4點10分學生放學後，邱校長到社區作家庭訪問。他認為：「要能夠獲得家長的支持，最好要能全心投入，尤其對每個學生的家庭狀況都要瞭解。所以我會到每一位學生家作家庭訪問。去做家庭訪問，至少可以瞭解學生讀書的環境是否適合。有時會碰到家長請吃晚餐，我都會很大方先問菜夠不夠啊？如果夠，就會留下來吃。」邱校長特別強調家庭訪問的重要，也在晨會時再三要求老師確實做好這項工作。

16：40 - 19：20　到玉里參加婚宴

　　下午 4 點 40 分，邱校長請計程車行派車送他到玉里鎮，參加玉里國小同事兒子的訂婚宴，並擔任主持人。主持婚禮或喪禮的儀式，可說是邱校長的專長，他藉此贏得許多家長和同仁的誠摯感謝，在推動各項學校政策時，增添許多助力。

19：20 - 21：00　到校處理公務

　　回到學校，邱校長繼續白天未完成的工作。首先查閱學生作業本，瞭解老師的教學進度和學生的學習狀況。抽閱完作業後，邱校長拿出一份白天坐計程車時所寫的資料草稿，內容為為何要在學校推展電腦教學。內容寫著：

　　「由家長會賴前會長帶頭發動捐贈的電腦教室，目前已
　　有 38 部電腦，這是花蓮縣國小最早成立的電腦教室。
　　在本校推展電腦教學是為要讓學生提前認識電腦，獲得
　　學習的成效。」

　　邱校長更在這份資料中，詳細列出家長及各界捐贈的款項名細，處處留下捐贈家長的姓名，表現出邱校長再三強調感念家長贊助之恩，也透露出他如何經營社區關係的方式。

21：00　終於下班了

　　做完了這件事，回到辦公室收拾文件後，邱校長提著裝滿資料的手提包，再騎著那輛老舊的機車，伴著皎潔的月光回家。

資料來源：修改自許傳德（1998）。

📚 一　工作繁雜且支離破碎

　　身為學校之領導人，校長要為幾乎所有學校發生之大小事情負責。校長要早起督促學生學習，要參與教學觀摩會幫助年輕教師教學，要處理家長之意見以平息親師爭議，要參與社區活動以行銷學校品牌。夾在其中的是無窮盡的電話、公文、與下屬之請示。校長如同管家婆，任何芝麻小事都必須被告知，否則出了問題，校長還不知該負何種責任。即使是下屬或是教師的錯，校長仍必須以「一校之長」的身分概括承受。Morris 等人（1984）即發現校長平均要花費 50% 以上時間，走出校長室與相關人士進行溝通。其多半採取口頭形式，卻常被另一新事件打斷。此種破碎與片段之工作特性，令校長常需靠「直覺」來做決策，難以進行事前之理性分析，情緒也因忙亂而劇烈起伏。Fullan（2001）發現 91% 的校長指出他們無法完成被賦予之責任。Sergiovanni（2000）也指出近年來校長之責任逐年增加。此因上級機關迭出新意，每年額外賦予新責任，經年累月使得校長之工作內容趨於瑣碎。Pierce（2000）更明確指出，造成校長工作繁雜的因素包括上級機關的干預、家長與社區要求之增加、特殊教育學生回歸一般學校、與日新月異的科技發展等。

　　在其他相關研究方面，美國於 2001 年公布兩項調查報告：一為 NASSP（National Association of Secondary School Principals）對於高中校長之報告，二為 Public Agenda（係美國一個非營利組織，常針對人民所關注之議題進行分析調查）所發布之「試圖在比賽中領先」（trying to stay ahead of the game）報告。NASSP 指出校長無法在有限時間下完成所有工作，即使大多數高中校長平均每週工作時數已超過 62 小時。而 Archer（2002）之研究發現在 1965 年，只有 12% 的校長會每週工作 60 小時以上。影響所及，75% 的校長指出由於工作的繁複與破碎，使其感受沉重之壓力。更糟的是，即使大多數校長深信課程與教學才是其工作重點，但實務上卻花費大部分精力處理與有效教學無關的工作（NASSP, 2001）。Public Agenda（2001）的調查也明確顯示校長之每日行程過於

繁雜，強烈建議教育改革者在拋出新要求時，應正視校長疲於奔命之窘境。

二　工作多變而無特定執行模式

學者 Mintzberg（1973）在其研究中採用質化觀察方法，探討組織行政人員（包括一名教育局長）之實際作為。其發現行政者之各個行動所花費時間並不長，有的甚至只有幾分鐘。Sergiovanni（1995）認為由於工作之多變性（一下子教師跑來抱怨，下一分鐘家長卻致電道謝），校長被迫必須因人設事，缺乏一定之執行模式。這也是相關教育行政教科書之理論，很難有效應用於校長治校之主要原因。此種各個事件性質彼此迥異、無規律、與不連貫之特性，逼使校長在疲於奔命之餘，很難由「昨非」中學到「今是」，而進一步尋求創新改進。相較於證券公司經理每日只要負責看盤與從事投資分析，校長之工作顯然屬於「散彈打鳥」之類型，多半只能維持表面的績效（家長的抱怨至少我聽了，接下來要如何，等下個行程完成後再說吧）。

實務上，校長每日花費大量時間處理緊急的管理問題，其中如學生受傷趕快送醫院，或是某位家長不請自來興師問罪，均使校長難以坐下思考。Cuban（1988）檢視 1911 至 1981 年美國校長之日常工作表，發現其花費大部分時間在非關教學之事務上，證明此種情況其來有自，並非最近才發生。不瞭解者多認為校長應採取分層負責方法，由下屬處理日常問題。殊不知校長在現場必須「鉅細皆知」，否則即很可能被指為工作不投入與不負責任。凡此種種，皆使校長工作呈現多變、片段、與缺乏連貫性的特質。

三　工作多元且難以維持專業形象

身為社會之教育機構，學校除面對多元價值之衝突外，尚需擔負許

多與教育無關之任務。不同之教育價值觀，衝擊於學校即是眾聲喧嘩的局面。例如有的家長注重升學要求課外輔導，有的卻秉持自然主義抨擊學生之課業過於沉重。夾在中間，校長很難做出令雙方皆滿意之決策。此外，相較於律師、醫師、會計師，校長之專業經常受到挑戰。此與前述校長任務之繁雜、瑣碎、多變、乃至多元特質息息相關。在日益負擔沉重任務之限制下，校長的表現實難達到專業之標準。此因迫於社會之要求，與教育無關之工作紛至沓來。例如以往準備中餐本是父母之責任（除了對偏遠住校與貧窮學生之特殊處理），如今學校在照顧學生的大帽子下，必須扛起重責供應餐食。校長並非衛生或營養專家，加上錢少口雜，僅能勉力為之，其表現自然難如人意。尤有甚者，有的校長還必須與地方人士周旋，負責討回被占用之校地。一位台灣小學校長回憶徵收校地的慘烈過程：

> 1992 年的暑假，我奉命去新建 ×× 國小，發現要蓋這一所學校之前，校地雖已徵收，但校地內有很多困難事未解決，如校地內靠山的一部分山坡地屬於亂葬崗，許多無主及有主的墳墓葬在竹林內。…… 在校地內墓園的一隅，有一間民房作為神壇之用，每天下午神壇生意興隆，很多善男信女來到神壇求神問卜，可能是因為靠近墓園的關係，據說神明英靈幾乎有求必應。而這一座神壇前面有一半以上屬於校地，土地徵收價款早已領走，地上物必須拆除。為了拆除前一半校地，這戶神壇人家抗爭最嚴重。…… 後來還是動員縣府拆除大隊及 100 多位警察才拆除該違建神壇。在拆除該神壇的前一星期，發生火災事件，該民房中間神壇內之菩薩被火燒光，兩旁民房並未燒掉。…… 可見連菩薩都看不慣，自己燃燒自己以幫助我們學校興建工程。（林文律，2006：834-835）

徵收校地工作本應由上級行政單位與司法機關負責，逼迫手無寸鐵

的校長上前線交涉，效果多半不彰且強人所難。此外，校長要負責學童上下學路途之安全，要負責中餐不能讓學生發胖，要開放學校給社區有力人士的兒子辦喜宴。凡此種種，皆使其專業形象大打折扣。專業人士處理非專業問題，換來的多是抱怨與謾罵，也使校長無法專心處理重要的教育議題。

四 工作責任增加但權限卻縮減

在校園民主與分權的呼聲下，校長的責任與任務雖然與日俱增，但其應有之職權卻被大幅削減。此即形成校長「有責無權」之怪現象。許多決策並非校長決定，但出現差錯後卻需扛起全責。Public Agenda（2001）之報告中明確顯示校長之無助。68% 的校長反應他們無權將教學不力之教師解聘，同時也無任何權限給予優秀教師即時獎勵，此與私人商業公司依表現賞罰分明之制度大相逕庭。Pierce（2000）之研究顯示美國大都會地區之校長，鮮少有機會參與聘任教師之決策，但卻需對表現不力教師的行為負責。台灣之情況也極為類似，教師之相關聘任事項（包括解聘與不續聘）皆由「學校教師評審委員會」處理，校長幾無解聘不適任教師之權力。然而一旦教師出事，校長總是首當其衝，受到各界龐大指責，權責之間的比重顯然失衡。

此外，雖然校本管理或是分享式決策近年來喊得震天價響，但實務上卻有其困難之處，最嚴重的乃是教師參與意願之低落。在華人社會的學校中，大部分教師成為班級導師，負責學生在教室中的所有行為。諷刺的是，最負責之教師卻是最無時間參與行政校務者。此因教師多將其成就取決於學生表現上，多半無暇呼應校長分權治理學校之聲音。Donaldson（2001）之研究即發現教師一方面要求能在教學上取得一定程度之自主，另一方面卻認為行政工作乃是校長的責任，參與意願並不高，此使得校長之作為更形困難。在分享權力的大帽子下，教師參與行政之意願卻極為勉強，但仍隨時高喊校長不尊重他們「參與」的權

力。影響所及，學校必須象徵性的組成各種委員會，依法處理校務重大事項。然而在無額外報酬或獎勵之前提下，教師到最後總是意興闌珊。其後果有時使校務停滯（委員會出席者太少難達決議），或是校長背負「獨裁」之罵名，均對學校產生負面效應。

　　此種現象可由教師對於校長的角色期待中顯見。近年教育改革倡導分享式領導，希望學校各成員（教師、家長、社區、甚而學生）共同決策重大校務。此種民主機制之成功關鍵，乃在成員熱心與理性的參與。然而，研究中顯示教師對校長之角色，卻主要期待其發揮「緩衝與支持功能」（buffer and support function）（Donaldson, 2001）。實務上，教師希望校長充當緩衝器，將來自社區與家長之壓力予以化解，以使教師能安然教學不受干擾。此種現象與近年教育改革者主張教師強烈期待校長分享行政決策權力之看法有所出入。事實上，若無一定之激勵措施（如減授鐘點），教師參與學校決策，最後多半動機微弱，甚而導致各委員會被少數別有用心成員把持之窘境。

五　工作敏感且深受政治干預

　　校長之職位在企業組織中，相當於中層主管（middle manager）。介於上級主管機關（各國依體制有所不同）與學校成員之間，地位宛如夾心餅乾，動輒得咎之事屢屢發生。基本上，校長之工作相當敏感，必須同時考慮上級與各利益團體（如家長、教師、社區、乃至社會）之意見。由於「順了姑意卻逆了嫂意」，衝突之產生屢見不鮮。Public Agenda（2001）之調查中，50% 以上的校長指出政治干預與官僚作風乃是校長離職之主因，其影響力甚而超越預算不足，或是學生表現未符理想之因素。70% 校長認為與利益團體打交道，進行權力之合縱連橫乃是治校之必備條件。Donaldson（2001）指出如以傳統官僚理性模式（bureaucratic-rational model）實施於學校，校長只要由上而下分層負責即可。此即成為上級主管教育機關之多數看法，認為欲達成學校

目標，校長應該「命令」教師就範。殊不知，由於校園自治（school autonomy）與學校本位管理（school-based management）訴求之興起，教師多不認為是校長之下屬，要求分享決策權但卻不積極參與校務。校長面對意見相左之利益團體，鮮少能發展出萬全之計，多半必須在政治之干預與壓力下妥協。

第二節 校長扮演之角色

　　如上所述，校長之工作特性異於一般企業領導人，其工作充滿許多例行工作，也常被突如其來的問題打斷。影響所及，校長被要求的認知與情感層面就極為複雜，與內外環境之關係也存有高度的不確定性。為使校長能勝任其職，完善的職前教育乃是必須（湯志民，2002）。如果缺乏培育之機制，則後果難以想像。成功的角色扮演對於增進校長工作效能有很大助益。如何將理論與實務結合並有效落實於校長之日常治校中，乃是極為重要之議題。此因在日益複雜的校園環境中，校長已非傳統高高在上的行政官僚，而必須針對校內與校外環境之要求加以呼應。校長工作經緯萬端，分析其內容，以下即歸納其應扮演之角色。

　　傳統校長之職責各國雖有差異，但仍有其一定之趨勢。以下即以 1839 年美國「辛辛那提市教育委員會」（Board of Education in Cincinnati）制訂之校長主要任務，列舉其主要內容如下（Pierce, 1935）：

　　1. 執行作為一校之長的功能。
　　2. 規劃全體學生之課程與教學。
　　3. 發覺學校之缺失並設法改進之。
　　4. 如果校長改進學校缺失感到力有未逮，應適時通知相關人員與上級單位。
　　5. 指導教師並給予適當協助。

6. 分類學生。

7. 保護學校房舍與設備。

8. 保持學校之清潔。

9. 處理不適任教師所造成之傷害。

10. 要求教師彼此合作。

　　由以上之任務可以看出，傳統校長宛如大家族中之總管，必須依上級之指示辦事。基本上，其肩負科層管理與教學領導的雙重責任。前者如對學校建築設備之維護、上級交付政策之實施、與學校人事財政之運作等；後者則牽涉到課程之規劃、教學之視導、與學生表現之提升等。在 1980 年代之前，基本上多以 Frederick Taylor 所提倡之「科學管理」（scientific management）理念，作為校長施政之依歸。其特徵包括：(1)校長依其法定職位，享有特定之權限，以確保學校之秩序、表現、與安全；(2)利用理性之分析方法，建立標準之行政模式，以符合學校辦學之目標；(3)採取由上而下（top-down）的控制模式，建立分層負責之形式，以對學校成員之表現加以監督。影響所及，校長在學校與社區中多具有一定之影響力與地位。尤其在華人地區的學校，校長在當地甚而成為一言九鼎，可以排解民眾糾紛的人物（Cunningham & Cordeiro, 2003; Hughes, 1999; Matthews & Crow, 2003; Reinhartz & Beach, 2004）。

　　此種情況隨著時代之變遷而產生邅變。美國於 1983 年出版「危機國家」（*A Nation at Risk*）報告書，強力要求學校在績效與學生成就上有所表現。大陸在 1993 年發布「中國教育改革和發展綱要」，確立中國基礎教育的發展方向與基本方針。台灣則於 1994 年出版《教育改革總諮議報告書》，力主學校教育之鬆綁與自主。香港特區政府則在 2000 年提出「香港教育制度改革建議」。凡此種種，皆使校長之角色產生質變。檢視華人地區之教育改革文獻，可以看出其希望之校長角色的共同趨勢。茲舉其犖犖大者敘述如下：

1. 成為堅強的教學領導者：在以往科層體制中，校長名為一校之長，實際上卻將教學之成敗責任繫於教師身上。外界對於學校績效（學校經費龐大，到底有何成效），與學生表現之要求（華人社會學校早已將學生升學考成績，作為評斷校長成敗之重要指標），迫使校長必須加強教學領導之功能，設計課程並幫助教師發展因應社會需求之課程。法令與政策要求學校對於特殊需求學生（如身心障礙、資優、行為偏差）之處理，更使得學校課程教學呈現多元之型態。校長如不在教學領導上有所精進，實難以應付排山倒海而來的需求。

2. 成為建構學校文化者：由於社會對於績效之多元需求，僅憑校長一己之力，往往疲於奔命。因此，校長之人際關係與溝通能力，往往成為創建正面校園文化的利器。校長必須製造機會激勵學校成員參與決策與行政，如此才能以整體而非校長個人之力量進行變革。校長之角色有時要成為協調者，統合各方意見，以因應時勢，重構學校之組織文化。

3. 成為賦權與增能者：面對 21 世紀的新挑戰，校長已不是絕對的組織與行政專家，而必須追求與創建新知識，以解決層出不窮的問題。校長一方面要依情況賦權給學校成員，一方面更要增加其知能，以處理新的課程與教學需求。換言之，在學校利益團體各據山頭的現實下，校長必須分享權力，採分散式領導之模式（但非一廂情願）。一方面化解組織衝突，一方面提升學校成員的知能，如此才能事半功倍。

對於校長應備功能與任務之制訂，就嚴謹度而言，首推美國「跨州學校領導者證照聯合會」（Interstate School Leaders Licensure Consortium，簡稱 ISLLC）於 1996 年所發展出的學校領導者準則。ISLLC 係由美國各州教育行政者、校長、與學者所組成，成立目的主要在提供資訊，以利各州規劃相關教育行政人員培育之學程、執照、證書

之核發標準、與教育行政人員領導能力之評鑑。ISLLC 在 2008 年訂出「教育領導政策標準」(Educational Leadership Policy Standards)，共有六大項標準與相關功能。茲分述如下：

1. 標準一：與所有利害關係人共享學習願景。教育領導者應促使其發展、傳遞、落實、與管理，以促進每位學生的成功。其相關功能如下：

    (1) 協力發展與落實一個共享願景與任務。

    (2) 蒐集並使用資料以確認目標、評估組織效能、與推動組織學習。

    (3) 創造並落實計畫以達成目標。

    (4) 促進連貫且可持續 (sustainable) 的改進。

    (5) 監控且評鑑進程，並修正計畫。

2. 標準二：教育領導者倡導、培養、與維持有利於學生學習及教職員專業成長的學校文化與教學系統，以促進每位學生的成功。其相關功能如下：

    (1) 培養與維持一個合作、信任、學習、與高期許的文化。

    (2) 創造一個全面、嚴謹、與連貫的課程方案。

    (3) 為學生創造個人化與激勵學習動機的環境。

    (4) 視導教學。

    (5) 發展評量與績效的系統以監控學生的發展。

    (6) 發展教師的教學與領導能力。

    (7) 將用於高品質教學的時間最大化。

    (8) 促進最有效、最適當的科技使用，以支持教學活動。

    (9) 監控與評鑑教學方案的影響。

3. 標準三：教育領導者藉由確保安全、有效率、有效能的學習環境，與在組織、運作、與資源上的管理，以促進每位學生的成功。其相關功能如下：

    (1) 針對管理與運作系統加以監控並評鑑。

(2) 獲取、分配、調整,並有效利用人力、財務、與科技的資源。

(3) 促進並保護學生與教職員的福利與安全。

(4) 發展分布式領導(distributed leadership)的能力。

(5) 確保教師與組織的時間聚焦於支持高品質的教學與學生學習之上。

4. 標準四:教育領導者藉由與教職員及社區成員的合作,回應多元的社區利益、需求,並利用社區資源,以促進每位學生的成功。其相關功能如下:

(1) 蒐集並分析對教育環境有關的數據與資訊。

(2) 促進對於社區多元文化、社會、與才智相關資源之認識與使用。

(3) 與家庭及照護者(caregivers)建立與維持正向關係。

(4) 與社區伙伴建立與維持具有生產力的關係。

5. 標準五:教育領導者藉由正直、公平、與具有道德的行動,以促進每位學生的成功。其相關功能如下:

(1) 為學生的學業與成功確保一個責任系統。

(2) 建立自覺、反省實踐、透明、道德行為之楷模。

(3) 確保民主、平等、多元的價值。

(4) 考量並評鑑決策後的潛在道德與法律結果。

(5) 促進社會正義並確保每個學生的需求已通報學校教育的各個層級。

6. 標準六:教育領導者理解與回應相關政治、社會、經濟、法律、與文化背景的影響力,以促進每位學生的成功。其相關功能如下:

(1) 支持孩童、家庭、與照護者。

(2) 對於地方、學區、州、與全國性影響學生學習的決策,以行動對其產生影響力。

(3) 評估、分析、及參與新興的趨勢與提案,以調整領導策略。

除了 ISLLC 之外，美國另一教育組織「全國教育行政政策審議會」（National Policy Board for Educational Administration，簡稱 NPBEA）亦針對校長所需知識與技能基礎，也發展出四大領域與十二項校長必備的知識與能力如下：

1. 功能領域（functional domains）：係指校長為完成其任務所需經歷的組織過程及技能。透過此一過程，相關教育方案才能藉組織之運作而完成。其中包括：(1) 領導；(2) 資訊蒐集；(3) 問題分析；(4) 決斷；(5) 組織監督；(6) 執行；與 (7) 授權。

2. 方案領域（programmatic domains）：係指教育實施的範圍、架構、與學校之核心技術（如教學與相關的配套服務、舉辦活動、與資源之分配）。其中包括：(1) 教學與學習環境；(2) 課程設計；(3) 學生輔導與發展；(4) 教職員發展；(5) 測量與評鑑；與 (6) 資源分配。

3. 人際領域（interpersonal domains）：係強調學校人際關係的重要性，瞭解人際關係對個人與組織目標之重要性。其中包括：(1) 激勵他人；(2) 人際間之敏感度；(3) 口頭與非語言表達；與 (4) 書面表達。

4. 教育脈絡領域（contextual domains）：係指影響學校運作的各種思潮與力量。探討各種文化、經濟、政治、與政府對校務運作的影響，其中包括傳統與新興觀點。此領域包含下列四項：(1) 各種哲學價值及文化價值；(2) 法規的執行層面；(3) 政策面與政治影響力；與 (4) 公共關係。

在 2015 年，NPBEA 根據時代趨勢，針對校長角色與責任進行修訂相關校長專業標準部分標準，並定名為「教育領導者專業標準」（Professional Standards for Educational Leaders, PSEL）。內容架構包括 10 大標準與 83 項領導元素。雖然用詞上有所改變，但整體內涵架構仍與 2008 年 ISLLC 的政策標準有所呼應與連結。增列的專業標準條目包

括關懷與支持學生社群（標準五）、學校教職員的專業能力（標準六）、教職員的專業社群（標準七）、與學校改革（標準十）等，明確反映當前學校以學生學習為中心的核心理念。希望透過提升教師專業能力、強化教師專業社群、支持學生學習社群，以達到改進學校表現的期望與目標。

限於篇幅，以下僅簡述「教育領導者專業標準」的十大標準，相關細部元素部分則請參閱相關網站資料（NPBEA, 2015，網址為 http://npbea.org/wp-content/uploads/2017/06/Professional-Standards-for-Educational-Leaders_2015.pdf）。

標準一：使命、願景、與核心價值（Mission, Vision, and Core Values）： 發展有效能的領導，設定讓學生享有高品質教育並在學業上有所成就的共同使命、願景、與核心價值。

標準二：倫理與專業規範（Ethics and Professional Norms）： 表現適當的倫理行為，並依據專業規範促進學生學業之成就與福祉。

標準三：公平與文化回應（Equity and Cultural Responsiveness）： 追求教育機會均等與回應不同文化差異，以促進學生之學業成就與福祉。

標準四：課程、教學與評量（Curriculum, Instruction and Assessment）： 發展與支持有效的課程、教學與評量系統，以促進學生之學業成就與福祉。

標準五：關懷與支持學生社群（Community of Care and Support for Students）： 培養諧和、關懷與支持性的學生社群，以促進學生之學業成就與福祉。

標準六：學校人員的專業能力（Professional Capacity of School Personnel）： 發展學校人員的專業能力與經驗，以促進學生之學業成就與福祉。

標準七：教職員的專業社群（Professional Community for

Teachers and Staff）：建立教師及其他專業人員的專業社群，以促進學生之學業成就。

標準八：家庭與社區有意義的投入（Meaningful Engagement of Families and Community）：促使家庭與社區透過有意義、互惠與互利的方式，投入學校之經營，以促進學生之學業成就與福祉。

標準九：運作與管理（Operations and Management）：有效管理學校的運作與資源，以促進學生之學業成就與福祉。

標準十：學校改革（School Improvement）：學校領導人扮演持續改革的代理人角色，以促進學生之學業成就與福祉。

校長角色與任務之轉變，也可由先進國家對於校長培育之課程設計內容中一窺堂奧。傳統上，校長多被要求在行政程序、經營管理、與總務設備上用心努力。然而時代轉變，目前校長之培育內容已大幅擴展。即以英國中央主管教育機關為例，其針對校長培育即制訂「校長專業資格檢定」（National Professional Qualification for Headship，簡稱NPQH），以提供有意擔任校長者的培育訓練與資格檢定。分析 NPQH 的內涵，其係以學習模組為主，與傳統僅將校長視為是「管理者」看法大相逕庭。其各學習模組內容綱要摘述如下（NCSL, 2007）：

模組1：學校之策略目標及發展
單元1　發展具策略性的教育願景。
單元2　獲致成員對願景的承諾。
單元3　願景之執行。
單元4　學校改進的績效責任。

模組2：教學及學習的策略領導
單元1　瞭解優質教學與有效學習的特徵。

單元2　達成優質教學與有效學習之方法。

單元3　滿足學生的需求。

單元4　學校自我評估。

模組3：　與利害關係人共事之策略

單元1　與利害關係人之共事。

單元2　領導與管理團隊。

單元3　合作與協同一致。

單元4　專業成長之賡續。

模組4：　策略性人力資源管理

單元1　財務管理、監督、與績效。

單元2　管理資源、人員、與設備。

單元3　招募、遴選、與導入。

單元4　健康、福利、與安全性。

此外，英國之蘇格蘭地區也依其特殊需求，發展出「蘇格蘭校長標準」（Standard for Headship in Scotland, SHS）。係由蘇格蘭政府與愛丁堡大學（University of Edinburgh）共同合作發展而成，以作為實施蘇格蘭校長證照制度之核心。蘇格蘭校長標準乃校長專業的各種關鍵能力，其包含三個層面：「專業價值」、「關鍵功能」、及「專業能力」。其「專業價值」包括價值、學習、與知識，並由其下發展出四項「關鍵功能」與十種核心活動，以作為規劃蘇格蘭校長證照制度方案之課程基礎（University of Edinburgh, 2001）。以下即加以簡述之：

關鍵功能1：學習與教學之管理

核心活動1：建置能傳送有效能學習與教學系統。

核心活動2：建立能創造有效學習與教學內容之歷程。

關鍵功能 2：人員之管理

核心活動 1：招募選擇教學與支援的成員。

核心活動 2：發展能共同提升表現的團體。

核心活動 3：計畫、委派、評鑑團隊、與個人的工作成果。

核心活動 4：創造、維持並強化有效能的關係。

關鍵功能 3：政策和計畫管理

核心活動 1：發展並溝通學校之價值、目標、政策、與計畫。

核心活動 2：發展與家長、學生、董事會、外部單位、與社區
　　　　　　之緊密關係。

關鍵功能 4：資源和財政管理

核心活動 1：確保並分配資源以支持有效能的學習與教學。

核心活動 2：監控資源的運用。

　　在關鍵能力的權重部分，秦夢群（2002b）先蒐集分析英美兩國與台灣中小學校長評鑑指標，並採用模糊德菲術（Fuzzy Delphi）進行權重分析。調查對象包括台灣教育學者與中小學校長，經統計分析後，計產生六個第一層指標，其中包括：(1) 依法行政與執行教育政策；(2) 課程與教學領導；(3) 學校組織運作；(4) 教育專業提升與改革；(5) 學生事務與管理；(6) 溝通技巧與公共關係。第一層指標分別包括 2 到 7 個第二層指標，計有 23 個指標。由表 8.3 中可看出各指標之權重分布情形。各指標權重值愈高，代表該指標愈重要。第一層指標權重最高者為學校組織運作，其次為溝通技巧與公共關係。顯示台灣校長仍將學校基本運作與良好的對外關係，視為工作中最重要之任務。與之相較，教育專業提升與改革則被放在較次要之位置。部分校長表示，維持學校內外部之安定乃是首要之務，行有餘力方能進行專業提升與改革。

　　陳雅新（2003）則對台灣各地區 783 名小學校長進行研究，分別以

表 8.3　校長關鍵能力權重一覽表

層級指標	權重值（％）
1. 依法行政與執行教育政策	**8.50**
1.1　執行上級主管教育行政機關之教育政策。	6.70
1.2　確實瞭解相關教育法令與其背景。	1.80
2. 課程與教學領導	**17.45**
2.1　支援教學。	1.82
2.2　教學環境之創設。	3.92
2.3　提升教學專業知能。	3.71
2.4　促進學校課程發展。	6.89
2.5　教學評鑑之設計與進行。	1.11
3. 學校組織運作	**33.42**
3.1　依法行政維持學校的運作。	1.50
3.2　營造積極的學習環境。	9.28
3.3　營造和諧的學校氣氛。	2.15
3.4　提供經費資源的管理。	7.43
3.5　展現問題解決的能力。	7.69
3.6　展現組織運作的能力。	5.82
3.7　維持校內的紀律。	1.55
4. 教育專業提升與改革	**7.41**
4.1　發揮專業技能以扮演領導者的角色。	5.47
4.2　發動且與學校成員合作進行改革。	1.94
5. 學生事務與管理	**9.12**
5.1　瞭解學生的發展與學習需求。	4.20
5.2　適度輔導有特殊需求的學生。	1.75
5.3　關懷學生並維護其權益。	3.17
6. 溝通技巧與公共關係	**22.10**
6.1　建立與師生的溝通管道。	7.79
6.2　建立與家長的人際關係。	4.32
6.3　建立與社區良性互動的關係。	7.63
6.4　建立與媒體及地方有力人士之公共關係。	2.36

資料來源：秦夢群（2002b: 19）。

六個面向探討其領導能力之現況。調查內容分為領導能力的應然面（係指校長理想期望所應具備的領導能力），與實然面（係指校長實際已經具備的領導能力）兩部分。結果發現應然面部分依重要性排列，高低依序為行政領導、課程領導、公共關係、教學領導、專業發展、與個人修為。實然面部分依實際表現排列，依序為個人修為、公共關係、行政領導、課程領導、教學領導、與專業發展。應然面與實然面之差異，適足以說明校長工作之複雜性。在調查中，校長將行政領導與課程領導列為最重要之前兩名，然而實際執行上，卻遠落於個人修為與公共關係之後，再次證驗校長日常會花費大部分時間在非關教學之事務上。個人修為與公共關係均牽涉到人際關係之層面，校長在實務上之積極執行，多少反應華人社會中「做人比做事重要」之理念。

　　由以上之趨勢與各國培育校長之指標中，可以清楚看出現代校長早已脫離傳統之官僚與經理之角色，而必須成為具有願景、學習能力、與知識之領導者。雖然傳統之任務如監督、管理、掌控資源依舊存在，但有效能校長絕不僅限於此。歸結現代多元社會之期待，現今校長角色應包含以下七種：

一　領航者

　　以往校長之職責多在稟承上意依法行政，在性質上較為被動。與企業負責人相似，現代校長則必須明確展現願景（vision），讓成員瞭解未來之學校走向。基於所處之內部與外部環境之特性，就任時校長即應有對未來施政之基本藍圖，而非只是一味蕭規曹隨無所創見。此外，願景之實現必須依靠學校全體成員（特別是教師）之配合。因此，校長在領航之餘，也必須如導師或教練般，引導教師學習新的教育理念與技巧，以使重要之理念如分享式決策（shared decision making）與校本管理（school-based management）能在學校中逐步實踐。換言之，學校願景之實現必須配合新思維與新作法，而此也是校長在領航過程中必經之路。

二 興革者

隨著時代的變遷，學校之組織運作不能一成不變。作為領導者，校長必須盱衡時局進行相關之興革活動。也許是配合上級政策，也許是主動發動，校長每在學校興革過程中，扮演關鍵的推動角色（秦夢群，2010；Sammons, 1999）。Fullan（2001）也指出特別是在教學領導之推動上，校長之力量足以使教師脫胎換骨。若非校長之堅持，教師鮮少能有時間或多餘精力進行課程與教學之改革。校長無須親自至課堂施教，但其對社會所期待之學校課程與教學之精進，則需積極扮演火車頭角色。墨守成規之校長在以往也許可贏得「老成持重」之名，但在現今社會中卻難以服眾。學校若不進行改革，輕則退步，重則退出市場。挑選願意做改革者之校長，學校才有進步之動力。

三 學習者

社會結構之複雜與遽變，促使學校必須蛻變成為學習性組織（learning organization），時時不斷吸收新知，以應付瞬間席捲而來的挑戰。即以教學方式而論，電腦網絡之興起對教師之授課即呈現劃時代之影響。一方面其不再成為知識之寡占者，學生在彈指之間即可蒐集到大量資料，甚而對教師提出挑戰。另一方面由於資料庫之建立與傳遞之快速，教師教學之多樣性與個別化理想卻可實現（個人網站與 Blog 之出現，提供師生一對一對話之機會）。基於此，校長除了自我從事終身之知識追求外，也必須帶領教師與學校成員進行專業成長。只有不斷學習，才能引進活水產生配合時局的新作法。

四 監督者

雖然校長角色日趨多元，但其傳統監督者之角色卻不可偏廢。一言

以蔽之，監督之主要內容乃在檢視校內成員之行為，是否合乎依法行政之要求。此雖瑣碎且枯燥，但基於法律所賦予之職權，校長必須確保學校之運作不可違背國家之教育政策與法令。基本上，雖然部分學校實施分層負責，校長仍為最後把關者，對於學校或成員之爭議措施或行為，也必須如履薄冰戒慎處理之。

五 溝通者

組成學校之利益團體（如教師、家長、社區）皆有其特定訴求。身為領導者，校長調和鼎鼐之能力極為重要。學校中非正式團體林立，如何協調各方需求取得最大共識，非持續之溝通不能完成。傳統之校長多喜發號施令，鮮少瞭解成員之立場。如今時空轉換，上對下之指揮已非上策。即以教學為例，晚近校長多被要求進行教學領導。此並非規定校長實地教學，而是希望其能協助教師計畫、發展、監督、與評量教學課程，扮演教學領導者的角色。要能勝任此項角色，校長需要花費時間與各科教師溝通，提供課程發展過程中之行政協助。換言之，校長必須誘導教師之意願進行課程改革，其間之溝通雖漫長且辛苦，但卻是必要之舉。

六 評鑑者

國情之不同，使得校長評鑑者之角色多有所消長。基本上，校長應利用適當之方法，針對教師與職員之表現、學生之學習、課程與教學目標之達成、乃至整體學校之績效進行評鑑，以對社會有所交代。儘管校長評鑑之權限有所差異，評鑑結果之影響也大小不一（如美國校長對教師之年度評鑑報告，可成為來年續約與否之重要根據），然而校長必須依法建立校內評鑑制度，以呈現辦學之利弊得失，作為未來改進之依據。

七　從政者

社會結構與價值觀之多元，促使原來躲在象牙塔中的校長必須墮入凡間。傳統華人社會忌諱談論政治干涉校園，往往要求校長明哲保身。殊不知，政治中立乃是神話，20 世紀以降，華人地區「以政領教」之痕跡斑斑可見。因此，身為社會組織之領導人，校長如同從政者一般，必須嫻熟政治之操作。面對外部之要求與內部之壓力，校長必須運用各種政治策略（如談判、商議、利益交換等），一方面平息爭議，一方面為學校建立品牌。晚近基於種族、性別、宗教、與教育理念（如平等、民主）之差異，學校之作為常染上政治色彩，校長若不能以政治角度加以檢視，即可能因各方角力引起濤天巨浪，最後甚而中箭落馬。

第三節　有效能校長的特徵與作為

校長的工作極為繁瑣，千頭萬緒的工作迫使校長必須制訂優先順序（Whitaker & Turner, 2000）。戲法人人會變，變法卻人人不同。同樣學校由不同校長治理，其成果卻可能有天淵之別。營造優質的組織文化與績效，必須仰賴有效能的校長。校長所表現出的心態與行為，形成其特殊領導風格。基於此，能夠提升學校經營品質與效能的校長特質，歷來向為關注之焦點。實務上，績效高之學校必有一位好校長帶領，以下即就相關文獻與研究發現分別加以敘述。

國內外研究關於表現優良校長有多種稱謂，例如中文有「好校長」、「成功校長」、「傑出校長」、「卓越校長」、「有效能校長」、「頂尖校長」等，英文則以 successful 與 effective 兩詞最為常用。不論使用何種名詞，其含意均指校長能成功完成預期教育目標，並在校務經營與領導管理各方面表現出色之行為。由於近年英文文獻較多以 effective principal 來稱呼表現優異之校長，以下為行文方便，茲以「有效能校

長」一詞作為統稱，以敘述其領導行為的特徵與面向。

　　有效能之定義各家不同，但國家教育之總體目標卻有跡可尋，其中包括績效、平等、多元、自主等。基於此，教育行政學者即以各種研究方法（如調查法、訪談法）探討有效能校長之特質與治校作為。雖然各地區有其特殊之處，仍可發現其間共同特點。

一　失敗校長的研究

　　根據統計，大多數有效能校長的相關研究皆採取正面表列敘述，調查教育相關成員（教師、家長、社區人士、教育利益團體、校長本身、與學生等）對有效能校長特徵之描述。然而，校長圈中良莠不齊，瞭解辦學不佳者之特徵，適可彰顯有效能校長之特殊之處。Capelluti and Nye（2004）的研究即循此道，分析探討「高度無效能校長」（highly ineffective principals）的特徵，結果發現其有得出八項特徵，其中包括：

1. 逃避衝突而只求表面相安無事（avoid conflict）。
2. 虎頭蛇尾凡事遇難則退（don't follow through）。
3. 只求平安度日而缺乏教育願景（measure their success by how the day went）。
4. 唯我獨尊而拒絕傾聽（don't listen）。
5. 只重表面而缺乏實質（prefer style over substance）。
6. 缺乏熱情而遇事不見人影（are not visible）。
7. 隱瞞事實而欺瞞操弄（hedge the truth）。
8. 能力有限而無法處理複雜事務（unable to complete multiple tasks on time）。

　　此外，Blasé and Blasé（2002）則以教師的觀點出發，利用深度訪談之方法，探討校長對教師「不當對待」（mistreatment）的行為類型。其焦點雖集中於教師，但卻凸顯出校長領導的黑暗面（the dark side of leadership），可提供未來有志成為有效能校長之警惕。研究發現校長對

教師之不當對待可分為三級，茲分述如下：

(一)第一級不當對待行為

此種校長不當行為多為間接的形式，侵犯教師之程度較低，但仍激起教師的不快情緒。其種類可有以下數種（事例部分則以教師立場敘述）：

1.忽視教師的想法、需要、與感覺

事例：如果在走廊遇到，校長會轉身掉頭而走，或者給我一張臭臉。

2.不支持且孤立教師

事例：校長未查明事實就在家長面前指責我說：「你到底對她的孩子做了什麼？」但當家長離開後卻改口：「我知道你沒有做錯任何事。」

3.扣住資源且拒絕給予教師發展與被表揚之機會

事例：我有專業發展幫助教師成長的想法。校長卻說：「算了，大家的負擔已經太重。」

4.對特定的教師偏心

事例：校長允許特定教師不用參加開會，被分配到較好的學生和教室，與受到正面的評量和支持。

5.具有侵犯性的個人行為

事例：校長經常不屑聳肩、噴口水而呼吸很重、與站著靠我很近。我感到被脅迫。

（二）第二級校長虐待行為

此種校長不當行為仍多為間接的形式，但侵犯教師之程度已經擴大。其種類可有以下數種：

1. 監視偵查

事例：校長會在教室門口的走廊，試圖偵查偷聽教室內的活動。有些教師說校長會監聽他們的電話交談。

2. 惡意破壞

事例：當我拿到一個專案的經費，校長不准且排除任何人幫我。我得到的經費就因此浪費掉了。

3. 偷竊

事例：校長將我的改革構想據為己有，且大言不慚的說我的看法根本就不成熟。

4. 破壞教師的教具

事例：校長命令我把一個放在黑板下面的書架搬走，那個書架對孩子進行參與式學習非常重要。校長要求我變成一部教學機器，只為通過考試而實施填鴨教學。

5. 不合理的工作要求

事例：校長堅持我的班級必須準時結束，且離下一堂課 5 分鐘。他在教室門外待了很多次，以確定我準時在 10 點鐘結束。

6. 私下批評

事例：校長竟說：「你好大膽！竟敢在 9 月初生小孩。」有位教師流產快不行了，她覺得是來自學校壓力。

7. 公開批評

事例：校長時常親自或利用廣播對教師大吼大叫，甚而就在大廳前當著所有人對某教師破口大罵。

(三) 第三級校長虐待行為

此種校長不當行為多為直接的形式，且嚴重侵犯教師之權益，激起教師的強烈不滿。其種類可有以下數種：

1. 說謊

事例：校長的說謊行為包括在家長與教師前之言行不一、全體教員投票結果之詮釋、與隱瞞經費分配之真相等。

2. 粗暴的行為

事例：校長會在會議中握拳拍桌並對教師大叫，並持續罵到臉紅脖子粗。跟他開會無法避免其粗暴行為所產生之恐懼。

3. 威脅

事例：校長帶著一疊轉校調職單來參加教職員會議，並威脅說：「誰不喜歡這裡，就可以拿一張單子，我這裡有很多。」

4. 無正當理由的譴責行為

事例：校長寄給我多封譴責信，其中滿是錯誤的指控與我不會回應的話題。

5. 不公平的評鑑

事例：我父親垂死的時候，校長來做評鑑。我感覺像是一隻被鞭打的狗而沒有任何力氣作秀。他寫了一份不好的評鑑報告，兩天內又回來做第二個評鑑。

6. 虐待學生

事例：校長與特別教育課程顧問把一個孩子壓倒，並用腿壓在孩子身上控制他。最後「不小心」把孩子的嘴巴打傷。

7. 強迫教師離開原來的工作

事例：校長對一位教師說：「你讓自己懷孕，所以必須滾蛋。」校長給她一個兼任工作，讓她在四個班級間跑來跑去。

8. 阻止教師離職或晉升

事例：校長說不會幫我寫教師求職推薦信。我因而沒有得到他校的教職。雖然校長想要我離開，但卻不讓我自己選擇學校。

9. 性騷擾

事例：校長會關上門說：「單獨跟我在一起會讓你緊張嗎？」我趕緊逃離他的辦公室。

10. 種族歧視

事例：校長從來不讓黑人教師擔任有聲望的委員會主席。從來沒有黑人當選年度模範教師。黑人教師非常優秀，但是停留本校時間不長，對他們來說壓力太大。

二　成功校長的研究

與失敗校長研究相比，英美先進國家對於成功校長的研究甚多，對於校長之特質與作為皆有所著墨。例如 Church（2005）透過個案研究，發現成功校長所領導的學校，具有以下特色：

1. 成為專業學習社群：成功校長能夠結合學校各成員，建構支援系統，幫助並支持全校成為學習社群。

2. 具有以人為尊的特色：校長以學生、家長、教師、與社區為中心，透過參與式的領導，進行溝通並鼓勵參與。範圍不僅止於所屬社區，且積極強化與社區外的連結。

3. 成為連結多元文化的社群：將經營學校視為一種批判實踐的過程，對於成員多元文化的差異，予以正面回應與包容。

4. 對於校園正義的覺知：重視兩性平權校園的經營，與對弱勢成員的關懷。

5. 對於績效責任的體認：建立一貫性標準與常模，針對學生學習進行評量，且支持教師專業發展。對於社會各界之批評，也能加以適當回應。

6. 採用合作式領導：學校經營確實對於市場機制加以考量，採取合作式或參與式的領導，並建立自我成長之機制。

此外，Bellamy, Fulmer, Murphy, and Muth（2007）則從不同實務觀點分析成功校長。其分析當今學校領導的困境多半源於社會的高度期待。更糟的是，這些期待不僅多元，有的甚至會互相排擠衝突。校長必須帶領學校滿足政治、社會、社區對於學校的期待，其難度可想而知。學校被要求照顧弱勢學生，同時卻必須創造卓越績效，在資源有限之下，實難有兩全之計。因此，Bellamy 等人以力求實務之觀點，認為成功校長領導能力的實踐策略如下：

1. 訂立支持性目標的領導能力：其中包括：(1)瞭解社會對學校期待的不相容性與衝突性並力求平衡；(2)確立影響學校價值觀與目標的設定；(3)將各界對學校之期待與學校目標加以連結。

2. 聚焦於目標實現策略的領導能力：其中包括：(1)瞭解學校的需求；(2)訂立學校的改進目標；(3)將目標結構化並進行意見統合與聚焦；(4)依據回應與批評制訂改善策略。

3. 維持高效能實踐的領導能力：其中包括：(1)選擇問題給予關注；(2)建構可行的解決策略；(3)執行問題解決歷程；(4)聚焦於

提升教師教學與學生學習的總目標。

4.處理社會資本問題的領導能力：其中包括：(1)瞭解當前的社會情況；(2)確立學校執行常模；(3)透過對話強化溝通；(4)建立支持性的工作結構；(5)強化學校的民主性格；(6)協助學生所屬家庭強化其社會資本；(7)建立與社區之連結。

在台灣的有效能校長研究部分，林明地（2002）調查嘉義縣市國民中小學「好校長」之特質與行為，發現其有下列特徵：(1)分別強調技術性管理與藝術性領導；(2)具備良好的人格特質如負責盡職、誠懇、關懷、清廉、以身作則等；(3)態度樂觀、積極，利於接受變革；(4)具備特殊才能或推展特定才藝；(5)善於人際溝通、互動；(6)掌握關鍵，知所進退；(7)示範、帶動學習；(8)投注夠多的時間；(9)善於發揮領導功能，績效卓著且得到認同。吳清山（2002）則以學生基本能力為重點，認為「有效能校長」必須具備之特徵包括：(1)強勢的行政領導；(2)和諧的學校氣氛和優良的學校文化；(3)重視學生基本能力的習得；(4)對學生有高度的期望；(5)提升教師有效的教學技巧；(6)經常督視學生的進步；(7)重視教職員的進修與發展；(8)妥善的學校環境；(9)獲得社區、家長的參與和支持。

此外，由於後現代思潮對於教育頗有影響，其訴求如解構主流、多元開放等，均對校長治校之方式有不同啟示。針對於此，兩位教育學者提出其看法。張明輝（2004a）認為從後現代學校經營的發展趨勢分析，認為卓越校長需具備以下七種能力，方能創造高的經營績效：

1. 策略管理能力

(1)對學校組織發展進行策略分析。
(2)確定學校的優劣勢與核心競爭力。
(3)將組織人力、經費等資源做最有效的分配。
(4)重新建立學校文化與價值觀。

(5)藉由激勵制度的建立進一步激發組織的策略雄心。

2. 執行力

(1)成為第五級的領導人，有謙遜的態度和對教育專業的堅持。

(2)有效的掌握學校人力資源。

(3)充分瞭解學校行政流程與相關環節。

(4)使學校組織成員適才適所。

(5)建立優質的學校文化。

(6)掌握「刺蝟原則」，專注、用心發展學校特色。

(7)善用科技的輔助。

(8)建立有效的激勵制度。

3. 注意力

(1)學校領導者能充分掌握校務發展的優先次序。

(2)建立學校知識管理系統，篩選及剔除不必要的資訊。

(3)透過溝通尋求組織成員的共識，促進其使命感的形成。

(4)校長加強授權以減少其對例行事務的關注。

(5)校長須將大部分時間專注於具有特色之學校行政或教學事務
　　的推展。

4. 默默領導

(1)平時務實的做好日常例行的工作。

(2)審慎仔細的為學校成員尋求最好的發展方向。

(3)不厭其煩默默面對及處理學校中的各項複雜棘手問題。

(4)不斷改善組織運作，設法找出或創造轉圜的空間。

(5)不怕失敗，經過無數次努力，終將使學校的經營更為理想。

5. 教育行銷能力

(1)透過媒體、文宣、網路及博覽會等方式，邀請家長及社區人士參與。

(2)與上級及學校所在社區維持良好的互動關係。

(3)將學校經營特色及績效向各界人士行銷，以爭取認同與支持。

6. 科技運用能力

(1)熟悉電腦及網路科技，以能充分掌握學校的相關資訊。

(2)善用電子郵件和電腦與同仁進行線上溝通，以提升行政績效。

7. 創新管理能力

(1)激勵教職員工參與對話及規劃。

(2)鼓勵同仁提出創意並共同學習新的工作方法與技巧。

(3)針對學校行政運作的各層面，進一步思考創新服務的作為。

黃乃熒（2000）則從後現代教育行政哲學（如隱喻觀念、後設溝通）的角度出發，主張好的學校領導者應有以下的作為與特徵：

1 在知識探究方面

(1)要反省學校目標應由誰決定才會最恰當，並尋找學校的意義。

(2)要有開放的胸襟包容他人，並積極聆聽他人的聲音。

(3)要以同理心詮釋別人的工作處境，並多用商量的態度與溝通。

(4)要透過關心別人來辨證績效的效度。

(5)要自我瞭解。

2. 在隱喻方面

(1)應具備學習能力，以多重的觀點來綜合理解學校問題。

(2)要主動創造權力與福利。

(3)要注意情感關係的經營。

(4)要加強探索與反省，以便能聽到不同聲音並蒐集足夠資訊。

3. 在脈絡領導方面

(1)理解他人、替別人探索可能性、並分析因果關係。

(2)應著重藝術向度的經營。

(3)應加強新典範的實踐，亦即強調倫理與創意的導向。

(4)應強調理念的發展。

4. 在後設溝通方面

(1)多思考學校組織文化的合宜性，以減少行政問題不斷複製。

(2)多處理本質性的現象，而非專注於包裝表面的自我。

(3)能夠真正關懷部屬、關心弱勢的成員，並要真誠的服務。

(4)處事要有彈性，要多表現商量的態度。

　　由以上兩位學者的主張中，可明顯發現有效能校長不會堅持自我價值乃成主流。其會藉著對學校本質與結構之思考，關懷理解成員之需求，產生創新經營之模式。許多「慣例」乃是順應當年組織文化所形成之產物，如今事過境遷，是否合用則需細細思量。脈絡領導與後設溝通之後現代理念，適可讓校長由不同角度思考學校問題。換言之，有效能校長不會唯我獨尊，往往順應後現代之解構主流的趨勢，不認為積習已久的現今模式乃是當然之主流，而會依社會之改變進行適當改革。

　　大陸近年對有效能校長之研究如劉曉瑜、黎光明、陳平、張敏強（2008），其對廣東省200多位小學校長進行調查，探索勝任校長之特徵。結果發現計有六個維度，其中包括：(1)人員管理：係指校長能公平公開的對待教師與下屬；(2)情緒管理：係指校長能有效控制與管理自我的情緒，並理性處理緊急事件；(3)計畫與執行力：係指校長能根據學校發展目標，合理使用與分配資源；(4)教育理念：係指校長能具

有適當的教育與辦學理念；(5)團隊協作：係指校長能結合各部門及所屬成員，組成一個高績效的團隊；(6)人際協調：係指校長能恰當處理與家長、教師、社會的關係，為學校營造良好的發展環境。此外，賈匯亮、凌玲（2006）也對廣東省中小學校長與教師進行調查。發現評價校長領導效能高低之關鍵指標包括校長的決策能力、管理能力、創新應變能力、對員工的合理評價、公平公正的做事原則、合理的分權、與對員工的關心。

三　有效能校長的作為

綜上所述，有效能校長的作為包羅萬象，常令人目不暇給（Whitaker, 2003）。實務上，依據所處情境之不同，校長可酌情安排比重。圖 8.1 中顯示校長專業價值（平等、卓越、自主、多元）、專業角色、乃至專業能力之關係。其中之五項專業能力係筆者參酌中外文獻與華人地區學校特質後分析而成，其也可視為是成為有效能校長之必要條件。茲敘述如下：

(一)建立願景與信念

有效能校長對於擔任校長的職務十分熱情與投入，將其視為是志業而非僅是餬口工作。其清楚瞭解應在目前社會中擔任何種角色。例如有效能校長對學生均表現出真摯的信念，認為其不能因學習成效不佳或行為之問題而受到排斥。然而在另一方面，其認為因勢利導幫助學生解決學習與行為上之問題，乃是創建學校不可推卸之責任，全體行政人員與教師應盡其全力幫助學生成長。有效能校長能明確表達此種教育與價值觀，並讓下屬與教師瞭解此乃學校所堅持的。對其而言，一旦設定要完成的願景與教育目標，一切伴之而來的折衝與挫折，均被認為是必經之路而迎上前去。

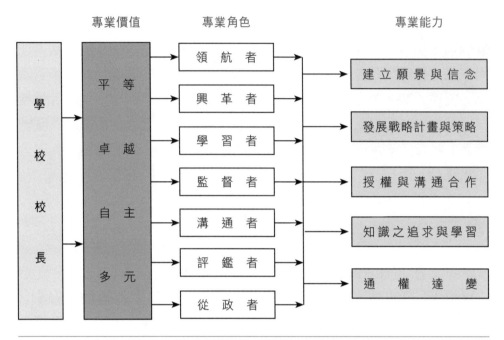

圖 8.1　校長專業價值、角色、與能力關係圖

(二) 發展戰略計畫與策略

　　有效能校長在面對問題時，採取理性與實務的研究態度，將新問題帶來的挑戰視為是學校創新經營之機會。他們有充足解決問題之信心，但也深知過程中犯下錯誤乃是無可避免。實務上，他們採用戰略分析的方法來處理問題。詳細檢視問題之相關涵蓋因素，並釐清問題解決的各種層面，例如問題的型態（近程的或是中長期的）、自我的角色定位（協調者或是決策者）、與他人的角色與利益（如誰會獲利、誰是阻礙、與誰是關鍵者）。擁有組織性結構能讓團隊較順利解決問題。有效能校長解決問題時強調依學校整體方向制訂計畫，利用各種策略如雙向溝通、擴大利害關係人的參與、與相關資訊的蒐集等，以發展支持論證與解決策略。

　　此種分析在戰略分析中極為重要。一個指揮官會將問題分類，其

中包括：(1) 例行與較易解決的問題：可將以往的處理模式加以修改後實施，無須大張旗鼓加以深究。(2) 積習已久的困難問題：必須審慎分析與參酌當前形勢後再下判斷。此多半是較難處理之詬病，影響範圍較廣，且多半與學校成員職員的利益息息相關。處理不當，副作用會極強。(3) 全新的問題：此些問題多半因時代或環境之變遷而產生（如少子化造成學生數減少），可分析觀察國內外有類似問題學校之作法後，依所處學校之特殊性加以參酌修正。基本上，有效能校長自認是第一線的風險承擔者，因此必須成為細心的資訊蒐集者，並定期反省歷來問題解決模式與程序。

(三)授權與溝通合作

有效能校長能利用溝通合作的技巧與人共事，以確保校務之順利推行。他們信任教師是專業且有競爭力的。在問題的解決過程中，校長能激發下屬與教師的熱情並發展信任感，以有效進行團隊工作。有效能校長認真聆聽家長、教師、社區、與學生的想法。在協調磋商時，也具有同理心，瞭解各方立場設身處地的思考問題。辦學具有績效的校長，在面對繁雜校務時，多半邀請相關人士之投入、合作、與分享，共同解決學校整體經營的問題。此舉使學校成員如教師能參與決策瞭解行政立場，並共同成為問題解決者，對於校務之精進提供助力。

(四)知識之追求與學習

有效能校長為使學校能創新經營，對於知識之追求與建構學習性組織不遺餘力。其會在學校進行知識管理，將教育相關之重要知識與技能加以建構。對於許多治校知識的特定來源（如其他校長的經驗、教育系統網絡、乃至各國教育之最新發展），均有所蒐集與涉獵。此舉可使問題解決的過程更加精確與周延。

(五)通權達變

有效能校長對教育工作有所承諾，並能明確分辨出長期及短期教育目標的差異。對於自我應扮演的角色了然於胸，並建立一套完善的哲學觀。他們是成功的戰略家，一旦確認目標與計畫後，就全力完成。有效能校長對學校變革具有極大之關心，對於完成學校需求也相當積極。他們多半發現在上級主管教育機關的限制下，完成所有目標有所困難，因此通常不顧層級限制，尋求任何能解決問題的資源（如向社區募款）。基本上，有效能校長的適應力很強，當發現現行制度行不通時，會做出必要的改變並發展新的解決模式。

四　成功校長對於改革之體認與作法

學校改革要成功必須付出代價。尤其身為領導者之校長，必須隨時接受學校內外成員之抗拒（resistance）。抗拒之原因複雜且多元，從個人之心理因素到利益團體之權力操弄不一而足。然而不管抗拒動機為何，其已成為學校改革之一部分。即使校長銳意經營，也必須瞭解抗拒之背景與原因，方能見招拆招化解危機。

依據相關研究之分析（Coetsee, 1993; Gunter, 2001; Lippit, 1982; Lunenberg & Ornstein, 1991; Palestini, 2003; Paulu, 1989; Rossow, 1990; Snowden & Gorton, 2002），抗拒學校改革之主要原因可分為以下八項，茲分述如下：

1. 不瞭解學校改革之原因：學校之環境讓成員（如教師）養成「一動不如一靜」之態度。如果校長未能提供足夠訊息（如社會與社區之期待），即會讓教師誤解或在資訊未明之情況下產生抗拒行為。換言之，如果校長所提供之理由不具說服性，教師在心理上即認為改革並無意義。

2. 對於改革陣痛期之懼怕：任何改革均有一定之陣痛期與副作用，

學校成員若屬心態保守安於現狀者，對陣痛之忍耐度必定較低，進而導致抗拒行為。例如學校進行全面電腦化，必有一段系統適應期。期間可能小錯不斷，造成使用者之極大困擾。

3. 對於現況之依賴：學校目前之運作常模，乃經多年成員磨合而成。一旦進行改革，即代表現況熟悉事物之丕變。部分成員會產生不安全感之疑慮，深怕新措施會帶來不適與不便，因而傾向抗拒。

4. 缺乏配套措施之支持：任何學校改革均需要配套措施，以應付各種改變。缺乏各界之支持必定導致改革之寸步難行。例如倡議實施小班教學，以讓學生能受到更多教師照顧，但缺乏足夠之教室（班級變小所需教室必更多），又何能落實小班之政策？教師當然希望班級變小，但沒適當配套措施，在其眼中，改革就如同兒戲難以支持。

5. 害怕額外工作：學校改革需要大量人力、物力、與財力之支援，然而資源有限，校長常是巧婦難為無米之炊。到頭來，改革所需之額外付出全落於教師頭上，其例行之事務已很龐雜，如再配合改革，慌手忙腳乃是意料中事。拿固定薪資又何必額外付出，因此對改革意興闌珊。

6. 害怕失去既有利益與權力：學校改革若牽涉制度與政策之改變，往往會造成權力之大洗牌，部分既得利益者當然不會善罷干休。即以學校推動教師評鑑為例，以往不適任教師在法律保護傘下常令家長無計可施，如今推動評鑑，其即可能原形畢露，自然會抵死不從。

7. 害怕無力配合改革：學校改革可能牽涉到教師專業知識與能力之更替，此對學養並未與日精進者自是一大威脅。此在私立學校，甚而可能危及其工作職位。例如學校推動新課程或教學法，即會令部分停滯不前之教師憂慮，深怕難以負荷。在此情況下，其對改革之負面態度可想而知。

8. 對於改革缺乏信心：教師在學校春風化雨一生，實已看遍歷年之改革滄桑。華人地區多行中央集權之教育行政制度，改革潮流如同風尚，流行後即船過水無痕，很少能有顯著影響者。教師不反對改革但卻不抱希望。此種「老僧入定」心態常令校長無可奈何。如果只是上級指示不得不為，大家多半心知肚明，一陣風吹過就沒了。

面對四面八方的抗拒，校長在進行改革時絕對不能等閒視之。傳統之行政理論強調科層體制，主張為了捍衛組織績效，下屬之抗拒行為乃是負面而不可取的。此種思維在民主社會的多元結構中已站不住腳。一來校長難以阻止各利益團體發動抗拒，二來抗拒行為有時確有其正面意義，可以補足校長進行改革時之盲點。因此處理抗拒，應是校長進行學校改革之重點之一。基本上，其可有以下四個步驟：

1. 檢視改革之性質與必要性：學校改革層次與種類有極大差異，從學生制服之更替至課程之轉換，影響力常有雲泥之別。在進行改革前，校長必須先檢視發動改革之動機與必要性。例如法律規定或上級交辦者勢在必行，即使有抗拒，焦點也不在校長身上。然而如是自主之改革，則其必要性則端視學校當時之問題與文化而定。有些改革立意良好，但天時、地利、人和無一配合，所引起之抗拒必定撲天蓋地而來。選擇適當時機點發動改革（如社區對學校改革呼聲日熾或達到臨界點），乃是避免抗拒之先決條件。

2. 對抗拒行動之分析：當校長聲稱將發動改革時，抗拒行動即應運而生。面對反對勢力，校長必須知己知彼，對各方之抗拒做詳細分析。具體而言，其包括以下數項：(1) 探討由誰發動抗拒：是個人或是團體？ (2) 探討其抗拒原因為何：係個人恩怨、利益分贓、或是心裡不安等因素？ (3) 探討抗拒行動之形式：其是私下抱怨、公然抵制、或是集結外界人士阻擾改革？ (4) 探討抗拒行動之強度：其僅止於竊竊私語，或是已有烽火燎原之勢？其行

動目前乃是居於被動，或是已主動出擊具有侵略性？ (5) 探討抗拒行動是否有道理：將其論點加以蒐集，以補強改革內容的疏漏之處；(6) 探討誰是改革過程中必須合作之抗拒人士：分析如無其配合，將會遭受多大之損傷？進而決定處理抗拒者之策略與對其可以妥協之程度。

3. 選擇面對抗拒之策略：改革之路常是崎嶇難行，校長必須選擇適當策略以嚴肅面對抗拒。在針對各方抗拒之分析後，校長揣度敵我情勢之消長，伺機行動以化解抗拒。所選擇之策略軟硬不一，從善意勸說、進行溝通、協商妥協、合縱連橫、孤立對方、乃至強勢導向等。各策略並無優劣之別，只有配合時機與情勢之適當性。此部分乃考驗校長之智慧與專業。

4. 檢視抗拒行動之後遺症：儘管校長盡力而為，但現實世界中總難兩全其美。改革推動後，部分抗拒雖已化解，其他仍會如影隨形。改革進行之晚期，陣痛期與副作用接踵而來，因之而起的新抗拒也逐漸成形。基於此，校長必須隨時觀察改革之過程與行動，隨時調整步調與作法，以使新抗拒行動之殺傷力減至最低。部分個案顯示，因為改革行動不夠縝密，期間所造成之陣痛，會吸引原本隔岸觀火之教師加入抗拒陣容。實務上，坐大之抗拒行動足以摧毀苦心經營的改革成果，不可不謹慎處理之。

8 個案研究　少年霸凌事件簿

　　資訊科技的發達，使得網路之發展無遠弗屆。台灣某個新聞網站於 2009 年 4 月接獲網友投訴，指稱位於東部之花蓮縣某國中發生校園霸凌（bully）事件，並看到事發過程之影片。影片中顯示 5 名同學合力毆打一位學生，將其推倒在地用腳踹頭，手法之殘暴讓人震驚。由於以往皆無校園霸凌實際過程活生生呈現，此次事件引起社會高度矚目。

　　根據相關單位深入調查，發現事發原因是該校一名智能障礙的 A 同學，不小心與另一女同學發生擦撞，女同學隨後向熟識的學長抱怨。4 月 1 日放學後，10 多名男學生與該女同學合力將 A 同學帶至校外凌虐毆打。計有 5 人動手，其他人則袖手圍觀喝采，整個毆打凌虐過程約 2 分多鐘，手段相當殘暴，最後則以強迫 A 同學向女同學深深鞠躬道歉收場。在場之女同學竟以手機拍下影片，畫面中 A 同學哭得非常傷心，非常令人不忍。

　　令人匪夷所思的是事件發生後，10 多名學生中僅有 4 名受到記過懲處，遭霸凌的 A 同學卻反而從普通班轉調到「特教班」，所有影片紀錄與消息也遭到校方封鎖。當報社記者聯繫該校蔡姓校長時，其卻將此事定調為「同學間的鬥毆」，直到看過影片，才改口稱之為霸凌事件。

　　蔡校長表示，由於事件是發生於放學後的校園之外，學校直到隔天才知情，並已立即依規定通報縣政府上級主管教育單位。懲處名單目前雖然僅有 4 位，但還在持續調查中。至於將 A 同學調往特教班，是經過家長同意後才做的緊急安置措施，並無刻

意打壓受害者之意。

受害者 A 同學母親表示，4 月 1 日當晚發現小孩臉部腫脹，經追問後才知是遭同學霸凌，並隨後帶往醫院檢查。發現除了臉上腫脹與傷痕外，肋骨有輕微裂傷，視力也出現模糊雙影，疑似傷到視神經。目前已經好轉，但仍需持續觀察。整件事情在司法部分雙方已經和解，學校也已介入輔導，但她的小孩因為受到驚嚇，一度想要轉學，心理的恐懼創傷還需一段時間才能復原。因是單親媽媽獨力扶養兩名孩子，但小孩多次遭受同學毆打欺侮，讓她對於校園安全非常憂心。

針對此事件，兒福聯盟表示，依據相關校園調查，發現全台灣至少有 2 萬個「校園小霸王」經常對同學施以肢體霸凌。平均每兩個孩子中就有一人有被霸凌的經驗，更可怕的是，這些霸凌者中約有 35% 是過去曾有被霸凌經驗而造成的「反擊型霸凌」，以暴制暴的惡性循環正在校園中不斷上演。

花蓮縣政府教育處學管科與兒福聯盟兩個單位均表示，緊急安置於特教班是可接受的處置，但更重要的是隨後的輔導以及與家長的溝通。另外對於霸凌者與圍觀喝采者，也建議學校應該加強對施暴者的輔導，而不是只有記過處罰，也建議學校應該以更好的態度來面對校園霸凌，而不是封鎖隱瞞，如此才能真正面對問題、解決問題。

尤有甚者，在找到肇事學生的網誌文章後，網友又掀起另一波怒火。此因在霸凌學生的文字中，非但看不出任何悔意與反省跡象，甚至幾個下手的男同學開始「道別」，要同學與女友等他。有人則灑脫的表示：「打了都打了，他們要如何處置，我無話可說。」此外還有「都已經和解還想怎樣」、「事情已經解決你們吵什麼」的文字，可見並無悔意。

至於涉嫌教唆的女學生，則在自己網誌中對打人的男友承諾一定會等對方，兩人還約好 21 歲要結婚。字裡行間，竟然透露出一種「從容就義」的荒謬情緒。

然而，從肇事學生的文字中仍可看出，其多數生長環境並不十分健全。有人割腕後將照片放上網，有人小小年紀就會抽菸喝酒，有人多次透露輕生的念頭。打架對他們來說，不過就是家常便飯。

研究問題

1. 霸凌事件出現後，校方常有「大事化小，小事化無」之心態，深恐造成家長恐慌，與所處社區之負面印象。身為一位校長，應如何運用領導策略，以使霸凌事件不致星火燎原而能順利解決？

2. 試就 ISLLC 於 2008 年所提出之「教育領導政策標準」，分析此校校長之作為，有何不周延之處？

3. 當學校發生霸凌事件後，學校應如何啟動危機處理機制？實務上，又應有何作為？

參考文獻

壹、中文部分

丁鳳珠（2008）。**國小校長魅力領導與教師專業承諾關係之研究**。國立屏東教育大學教育行政研究所碩士論文，未出版，屏東縣。

文東茅（2005）。我國高等教育機會、學業及就業的性別比較。**清華大學教育研究，26**（5），16-21。

方學禮（2005）。分佈式領導：西方學校領導再造探研。**外國教育研究，12**，57-60。

王如哲（2000）。**知識管理的理論與應用：以教育領域及其革新為例**。台北：五南。

王建智（2003）。**國民小學教師知識管理與教學效能關係之研究**。國立台中師範學院國民教育研究所碩士論文，未出版，台中市。

王淑娟（2005）。**高雄市國民小學校長文化領導之調查研究**。國立屏東師範學院教育行政研究所碩士論文，未出版，屏東縣。

王麗雲（2007）。地方教育治理模式分析。**教育政策論壇，10**（1），189-228。

白麗美（1998）。**國小校長領導風格與教師工作動機關係之研究**。台北市立師範學院國民教育研究所碩士論文，未出版，台北市。

朱淑子（2002）。**國小校長轉化領導、互易領導與教師工作滿意關係之研究**。國立台東師範學院國民教育研究所碩士論文，未出版，台東縣。

何怡欣（2007）。**台南縣市國民小學教務主任服務領導與教師工作士氣關係之研究**。國立台南大學教育經營與管理研究所碩士論文，未出版，台南市。

何建霖（2008）。**國民小學學校分佈式領導、教師同儕專業互享與學生學習表現關係之研究**。國立中正大學教育學研究所碩士論文，未出版，嘉義縣。

何淑妃（1996）。**國小校長轉型領導行為與學校組織氣氛之調查研究**。國立新竹師範學院初等教育研究所碩士論文，未出版，新竹市。

吳志宏（2002）。探討新世紀教育管理學研究的走向。**華東師範大學學報（教育科學版），20**（2），1-5。

吳沂木（2004）。**資訊科技融入「自然與生活科技」的3D虛擬實境教學之探究：以電與磁教學為例**。國立台南大學教師在職進修自然碩士學位班碩士論文，未出版，台南市。

吳育綺（2006）。**國中校長轉型領導、組織創新與學校效能關係之研究**。國立高雄師範

大學人力與知識管理研究所碩士論文，未出版，高雄市。

吳勁甫（2003）。**競值架構應用在國民小學校長領導行為與學校組織效能關係之研究**。國立高雄師範大學教育學系碩士論文，未出版，高雄市。

吳政達（2005）。國中校長教學領導與轉型領導影響因素之研究。**教育研究月刊**，**140**，75-86。

吳春助（2008）。**國民小學校長知識領導、科技領導與創新經營關係之研究**。國立台北教育大學教育政策與管理研究所碩士論文，未出版，台北市。

吳修瑋（2007）。**台北縣國小教師知識管理與教學效能之研究**。國立台灣師範大學社會教育學系在職進修班碩士論文，未出版，台北市。

吳培源（1995）。**台灣省高級中學校長領導型態、學校氣氛與學校效能關係之研究**。國立台灣師範大學教育研究所博士論文，未出版，台北市。

吳清山（2002）。**學校效能研究**。台北：五南。

吳清山、林天祐（2005）。**教育新辭書**。台北：高等教育。

吳清山、黃旭鈞、賴協志、高家斌（2007）。國民小學校長知識領導模式建構之研究。**教育研究集刊**，**53**（4），71-105。

吳清山、賴協志（2007）。國民小學校長知識領導之研究：角色知覺與踐行。**教育與心理研究**，**30**（2），1-29。

吳清山、賴協志（2009）。**知識領導：理論與研究**。台北：高等教育。

吳慧君（2004）。開啟教育領導研究思維的另一視窗：由西方領導到本土化家長式領導。**教育學苑**，**8**，112-126。

李子建、尹弘飆（2007）。有效能的香港幼稚園校長與教師的特徵。**上海教育科研**，**5**，8-11。

李安明（2003）。析論二十世紀末（1985-1995）學校領導理論之發展。**教育研究月刊**，**111**，49-66。

李雲漳（2002）。**國民小學校長教學領導與教師效能之研究**。國立屏東師範學院國民教育研究所碩士論文，未出版，屏東縣。

李新鄉（2003）。國小校長轉型中的課程領導理念到實際間的初步檢視。**教育研究月刊**，**113**，30-44。

李新寶（2001）。**國民小學校長教學領導與教師教學效能之研究**。國立新竹師範學院學校行政碩士班碩士論文，未出版，新竹市。

李瑪莉（2002）。**國民小學知識管理與教師專業成長關係之研究**。國立中正大學教育研究所碩士論文，未出版，嘉義縣。

周佳慧（2001）。**國小體育教師知覺校長領導風格及工作滿意之相關研究**。國立體育學院體育研究所碩士論文，未出版，桃園縣。

周怡君（2006）。**國小校長家長式領導與教師組織公民行為關係之研究**。國立台南大學教育經營與管理研究所碩士論文，未出版，台南市。

孟繁華（2002）。構建現代學校的學習型組織。**比較教育研究，23**（1），192-202。

林文律（主編）（2006）。**中小學校長談校務經營（上冊）**。台北：心理。

林水波（2008）。參與式領導。**人事月刊，47**（4），2-14。

林合懋（1995）。**學校主管與企業轉型領導之比較研究**。國立政治大學教育研究所碩士論文，未出版，台北市。

林秀湖（2006）。**國小校長教學領導行為與教師工作投入、教學效能關係之研究**。國立高雄師範大學教育學系碩士論文，未出版，高雄市。

林明地（2000）。校長領導的影響：近三十年來研究結果的分析。**國家科學委員會研究學刊：人文及社會科學，10**（2），232-254。

林明地（2002）。**學校領導：理念與校長專業生涯**。台北：高等教育。

林明地（2003）。**校長學：工作分析與角色研究分析**。台北：五南。

林金福（1992）。**國民中學校長領導型式與學校效能關係之研究**。國立政治大學教育研究所碩士論文，未出版，台北市。

林俊杰（2006）。**桃竹苗四縣市國民中學校長教學領導與教師知識管理相關之研究**。國立新竹教育大學教育研究所碩士論文，未出版，新竹市。

林思伶（2004）。析論僕人式／服務領導的概念發展與研究。**高雄師大學報，16**，39-57。

林秋先（2004）。資訊科技融入教學之意義與內涵。**資訊與教育雜誌，80**，23-31。

林純雯（2002）。國民中學校長道德領導之研究。**教育研究月刊，48**（2），69-111。

林新發（1999）。透視學習型組織。**中等教育，50**（1），49-53。

林靜怡（2007）。**台北縣市國民小學教師知識管理能力與創意教學效能關係之研究**。國立台北教育大學國民教育學系碩士論文，未出版，台北市。

林龍和（2005）。**高雄市國民小學校長家長式領導與教師服務士氣關係之研究**。國立高雄師範大學教育學系碩士論文，未出版，高雄市。

邱志鑫（2004）。**國民中學教師知識管理認知與教師效能相關研究**。國立彰化師範大學教育研究所碩士論文，未出版，彰化縣。

俞國華（2002）。**國民小學教師知識管理與專業成長之研究**。國立台中師範學院國民教育研究所碩士論文，未出版，台中市。

施妙旻（1995）。**隱涵領導理論與領導行為關係之研究：以台北地區公立國民小學校長為例**。國立政治大學教育研究所碩士論文，未出版，台北市。

胡雅棠（2008）。**教師覺知校長服務領導與教師組織公民行為的關係研究：以台南市國民中學為例**。國立台南大學教育經營與管理研究所碩士論文，未出版，台南市。

凌文輇（1991）。中國的領導研究。載於楊中芳、高尚仁（主編），**中國人、中國心：人格與社會篇**（頁409-448）。台北：遠流。

凌文輇、方俐洛、Khanna, A.（1991）。內隱領導理論的中國研究：與美國的研究進行比較。**心理學報，3**，187-212。

凌文輇、方俐洛、張立野、劉大維、艾爾卡（1994）。領導行為的CPM模式和中國的內隱領導理論。載於中國測驗學會（主編），**第一屆華文社會心理測驗論文集**（頁205-221）。台北：心理。

夏小琪（2005）。**台南縣市國小校長家長式領導與教師教學效能之關係研究**。國立台南大學教育經營與管理研究所碩士論文，未出版，台南市。

孫瑞霙（2001）。領導型態與領導績效之探討：學校與企業之比較研究。**人力資源管理學報，1**（3），107-130。

徐玉真（2008）。**幼稚園教師組織信任與組織公民行為關係之研究：兼論隱涵領導理論對信任的影響**。國立政治大學幼兒教育研究所碩士論文，未出版，台北市。

徐吉盛（2006）。**高高屏地區國民小學校長教學領導風格與教師教學效能關係之研究**。國立高雄師範大學成人教育所在職專班碩士論文，未出版，高雄市。

徐宗盛（2010）。**校長真誠領導與教師組織承諾、組織公民行為關係之研究**。國立政治大學學校行政碩士在職專班碩士論文，未出版，台北市。

徐超聖、李明芸（2005）。課程領導與教學領導關係之研究。**教育研究與發展期刊，1**（1），129-154。

徐進文（2007）。**國民小學校長服務領導與教師教學效能之關係研究**。國立屏東教育大學教育行政研究所碩士論文，未出版，屏東縣。

秦夢群（2002a）。知識經濟在教育發展上的角色與策略。**中等教育，53**（3），64-82。

秦夢群（2002b）。**國民中小學校長評鑑指標之建構**。行政院國家科學委員會專題研究計畫成果報告（NSC91-2413-H-004-002）。台北市：國立政治大學教育學系。

秦夢群（2006）。**美國教育法與判例**。北京：北京大學。

秦夢群（2010）。**教育行政理論與模式**（第三版）。台北：五南。

秦夢群、吳勁甫（2006）。國中校長轉型領導、學校組織健康與教師組織承諾關係之研究。**教育研究集刊，52**（3），141-172。

秦夢群、吳勁甫（2009）。國中校長轉型領導、學校組織健康與組織效能關係之研究：中介效果模式之檢證。**當代教育研究，17**（3），83-124。

秦夢群、張奕華（2006）。校長科技領導層面與實施現況之研究。**教育與心理研究，29**（1），1-27。

秦夢群、黃貞裕（2014）。**教育行政研究方法論**。台北：五南。

高上倫（2007）。**台北縣國民小學教師知覺校長科技領導之研究**。國立台北教育大學教育政策與管理研究所碩士論文，未出版，台北市。

高新建（2002）。學校課程領導者的任務與角色探析。**台北市立師範學院學報，33**，113-128。

高義展（2002）。**國民小學教師知識管理、學習型態、專業成長與專業表現關係之研究**。國立高雄師範大學教育學系博士論文，未出版，高雄市。

張永欽（2001）。**台北市立國小校長領導行為塑造學校組織文化與學校效能之研究**。國立台北師範學院國民教育研究所碩士論文，未出版，台北市。

張宏毅（2001）。**台北縣市國民小學校長轉型領導與學校效能關係之研究**。國立台北師範學院國民教育研究所碩士論文，未出版，台北市。

張明輝（2003）。三項管理新議題對學校領導人的啟示。**教育研究月刊，111**，29-35。

張明輝（2004a）。從後現代觀點看學校校長的關鍵能力。載於國立教育資料館（主編），**現代教育論壇：從後現代看校長核心能力的轉變**（頁3-10）。台北：國立教育資料館。

張明輝（2004b）。精緻學校經營的理念與策略。載於張明輝（主編），**教育政策與教育革新**（頁341-369）。台北：心理。

張明輝（2005）。優質學校教育指標：行政管理、領導、與學校文化。載於台北市教師研習中心（主編），**優質學校**（頁6-17）。台北：台北市教師研習中心。

張奕華、吳怡佳（2008）。校長科技領導與教師教學效能關係之研究。**教育研究與發展，4**（1），171-193。

張奕華、許正妹（2009）。校長科技領導對教師資訊科技素養影響路徑之研究。**初等教育學刊，33**，1-32。

張昭仁（2001）。**國小校長轉型領導、互易領導與學校組織學習能力關係之研究**。國立台灣師範大學教育學系碩士論文，未出版，台北市。

張添唐（2010）。**高中校長服務領導、教師組織公民行為與教師工作滿意度之研究**。國立政治大學學校行政碩士專班碩士論文，未出版，台北市。

張盈霏（2006）。**國民中學校長科技領導、知識管理與學校效能關係之研究**。國立政治

大學教育學系博士論文,未出版,台北市。

張素雲(2007)。**國民小學教師服務領導行為特徵與班級氣氛及學生合作學習成效關係之研究**。輔仁大學教育領導與發展研究所碩士論文,未出版,新北市。

張能發(2007)。**台東縣國小校長轉化領導、家長式領導與學校效能之研究**。國立台東大學教育研究所碩士論文,未出版,台東縣。

張新平(2003)。對學校科層制的批判與反思。**教育探索,8**,29-32。

張毓芳(2002)。**台北縣市國民小學校長轉型領導與學校組織氣氛關係之研究**。國立台北師範學院國民教育研究所碩士論文,未出版,台北市。

張鈿富、馮丰儀(2010)。台灣中小學校長倫理傾向及道德領導行為之研究。**教育與心理研究,33**(1),73-98。

張碧娟(1999)。**國民中學校長教學領導、學校教學氣氛與教師教學效能關係之研究**。國立政治大學教育學系博士論文,未出版,台北市。

張維倩(2004)。**幼托園所主管教學領導行為與教師教學效能關係之研究**。國立政治大學幼兒教育研究所碩士論文,未出版,台北市。

張慶勳(1996)。**國小校長轉化、互易領導影響學校組織文化特性與組織效能之研究**。國立高雄師範大學教育學系博士論文,未出版,高雄市。

張慶勳(2001)。校長的角色、理念與實踐:文化領導的思維。**學校行政雙月刊,16**,51-67。

張慶勳(2003)。校本文化領導的理念與實踐。**教育研究月刊,111**,36-48。

張瓊穗、翁婉慈(2006)。台北縣市國小教師資訊科技融入教學知能現況調查研究。**國立台北教育大學學報,19**(2),129-162。

梁丁財(2002)。**國民小學校長轉型領導與教師工作滿意度關係之研究**。國立台中師範學院教育研究所碩士論文,未出版,台中市。

莫素雲(2006)。**校長家長式領導、教師信任對教師組織公民行為影響之研究:以桃竹苗四縣市高級中學為例**。中原大學教育研究所碩士論文,未出版,桃園縣。

許傳德(1998)。**一位國小校長的生命史**。國立台東師範學院國民教育研究所碩士論文,未出版,台東縣。

許翰笙(2009)。**教育行政機關主管家長式領導、行政人員情緒勞動與職業倦怠關係之研究**。國立政治大學教育行政與政策研究所碩士論文,未出版,台北市。

許瓊潔(2005)。**國民中學教師知識管理與教學效能關係之研究**。國立高雄師範大學教育學系碩士論文,未出版,高雄市。

郭逸瑄(2003)。**高級中學校長領導行為與教師賦權增能關係之研究**。淡江大學教育政

策與領導研究所碩士論文，未出版，新北市。

陳成宏（2007）。複雜理論對教育組織變革的解釋和啟示。**教育研究與發展，3**（3），197-217。

陳伯璋（1993）。**課程研究與教育革新**。台北：師大書苑。

陳佳燕（2005）。**台北縣國民小學校長教學領導、教師自我效能感、與集體教師效能感關係之研究**。輔仁大學教育領導與發展研究所碩士論文，未出版，台北縣。

陳幸仁（2007）。微觀政治學：一個學校行政的新興研究領域。**教育行政與評鑑學刊，3**，67-86。

陳亭孜（2005）。**國民小學校長服務領導特徵與主任行為表徵關係之研究**。輔仁大學教育領導與發展研究所碩士論文，未出版，新北市。

陳珍容（2006）。分佈式領導與學校管理變革。**中國教育技術裝備，2006**（6），69-72。

陳秋容（2001）。**國民小學校長轉型領導與教師工作滿意關係之研究：以台灣北部五縣市為例**。國立新竹師範學院學校行政碩士班碩士論文，未出版，新竹市。

陳淑嬌（1989）。**國民中學校長領導型式、教師工作投入與組織效能關係之研究**。國立高雄師範大學教育研究所碩士論文，未出版，高雄市。

陳雅新（2003）。**國民小學校長領導能力現況之研究**。國立暨南國際大學教育政策與行政研究所碩士論文，未出版，南投縣。

陳麗如（2000）。**隱涵領導理論研究：以國民小學校長領導為例**。國立屏東師範學院國民教育研究所碩士論文，未出版，屏東縣。

彭雅珍（1998）。**國小校長領導風格、教師工作價值觀與教師組織承諾關係之研究**。國立政治大學教育研究所碩士論文，未出版，台北市。

彭新強（2005）。香港學校教育質素保證架構發展的評論。**教育學報，33**（2），89-107。

游家政（2004）。國民小學校長課程領導的任務與策略。載於台灣海洋大學師資培育中心（主編），**課程領導與有效教學**（頁23-49）。台北市：高等教育。

湯志民（2002）。中小學校長遴選制度之評議。**教師天地，118**，20-27。

湯發安（2008）。**桃園縣國民小學校長服務領導與學校效能關係之研究**。中原大學教育研究所碩士論文，未出版，桃園縣。

黃乃熒（2000）。**後現代教育行政哲學**。台北：師大書苑。

黃巧吟（2007）。**台北縣國民小學校長家長式領導與教師組織忠誠之相關研究**。輔仁大學教育領導與發展研究所碩士論文，未出版，新北市。

黃旭鈞（2003）。**課程領導：理論與實務**。台北：心理。

黃宗顯（2007）。校長權力運用的美學轉化。**教育研究月刊，162**，5-12。

黃怡真（2008）。**台北縣市國民小學校長僕人領導行為與學校創新經營之研究**。台北市立教育大學教育行政與評鑑研究所碩士論文，未出版，台北市。

黃政傑（主編）（1994）。**邁向校長之路**。台北：師大書苑。

黃國柱（2008）。**國民小學校長服務領導行為與行政團隊利他行為及行政效能關係之研究**。輔仁大學教育領導與發展研究所在職專班碩士論文，未出版，新北市。

黃崴（2001）。20 世紀西方教育管理理論及其模式的發展。**華東師範大學學報（教育科學版），71**（1），19-28。

黃傳永（1999）。**校長轉型領導與家長參與學校教育之研究**。國立東華大學教育研究所碩士論文，未出版，花蓮縣。

楊振昇（1997）。教學領導理念探討。載於高強華（主編），**學校教育革新**（頁 236-263）。台北：梅枝。

楊國樞（1993）。中國人的社會取向：社會互動的觀點。載於楊國樞、余安邦（主編），**中國人的心理與行為：理念及方法**（頁 82-142）。台北：桂冠。

溫子欣（2009）。**成功校長領導行為研究**。國立政治大學教育學系博士論文，未出版，台北市。

葉佳文（2007）。**台灣地區公立高中校長教學領導、教師組織承諾與教師教學效能關係之研究**。國立政治大學教育學系博士論文，未出版，台北市。

葉連祺（2004）。鳥瞰教育領導理念之叢林：教育領導理念之初步綜觀。**教育研究月刊，124**，96-108。

詹幼儀（2004）。**國民小學校長轉型領導與教師變革接受度：以九年一貫課程變革為例**。國立中正大學教育研究所碩士論文，未出版，嘉義縣。

詹益鉅（2001）。**桃園縣國民小學校長轉型領導行為、學校建設性文化與教師組織承諾關係之研究**。國立台北師範學院國民教育研究所碩士論文，未出版，新北市。

賈匯亮、凌玲（2006）。中小學校長領導效能的表現及影響因素研究。**廣東教育學院學報，26**（6），77-80。

廖釧如（2007）。**國小特殊教育教師知識管理與教學效能相關之研究**。國立台中教育大學特殊教育學系碩士論文，未出版，台中市。

褚宏啟（2006）。關於教育公平的幾個基本理論問題，**中國教育學刊，12**，1-4。

劉雅菁（1998）。**國小校長運用轉型領導之研究**。國立台灣師範大學教育學系碩士論文，未出版，台北市。

劉曉瑜、黎光明、陳平、張敏強（2008）。小學校長勝任特徵維度探索。**上海教育科**

研，**2008**（2），25-27。

劉麗慧（1986）。**我國國民小學男女校長領導方式與學校組織氣氛之關係**。國立台灣師範大學教育學系碩士論文，未出版，台北市。

歐用生（2004）。**課程領導：議題與展望**。台北：高等教育。

潘慧玲、梁文蓁、陳宜宣（2000）。臺灣近十年教育領導碩博士論文分析：女性主義的觀點。**婦女與兩性學刊，11**，151-190。

蔣圓圓（2008）。分佈式領導概念辨析及對學校組織改善的作用。**教育科學，2008**（6），11-15。

蔡美姿（2006）。**澎湖縣國民小學校長教學領導與教師教學效能關係之研究**。國立台南大學教育經營與管理研究所碩士論文，未出版，台南市。

蔡培村（1985）。**國民中小學校長的領導特質、權力基礎、學校組織結構及組織氣候與教師工作滿足關係之研究**。國立政治大學教育研究所博士論文，未出版，台北市。

蔡進雄（2000）。**國民中學校長轉型領導、互易領導、學校文化與學校效能關係之研究**。國立台灣師範大學教育學系博士論文，未出版，台北市。

蔡進雄（2003）。僕人式領導對學校行政領導的啟示。**人文及社會學科教學通訊，14**（3），54-60。

蔡進雄（2008）。教學領導與課程領導關係與整合之探析。**教育研究月刊，167**，93-103。

鄭伯壎（1991）。家族主義與領導行為。載於楊中芳、高尚仁（主編），**中國人、中國心：人格與社會篇**（頁 365-407）。台北：遠流。

鄭伯壎（1995）。家長權威與領導行為之關係：一個台灣民營企業主持人的個案研究。**中央研究院民族學研究所集刊，79**，19-173。

鄭伯壎、樊景立、周麗芳（2006）。**家長式領導模式與證據**。台北：華泰。

鄭伯壎、周麗芳、樊景立（2000）。家長式領導：三元模式的建構與測量。**本土心理學研究，14**，3-64。

鄭伯壎、莊仲仁（1981）。基層軍事幹部有效領導行為之因素分析：領導績效、領導角色與領導行為之關係。**中華心理學刊，4**，2-41。

鄭伯壎、謝佩鴛、周麗芳（2002）。校長領導作風、上下關係品質及教師角色外行為：轉型式與家長式領導的效果。**本土心理學研究，17**，105-161。

鄭彩鳳、吳慧君（2006）。主管家長式領導與行政人員自我效能、組織承諾及工作滿意度關係之研究——結構方程模式之應用。**教育與心理研究，29**（1），47-75。

鄭莉伶（2006）。**高雄縣國民小學教師知覺校長家長式領導、學校組織溝通與組織效能**

關係之研究。國立高雄師範大學教育學系碩士論文，未出版，高雄市。

鄭進丁（1976）。台北市國小校長角色之調查分析。國立政治大學教育研究所碩士論文，未出版，台北市。

賴文堅（2002）。高中職知識管理之評量工具發展與實證分析。國立政治大學教育學系博士論文，未出版，台北市。

賴志峰（2008）。分佈式領導理論之探究：學校領導者、追隨者和情境的交互作用。國民教育研究學報，20，87-115。

賴志峰（2010）。學校領導新議題：理論與實踐。台北：高等教育。

賴怡卉（2003）。資訊等於知識嗎？談資訊融入教學的省思。師說，174，8-9。

濮世緯（1997）。國小校長轉型領導、教師自我信念與教師職業倦怠關係之研究。國立政治大學教育學系碩士論文，未出版，台北市。

濮世緯（2003）。國小校長轉型領導、學校文化取向與學校創新經營關係之研究。國立政治大學教育學系博士論文，未出版，台北市。

薛承祐（2010）。國民中學校長家長式領導層面、學校組織健康與教師組織公民行為關係之研究。國立政治大學教育行政與政策研究所碩士論文，未出版，台北市。

謝文全（1998）。道德領導：學校行政領導的另一扇窗。載於林玉体（主編），跨世紀的教育演變（頁237-253）。台北：文景。

謝文全（2003）。教育行政學。台北：高等教育。

謝金青（2003）。家長式領導風格內涵之理解與分析。行政院國家科學委員會專題研究計畫成果報告（NSC 91-2413-H-134-003）。新竹市：國立新竹師範學院職業繼續教育研究所。

謝傳崇、李安明（2004）。運用知識管理理論與策略以提昇學校效能之研究。國立台北教育大學學報，16（2），49-78。

顏童文（2002）。中部四縣市國民小學校長道德領導之研究。國立暨南國際大學教育政策與行政研究所碩士論文，未出版，南投縣。

貳、英文部分

Albright, M. J., & Nworie, J. (2008). Rethinking academic technology leadership in an era of change. *Educause Quarterly*, *31*(1), 14-23.

Aldrich, H. E. (1979). *Organizations and environment*. Englewood Cliffs, NJ: Prentice Hall.

Algaier, C. J. (2003). *Job satisfaction, leadership styles, and teaching practices among CNMI public elementary school teachers*. Unpublished doctoral dissertation, University of

San Diego, San Diego, CA.

Allee, V. (1997). *The knowledge evolution: Expanding organizational intelligence*. Newton, MA: Butter worth-Heinemann.

Amoroso, P. F. (2002). *The impact of principals' transformational leadership behaviors on teacher commitment and teacher job satisfaction*. Unpublished doctoral dissertation, Seton Hall University, South Orange, NJ.

Anderson B. D., & Brown A. F. (1971). Who's a good principal. In W. G. Hack, et al. (Eds.), *Educational administration: Selected readings* (pp.193-199). Boston: Allyn & Bacon.

Anderson, G. (1990). Toward a critical constructivist approach to school administration: Invisibility, legitimation, and the study of nonevents. *Educational Administration Quarterly, 26*(1), 38-59.

Anderson, G. (1991). Cognitive politics in principals and teachers: Ideological control in an elementary school. In J. Blasé (Ed.), *The politics of life in schools: Power, conflict, and cooperation* (pp.120-138). Newbury Park, CA: Sage.

Anderson, R. E., & Dexter, S. L. (2005). School technology leadership: An empirical investigation of prevalence and effect. *Educational Administration Quarterly, 41*(1), 49-82.

Apple, M. (1986). *Teachers and texts: A political economy of class and gender relations in education*. New York: Routledge.

Archer, J. (2002). Principals: So much to do, so little time. *Education Week, 21*(31), 1-6.

Argyris, C., & Schon, D. (1978). *Organizational learning: A theory of action perspective*. Reading, MA: Addison-Wesley.

Arthur Andersen Business Consulting (1999). *Zukai knowledge management*. Tokyo: Toyo Keizai.

Aten, B. M. (1996). *An analysis of the nature of educational technology leadership in California's SB 1274 restructuring schools*. Unpublished doctoral dissertation, University of San Francisco, San Francisco.

Avolio, B. J. (1999). Full leadership development: Building the vital forces in organization. Thousand Oaks, CA: Sage.

Avolio, B. J., & Gardner, W. L. (2005). Authentic leadership development: Getting to the root of positive forms of leadership. *Leadership Quarterly, 16*, 315-338.

Avolio, B. J., & Gibbons, T. C. (1988). Developing transformational leaders: A life span approach. In J. A. Conger & R. N. Kanungo (Eds.), *Charismatic leadership: The elusive factor in organizational effectiveness* (pp.276-308). San Francisco: Jossey-Bass.

Badaracco, J. L. (2002). *Leading quietly: An unorthodox guide to doing the right thing.* Cambridge, MA: Harvard Business College Press.

Bailey, G. D. (1997). What technology leaders need to know: The essential top 10 concepts for technology integration in the 21st century. *Learning & Leading with Technology, 25*(1), 57-62.

Bajunid, I. (1996). Preliminary explorations of indigenous perspectives of educational management: The evolving Malaysian experience. *Journal of Educational Administration, 34*(5), 50-73.

Ball, S. J. (1987). *The micro-politics of the school: Toward a theory of school organization.* London: Methuen.

Banks, J. A. (1999). *An introduction of multicultural education* (2nd ed.). Boston: Allyn & Bacon.

Banks, J. A. (2003). Approach to multicultural curriculum reform. In J. A. Banks & C. A. McGee Banks (Eds.), *Multicultural education: Issues and perspectives* (4th ed.). New York: John Wiley & Sons.

Barnard, C. I. (1938). *The functions of the executive*. Cambridge, MA: Harvard University Press.

Barnett, K., McCormick, J., & Conners, R. (2001). Transformational leadership in schools: Panacea, placebo or problem. *Journal of Educational Administration, 39*(1), 24-25.

Barth. R. S. (2001). *Learning by heart*. San Francisco: Jossey-Bass.

Bass, B. M. (1985). *Leadership and performance beyond expectations*. New York: Free Press.

Bass, B. M. (1990). Bass and Stogdill's handbook of leadership: Theory, research, and managerial applications (3rd ed.). New York: Free Press.

Bass, B. M. (1999). The ethics of transformational leadership. In J. B. Ciulla (Ed.), *Ethics: The heart of the leadership* (pp.169-182). Westport, CT: Praeger.

Bass, B. M., & Avolio. B. J. (1989). *Manual of the multifactor leadership questionnaire*. Palo Alto, CA: Consulting Psychologists Press.

Bass, B. M., & Avolio, B. J. (1990). *Transformational leadership development: Manual for multifactor leadership questionnaire*. Palo Alto, CA: Consulting Psychologists Press.

Bass, B. M., & Steidlmeier, P. (1999). Ethics, character, and authentic transformational leadership behavior. *Leadership Quarterly*, *10*(2), 181-217.

Bass, J. D. (1989). *Instructional leadership activity of elementary principals in effective schools*. Unpublished doctoral dissertation, Virginia Polytechnic Institute and State University, Blacksburg, VA.

Bellamy, G. T., Fulmer, C. L., Murphy, J. M., & Muth, R. (2007). *Principal accomplishments: How school leaders succeed*. New York: Teachers College Press.

Bender, L. J. (1997). Team organization- learning organization: The university of Arizona four years into it. *Information Outlook*, *1*(9), 19-22.

Benham, M. (1997). The story of an African-American teacher-scholar: A woman's narrative. *Qualitative Studies in Education*, *10*(1), 63-83.

Bennis, W., & Nanus, B. (1985). *Leaders: The strategies for taking charge*. New York: Harper & Row.

Bensimon, E., Neumann, A., & Birnbaum, R. (1989). *Making sense of administrative leadership: The "L" word in higher education*. San Fransciso: Jossey-Bass.

Blake, R. R., & Mouton, J. S. (1985). *The managerial grid* (3rd ed.). Houston, TX: Gulf.

Blanchard, B. S. (1998). *System engineering management*. New York: John Wiley & Sons.

Blasé, J. (1987a). The politics of teaching: The teacher-parent relationship and the dynamics of diplomacy. *Journal of Teacher Education*, *38*(2), 53-60.

Blasé, J. (1987b). Political interactions among teachers: Sociocultural contexts in the schools. *Urban Education*, *22*(3), 286-309.

Blasé, J. (1989). The micropolitics of the school: The everyday political orientation of teachers toward open school principals. *Educational Administration Quarterly*, *24*(4), 377-407.

Blasé, J. (1991a). The micropolitics orientation of teachers toward closed school principals. *Education and Urban Society*, *23*(4), 356-378.

Blasé, J. (1991b). *The politics of life in schools: Power, conflict, and cooperation*. Newbury Park, CA: Sage.

Blasé, J. (1993). The micropolitics of effective school-based leadership: Teacher perspectives. *Educational Administration Quarterly*, *29*(2), 142-163.

Blasé, J., & Anderson, G. (1995). *The micropolitics of educational leadership: From control to empowerment*. New York: Teachers College Press.

Blasé, J. & Blasé, J. (2002). The dark side of leadership: Teacher perspectives of principal mistreatment. *Educational Administration Quarterly, 38*(5), 671-727.

Blau, P. M. (1974). *Exchange and power in social life*. New York: John Wiley.

Bogotch, I. (2011). US cultural history: Visible and invisible influences on leadership for learning. In T. Townsend & J. MacBeath (Eds.), *International handbook of leadership for learning* (pp. 29-50). London, England: Springer.

Bolman, L. G., & Deal, T. E. (1984). *Modern approaches to understanding and managing organization*. San Francisco: Jossey-Bass.

Bolman, L. G., & Deal, T. E. (1991). *Reframing organization: Artistry, choice and leadership*. San Francisco: Jossey-Bass.

Bolman, L. G., & Deal, T. E. (1992). Leading and managing: Effects of context, culture, and gender. *Educational Administration Quarterly, 28*(3), 314-329.

Bower, J. L. (2007). Solve the succession crisis by growing inside-outsider leaders. *Harvard Business Review*, Nov., 91-96.

Boyan, N. (1988). Describing and explaining administrative behavior. In N. Boyan (Ed.), *Handbook of research in educational administration* (pp.77-98). New York: Logman.

Bridges, J. W. (2003). Principal influence: Sustaining a vision for powerful new forms of learning using technology. *Dissertation Abstracts International*. (UMI 3094211)

Bryman, A. (1992). *Charisma and leadership in organizations*. London: Sage.

Bukowitz, W. R., & Williams, R. L. (1999). *The knowledge management field book*. London: Prentice Hall.

Burns, J. M. (1978). *Leadership*. New York: Harper & Row.

Bush, T. (2003). *Theories of educational leadership and management*(3rd ed.). London: Sage.

Bush, T., Bell, L., & Middlewood, D. (Eds). (2019). *Principles of educational leadership and management* (3rd ed.). London: Sage.

Cameron, K. S. (2013). *Practicing positive leadership*. San Francisco, CA: Berrett-Koehler Publishers.

Capelluti, J., & Nye, K. (2004).The eight habits of highly ineffective principals. *Principal Leadership, 4*(9), 8-9.

Chadwick, L. J. (1999). *A comparative analysis of transformational and transactional leadership in public school principals and their effect on school culture*. Unpublished doctoral dissertation, Regent University, Virginia Beach, VA.

Chance, E. W. (1992). *Visionary leadership in school*. Springfield, IL: Charles C. Thomas Publisher.

Chemers, M., & Rice, R. (1974). A theoretical and empirical examination of Fiedler's contingency model of leadership effectiveness. In J. Hunt & L. Larson (Eds.), *Contingency approaches to leadership*. Carbondale, IL: Southern Illinois University Press.

Cheng, K., & Wong, K. (1996). School effectiveness in East Asia: Concepts, origins and implications. *Journal of Educational Administration, 34*(5), 32-49.

Cheng, Y. C. (1994). Principal's leadership as a critical factor for school performance: Evidence from multi-levels of primary schools. *School Effectiveness and School Improvement, 5*(3), 299-317.

Chin, J. M. (秦夢群)(2007). Meta-analysis of transformational school leadership effects on school outcomes in Taiwan and the USA. *Asia Pacific Education Review, 8*(2), 166-177.

Chirichello, M. P. (1997). *A study of preferred leadership styles of principals and the organizational climates in successful public elementary schools in New Jersey*. unpublished doctoral dissertation, Seton Hall University, South Orange, NJ.

Cibulka, J. G. (1999). Moving toward an accountable system of K-12 education: Alternative approaches and challenges. In G. Cizek (Ed.), *Handbook of educational policy* (pp.151-181). San Diego, CA: Academic Press.

Ciulla, J. B. (Ed.). (1998). *Ethics, the heart of leadership*. Westport, CT: Praeger.

Coetsee, L. D. (1993). A practical model for management of resistance to change: An analysis of political resistance in South Africa. *International Journal of Public Administration, 16*(11), 1815-1837.

Cohen, M. D., March, J. G., & Olsen, J. P. (1972). A garbage can model of organizational choice. *Administrative Science Quarterly, 17*, 1-25.

Collins, J. (2001). *Good to Great: Why some companies make the leap, and other don't*. New York: Harper Business.

Conger, J. A. (1989). *The charismatic leader: Behind the mystique of exceptional leadership*. San Francisco: Jossey-Bass.

Conger, J. A., & Kanungo, R. N. (1987). Toward a behavior theory of charismatic leadership in organizational settings. *Academy of Management Review, 12*(4), 627-647.

Conger, J. A., & Kanungo, R. N. (1988). Behavioral dimensions of charismatic leadership. In

J. A. Conger & R. N. Kanungo (Eds.), *Charismatic leadership* (pp.78-97). San Francisco: Jossey-Bass.

Conger, J. A. & Kanungo, R. N. (1998). *Charismatic leadership in organizations*. Thousand Oaks, CA: Sage.

Conger, J. A., Kanungo, R. N., & Menon, S. T. (2000). Charismatic leadership and follower effects. *Journal of Organizational Behavior, 21*(7), 747-767.

Connolly, M., Eddy-Spicer, D. H., James, C., & Kruse, S. D. (Eds). (2019). *The SAGE handbook of school organization*. London: Sage.

Covey, S. R. (1995). *First things first*. New York: Fireside.

Covey, S. R. (2002). Servant-leadership and community leadership in the twenty-first century. In L. C. Spears & M. Lawrence (Eds.), *Focus on leadership: Servant leadership for the twenty-first century* (pp.26-33). New York: John Wiley & Sons.

Crawford, C. B. (2005). Effects of transformational leadership and organizational position on knowledge management. *Journal of Knowledge Management, 9*(6), 6-16.

Croghan, J. H. (1971). *A study of the relationships between perceived leadership behavior of elementary principals and informal group dimensions and composition in elementary schools*. Unpublished doctoral dissertation, Syracuse University, Syracuse, NY.

Cuban, L. (1988). *The managerial imperative and the practice of leadership in schools*. Albany, NY: State University of New York Press.

Cunningham, W. G., & Cordeiro, P. A. (2003). *Educational leadership: A problem-based approach*. Boston: Allyn & Bacon.

Cunningham, W. G., & Gresso, D. W. (1993). *Cultural leadership: The culture of excellence in education*. Boston: Allyn & Bacon.

Daft, R. L. (1999). *Leadership theory and practice*. Fort Worth, TX: Dryden Press.

Daft, R. L., & Lengel, R. H. (2000). *Fusion leadership*. San Francisco: Berrett-Koehler.

Dale, J. D. (1997). The new American school system: A learning organization. *International Journal of Educational Reform, 6*(1), 34-39.

Davis, B. (1996). Re-engineering school leadership. *International Journal of Educational Management, 10*(2), 11-16.

Davis, K., & Newstrom, J. W. (1985). *Human behavior at work: Organizational behavior* (7th ed.). New York: McGraw-Hill.

Deal, T. E., & Peterson, K. D. (1994). *The leadership paradox: Balancing logic and artistry in schools*. San Francisco: Jossey-Bass.

Deal, T. E., & Peterson, K. D. (1999). *Shaping school culture: The heart of leadership*. San Francisco: Jossey-Bass.

Deal, T. E., & Peterson, K. D. (2009). *Shaping school culture: Pitfalls, paradoxes, and promises*. San Francisco: Jossey-Bass.

Deephouse, D. L. (1996). Does isomorphism legitimate. *Academy of Management Journal, 39*, 1024-1039.

Dempster, N. (2009). *Leadership for learning: A framework synthesizing recent research*. Canberra, Australia: Australian College of Educators.

Dempster, N., Robson, G., & Gaffney, M. (2011). Leadership for learning: Research findings and frontiers from down under. In T. Townsend & J. MacBeath (Eds.), *International handbook of leadership for learning* (pp. 143-163). London, England: Springer.

Den Hartog, D. N., House, R. J., Hanges, P. J., Ruiz-Quintanilla, S. A., & Dorfman, P. W. (1999). Culturally-specific and cross-culturally generalizable implicit leadership theories: Are attributes of charismatic/transformational leadership universally endorsed. *Leadership Quarterly, 10*(2), 219-256.

Denson, Z. S. (2006). *Elementary principals' perceptions of the effects of professional development on instructional leadership*. Unpublished doctoral dissertation, Wayne State University, Detroit, MI.

Denzin, N., & Lincoln, Y. (1994). Introduction: Entering the field of qualitative research. In N. Denzin & Y. Lincoln (Eds.), *Handbook of qualitative research* (pp.1-18). Newbury Park, CA: Sage.

Dickerson, P. L. (2003). *Principal leadership style and the dimensions of teacher leadership in Texas Public Schools*. (UMI ProQuest Digital Dissertations Publication Dissertation No. AAT 3094644)

Dillard, C. (1995). Leading with her life: An African American feminist (re)interpretation of leadership for an urban high school principal. *Educational Administration Quarterly, 31*(4), 539-563.

DiMaggio, P. J., & Powell, W. W. (1983). The iron cage revisited: Institutional isomorphism and collective rationality in organizational fields. *American Sociological Review, 48*(2), 147-160.

Donaldson, G. A. (2001). *Cultivating leadership in the schools*. New York: Teachers College

Press.

Downton, J. V. (1973). *Rebel leadership: Commitment and charisma in the revolutionary process*. New York: The Free Press.

DuBrin, A. J. (2007). *Leadership: Research findings, practice, and skills*. New York, NY: Houghton Mifflin.

Duke, D., & Iwanicki, E. (1992). Principal assessment and the notion of fit. *Peabody Journal of Education*, *68*(1), 25-36.

Dunlap, D. M., & Goldman, P. (1991). Rethinking power in schools. *Educational Administration Quarterly*, *27*(1), 5-29.

Dwyer, D. C., Lee, G. V., Rowan, B., & Bossert, S. T. (1983). *Five principals in action: Perspectives on instructional management*. San Francisco, CA: Far West Laboratory for Educational Research and Development

Eden, D., & Levitan, V. (1975). Implicit leadership theory as a determinant of the factor structure underlying supervisory behavior scales. *Journal of Applied Psychology, 60*, 736-741.

Edward, W. C. (1992). *Visionary leadership in school*. Springfield, IL: Charles C. Thomas Publisher.

English, F. (2008). *Anatomy of professional practice: Promising research perspectives on educational leadership*. Lanham, MD: Rowman & Littlefield Education.

Everhart, R. (1988). Fieldwork methodology in educational administration. In N. Boyan (Ed.), *The handbook of research on educational administration* (pp.703-727). New York: Longman.

Farh, J. L., & Cheng, B. S. (2000). A cultural analysis of paternalistic leadership in Chinese organization. In J. T. Li, A. S. Tsui, & E. Weldon(Eds.), *Management and organizations in the Chinese context* (pp.84-127). London: Macmillan.

Faulkenberry, T. M. (1996). *A comparison of teachers' perceptions of key instructional leadership behaviors and instructional leadership behaviors identified in effectives schools' research*. Unpublished doctoral dissertation, University of South Carolina, Columbia, SC.

Fayol, H. (1949). *General and industrial management* (C. Storrs, Trans.). London: Pitman.

Felton, S. L. (1995). Transformational and transactional leadership and teacher job satisfaction. *Dissertations Abstracts International, 56*(9), 3386.

Fiedler, F. E. (1967). *A theory of leadership effectiveness*. New York: McGraw-Hill.

Fiedler, F. E., & Chemers, M. W. (1974). *Leadership and effective management*. Glenview, IL: Scott, Foresman and Co.

Fink, D. (2011). The succession challenge: Warm bodies or leaders of learning? In T. Townsend & J. MacBeath (Eds.), *International handbook of leadership for learning* (pp. 589-602). London, England: Springer.

Flanagan, L., & Jacobsen, M. (2003). Technology leadership for the twenty-first century principal. *Journal of Educational Administration, 41*(2), 124-142.

Foucault, M. (1977). *Power/knowledge*. New York: Pantheon Books.

Freire, P. (1973). *Pedagogy of the oppressed*. New York: Seabury Press.

Freire, P. (1985). *The politics of education*. South Hadley, MA: Bergin and Garvey.

French, J. R., & Raven, B. (1959). The bases of social power. In D. Cartwright (Ed.), *Studies in social power* (pp.150-167). Ann Arbor, MI: University of Michigan Press.

Fullan, M. (2001). *The new meaning of educational change*. New York: Teachers College Press.

Gardner, W. L., Avolio, B.J., Luthans, F., May, D. R., & Walumbwa, F. O. (2005). Can you see the real me? A self-based model of authentic leader and follower development. *Leadership Quarterly, 16*, 343-372.

Garland, P., & O'Reilly, R. (1976). The effect of leader-member interaction on organizational effectiveness. *Educational Administration Quarterly, 12* (Fall), 9-30.

George, B. (2003). *Authentic leadership: Rediscovering the secrets to creating lasting value*. San Francisco: Jossey-Bass.

Gepford, J. D.(1996). *The relationship between school success and the leadership style of the principal in low social-economic schools*. Unpublished doctoral dissertation, University of South Carolina, Columbia, SC.

Gibb, J. R., Platts, G. N., & Miller, L. F. (1951). *Dynamics of participative groups*. St. Louis, MO: John S. Swift.

Giroux, H. (1983). Theories of reproduction and resistance in the new sociology of education. *Harvard Educational Review, 53*, 257-293.

Giroux, H. (1992). *Border crossing: Cultural workers and the politics of education*. New York: Routledge.

Glickman, C. D. (2002). *Leadership for learning*: How to help teachers succeed. Alexandria,

VA: Association for Supervision and Curriculum Development.

Goffee, R., & Jones, G. (1998). *The character of a corporation*. New York: Harper Business.

Goldring, E. B., & Pasternak, R. (1994). Principals' coordinating strategies and school effectiveness. *School Effectiveness and School Improvement, 5*, 237-251.

Goldring, E. B., & Ralis, S. F. (1993). *Principals of dynamic schools*. Thousand Oaks, CA: Corwin Press.

Goldring, E., Huff, J. P., & Barnes, C. (2009). Measuring the learning-centered leadership expertise of school principals. *Leadership and Policy in Schools, 8*(2), 197-228.

Gordon, Z. V. (2005). *The effect of distributed leadership on student achievement.* Unpublished doctoral dissertation, State University of Central Connecticut, New Britain, CT.

Graen, G., Cashman, J., & Haga, A. (1975). A role-making model of leadership in formal organizations: A developmental approach. In J. Hunt & L. Larson (Eds.), *Leadership frontiers* (pp.143-166). Kent, OH: Kent State University Press.

Greenfield, W. D. (1991). The micropolitics of leadership in an urban elementary school. In J. Blasé (Ed.), *The politics of life in schools: Power conflict, and cooperation* (pp.161-184). Newbury Park: CA: Sage.

Greenfield, W. D. (1993). Articulating values and ethics in administrator preparation. In A. C. Colleen (Ed.), *Educational administration in a pluralistic society* (pp.267-287). Albany, NY: State University of New York Press.

Greenleaf, R. K. (1970). *The servant as leader*. Indianapolis, IN: Greenleaf Center.

Greenleaf, R. K. (1977). *Servant leadership: A journey into the nature of legitimate power and greatness*. New York: Paulist.

Greenleaf, R. K. (1998). Servant leadership. In L. C. Spears (Ed.), *Insights on leadership* (pp.15-20). New York: Wiley.

Greenlee, A. R., & Ogletree, E. J. (1993). *Teachers' attitudes toward student discipline problem and classroom management strategies*. (ERIC Document No. ED364 330)

Griffith, D. E., Hemphill, J. K., & Frederiksen, N. (1967). *Administrative performance and personality*. New York: Columbia University.

Griffith, J. (2004). Relation of principal transformational leadership to school staff job satisfaction, staff turnover, and school performance. *Journal of Educational Administration, 45*(3), 333-356.

Griffiths, D. (1988). Administrative theory. In N. Boyan (Ed.), *The handbook of research on educational administration* (pp.27-52). New York: Longman.

Gronn, P. (2000). Distributed properties: A new architect for leadership. *Educational Management and Administration, 28*(3), 317-338.

Gronn, P. (2002). Distributed leadership. In K. Leithwood & P. Hallinger (Eds), *Second international handbook of educational leadership and administration* (pp.653-696). Dordrecht, Netherlands: Kluwer Academic Publishers.

Gronn, P. (2003). *The new work of educational leaders: Changing leadership practice in an era of school reform.* London: Paul Chapman Publishing.

Gunter, H. M. (2001). *Leader and leadership in education.* London: Paul Chapman Publishing.

Habermas, J. (1984). *The theory of communicative action (Vol.1): Reason and the rationalization of society.* Boston: Beacon Press.

Hallinger, P., & Heck, R. (1996). A principal's role in school effectiveness: An assessment of methodological progress, 1980-1995. In K. Leithwood, J. Chapman, D. Corson, P. Hallinger & A. Hart (Eds.), *International handbook of educational leadership and administration* (pp.723-783). Dordrecht, Netherlands: Kluwer Academic Publishers.

Hallinger, P., & Heck, R. (1998). Exploring the principal's contribution to school effectiveness. *School Effectiveness and School Improvement, 9*(2), 157-191.

Hallinger, P., & Heck, R. H. (2011). Collaborative leadership and school improvement: Understanding the impact on school capacity and student learning. In T. Townsend & J. MacBeath (Eds.), *International handbook of leadership for learning* (pp. 469-486). London, England: Springer.

Hallinger, P., & Murphy, J. F. (1987). Assessing and developing principal instructional leadership. *Educational Leadership, 45*(1), 54-61.

Hallinger, P., Taraseina, P., & Miller, J. (1994). Assessing the instructional leadership of secondary school principals in Thailand. *School Effectiveness and School Improvement, 5*(4), 321-348.

Halpin, A. W. (1957). The leader behavior and effectiveness of aircraft commanders. In R. Stogdill & A. Coons (Eds.), *Leader behavior: Its description and measurement.* Columbus, OH: Ohio State University.

Halpin, A. W. (1959). *The leadership behavior of school superintendents.* Chicago: Midwest

Administration Center, University of Chicago.

Halpin, A. W., & Croft, D. B. (1962). *The organizational climate of schools*. Chicago Midwest Administration Center, University of Chicago.

Halpin, A. W., & Winer, B. J. (1952). *The leadership behavior of the airplane commander*. Washington, D.C.: Human Resources Research Laboratories, Department of the Air Force.

Hannan, M. T., & Freeman, J. (1984). Structural inertia and organizational change. *American Sociological Review, 49*, 149-164.

Hannaway, J., & Talbert, J. (1993). Bringing context into effective schools research: Urban-suburban differences. *Educational Administration Quarterly, 29*(2), 164-186.

Harris, A. (2003a). Teacher leadership as distributed leadership: Heresy, fantasy or possibility. *School Leadership & Management, 23*(3), 313-324.

Harris, A. (2003b). The changing context of leadership: Research, theory and practice. In A. Harris et al. (Eds.), *Effective leadership for school improvement* (pp.9-25). London: Routledge Falmer.

Harris, A. (2004). Distributed leadership and school improvement: Leading or misleading. *Educational Management Administration and Leadership, 32*(1), 11-24.

Hatcher, R. (2005). The distribution of leadership and power in schools. *British Journal of sociology of Education, 26*(2), 253-267.

Hatchett, M. E. (1995). An analysis of teacher empowerment, transformation leadership and job satisfaction in the elementary school. *Dissertation Abstracts International, 56*(11), 4223.

Hater, J. J., & Bass, B. M. (1988). Supervisors' evaluations and subordinates' perceptions of transformational and transactional leadership. *Journal of Applied Psychology, 73*, 695-702.

Heck, R. H., Larsen, T. J., & Marcoulides, G. A. (1990). Instructional leadership and school achievement: Validation of a causal model. *Educational Administration Quarterly, 26*(2), 94-125.

Hemphill, J. K. (1955). Patterns of leadership behavior associated with administrative reputation in the department of a college. *Journal of Educational Psychology, 46* (Nov.), 385-401.

Hemphill, J. K., & Coons, A. E. (1950). *Leader Behavior Description Questionnaire*. Columbus,

OH: Personnel Research Board, Ohio State University.

Hendersh, S. M. (1996). *An exploratory search for how an elementary principal's transformational leadership practice promote teacher professional development.* Unpublished doctoral dissertation, University of Cincinnati, Cincinnati, OH.

Hersey, P., & Blanchard, K. H. (1977). *Management of organizational behavior: Utilizing human resources* (3rd ed.). Englewood Cliffs, NJ: Prentice-Hall.

Hersey, P., & Blanchard, K. H. (2007). *Management of organizational behavior: Leading human resource* (4th ed.). Englewood Cliffs, NJ: Prentice-Hall.

Herzberg, F. (1966). *Work and the nature of man.* New York: Collins.

Hodgkinson, C. (1991). *Educational leadership: The moral art.* New York: State University of New York Press.

Holland, J. H. (1995). *Hidden order.* Reading, MA: Addison-Wesley.

Hopfe, M. W. (1970). Leadership style and effectiveness of department chairmen in business administration. *Academy of Management Journal, 13*, 301-310.

House, R. J. (1971). A path goal theory of leadership effectiveness. *Administrative Science Quarterly, September*, 321-328.

House, R. J. (1977). A 1976 theory of charismatic leadership. In J. G. Hunt & L. L. Larson(Eds.), *Leadership: The cutting edge* (pp.189-207). Carbondale, IL: Southern Illinois University Press.

House, R. J., & Aditya, R. M. (1997). The social scientific study of leadership: Quo vadis. *Journal of Management, 23*(3), 409-473.

House, R. J., & Howell J. M. (1992). Personality and charismatic leadership. *Leadership Quarterly, 3*(2), 81-98.

House, R. J., & Mitchell, T. (1974). The path-goal theory of leadership. *Journal of Contemporary Business, 74*(3), 81-97.

Howell, J. M. (1988). Two faces of charisma: Socialized and personalized leadership in organizations. In J. A. Conger & R. N. Kanungo (Eds.), *Charismatic leadership: The elusive factor in organizational effectiveness* (pp.213-236). San Francisco: Jossey-Bass.

Hoyle, E. (1986). *The politics of school management.* London: Hodder and Stoughton.

Hughes, L. W. (1999). *The principal as leader* (2nd ed.). Upper Saddle River, NJ: Prentice-Hall.

Jacobs, J. W. (1965). Leader behavior of the secondary school principal. *National*

Association of Secondary School Principals Bulletin, 49 (October), 13-17.

Jantzi, D., & Leithwood, K. (1996). Toward an explanation of variation in teachers perceptions of transformational school leadership. *Educational Administration Quarterly, 32*(4), 512-538.

Jensen, C. L. (1996). *A study of the relationship between transformational leadership and school climate*. Unpublished doctoral dissertation, Western Michigan University, Kalamazoo, MI.

Jensen, D. (1998). Quantum leaders at work. *Biopharm, 11*(10), 48-56.

Jermier, J. M. (1998). Introduction: Critical perspectives on organizational Control. *Administrative Science Quarterly, 43*(2), 235-256.

Kanungo, R. N., & Mendonica, M. (1996). *Ethical dimension of leadership*. Thousand Oaks, CA: Sage.

Katz, R. L. (1955). *Skills of an effective administrator*. Retrieved December 2, 2009, from http://www.harvardbusiness.org/hbsp/hbr/articles/article.jsp?articleID=74509&ml_action=get-article&print=true

Kauffman, S. A. (1995). *At home in the universe: The search for the laws of self-organization and complexity*. New York: Oxford University Press.

Keith, N. (1996). A critical perspective on teacher participation in urban schools. *Educational Administration Quarterly, 32*(1), 45-79.

Kennedy, M., Jung, R., & Orland, M. (1986). *Poverty, achievement and the distribution of compensatory education services*. Washington, D.C.: U.S. Department of Education.

Kiel, D. L. (1989). Nonequilibrium theory and it's implication for public administration. *Public Administrative Review, 49*(6), 544-551.

King, M. I. (1989). Extraordinary leadership in education transformational leadership and transaction leadership as predictors of effectiveness, satisfaction, and organizational climate in K-12 and Higher education (Doctoral dissertation, University of New Orleans, 1989). *Dissertation Abstracts International, 50*(8), 2329.

Kochan, T., & Useem, M. (1992). *Transforming organizations*. New York: Oxford University Press.

Korman, A. (1974). Contingency approaches to leadership: An overview. In J. Hunt & L. Larson (Eds.), *Contingency approaches to leadership* (pp.189-195). Carbondale, IL: Southern Illinois University Press.

Kreitner, R., & Kinicki, A. (2004). *Organizational behavior* (6th ed.). Burr Ridge, IL: McGraw-Hill/Irwin.

Kunz, D., & Hoy, W. K. (1976). Leader behavior of principals and the professional zone of acceptance of teachers. *Educational Administration Quarterly, 12*, 49-64.

Lambert, D. B. (1968). *A study of the relationships between teacher morale and the school principal's leader behavior*. Unpublished doctoral dissertation, Auburn University, Auburn, AL.

Lashway, L. (1995). *Facilitative leadership*. (ERIC Document Reproduction Service No. ED38151)

Lashway, L. (1997). *Measuring leadership potential*. (ERIC Document Reproduction Service No. ED409605)

Lashway, L. (2002). *Developing instructional leadership*. Eugene, OR: ERIC Clearinghouse on Educational Management. (ERIC Document Reproduction Service No. ED466023)

Layton, J. K. (2003). *Transformational leadership and the middle school principal*. (UMI ProQuest Digital Dissertations Publication Dissertation No. AAT 3108364)

Lee, J. C., & Dimmock, C. (1999). Curriculum leadership and management in secondary schools: A Hong Kong case study. *School leadership and management, 19*(4), 455-481.

Leithwood, K. (1992). Transformational leadership: Where does it stand. *Educational Digest, 58*(3), 17-20.

Leithwood, K. (1994). Leadership for school restructuring. *Educational Administration Quarterly, 30*(4), 498-518.

Leithwood, K., & Duke, D. (1999). A century's quest to understand school leadership. In J. Murphy & K. S. Louis (Eds.), *Handbook of research on educational administration* (2nd ed.) (pp.45-72). Washington, D.C.: American Educational Research Association.

Leithwood, K., & Jantzi, D. (1999). Transformational school leadership effects: A replication. *School Effectiveness & School Improvement, 10*(4), 451-479.

Leithwood, K., & Jantzi, D. (2006). Transformational school leadership for large-scale reform: Effects on students, teachers, and their classroom practice. *School Effectiveness and School Improvement, 17*(2), 201-227.

Leithwood, K., Jantzi, D., & Steinbach, R. (1999). *Changing leadership for changing times*. Buckingham, UK: Open University Press.

Leithwood, K., Louis, K. S., Anderson, S. & Wahlstrom. K. (2004).*Review of research how leadership influences student learning*. New York, NY: The Wallance Foundation.

Leithwood, K., Tomlinson, D., & Genge, M. (1996). Transformational school leadership. In K. Leithwood, J. Chapman, D. Corson, H. Hallinger, & A. Hart (Eds.), *International handbook of leadership and administration* (pp.758-840). Dordrecht, Netherlands: Academic Publishers.

Lester, V. H. (2000). *Transformational leadership and developing a professional learning community in Pajarito Elementary School*. Unpublished doctoral dissertation, University of New Mexico, Albuquerque, NM.

Lewin, R. (1992). *Complexity: Life at the edge of chaos*. New York: Macmillan Publishing Company.

Likert, R. (1961). *New pattern of management*. New York: McGraw-Hill.

Likert, R. (1967). *The human organization: Its management and value*. New York: McGraw-Hill.

Liontos, L. B. (1992). *Transformational leadership*. Eugene, OR: ERIC Clearinghouse on Educational Management. (ERIC Document Reproduction Service No.ED347636)

Lippit, G. L. (1982). *Organization renewal: A holistic approach to organization development*. Englewood Cliffs, NJ: Prentice Hall.

Lipsky, M. (1980). *Street level bureaucracy*. New York: Russell Sage Foundation.

Lotto, L., & Murphy, J. (1990). Making sense of schools as organizations: Cognition and sense-making in schools. In P. Thurston & L. Lotto (Eds.), *Advances in educational administration: Changing perspectives on the schools* (pp.201-240). Greenwich, CT: JAI Press.

Lucas, S. E. (2001). *Transformational leadership: Principals, leadership teams, and school culture*. Unpublished doctoral dissertation, University of Missouri, Columbia, MO.

Lum, J. (1997). Student mentality: Intentionalist perspectives about the principal. *Journal of Educational Administration, 35*(3), 210-233.

Lunenburg, F. C. & Ornstein, A. C. (2011). *Education administration: Concepts and practices* (6th ed). CA: Wadsworth.

MacBeath, J. (2002). Leadership, learning, and the challenge to democracy: The cases of Hong Kong, the United Kingdom, and the United States. In A. Walker & C. Dimmock (Eds.), *School leadership and administration: Adopting a cultural perspective* (pp.103-122). New York, NY: Routledge Falmer.

MacBeath, J., & Cheng, Y. C. (2008). *Leadership for learning: International perspectives*. Rotterdam, Netherlands: Sense.

MacBeath, J., & Dempster, N. (Eds.) (2009). *Connecting leadership and learning: Principles for practice*. London, England: Routledge Education.

Madison, L. A. (2002). *The effect of supervisor level of authority and leadership style on elementary school climate and teacher job satisfaction*. Unpublished doctoral dissertation, State University of New Jersey, New Brunswick, NJ.

Malone, B. G., & Caddell, T. A. (2000). A crisis in leadership: Where are tomorrow's principals. *The Clearing House, 73*(3), 162-164.

Marion, R. (2005). *Leadership in education: Organizational theory for the practitioner*. Long Grove, IL: Waveland Press.

Marks, H. M., & Printy, S. M. (2003). Principal leadership and school performance: An integration of transformational and instructional leadership. *Educational Administration Quarterly, 39*(3), 370-397.

Martino, A. M. (2003). *Leadership style, teacher empowerment, and job satisfaction in public elementary schools*. Unpublished doctoral dissertation, St. Johns University, New York.

Marzano, R. J., Waters, T., & McNulty, B. (2005). *School leadership that works: From research t results*. Aurora, CO: ASCD and McREL.

Maslow, A. H. (1955). *Motivation and personality*. New York: Harper & Brothers.

Matthews, L. J., & Crow, G. M. (2003). *Being and becoming a principal: Role conceptions for contemporary principals and assistant principals*. Boston: Allyn and Bacon.

Maxcy, S. (1995). Responses to commentary: Beyond leadership frameworks. *Educational Administration Quarterly, 31*(3), 473-483.

Maxcy, S. J. (1994). *Postmodern school leadership: Meeting the crisis in educational administration*. London: Praeger.

Mayrowetz, D. (2008). Making sense of distributive leadership: Exploring the multiple usages of the concept in the field. *Educational Administration Quarterly, 44*(3), 424-435.

McCray, C. R., & Beachum, F. D. (2011). Culturally relevant leadership for the enhancement of teaching and learning in Urban Schools. In T. Townsend & J. MacBeath (Eds.), *International handbook of leadership for learning* (pp. 487-502). London, England:

Springer.

McEwan, E. K. (1998). *Seven steps to effective instructional leadership*. Thousand Oaks, CA: Corwin Press.

McGhee, P. R. (1971). *An investigation of the relationships between principals' decision-making attitudes, leader behavior and teacher grievances in public schools*. Unpublished doctoral dissertation, Syracuse University, Syracuse, NY.

McGorray, K.T. (1995). *Instructional leadership in the principal role: Testing the effectiveness of slinger and multisensory approach encoding strategies for the first grade language arts program*. Unpublished doctoral dissertation, Cleveland State University, Cleveland, OH.

McGregor, D. (1960). *The human side of enterprise*. New York: McGraw-Hill.

Meyer, H. D., & Rowan, B. (Eds.). (2006a). *The new institutionalism in education*. Albany, NY: State University of New York Press.

Meyer, H. D., & Rowan, B. (2006b). Institutional analysis and the study of education. In H. Meyer & B. Rowan (Eds.). *The new institutionalism in education* (pp.1-13). Albany, NY: State University of New York Press.

Meyer, J. W., & Rowan, B. (1977). Institutionalized organizations: Formal structure as myth and ceremony. *American Sociological Review, 83*, 340-363.

Meyer, J. W., & Rowan, B. (1983). The structure of educational organizations. In J. W. Meyer & B. Rowan (Eds.), *Organizational environments: Ritual and rationality* (pp.217-225). Beverly Hills, CA: Sage.

Miller, P. W. (2019). *The nature of school leadership: Global practice perspectives*. New York: Palgrave Macmillan.

Mintzberg, H. (1973). *The nature of managerial work*. New York: Harper & Row.

Mintzberg, H. (1979). *The structuring of organizations: A synthesis of the research*. Englewood Cliffs, NJ: Prentice Hall.

Mitchell, D. E., Crowson, R. L., & Shipps, D. (2011). *Shaping education Policy: Power and process*. New York: Routledge.

Mooney, M. P. (2003). *A study of the relationship between transformational leadership and organizational climate of elementary schools in Western Pennsylvania*. Unpublished doctoral dissertation, Duquesne University, Pittsburgh, PA.

Moorthy, D. (1992). The Canadian principal of the 90s manager or instructional leader? or both. *Education Canada, 32*(2), 8-11.

Morris, V. C., Crowson, R., Porter-Gehrie, C., & Hurwitz, E. (1984). *Principals in action: The reality of managerial work*. New York: Harper & Row.

Morrison, K. (2002). *School leadership and complexity theory*. Washington D.C.: Falmer Press.

Muijs, D., & Harris, A. (2003). Teacher leadership: Improvement through empowerment. *Educational Management, Administration & Leadership, 31*(4), 437-449.

Mulford, B., & Silins, H. (2003). Leadership for organizational learning and improved student outcomes: What do we know? *Cambridge Journal of Education, 33*(2), 175-195.

Murphy, D. T., & Gunter, G. A. (1997). Technology integration: The importance of administrative supports. *Educational Media International, 34*(3), 136-139.

Murphy, J., Elliott, S. N., Goldring, E., Porter, A. C. (2006). *Learning-centered leadership: A conceptual foundation*. Retrieved from http://files.eric.ed.gov/fulltext/ED505798.pdf

National Association of Secondary School Principals. (2001). *Priorities and barriers in high school leadership: A survey of principals*. Reston, VA: Author.

Nettles, S. M., & Herrington, C. (2007). Revisiting the importance of the direct effects of school leadership on student achievement: The implications for school improvement policy. *Peabody Journal of Education, 82*(4), 724-736.

NCSL (2007). *Four modules of the development activities of NPQH*. Retrieved April 15, 2007, from http://www.ncsl.org.uk/ programmes/npqh/npqh-structure.cfm

Nonaka, I., & Takeuchi, H. (1995). *The knowledge-creating company: How Japanese companies' creating the dynamics of innovation*. New York: Oxford University Press.

Nonaka, I., Umemoto, K., & Sasaki, K. (1998). Three tales of knowledge creating companies. In G. Krogh, J. Roos, & D. Kleine (Eds.), *Knowing in firms* (pp.25-45). London: Sage.

Nunn, J. A., McPherson. S., & Rust, W. D. (1998). *Preparing teachers for school-based technology leadership*. (ERIC Document Reproduction Services No. ED421149)

O'Reilly, C. A., & Chatman, J. A. (1996). Culture as social control: Corporations, cults, and commitment. In B. W. Staw & L. L. Cummings (Eds.), *Research in organizational behavior* (Vol.18, pp.157-200). Greenwich, CT: JAI Press.

OECD (2000). *Knowledge management in the learning society*. Paris: Author.

Offermann, L. R., Kennedy, J. K., Jr., & Wirtz, P. W. (1994). Implicit leadership theories: Content, structure, and generalizability. *Leadership Quarterly, 5*, 43-58.

Ogawa, R. (1991). Enchantment, disenchantment, and accommodation: How a faculty made sense of the succession of its principal. *Educational Administration Quarterly, 27*(1), 30-60.

Ogawa, R., & Bossert, S. (1995). Leadership as an organizational quality. *Educational Administration Quarterly, 31*(2), 224-243.

Ogle, E. H. (2000). *The art of being human: A case study of transformational leadership.* Unpublished doctoral dissertation, University of California, Los Angles.

Pai, Y., & Adler, S. A. (2001). *Cultural foundations of education* (3rd ed.). Upper Saddle River, NJ: Merrill, Prentice-Hall.

Palestini, R. H. (2003). *The human touch in educational leadership: A postpositivist approach to understanding educational leadership.* Lanham, MD: Scarecrow Press.

Patterson, J. L. (2003). *Coming even cleaner about organizational change.* Lanham, MD: A Scarecrow Education Book.

Paulu, N. (1989). Principals and school improvement: Sixteen success stories. *NASSP Bulletin, 73*(517), 71-77.

Pfeffer, J. (1997). *New directions for organization theory: Problems and prospects.* New York: Oxford University Press.

Pfeffer, J., & Salancik, G. R. (1978). *The external control of organizations: A resource dependence perspective.* New York: Harper & Row.

Pierce, M. (2000, September). Portrait of the'super principal'. *Harvard Education Letter: Research Online.*

Pierce, P. R. (1935). *The origin and development of the public school principalship.* Chicago: University of Chicago Press.

Porter, L. (1975). *Behavior in organizations.* New York: McGraw-Hill.

Pounder, D., Ogawa, R., & Adams, E. (1995). Leadership as an organization wide phenomenon: Its impact on school performance. *Educational Administration Quarterly, 31*(4), 564-588.

Price, T. L. (2003). The ethics of authentic transformational leadership. *Leadership Quarterly, 14*(1), 67-81.

Prigogine, I., & Stengers, I. (1984). *Order out of chaos: Man's new dialogue with nature.* New York: Bantam.

Public Agenda (2001). *Trying to stay ahead of the game.* New York: Author.

Quick, P. M., & Normore, A. H. (2004). Moral leadership in the 21st century: Everyone is watching especially the students. *The Educational Forum, 68*(4), 336-347.

Quinn, R. E. (1988). *Beyond rational management: Mastering the paradoxes and competing demands of high performance*. San Francisco: Jossey-Bass.

Reardon, R. (2011). Elementary school principals' learning-centered leadership and educational outcomes: Implications for principals' professional development. *Leadership and Policy in Schools, 10*(1), 63-83.

Reddin, W. J. (1967). The 3-D management-style theory: A typology based on task and relationships orientation. *Training and Development Journal, 21* (4), 8-17.

Reddin, W. J. (1970). *Managerial effectiveness*. New York: McGraw-Hull.

Redding, J. (1997). Enhancing team performance. *Academy of Human Resource Development Conference Proceedings, March*, 6-9.

Redding, S. G. (1990). *The spirit of Chinese capitalism*. New York: Walter de Gruyter.

Regine, B., & Lewin, R. (2000). Leading at the edge: How leaders influence complex systems. *Emergence: A Journal of Complexity Issues in Organization and Management, 2*(2), 5-23.

Reinhartz, J., & Beach, D. M. (2004). *Educational leadership: Changing schools, changing roles*. Boston: Allyn and Bacon.

Reinke, S. J. (2004). Service before self: Towards a theory of servant leadership. *Global Virtue Ethics Review, 5*(3), 95-119.

Ribbins, P. (1995). Principals and principalship: Towards a context based approach to the study of school leadership. *Journal of Pengurusan Pendidikan, 2*(4), 88-105.

Robbins, S. P. (1983). *Organizational behavior: Concepts, controversies, and applications* (2nd ed.). Englewood Cliffs, NJ: Prentice-Hall.

Robbins, S. P. (2001). *Organizational behavior* (9th ed.). Upper Saddle River, NJ: Prentice-Hall.

Robinson, V. (1996). Problem-based methodology and administrative practice. *Educational Administration Quarterly, 32*(3), 427-451.

Robinson, V., Hohepa, M., & Lloyd, C. (2009). School leadership and student outcomes: *Identifying what works and why. Best evidence synthesis iteration*. Wellington, New Zealand: Ministry of Education.

Robinson, V. M., Lloyd, C. A., & Rowe, K. J. (2008). The impact of leadership on student outcomes: An analysis of the differential effects of leadership types. *Educational Administration quarterly, 44*(5), 635-674.

Rodgers, K. M. (1993). Organizational commitment to staff development: The design of an instrument to measure the effectiveness of teacher staff development program. *Dissertation Abstracts International, A54* (05), 1638.

Rossow, L. F. (1990). *The principalship: Dimensions in instructional leadership*. Englewood Cliffs, NJ: Prentice Hall.

Rost, J. C. (1991). *Leadership for the twenty-first century*. London: Praeger.

Roueche, J. E., Baker, G. A., & Rose, R. R. (1989). *Shared vision: Transformational leadership in American community colleges*. Washington, D.C.: Community College Press.

Sadker, M., & Sadker, D. (1994). *Failing at fairness: How America's schools cheat girls*. New York: Scribners.

Sallis, E., & Jones, G. (2002). *Knowledge management in education*. London: Kogan Page.

Sammons, P. (1999). *School effectiveness*. Lisse, Netherlands: Swetz & Zeitlinger.

Sashkin, M. (1984). Participative management is an ethical imperative. *Organizational Dynamics, 12*(4), 5-22.

Sastry, M. A. (1997). Problems and paradoxes in a model of punctuated change. *Administrative Science Quarterly, 42*(2), 237-275.

Scapp, R. (2006). *Managing to be different: Educational leadership as critical practice*. New York: Routledge Taylor & Francis Group.

Schein, E. H. (1992). *Organizational culture and leadership* (2nd ed.). San Francisco: Jossey-Bass.

Schiller, J. (2003). Working with ICT: Perceptions of Australian principals. *Journal of Educational Administration, 41*(2), 171-185.

Schley, W., & Schratz, M. (2011). Developing leaders, building networks, changing schools through system leadership. In T. Townsend & J. MacBeath (Eds.), *International handbook of leadership for learning* (pp. 267-296). London, England: Springer.

Schriesheim, C. A., & Kerr, S. (1977). Theories and measures of leadership: A critical appraisal of current and future directions. In J. Hunt & L. Larson (Eds), *Leadership: The cutting edge* (pp.9-45). Carbondale, IL: Southern Illinois University Press.

Schultz, L. E. (2000). Qualities of an exceptional leader. *Human Systems Management, 19*(2), 93-103.

Seay, D. A. (2004). *A study of the technology leadership of Texas high school principals*. Unpublished doctoral dissertation, University of North Texas, Denton, TX.

Seltzer, J., Numerof, R., & Bass, B. (1989). Transformational leadership: Is it a source of more burnout and stress. *Journal of Health and Human Resources Administration, 12*(2), 174-185.

Selznick, P. (1949). *TVA and the grass roots*. Berkeley, CA: University of California Press.

Senge, P. M. (1990). *The fifth discipline: The art and practice of the learning organization*. New York: Random House.

Seong, D. N. F. (2013). Assessing leadership knowledge in a principalship preparation programme. *International Journal of Educational Management, 27*(4), 425-445.

Sergiovanni, T. J. (1990). *Value-added leadership: How to get extraordinary performance in schools*. New York: Harcourt Brace Jovanovich.

Sergiovanni, T. J. (1992). *Moral leadership: Getting to the heart of school improvement*. San Francisco: Jossey-Bass.

Sergiovanni, T. J. (1995). *The principalship: A reflective practice perspective*. Needham Heights, MA: Allyn and Bacon.

Sergiovanni, T. J. (2000). *The lifeworld of leadership: Creating culture, community, and personal meaning in our schools*. San Francisco: Jossey-Bass.

Sergiovanni, T. J. (2005). *Strengthening the heartbeat: Leading and learning together in schools*. San Francisco: Jossey-Bass.

Sergiovanni, T. J., & Starratt, R. J. (1998). *Supervision: Human perspectives*. New York: McGraw-Hill.

Shamir, B. (1992). Attribution of influence and charisma to the leader: The romance of leadership revisited. *Journal of Applied Social Psychology, 22*(5), 386-407.

Shamir, B., & Eilam, G. (2005). What's your story? A life stories approach to authentic leadership development. *Leadership Quarterly, 16*, 395-417.

Shamir, B., House, R. J., & Arthur, M. B. (1993). The motivational effects of charismatic leadership: A self-concept theory. *Organization Science, 4*(4), 577-594.

Shamir, B., Zakay, E., & Popper, M. (1998). Correlates of charismatic leader behavior in military units: Subordinates' attitudes, unit characteristics, and superiors' appraisals of leader performance. *Academy of Management Journal, 41*(4), 387-409.

Sherman, A. W., Bohlander, G. W., & Chruden, H. J. (1988). *Managing human resources* (8th ed.). Cincinnati, OH: South-Western.

Southworth, G. (2004). *Learning centered leadership: How leaders influence what happens in classroom.* Nottingham, England: National College for School Leadership.

Southworth, G. (2005). Learning-centered leadership. In B. Davis (Ed.), *The essentials of school leadership* (pp. 75-92). Thousand Oaks, CA: Sage.

Silin, R. H. (1976). *Leadership and value: The organization of large scale Taiwan enterprises.* Cambridge, MA: Harvard University Press.

Simon, H. A. (1957). *Administrative behavior.* New York: Free Press.

Simon, H. A. (1976). *Administrative behavior* (3rd ed.). New York: Free Press.

Singh, J. V., & Lumsden, C. J. (1990). Theory and research in organizational ecology. *Annual Review of Sociology, 16,* 161-195.

Slater, R. (1995). The sociology of leadership and educational administration. *Educational Administration quarterly, 31*(3), 449-472.

Slater, R. O., & Boyd, W. L. (1999). Schools as polities. In J. Murphy & K. S. Louis (Eds.), *Handbook of research on educational administration* (2nd ed., pp.323-336). San Francisco: Jossey-Bass.

Smith, W. F., & Andrews, R. L. (1989). *Instructional leadership: How principals make a difference.* Alexandria, VA: Association for Supervision and Curriculum Development.

Snowden, P., & Gorton, R. (2002). *School leadership and administration* (6th ed.). New York: McGraw-Hill.

Sommers, C. H. (2000). *The war against boys: How misguided feminism is harming our young men.* New York: Simon & Schuster.

Spillane, J. P. (2003). Educational leadership. *Educational Evaluation and Policy Analysis, 25*(4), 343-346.

Spillane, J. P. (2005). Distributed leadership. *The Educational Forum, 69*(2), 143-150.

Spillane, J. P. (2006). *Distributed leadership.* San Francisco: Jossey-Bass.

Spillane, J. P., Halverson, R., & Diamond, J. (2004). Distributed leadership: Toward a theory of school leadership practice. *Journal of Curriculum Studies, 36*(1), 3-34.

Stacey, R. (1996). *Strategic management and organization dynamics.* London: Pitman.

Starratt, R. J. (1991). Building an ethical school: A theory for practice in educational leadership. *Educational Administration Quarterly, 27*(2), 185-202.

Starratt, R. J. (1994). *Building an ethical school: A practical response to the moral crisis in schools*. London: The Falmer Press.

Stinchcombe, A. L. (1965). Social structure and organizations. In J. G. March (Ed.), *Handbook of organizations* (pp.142-193). Chicago: Rand McNally.

Stogdill, R. M. (1948). Personal factors associated with leadership: A survey of the literature. *Journal of Psychology, 25*, 35-71.

Stogdill, R. M. (1963). *Manual for the Leader Behavior Description Questionnaire: Form XII*. Columbus, OH: Bureau of Business Research, College of Commerce and Administration.

Stogdill, R. M. (1974). *Handbook of leadership: A survey of theory and research*. New York: Macmillan.

Stolp, S. (1994). *Leadership for school culture*. (ERIC Document Reproduction Service No. ED370198)

Tacconi-Moore, L. J. (2005). *The influence of educational reform on instructional leadership of superintendents in Massachusetts*. Unpublished doctoral dissertation, University of Massachusetts, Lowell, MA.

Tannenbaum, R., & Schmidt, W. (1958). How to choose a leadership pattern. *Harvard Business Review, March-April*, 164-186.

Taylor, F. W. (1911). *Principles of scientific management*. New York: Harper & Row.

Tichy, N. M., & Devanna, M. A. (1986). The transformational leader. *Training and Development Journal, July*, 27-32.

Timperley, H. (2010). *Using evidence in the classroom for professional learning*. New York, NY: Currency Doubleday.

Torres, C. A. (2009). *Globalization and education: Collected essays on class, race, gender, and the state*. New York: Teachers College Press.

Townsend, T., & MacBeath, J. (Eds.) (2011). *International handbook of leadership for learning*. New York, NY: Springer.

University of Edinburgh (2001). *The standard for headship in Scotland*. Retrieved April 15, 2007, from http://www.sqh.ed.ac.uk/

Waldman, D. A., Bass, B. M., & Yammarino, F. J. (1989). *Adding to leader-follower transactions: The augmenting effect of charismatic leadership*. Binghamton, NY: Center for Leadership Studies, State University of New York.

Waldrop, M. M. (1992). *Complexity: The emerging science at the edge of order and chaos*. New York: Simon & Schuster.

Walker, D., & Downey, P. (2012). Leadership for learning. *The Educational Forum, 76*, 13-24.

Walumbwa, F. O., Avolio, B. J., Gardner, W. L., Wernsing, T. S., & Peterson, S. J. (2008). Authentic leadership: Development and validation of a theory-based measure. *Journal of Management, 34*(1), 89-126.

Weber, M. (1946). Bureaucracy. In M. Weber, H. H. Gerth & C. W. Mills (Eds. and Trans.), *Essays in sociology*. London: Oxford University Press.

Weber, M. (1947). *The theory of social and economic organization*. New York: Free Press.

Weick, K. (1976). Educational organizations as loosely coupled systems. *Administrative Science Quarterly, 21*, 1-19.

Wells, G. A. (1993). *Instructional management behavior, time management, and selected background variables of elementary school principals in Connecticut's urban school*. Unpublished doctoral dissertation, The University of Connecticut, Hartford, CT.

Westwood, R. (1997). Harmony and patriarchy: The cultural basis for paternalistic headship among the overseas Chinese. *Organization Studies, 18*(3), 445-480.

Westwood, R. I., & Chan, A. (1992). Headship and leadership. In R. I. Westwood (Ed.), *Organizational behavior: A southeast asian perspective* (pp.123-129). Hong Kong: Longman Group.

Whitaker, T. (2003). *What great principals do differently*. Larchmont, New York: Eye on Education.

Whitaker, T., & Turner, E. (2000). What is your priority. *NASSP Bulletin, 84*(617), 16-21.

Wiig, K. M. (1993). *Knowledge management foundations: Thinking about thinking: How people and organizations create, represent, and use knowledge*. Arlington, TX: Schema Press.

Williams, L. B., & Hoy, W. K. (1973). Principal-staff relations: Situational mediator of effectiveness. *Journal of Educational Administration, 9*, 66-73.

Wilson, B. L., & Corcoran, T. B. (1988). *Successful secondary schools' visions of excellence in American education*. London: The Falmer Press.

Witziers, B., Bosker, R. J., & Kruger, M. L. (2003). Educational leadership and student achievement: The elusive search for an association. *Educational Administration Quarterly, 39*(3), 398-425.

Witziers, B., Bosker, R. J., & Krüger, M. L. (2003). Educational leadership and student achievement: The elusive search for an association. *Educational Administration*

Quarterly, 39(3), 398-425.

Wolcott, H. (1973). *The man in the principal's office: An ethnography*. New York: Holt, Rinehart & Winston.

Wolfe, A. (1977). *The limits of legitimacy: Political contradictions of contemporary capitalism*. New York: Free Press.

Yammarino, F. J. (1994). Indirect leadership: Transformational leadership at a distance. In B. M. Bass & B. J. Avolio (Eds.), *Improving organizational effectiveness through transformational leadership* (pp.26-47). Thousand Oaks, CA: Sage.

Yammarino, F. J., & Bass, B. M. (1990). Transformational leadership and multiple levels of analysis. *Human Relations, 43*, 975-995.

Yee, D. (2000). Images of school principal' information and communications technology leadership. *Journal of Information Technology for Teacher Education, 9*(3), 287-302.

Yu, H. (2000). *Transformational leadership and Hong Kong teachers' commitment to change*. Unpublished doctoral dissertation, University of Toronto, Ontario, Canada.

Yukl, G. (2012). *Leadership in organizations* (8th ed.). Englewood Cliffs, NJ: Prentice Hall.

Yukl, G., & Lepsinger, R. (2004). *Flexible leadership: Creating value by balancing multiple challenges and choices*. San Francisco: Jossey-Bass.

Yule, S., & Flin, R. (2002, April). *Investigating leadership using the Multifactor Leadership Questionnaire*. Paper presented at the Electricity Association Annual Safety Conference, Brighton.

Zepeda, S. L., & Langenback, M. (1999). *Special programs in regular schools: Historical foundations, standards, and contemporary issues*. Boston: Allyn & Bacon.

Zera, D. (1992). Coming of age in a heterosexist world: The development of gay and lesbian adolescents. *Adolescence, 27*(108), 849-854.

Zucker, L. G. (1983). Organizations as institutions. In S. B. Bacharach (Ed.), *Research in the sociology of organizations* (Vol.2, pp.1-47). Greenwich, CT: JAI Press.

附錄1：各類教育領導理論研究次數總表（學位與期刊論文）

教育領導理論	譯名	英文			中文				
		學位論文（關鍵字）	期刊（題目）	總計	學位論文（關鍵字）		期刊（關鍵字）		總計
					台灣	中國大陸	台灣	中國大陸	
academic leadership	學術領導	28	103	131	0	6	4	2	12
accountability leadership	績效領導	0	1	1	1	0	6	1	8
authentic leadership	真誠領導	191	79	270	2	3	12	6	23
brand leadership	品牌領導	1	0	0	2	0	4	0	6
charismatic leadership	魅力領導	46	25	71	9	1	33	8	51
cooperative leadership	共同領導	2	1	3	0	10	34	6	50
collaborative leadership	合作／協同領導	85	61	146	0	6	7	3	16
connective leadership	聯結領導	7	4	11	0	0	3	1	4
constructivist leadership	建構主義領導	6	2	8	0	0	9	0	9
creative leadership	創造性領導	9	21	30	3	0	14	1	18
cultural leadership	文化領導	48	21	69	5	4	6	107	122
curriculum leadership	課程領導	11	55	66	153	128	124	1573	1978
distributed leadership	分布式／分散式領導	243	280	523	18	5	54	9	86
educative leadership	教育性領導	1	6	7	2	0	2	0	11
emergent leadership	浮現領導	36	7	43	0	0	0	0	0
empowering leadership	授權／授能領導	14	15	29	3	1	7	2	13
ethical leadership	倫理領導	114	101	215	8	0	12	6	26
executive leadership	主管領導	85	27	112	0	5	18	8	31

facilitative leadership	催化領導	11	4	15	0	0	14	2	16
fusion leadership	融合領導	1	0	1	0	0	3	0	4
implicit leadership	隱涵領導	36	7	43	0	2	6	0	8
instructional leadership	教學領導	1439	353	1792	96	5	87	604	792
intellectual leadership	智慧領導	1	19	20	1	0	1	1	3
knowledge leadership	知識領導	0	5	5	14	1	27	7	49
level 5 leadership	第五級領導	1	2	3	2	0	12	2	16
learning-centered leadership	學習領導	7	12	19	10	1	11	10	32
managerial leadership	管理領導	12	14	26	0	3	7	26	36
moral leadership	道德領導	24	32	56	15	8	35	165	223
mutual leadership	相互領導	0	0	0	0	0	0	0	0
organizational leadership	組織領導	318	45	363	4	42	1	97	144
participative leadership	參與領導	19	8	27	0	7	1	2	10
paternalistic leadership	家長式領導	7	4	11	31	0	22	12	65
pedagogical leadership	教育領導	1	24	25	0	35	115	37	187
peer leadership	同儕領導	18	19	37	5	0	0	0	5
positive leadership	正向領導	13	8	21	18	0	27	0	45
primal leadership	根本領導	2	3	5	0	0	0	0	0
principle-centered leadership	原則中心領導	4	1	5	0	0	1	0	1
quantum leadership	量子領導	0	1	1	1	0	0	0	1
self leadership	自我領導	44	32	76	2	3	2	12	19
servant leadership	服務／僕人領導	659	105	764	45	2	24	9	80
shared leadership	共享領導	165	66	231	2	0	2	2	6
spiritual leadership	靈性領導	91	13	104	6	0	5	1	12
strategic leadership	策略領導	40	61	101	8	1	7	9	25
subject leadership	學科領導	0	9	9	1	2	4	2	9

super leadership	超領導	1	0	1	0	0	0	2	2
supervisory leadership	視導式領導	1	1	2	0	0	0	0	0
symbolic leadership	象徵領導	2	7	9	0	0	0	0	0
teacher leadership	教師領導	357	348	705	17	9	65	19	110
teaching leadership	教學領導	2	46	48	10	35	340	604	989
team leadership	團隊領導	56	41	97	7	34	11	7	59
technology leadership	科技領導	66	64	130	11	3	28	18	60
total leadership	全面領導	0	1	1	1	1	3	0	5
transactional leadership	交易／互易領導	265	33	298	58	2	35	29	124
transformational leadership	轉型領導	690	333	1023	204	51	142	48	445
value leadership	價值領導	0	0	0	1	1	6	9	17
visionary leadership	願景領導	34	26	60	16	16	16	17	65

註：1. 英文學位論文以 ERIC（ProQuest）搜尋
　　(1) Index Terms（keywords）。
　　(2) Data base: Interdisciplinary-Dissertations & Theses。
　　(3) Date range: 1990 to 2019。
　　(4) Document language: English。
　　2. 英文期刊以 ERIC（ProQuest）搜尋
　　(1) Article title ＝ 理論名稱。
　　(2) Data range: 1990-2019。
　　(3) Record type: Journal articles。
　　(4) Language: English。
　　3. 台灣學位論文以「國家圖書館全國博碩士論文資訊網」搜尋
　　(1) 以「英文」為關鍵詞搜尋，若無，再以「中文」為關鍵詞搜尋。
　　(2) 學年度：1990 至 2019 年。
　　(3) 論文別：博士與碩士。
　　(4) 過濾非教育相關系所。
　　4. 台灣期刊以「國家圖書館期刊文獻資訊網」
　　(1) 以「英文」為關鍵詞搜尋，若無，再以「中文」為關鍵詞搜尋。
　　(2) 出版日期：1990 年 1 月至 2019 年 4 月。
　　(3) 資料性質：學術性。

⑷ 資料類型：全部。

⑸ 語文：中文。

⑹ 查詢模式：精確。

⑺ 查詢結果分析：選擇「社會科學」類目。

5. 中國大陸學位論文以「中國博士學位論文全文數據庫」與「中國優秀碩士學位論文全文數據庫」搜尋

⑴ 以「英文」為關鍵詞搜尋，若無，再以「中文」為關鍵詞搜尋。

⑵ 查詢範圍：教育與社會科學綜合。

⑶ 從 1999 到 2019 年（該二資料庫自 1999 年始收錄，最新至 2019 年）。

⑷ 匹配：精確。

6. 中國大陸期刊以「中國期刊全文數據庫」搜尋。

⑴ 以「英文」為關鍵詞搜尋，若無，則以中文為關鍵詞搜尋。

⑵ 查詢範圍：教育與社會科學綜合。

⑶ 從 1990 到 2019 年。

⑷ 範圍：全部期刊。

⑸ 匹配：精確。

國家圖書館出版品預行編目資料

教育領導理論與應用／秦夢群著. -- 三版.
-- 臺北市：五南，2019.06
　　面；　公分
　ISBN 978-957-763-438-2 (平裝)

1.教育行政　2.領導理論　3.教育管理學

526.4　　　　　　　　　108007732

1IUU

教育領導理論與應用

作　　者 ─ 秦夢群（434.1）

發 行 人 ─ 楊榮川

總 經 理 ─ 楊士清

副總編輯 ─ 黃文瓊

責任編輯 ─ 黃淑真　李敏華

封面設計 ─ 陳卿瑋　姚孝慈

出 版 者 ─ 五南圖書出版股份有限公司

地　　址：106台北市大安區和平東路二段339號4樓

電　　話：(02)2705-5066　　傳　　真：(02)2706-6100

網　　址：http://www.wunan.com.tw

電子郵件：wunan@wunan.com.tw

劃撥帳號：01068953

戶　　名：五南圖書出版股份有限公司

法律顧問　林勝安律師事務所　林勝安律師

出版日期　2010年 8 月初版一刷（共三刷）
　　　　　2013年 9 月二版一刷
　　　　　2019年 6 月三版一刷

定　　價　新臺幣620元